自然语言的事件语义学研究

李可胜　著

科 学 出 版 社
北　京

内 容 简 介

本书的内容可以分为两部分：第一部分是理论研究，即将经典外延构体论拓展为事件的多维外延构体论，并基于此构建了一个形式语义系统 $\mathscr{L}_{\mathrm{MEM}}$，与现有研究相比，$\mathscr{L}_{\mathrm{MEM}}$ 可以从多个维度对事件语义做更为精细化的刻画；第二部分是以多维构体论为基础，构建了形式语义系统，通过对现有的组合范畴语法理论稍做调整和修改，使得 $\mathscr{L}_{\mathrm{MEM}}$ 公式可以作为自然语言的形式语义表征被纳入到组合范畴语法的形式系统中，从而实现自然语言的句法语义并行推演。

本书适合从事形式逻辑研究，尤其是自然语言的形式逻辑领域的研究者和学习者；适合从事形式语言学研究，尤其是语义学领域以及计算语言学领域的研究者和学习者。

图书在版编目（CIP）数据

自然语言的事件语义学研究/李可胜著. —北京：科学出版社，2023.2

ISBN 978-7-03-069713-4

Ⅰ. ①自… Ⅱ. ①李… Ⅲ. ①语义学-研究 Ⅳ. ①H030

中国版本图书馆 CIP 数据核字（2022）第 181543 号

责任编辑：杨 英 贾雪玲 / 责任校对：贾伟娟

责任印制：李 彤 / 封面设计：蓝正设计

科学出版社 出版

北京东黄城根北街 16 号

邮政编码：100717

http://www.sciencep.com

北京建宏印刷有限公司 印刷

科学出版社发行 各地新华书店经销

*

2023 年 2 月第 一 版 开本：720 × 1000 1/16

2023 年 2 月第一次印刷 印张：18

字数：372 000

定价：128.00 元

本书为国家社会科学基金项目
“组合范畴语法与自然语言信息处理的应用接口研究”
（项目编号：15BZX086）资助的成果

序　　言

从逻辑语义学的角度讨论自然语言的事件语义，李可胜这本《自然语言的事件语义学研究》应该算是当前国内比较全面且比较有深度的专著。实际上，早在2008年跟我读博士时，李可胜就开始了事件语义学的研究。在完成博士学位论文《事件的模型与计算：汉语连动式的形式语义研究》之后，他就一直没有中断对事件语义学的研究，在我任首席专家的国家社科基金重大招标项目中，以及他自己主持的国家社科基金项目中，他从事的也是这方面的研究。值得祝贺的是，相比于十多年前的博士学位论文，这本专著所呈现出来的事件语义模型和计算思路已经焕然一新，这表明李可胜十多年来的努力，卓有成效，令人欣喜。

这本书的内容属于自然语言的逻辑语义学（又称为形式语义学）研究，由于逻辑语义学研究是实现自然语言理解（natural language understanding，NLU）的关键领域，在今天人工智能（artificial intelligence，AI）的大背景下，它已经成为语言逻辑研究中重要的领域之一。语言逻辑研究绝不仅仅是“形式逻辑理论+自然语言”那么简单。虽然逻辑语义学源自形式逻辑，但是鉴于自然语言的复杂性，逻辑语义学一方面要用现有的形式逻辑理论解释和刻画自然语言的句法-语义构造规律，另一方面也要针对自然语言句法-语义结构特点不断地创新形式逻辑理论，这就决定了自然语言的逻辑语义学既需要逻辑学家去深入地研究而非浅显地接触自然语言，也需要语言学家全面地掌握而非粗略地了解形式逻辑理论。总体上看，近二十年来，我国在这一领域的研究有着长足的进步，已经形成了一支有一定影响力的研究队伍，而李可胜无疑是其中的优秀代表之一。他有着语言学的学术背景，曾在《当代语言学》《现代外语》等国内顶级语言学刊物上发表了多篇语言学研究的论文，同时又完整地接受了逻辑学的博士训练。在做逻辑语义学研究时，他有着明显的优势。

计算语言学家冯志伟曾指出，在自然语言处理中，都需要根据处理的要求，把自然语言处理抽象为一个“问题”（problem），再把这个问题在语言学上加以形式化（formalism），建立语言的“形式模型”（formal model），使之能以一定的数学形式，严密而规整地表示出来，并且把这种严密而规整的数学形式表示为“算法”（algorithm），建立自然语言处理的“计算模型”（computational model），使之能够在计算机上实现（冯志伟，2010）。这本书所做的工作正是冯志伟所说的建立语言的“形式模型”，即采用形式逻辑中的模型论方法，将自然语言的语义形式化，使之可以在组合范畴语法（combinatory categorial grammar，CCG）的框架内，通过一定的算法进行解析推导。

李可胜选择汉语的事件语义作为突破口，至少在两个层面上看，有着重要价值。首先，事件语义决定着自然语言语义的最重要的两个方面，即事件与个体的题元角色关系和事件和时间的时体关系。当人们理解某个句子时，如果理解了事件中个体之间的关系，以及事件在时间进程中的变化，实际上就等于掌握了该句子的真值条件语义，也就是句子在不依赖任何语境情况下能表达的意思。由此，实现事件语义的形式化，其重要性也就不言而喻了。其次，这本书从语义的形式化入手，以在 CCG 的框架内，实现句法-语义有效的互动并行推演为目的而开展的研究，这也是目前亟待解决的问题。如本书的第六章所介绍的，CCG 的优势在于存在一个透明接口，实现了句法范畴推演和语义类型演算的并行推进，但是由于语义形式化工作的滞后，在现有的 CCG 研究中，句法推演和语义演算之间存在脱节。这必然影响 CCG 在自然语言处理中的应用。这本书在这一方面所做的工作无疑是一个很好的尝试，所提出的研究思路也值得进一步探索。

自然语言的逻辑语义学研究属于基础性研究，一方面，需要掌握形式逻辑理论作为研究工具，入门门槛比较高；另一方面，作为研究对象的自然语言，句法烦琐复杂，语义模糊隐晦。二者结合，任重道远，需要耐得住寂寞；同时二者的结合也顺应了时代的发展，要大胆创新，直面 AI 时代的需求。

中国社会科学院哲学研究所研究员
中国逻辑学会名誉会长
邹崇理
2022 年 4 月 29 日于成都

前　言

本书是国家社会科学基金项目“组合范畴语法与自然语言信息处理的应用接口研究”（项目编号：15BZX086）的结项成果。在出版时，为了能更有针对性，笔者对内容稍做调整和修改。十多年前，笔者在参加导师邹崇理先生主持的国家社科基金重大招标项目“自然语言信息处理的逻辑语义学研究”（项目编号：10&ZD073）时，为了提高 CCG 语义推演的效果，尝试将事件语义学引入到 CCG 框架中。为此，需要从模型论的角度对自然语言的事件语义做出形式化处理，这是该项研究的最初动因。尽管在做这项工作之初，已经预料到存在一定的难度，但是随着研究的展开，事件构体的复杂性以及与自然语言语义关系的复杂性远远超乎预期。笔者由此专门申报了国家社会科学基金的支持，才有了本项研究和本书。

邹崇理等（2018：2）曾指出：“在逻辑语义学看来，自然语言句法-语义结构都是通过规则的递归应用，由初始元组合生成出来的。逻辑语义学的任务就是揭示和分析自然语言结构的这种组合特征，并提出相应的形式系统来刻画这种组合特征。”本书的研究工作正是遵循这样的理论思想而展开的。本书的主要内容可以分为两部分：一是将经典外延构体论（classical extensional mereology，CEM）拓展为事件的多维外延构体论（multi-dimensional extensional mereology，MEM），并基于此构建了一个形式语义系统 $\mathscr{L}_{\mathrm{MEM}}$（完整的 $\mathscr{L}_{\mathrm{MEM}}$ 作为附录附在本书的最后）；二是通过对现有的 CCG 理论稍做调整和修改，使得 $\mathscr{L}_{\mathrm{MEM}}$ 公式可以作为自然语言的形式语义表征被纳入到 CCG 的系统中，从而实现自然语言的句法语义并行推演。为了方便说明，这样的 CCG 被记作 $\mathrm{CCG}_{\mathrm{MEM}}$。因为 $\mathrm{CCG}_{\mathrm{MEM}}$ 的核心部分与现有的 CCG 理论方案没有质的差异，构造 $\mathrm{CCG}_{\mathrm{MEM}}$ 旨在验证 $\mathscr{L}_{\mathrm{MEM}}$ 与 CCG 结合的可行性，因此本书的最后附上 $\mathrm{CCG}_{\mathrm{MEM}}$ 的改进部分内容。相比于已有的研究（如 Krifka，1998；Rothstein，2004；van Lambalgen & Hamm，2005；Robering，2014），本书的不同点在于 MEM 的理论构建，并在时间、个体和空间等多个维度上（重点是前两个维度），对事件结构做出统一的模型论解释。

所谓的构体论，是指从构体-整体关系（part-whole relation 或 parthood）的角度研究自然语言表达式指称对象的形式逻辑理论。不过“理论”二字在这里存在歧义，既可以理解为理论思想，也可以理解为一个形式系统。本书将以 Link（1983）、

Bach（1986）、Krifka（1998）和 Champollion（2017）等文献中的构体关系语义模型（mereological model）及其背后的理论思想为基础，构建事件的 MEM。

从构体论的角度研究事件语义，是因为事件的构体结构（part-whole structure）直接决定着自然语言（尤其是汉语这类形态标记贫乏的语言）的语义结构，并在某种程度上制约着句法推演。从认知的角度看，任何一个事件都可以与其他事件合并为一个更“大”的事件，同时任何一个事件也都可以切分成更“小”的事件，因此事件具有构体结构，早已成为学界共识。与个体的构体结构相比，事件的构体结构要复杂很多，因为后者具有多维度性。但是现有的研究大多数是从某一个维度讨论事件的构体结构，所讨论的也是事件在某一个维度上的表现，以及与自然语言语义的关联。这样的研究当然有其自身的理论价值。但是如果要想以此为理论基础构建可以嵌入到 CCG 中的形式语义系统，显然还存在很多问题。

构建 MEM 最直接的动因是事件具有无限可切分性，即沿着时间轴，可以无限地对一个事件进行切分，这就使得很难对原子事件进行清晰的定义，进而导致很难用公理化的方式对事件构成做出准确的描述。事件又是自然语言语义的重要构成部分，如果事件构成的描述本身存在缺陷，也就很难用公理化的方式描述自然语言的事件语义。

以“有界性”为例。无论把有界性看成是事件的性质（Krifka，1998；Smith，1997），还是看成是事件表达式（如 VP 等）的性质（Vendler，1967；Rothstein，2004），往往都依赖于对原子事件做出界定，但是事件的原子性很难做出界定（李可胜，2011；李可胜和邹崇理，2013a）。例如，Rothstein（2004）一方面把有界性看成是 VP 的一种属性，一方面把 VP 的有界性与事件的原子性相关联，即如果一个 VP 指称一个原子事件集或者是原子事件集生成的复数个体[①]，则该 VP 是有界的。为了解决事件的原子性问题，Rothstein（2004）将事件的原子性与事件的可数性联系起来，即一个表达式是否表示原子事件，主要看该表达式是否提供了一个能判断事件是可数还是不可数的标准。这实际上就是用 VP 事件的可数性替代原子性去界定 VP 的有界性。本质上，这种做法只是把原子性问题变成了可数性问题，事件的原子性问题仍然存在。

MEM 正是在这一方面做了新的探索。MEM 采用个体论和外延论的视角审视事件，将事件界定为一个情境片段，个体对象界定为情境的外延，这样个体对象的性质和个体对象之间的关系以及事件的时间结构就构成了事件的不同性质。这种分析虽然没有直接解决事件的原子性问题，但是可以将事件性质和事件元性质区分开，从而可以在元性质和元关系的层面讨论事件的性质（其实质就是事件的个体构成和时间构成）。例如，现有文献对事件与个体对象关系的讨论，就可以

① 即加合个体。

换成事件元关系层面的讨论，这就是本书第三章中的等同关系、同一关系、相交关系、包含关系和类关系等。再如，现有文献在讨论事件的时间构成时，同质性、异质性、瞬间性（instantaneity）等，往往被看成是事件的性质，现在也可以在元性质的层面进行讨论。在这样的视角下，这些性质大多数具有了相对性。例如，一个事件相对于某个性质 $\wp$ 具有终结性，但相对于另一个性质 $\wp'$不一定具有终结性。这样的处理方式更符合人们对事件的认知，也更符合自然语言的语义表现。在处理时体语义时，尤其是进行体和惯常体这样的难题，这种处理有着独特的优势。

MEM 并不是将多个 CEM 系统简单地叠加到一起，而是要形成一个比较完整的理论体系和形式化方案，这意味着要重新考察和界定事件、事件性质、构体关系以及事件性质的元性质等多方面的概念，必然涉及多种不同的逻辑学思想和方法。主要的工作包括：①在多个层面上以多个角度区分出不同的事件性质，如基础性质、本体性质、Θ-限定性质和情状性质，并做了相应的界定，其中后三者是 MEM 讨论的重点；②在不同维度上重新界定事件构体关系以及与各种事件性质的关系；③重新界定事件性质的元性质和元关系；④重新构建事件的加合运算以及与之相关的区间加合运算等。

基于 MEM 基本思想而构造的外延逻辑语言 $\mathscr{L}_{MEM}$，其语义部分是结构化的多体语义模型。$\mathscr{L}_{MEM}$ 与基于 CEM 的形式语义系统没有本质差异，前者实际上是对后者的扩张。与原有系统相比，$\mathscr{L}_{MEM}$ 的优势主要体现在：①可以在统一框架内刻画出以汉语“都”为代表的具有复杂分配关系的量化依存关系；②可以在统一框架内刻画出以惯常体和进行体为代表的具有复杂情状特征的体语义；③可以实现从情状体、视点体直到时的完整时体语义的 λ-演算。

当然自然语言语义的形式化是一个宏大的工程，绝非本书所能涵盖的。同时限于笔者的学术水平和其他各方面的原因，本书在理论的阐述和形式系统的设计方面，一定还存在很多问题，这些都有待读者的批评指正，并期望将来能有机会进一步修改完善。

主要术语、体例和整体结构说明

一、主要术语说明

◆ 关于事件

除非特殊说明，否则“事件”是指最宽泛意义上的“事态”，也就是 Bach（1986）中的 eventuality，包括通常意义上的事件、过程、行为、状态等。至于不同事态内部之间的差异，不在考虑范围之内。

◆ 关于构体论

构体论是 mereology，源自希腊语 *μέρος*，词根意为“构体”（part）。构体论是从构体-整体关系的角度研究自然语言表达式指称对象的形式逻辑理论（Moltmann，1997；Champollion & Krifka，2016；Champollion，2017）。构体论在本体论（ontology）研究、自然语言语义学和认知科学中都是一个重要思想理论（Simons，1987；Jackendoff，1991；Moltmann，1997；Varzi，2010；Champollion & Krifka，2016）。

这里将 part 译成构体，主要是考虑 part 本身作为个体与作为整体的个体，在形而上学层面上，有着相同的地位。为了在术语上与个体等保持一致，因此译成**构体**。相应地，mereology 也就译成了**构体论**。

◆ 关于时和体

时指 tense，体指 aspect。也有汉语文献将前者译为“时制”，后者译为“时体”、“体貌”或“时态”等。这里采用较早的李临定（1990）和戴耀晶（1997）的译法。

此外，因为采取了形式语义学的视角，本书对现在时、进行体和惯常体等的界定也与现有文献的常规做法稍有出入。

二、体例说明

◆ 关于符号的使用

➢ 用“∅-形式”表示“隐含的”意思。令α为任意算子，则$^{\varnothing}\alpha$就是该算子的隐性形式。

➢ 用正体英文字母表示 $\mathscr{L}_{\mathrm{MEM}}$句法部分的逻辑符号，如 x 表示个体论元，e 表示事件论元，i 表示区间论元等，其他依次类推。

➢ 用斜体英文字母表示 $\mathscr{L}_{\mathrm{MEM}}$ 语义模型部分的逻辑符号，如 *x* 表示模型 M 中论域 $\boldsymbol{D}_d$ 的个体元素，*e* 表示论域 $\boldsymbol{D}_e$ 的事件元素，*i* 表示论域 $\boldsymbol{D}_i$ 的区间元素，其他依次类推。

➢ 用斜体英文 *np*、*Qnp* 等表示 $\mathrm{CCG_{MEM}}$ 中的范畴，用正体英文 NP、VP 等表示语言学意义上的名词短语和动词短语等。

➢ 用粗体汉语词表示与汉语词对应的逻辑常元，如**马丽**表示与汉语词“马丽”对应的个体常元，**跑步**表示与汉语词“跑步”对应的谓词常元。但注意并非所有粗体都表示逻辑常元，有些粗体汉语词或句子表示强调。考虑到这一点在上下文中并不容易混淆，因此没有做区分处理。

➢ 用“$=_{\mathrm{def}}$”表示“定义为”，如“$\mathrm{Hete}(\wp) =_{\mathrm{def}} \forall \mathrm{e}.\wp(\mathrm{e}) \rightarrow \exists \mathrm{e}'[^{e}\mathrm{IsPart}(\mathrm{e}', \mathrm{e}) \wedge \mathrm{e}' \neq \mathrm{e} \wedge \neg \wp(\mathrm{e}')]$”表示 $\mathrm{Hete}(\wp)$的定义是后面逻辑语义式。

➢ 用“汉语词 [范畴] :⇒$\mathscr{L}_{\mathrm{MEM}}$-表达式”的形式表示“特定范畴的汉语词被翻译成特定的 $\mathscr{L}_{\mathrm{MEM}}$-表达式”，如“马丽 [$^{d}np$] :⇒ **马丽**”表示汉语词“马丽”的范畴是 ^{d}np，对应的 $\mathscr{L}_{\mathrm{MEM}}$-表达式是“**马丽**”。

➢ 用 i_r 表示参照区间，i_u 表示说话区间，二者都默认为是连续区间。

➢ 为了提高逻辑公式的可读性，尽可能使用有意义的英语词语或汉语词来表示逻辑符号。例如，在构体论中，通常用≤表示构体的关系，如 x′ ≤ x 表示 x′是 x 的构体。但是因为 MEM 需要从多个维度上刻画构体关系，会出现大量类似的符号，因此改用 IsPart(x′，x)表示 x′是 x 的构体。

◆ 关于逻辑语义式的写法

➢ $\lambda\wp\lambda \mathrm{e}\lambda \mathrm{w}\lambda \mathrm{i}\lambda \mathrm{i}_r\lambda \mathrm{i}_u.^{*}\wp(\mathrm{e}, \mathrm{w}, \mathrm{i}, \mathrm{i}_r, \mathrm{i}_u)$通常缩写成$\lambda\wp\lambda \mathrm{ewii}_r\mathrm{i}_u.^{*}\wp(\mathrm{ewii}_r\mathrm{i}_u)$。

➢ $[\![\mathrm{x}]\!]_{\mathrm{M,g}} = x$ 表示逻辑表达式 x 在模型 M 相对于指派 g 的解释是 *x*，但是为了书写的简洁，除了附录之外，$[\![\mathrm{x}]\!]_{\mathrm{M,g}}$ 直接写成$[\![\mathrm{x}]\!]$，即省略 M 和 g。

◆ 关于语义推演示意图

用实线表示逻辑语义式的 λ-演算步骤，用虚线表示非 λ-演算步骤，包括类型转换或存在封闭或者改写等。如图 0.1 中的第 1a 行与第 1b 行之间就是两个逻辑语义式的 λ-还原演算，而第 2 行到第 3 行是虚线，表示非运算步骤。

1. $\lambda ewii_r i_u.{}^{*}$**来了**$(ewii_r i_u)$	【来了 $_{Qnp\backslash s}$】
a. $\lambda x \lambda^{*} \wp \lambda ewii_r i_u.{}^{*} \wp (ewii_r i_u) \wedge Agent(e) = x$	【$^{\iota}$**Ag**-量化算子 $_{Qnp/np}$】
张三	【张三 $_{np}$】
b. $\lambda^{*} \wp \lambda ewii_r i_u.{}^{*} \wp (ewii_r i_u) \wedge Agent(e) =$ **张三**	【张三 $_{Qnp}$】
2. $\lambda ewii_r i_u.{}^{*}$**来了**$(ewii_r i_u) \wedge Agent(e) =$ **张三**	【张三来了 $_{Qnp\backslash s}$】
3. $\exists ewii_r i_u.{}^{*}$**来了**$(ewii_r i_u) \wedge Agent(e) =$ **张三**	

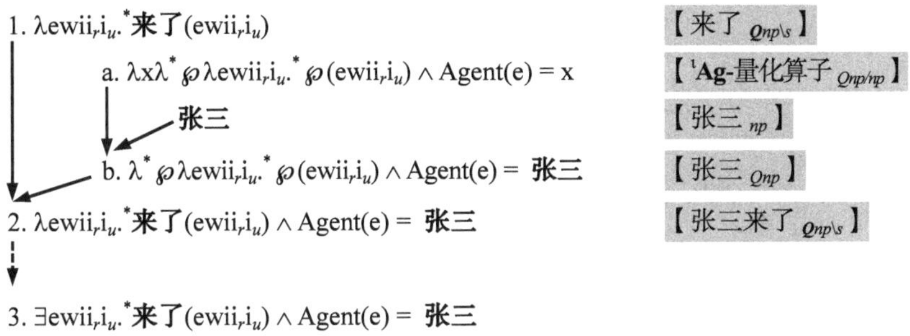

图 0.1　语义推演示意图

图 0.1 中右边的阴影部分表示与逻辑语义式对应的汉语表达式，而下标则表示其范畴。另外特别约定，在本书中，如果范畴是以下标的形式出现，且首字母是粗体，则表示该范畴带有上标 *d*。如图 0.1 中的 ***Q****np* 表示 ^{d}Qnp。

三、全书结构说明

全书共分为三部分，即上下两编和附录。上编是基础理论篇，包含三章。第一章主要介绍事件语义学和经典外延构体论，这是 MEM 的基础。第二章则详细说明 MEM 的基本思想和概念，这是构建 $\mathscr{L}_{\text{MEM}}$ 的基础。第三章，在 MEM 的视角下，重新讨论事件性质及其元性质。

下编是应用篇，核心目标是在 MEM 的理论视角下，实现汉语事件语义的形式化处理，进而在 CCG 的框架下，实现事件语义的句法-语义并行推演。下编也分为三章，第四章基于 MEM，重新界定汉语事件语义中的Θ-函项关系，并在 CCG_{MEM} 的框架下实现Θ-函项关系的句法-语义并行推演。第五章基于 MEM，重新界定汉语事件语义中的时和体。由于时体语义更为复杂，因此 CCG_{MEM} 对汉语时和体的逻辑语义的处理应用被单列为第六章。

MEM 并是将事件在多个维度上的构体关系简单地叠加在一起。随着事件构体在多个维度上被展开，事件性质、事件与个体的关系以及事件与时间的关系也相应地呈现出一些新的特性。这正是本书讨论的重点，相关的讨论主要集中在第二、第三和第四章。本书主要理论概念之间的关联见图 0.2。

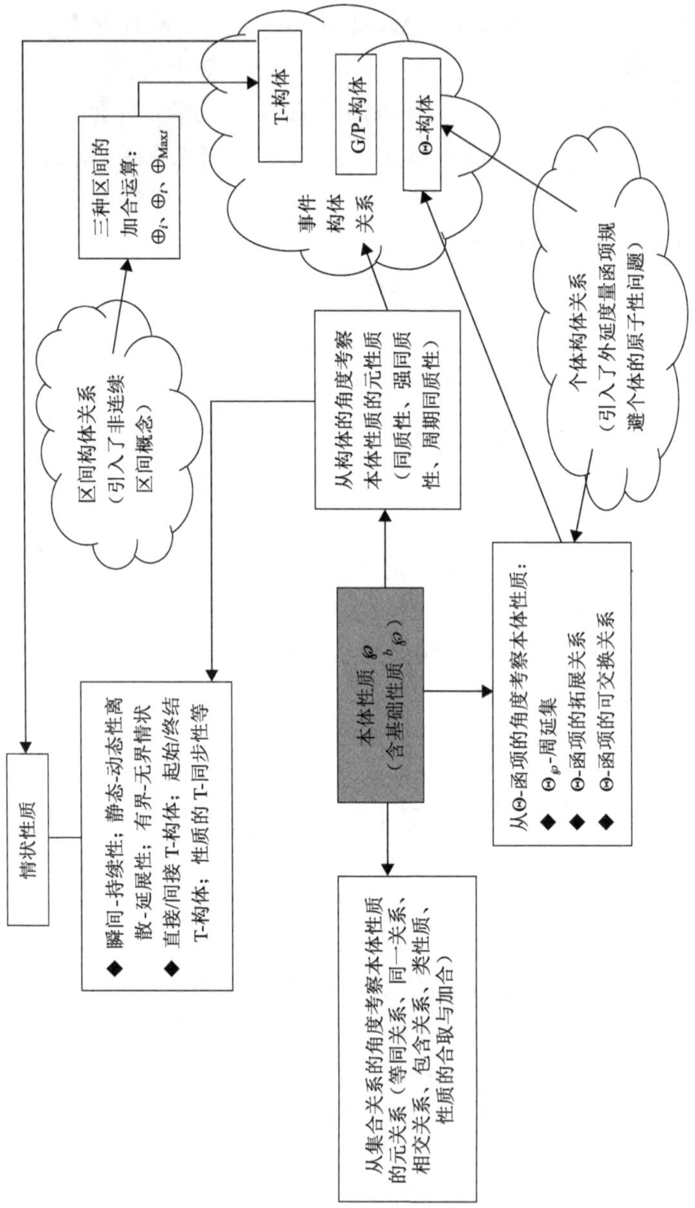

图 0.2　MEM 的理论框架示意图

目　录

上　编

理论基础篇

第一章　事件语义学和经典外延构体论

引　言

现代语义学的研究大致可以分为两种流派：一是以蒙太格（R. Montague）、刘易斯（D. Lewis）、帕蒂（B. H. Partee）、林克（G. Link）、克里弗卡（M. Krifka）和帕森（T. Parsons）等为代表的形式语义学；二是以莱考夫（G. Lakoff）、兰盖克（R. Langacker）、杰肯道夫（R. Jackendoff）等为代表的认知语义学。传统观点认为两种流派是对立关系。例如，虽然都用模型的方式表征自然语言的语义，但是在后者中，语义模型是语义的心理认知模型，也就是经过认知机制加工过的现实世界在人脑中的心理表征。前者的理论基础是"唯实观"（realistic view），即语义模型是由不受认知机制制约的、模型论意义上的个体（entity）构成的。这些个体包括各种类型的对象（object）和可能世界（possible world）等。

早期的形式语义学研究并不考虑语义的认知机制和心理表征。以蒙太格语法为例，专有名词 *John* 被表示成 $\lambda P.P(john)$，成了高阶谓词，指称 *John* 的性质集（即个体的集合的集合），这显然违背了 *John* 指称特定个体的心理直觉。究其原因，蒙太格的目标是获得一个严谨缜密的递归组合系统，用以表征自然语言的句法语义结构，而语言的认知机制不在考虑范围之内。在蒙太格眼里，"自然语言的句法学、语义学和语用学成了数学的分支而非心理学的分支"（Thomason，1974：2）。

但是随着形式语义学的发展，两种流派对立的观点正在发生改变。越来越多的学者接受这样的观点，即用认知语言学中的概念结构解释自然语言表达式，利用形式语义学的技术，可以将概念结构与形式语义学中的对象进行匹配。Link（1983，1998）、Krifka（1998）、Landman（2000）、Chierchia（2013）、Champollion（2017）等的研究就是这种研究思路的代表。早在 20 世纪 80 年代末，Krifka（1989：198）就指出，形式语义学家们构造的代数结构应该"试图体现出我们认知世界的方式的相关性质，而不是描摹世界存在的方式"。

本书正是沿着这样的研究思路，研究自然语言事件语义的形式语义表征，其中涉及的形式语义理论主要包括事件语义学和 CEM。本章将对这两个理论做简要梳理，并以此为基础，从事件的角度，介绍 MEM 中的一些概念。鉴于事件语义学和 CEM 已经成为自然语言形式语义学中重要的基本理论，本章的介绍不求面面俱到，只是介绍一些本书涉及的重要概念，同时在介绍过程中，也针对后文对事件多维构体关系的讨论，对一些概念做出调整和修改。

第一节　形式语义学和事件语义学

无论是在逻辑学领域中，还是在语言学领域中，事件都是研究的热点课题之一。事件语义学是美国哲学家和逻辑学家戴维森（D. Davidson）在 20 世纪 60～70 年代提出的一种理论[①]。核心思想是在形而上学层面上，将事件视为个体，或者说将事件视为模型论意义上的个体，并以此来分析自然语言中的逻辑蕴涵现象。

相比较于经典蒙太格风格的形式语义学研究方式（Montague，1970a，1970b），基于事件语义学的研究方法有着很大优势。一方面，事件语义学将事件视为模型论意义上的个体，以此为基础的形式语义学模型必然是一种多体模型（multi-sorted model），而自然语言语义繁复杂糅，采用多体模型来刻画自然语言的语义，操作上更加灵活，更有利于从综合的角度刻画自然语言的语义。另一方面，基于事件语义学的表述方式在表达意义上，更加直观，即便是一些没有接受过形式逻辑专门训练的研究者，也比较容易理解和掌握。因此事件语义学在自然语言形式语义学领域产生了非常广泛的影响，并成为最为重要的形式语义学理论思想之一。在名词化、动词修饰语、动词的时和体、回指现象、复数对象、光杆不定式意义时间推理等方面，事件语义学得到了广泛的应用（Chierchia，1989；Higginbotham et al.，2000；Rothstein，2004；van Lambalgen & Hamm，2005）。

一、从经典谓词逻辑分析法到新戴维森分析法

在 1967 年发表的《行为句的逻辑式》一文中[②]，戴维森从逻辑蕴涵的必要性出发，论证了在逻辑表达式中应该增加一个表示事件的论元。这就是 Higginbotham（1985，2000）等所说的 **E 位假设**（E-position hypothesis），即一个动词除了有 n 个由该动词的题元结构确定的个体论元的位置之外，还有一个事件论元的位置。这种分析方法，后来被称为戴维森分析法（Davidsonian analysis）。Parsons（1990）和 Higginbotham（2000）对戴维森分析法都进行了部分修正，引入了语言学中的

① 一般认为，事件语义学的形式研究方法是由戴维森系统性地提出的，但是类似的思想在 Reichenbach（1947）中就已经提出了（吴平，2007）。

② 该论文收录于 Davidson（1984）。

题元结构，从而形成了新戴维森分析法（Neo-Davidsonian analysis）。这里先对经典谓词逻辑分析法、戴维森分析法和新戴维森分析法做一个简要的对比，说明各自的特点和优势。据此说明 $\mathcal{L}_{MEM}$ 采用戴维森分析法和新戴维森分析法混合方式的合理性。

经典谓词逻辑分析法将自然语言动词分析成个体之间的关系。以（1.1）中的句子为例，按照蒙太格语法的分析，其逻辑语义式是（1.2）。

（1.1）a. *Jones walks.*

b. *Jones buttered the toast.*

c. *Jones gives a book to Mary.*

（1.2）a. **Walk** (*jones*)

b. **Butter** (*jones*，*the-toast*)

c. **Give** (*jones*，*a-book*，*mary*)

在（1.2）中，不及物动词 *walk* 被分析成一元关系谓词 **Walk**，以个体论元为自己唯一的论元，表示个体的性质。及物动词 *butter* 被分析成二元关系谓词 **Butter**，有两个个体论元，表示个体的二元关系。双及物动词 *give* 被分析成三元关系谓词 **Give**，有三个个体论元，表示个体之间的三元关系。

按照戴维森分析法，自然语言的任何一个动词中都隐含着一个事件论元 e，所以一个 *n* 元动词的逻辑语义式是 *n*+1 元的谓词。这就是所谓的 E 位假设，即一个动词除了有 *n* 个由该动词的题元结构确定的个体论元的位置之外，还有一个事件论元的位置（Higginbotham，1985，2000），如（1.3）所示。

（1.3）a. ∃e.**Walk**(*jones*，e)

b. ∃e.**Butter**(*jones*，*the-toast*，e)

c. ∃e.**Give**(*jones*，*a-book*，*mary*，e)

（1.3）a～（1.3）c 是按照戴维森分析法得到的（1.1）a～（1.1）c 的逻辑语义式。与（1.2）a～（1.2）c 相比，每一个谓词都增加了一个事件变元 e。这样，（1.2）a 中的一元性质谓词 **Walk** 就变成了二元关系谓词，相应地 **Butter** 和 **Give** 也分别变成了三元和四元关系谓词。

新戴维森分析法放弃了 E 位假设，所有的动词都被分析成事件性质谓词，被解释成事件论域 $\boldsymbol{D}_e$ 中的事件集。主语和宾语 NP 则通过表示题元角色的函项引入到逻辑公式中。仍以（1.1）为例。依据新戴维森分析法，则逻辑语义式如（1.4）所示。

（1.4）a. ∃e.**Walk**(e) ∧ Agent(e) = *jones*

b. $\exists$e.**Butter**(e) ∧ Agent(e) = *jones* ∧ Theme(e) = *the-toast*

c. $\exists$e.**Give**(e) ∧ Agent(e) = *jones* ∧ Theme(e) = *a-book* ∧ Patient(e) = *mary*

与（1.3）相比，（1.4）中的谓词都变成了一元性质谓词，以事件变元为自己唯一的论元。施事等题元角色以函项的方式通过逻辑合取引入到逻辑语义式中，如（1.4）中的 Agent（表示施事）、Theme（表示客体）和 Patient（表示受事）等。

从模型论的角度看，（新）戴维森分析法将事件视为模型论意义上的个体元素。据此，在语义模型的论域中，除了表征通常意义的个体的元素之外（如 *johes* 的指称），还有表征事件的元素。在下文中，表示前一类个体的元素，其类型记作 *d*，并用 x 表示个体论元；表示事件的元素，其类型记作 *e*，并用 e 表示事件论元。在传统谓词分析法中，一个 *n* 元动词被解释成 *n* 个 *d* 类个体之间的关系；在戴维森分析法中，被解释成一个 *e* 类个体与 *n* 个 *d* 类个体之间的关系。

二、事件语义学的优势

与经典谓词逻辑分析法相比，新戴维森分析法更容易表现自然语言丰富的语义（Parsons，1990；Landman，2000；李宝伦和潘海华，2005；吴平和郝向丽，2017）。以（1.5）为例，按照新戴维森分析法，（1.5）a 被分析成（1.5）b，其逻辑语义式是（1.5）c。

（1.5）a. *Brutus stabbed Caesar violently with a knife.*（布鲁图斯奋力地用刀刺死凯撒。）

b. 存在某个事件 e，满足：

e 具有 *stab*（刺杀）的性质	（动词）
e 的施事是 *Brutus*（布鲁图斯）	（主语）
e 的客体是 *Caesar*（凯撒）	（宾语）
e 在过去某个时段终结	（时态）
e 具有 *violent*（狂暴的）的性质	（副词修饰语）
e 采用了工具 *knife*（刀）	（介词词组）

c. $\exists$ei.**Stab**(e) ∧ Cul(e，i) ∧ Agent(e) = *brutus* ∧ Theme(e) = *caesar* ∧ Violent(e) ∧ With(e) = *a-knife*

如（1.5）b 所示，（1.5）a 的英文句子不仅表示存在一个事件 e，还通过主语、时态、宾语和副词修饰语等，从多个维度给出该事件的信息，例动词 *stab* 断定了 e 的性质，动词的时标记给出了 e 的时间信息，主语给出了 e 的施事信息，宾语给出了 e 的客体信息，副词 *violently* 表述了事件完成的方式，介词词组 *with a knife* 描述了实施该事件的工具。按照语言学的一般说法，这些信息属于题元角色信息（即Θ-角色）。在（1.5）c 中，这些题元角色信息通过Θ-函项的方式表示出来，并通过逻辑合取的方式引入到句子的逻辑语义式中。

与经典谓词逻辑分析法相比，新戴维森分析法的逻辑语义式不仅语义更加直观，可读性强，进一步拓展也相对容易。在刻画自然语言事件语义的蕴涵关系时，新戴维森分析法的逻辑语义式具有更为明显的优势。例如，按照传统谓词逻辑分析法和新戴维森分析法，（1.6）的逻辑语义式分别是（1.6′）和（1.6″）。

（1.6）a. *Jones buttered the toast.*

b. *Jones buttered the toast with a knife.*

c. *Jones buttered the toast in the bathroom with a knife.*

（1.6′）a. **Butter**(*jones*, *the-toast*)

b. (**With**(*a-knife*)(**Butter**))(*jones*, *the-toast*)

c. (**With**(*a-knife*)(**In**(*the bathroom*)(**Butter**)))(*jones*, *the-toast*)

（1.6″）a. $\exists e.\mathbf{Butter}(e) \wedge \mathrm{Agent}(e) = jones \wedge \mathrm{Theme}(e) = the\text{-}toast$

b. $\exists e.\mathbf{Butter}(e) \wedge \mathrm{Agent}(e) = jones \wedge \mathrm{Theme}(e) = the\text{-}toast \wedge \mathbf{With}(e) = a\text{-}knife$

c. $\exists e.\mathbf{Butter}(e) \wedge \mathrm{Agent}(e) = jones \wedge \mathrm{Theme}(e) = the\text{-}toast \wedge \mathbf{In}(e) = the\text{-}bathroom \wedge \mathbf{With}(e) = a\text{-}knife$

在（1.6）中，显然有（1.6）c 蕴含（1.6）b 以及（1.6）b 蕴含（1.6）a。在（1.6′）中，谓词 **Butter** 是二元关系谓词，以 *jones*、*the-toast* 为论元。动词修饰语如介词 *with*、*in* 等被看成是高阶谓词，其作用是把一个 VP 映射到一个更复杂的 VP 上，这样 **With**、**In** 等谓词之间就形成了复杂的函项关系。在（1.6″）中，**With** 和 **In** 等都成了Θ-函项，（1.6）中的蕴涵关系被刻画成逻辑合取式之间的关系。显而易见，若 $\varphi \wedge \psi$ 为真，则必然有 φ 为真，因此（1.6″）中的蕴含关系更加地直观。

更重要的是，与经典谓词逻辑分析法相比，新戴维森分析法与自然语言的实际表现更为贴近。例如，在（1.6）c 中，*with a knife* 和 *in the bathroom* 都修饰动词 *butter*，二者的句法地位是平行的，但在（1.6′）c 中，**With** 和 **In** 却不在同一个“阶”上。在（1.6′）b 中，**Butter** 是 **With** 的论元，但在（1.6′）c 中，**Butter** 是 **In** 的论元，而 **In**(*the bathroom*)(**Butter**)是 **With** 的论元。也就是说，依据（1.6′）的方式，本身没有歧义的介词 *with*、*in* 等却有了不同的逻辑语义式。如果在 CCG 的框架内，采用经典谓词逻辑分析法，则必须在词库中为本来没有任何歧义的 *with* 和 *in* 赋予多个逻辑语义式，这显然不是一个合理的做法。

同样的问题在（1.6″）中并不存在，因为采用逻辑合取式的方式，**With** 和 **In**

都是从事件到个体的函项，因此可以给出唯一的逻辑语义式。假设，用 **VP** 作为 $\langle e, t\rangle$类型的事件性质谓词变元，在 CCG 的词库中，*with* 和 *in* 的逻辑语义式就是 $\lambda\mathbf{VP}\lambda x.\mathbf{VP}(e) \wedge \mathbf{With}(e) = x$ 和 $\lambda\mathbf{VP}\lambda x.\mathbf{VP}(e) \wedge \mathbf{In}(e) = x$。而且在句子组合的每一阶段，不同的表达式都可以获得自己的逻辑语义式。

但是新戴维森分析法也存在局限性，最大的问题是：对那些通过逻辑合取的方式引入到句子逻辑语义式中的、担任某个题元角色的个体（不仅仅指通常意义上的个体，也可以是事件个体或区间个体等），无法在一个统一的量化域中进行量化，这导致了难以在组合性的原则下，通过 λ-演算获得句子的最终逻辑语义式（即包括时体语义的逻辑语义式）。为了解决这一问题，$\mathscr{L}_{\mathrm{MEM}}$ 做了一些技术性的处理，将动词翻译成一个五元关系谓词，如“跑步”被翻译成$\lambda ewii_r i_u$.**跑步**(e, w, i, i_r, i_u)，表示 e 是可能世界 w 中、以参照区间 i_r 和说话区间 i_u 为参照定位的 i 上的事件，且 e 的本体性质是**跑步**。这样就可以把事件 e，可能世界 w 和区间 i、i_r 及 i_u 等都纳入到一个统一的量化域中。这一点在第三章第四节的（二）中还会详细给出说明。

第二节　Link 的代数语义结构

构体论是指**从构体-整体关系的角度研究自然语言表达式指称对象的形式逻辑理论**（Link，1983；Simons，1987；Moltmann，1997；Varzi，2008，2010；Arapinis，2015）。mereology 的词根 meros-来自希腊语 μερε(σ)-，有“部分”之意。前苏格拉底时期的哲学家就已经开始对构体关系的讨论，并且该讨论贯穿中世纪本体论和近代哲学的讨论范围。不过尝试对构体关系进行形式化研究还是始于胡塞尔（E. Husserl）的《逻辑研究》（*Logical Investigation*）。依据 Champollion 和 Krifka（2016），完整的形式化构体论是波兰学者 Leśniewski 完成的①。作为一种形式化的数学基础理论，构体论是集合论的另一种表述。集合论的基础是两个构体关系（即属于关系∈和包含关系⊆）以及由此而形成的类型差异。例如，如果 $\alpha \subseteq \beta$，则 α 和 β 都是集合；如果 $\alpha \in \beta$，则 β 必须是集合。据此，集合论将独元集和独元集中的元素区分开，即 $\alpha \neq \{\alpha\}$，并相应地假定空集的存在。但是作为集合论的另一种表述，构体论并不认为集合中的元素和独元集有本质区别，因为构体论不把集合看成是本体论意义上的个体。因此也就不需要区分元素和独元集，更无须考虑空集。

---

① 这方面的工作主要见于 Leśniewski 的两部著作 *Foundations of the General Theory of Sets*（1916）和 *Foundations of Mathematics* (1927–1931)。这里的论述主要转引自 Champollion 和 Krifka（2016）和 *Stanford Encyclopedia of Philosophy* 中的 mereology 词条（https://plato.stanford.edu/entries/mereology/）。

Link（1983，1987）、Sharvy（1980）和 Simons（1987）将构体论的思想应用到自然语言形式语义学的研究中，其核心思想可以表述为：假设论域中有两个个体 x_1 和 x_2，则 x_1 和 x_2 生成的加合（Sum）x 也是论域中的个体。从模型论的角度看，x_1、x_2 和 x 有着相同的个体地位，但是 x 的内部由于 x_1 和 x_2 而产生某种结构，这种结构就是外延构体结构。将结构关系引入到语义模型的论域中，论域就成为一个代数结构——聚合半格（join-semilattice）。相应地，语义模型也就成了结构化语义模型。相比于蒙太格语法中的非结构化语义模型（Montague，1970a，1970b），结构化语义模型对自然语言语义具有更强的表现力，可以在颗粒度更细的尺度上表征语义，因而成为自然语言形式语义学的有力工具。

Bach（1986）、Krifka（1989，1990，1998）将构体论与事件语义学结合起来，从而形成了 CEM 的基础。再经过众多学者在不同方向上的不断改进完善（如 Landman，2000；Chierchia，2013；Link，2015；Champollion，2010），Champollion 和 Krifka（2016）、Champollion（2017）形成了所谓的 CEM。在半个多世纪的发展中，以表现构体关系为特征的语义模型以及这些语义模型背后的 CEM 理论思想，已经成为现代形式语义学基础理论之一。某种意义上，在现代形式语义学研究中，如果不了解 CEM，则很难真正读懂国际学术刊物上的现代语义学的研究文献。

一、CEM 的基本思想

Link（1983，1998）提出聚合半格结构的最初动因是从模型论的角度刻画个体的构体关系，据此解决 NP 的复数语义问题。例如，假设 x 是由两个原子个体 x_1 和 x_2 生成的，则 x 与 x_1 和 x_2 就存在构体关系。x 是被称为**加合**（sum）的整体，而 x_1 和 x_2 是 x 的**构体**。在自然语言中，这种构体关系有着比较复杂的语义表现。例如，“甲和乙”是由“甲”和“乙”生成的加合。如果“甲和乙在睡觉”为真，则“甲在睡觉”必然为真。但是“甲和乙抬走了钢琴”为真，却并不意味着“甲抬走了钢琴”为真。这就清楚地表明，在个体论域中，加合不应该被视为个体（即该加合的构体）的集合，而是与其构体有着同等个体地位的元素。

这种关系在蒙太格风格的非结构化语义模型中难以得到表征。在非结构化的个体论域 $\boldsymbol{D_d}$ 中，对于任意元素 x_1，$x_2 \in \boldsymbol{D_d}$，x_1 和 x_2 都具有原子属性，x_1 和 x_2 之间不存在任何结构关系。它们都是具有原子性质的、没有任何内部结构的元素。但是在结构化语义模型中，论域中存在聚合运算 $\cup_d$①，这使得论域中有的元素是通过别的元素经过 $\cup_d$ 运算而得到的，因此论域中的元素就存在一定的结构关系。

① $\cup_d$ 运算大致等同于代数中的并运算 $\cup$。Link（1983，1997）在构造刻画自然语言语义的 LPM（logic of plurals and mass terms，即刻画自然语言集合名词和物质名词的逻辑语言）时将 $\cup$ 引入到个体论域中。这里增加下标 d，目的是和后文中事件论域中的并运算 $\cup_e$ 进行区分。

$\cup_d$运算的具体规定如下。

定义 1.1（聚合运算$\cup_d$）。

若x_1，$x_2 \in \boldsymbol{D_d}$，则$x_1 \cup_d x_2 \in \boldsymbol{D_d}$，且满足：

a. 等幂律：$x \cup_d x = x$；

b. 交换律：$x_1 \cup_d x_2 = x_2 \cup x_1$；

c. 结合律：$(x_1 \cup_d x_2) \cup_d x_3 = (x_1 \cup x_3) \cup_d x_2 = x_1 \cup (x_2 \cup_d x_3)$。

据定义 1.1，$\cup_d$运算具有封闭性，即若x_1和x_2是$\boldsymbol{D_d}$中的个体元素，则$x_1 \cup_d x_2$也是$\boldsymbol{D_d}$中的个体元素。同时，$\cup_d$运算具有递归性，即$x_1 \cup_d x_2$中的x_1或x_2本身也可以包含聚合运算符$\cup_d$。

类似$x_1 \cup_d x_2$的个体元素就是**复数个体元素**，在自然语言的模型论解释中，复数个体元素主要用来表征加合个体，因此也可以称为**加合个体元素**，如“张三和李四、三班的学生、登上月球的人”等都可以被解释成个体论域中的加合个体元素①。相应地，原子元素被用来表征原子个体，如“张三、黄鹤楼、第一个登上月球的人”等都被解释成$\boldsymbol{D_d}$中的原子元素。

需要注意两点：首先，形如$x_1 \cup_d x_2$的加合元素并不是两个元素的简单相加，而是在论域中具有独立地位的新元素；其次，$x_1 \cup_d x_2$与$\{x_1, x_2\}$这两种写法代表着两种完全不同的概念，前者表示论域中的一个加合元素，而后者表示两个元素的集合。作为论域中的新元素，$x_1 \cup_d x_2$是与x_1和x_2都不同的元素，并且可能具有x_1和x_2都不具有的性质。就如同数学中的自然数一样，尽管 2 可以看成是由 1+1 得来的，但是 1 和 2 是两个完全不同的自然数。

据此，$\boldsymbol{D_d}$中的元素可以分成两类，一类是原子元素，另一类是加合元素。这两类元素构成的论域分别记做$\boldsymbol{D}_{\mathrm{Atom}\boldsymbol{d}}$和$\boldsymbol{D}_{\mathrm{Sum}\boldsymbol{d}}$，显然有$\boldsymbol{D_d} = \boldsymbol{D}_{\mathrm{Atom}\boldsymbol{d}} \cup \boldsymbol{D}_{\mathrm{Sum}\boldsymbol{d}}$。

由于存在$\cup_d$运算，$\boldsymbol{D_d}$中的元素形成偏序关系，记作$\leqslant_d$。直观地看，$\leqslant_d$刻画的就是构体关系。比如，x_1和x_2是$x_1 \cup_d x_2$的构体，而$x_1 \cup_d x_2$是x_1和x_2的整体，因此有$x_1 \leqslant_d x_1 \cup_d x_2$。假设$\boldsymbol{D}_{\mathrm{Atom}\boldsymbol{d}} = \{x_1, x_2, x_3\}$，即$\boldsymbol{D_d}$中只有三个原子元素，则$\boldsymbol{D_d}$中存在如图 1.1 的结构（引自 Link，1998：65，书写形式稍有改动）。

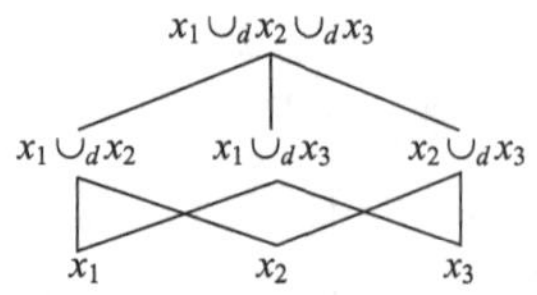

图 1.1　个体的聚合半格结构

① 为了简洁，在后文中，在不影响理解的情况下，将省略复数个体元素、加合个体元素以及原子个体元素中的“个体”字样。

在 $\boldsymbol{D}_{\mathrm{Atom}\boldsymbol{d}}$ 只有三个元素的情况下，论域 $\boldsymbol{D_d}$ 中的元素就有七个。图 1.1 表明，在论域 $\boldsymbol{D_d}$ 上有偏序关系 $\langle \leqslant_d, <\boldsymbol{D_d}, \leqslant_d\rangle$ 构成了一个偏序集。如果忽视复数元素的 $\cup_d$ 运算，即仅仅将加合元素看成是原子元素的集合，则从集合论的角度看，$\boldsymbol{D_d}$ 就是 $\boldsymbol{D}_{\mathrm{Atom}\boldsymbol{d}}$ 的幂集，即 $\boldsymbol{D_d}=\mathrm{Pow}(\boldsymbol{D}_{\mathrm{Atom}\boldsymbol{d}})$。同时，任取 $\boldsymbol{D_d}$ 中的 n 个元素构成 $\boldsymbol{D_d}$ 的一个子集 X，则 X 都有自己的**上确界**（supremum，亦称最小上界，即 least upper bound），也就是说存在一个元素 $d'\in\boldsymbol{D_d}$，满足：对于任意 $d\in X$，都有 $d\leqslant_d d'$。后文将上确界 d' 直接看成是相对于子集 X 的最大加合元素①。

这样，根据数学中的格论（lattice theory），偏序集 $\langle\boldsymbol{D_d}, \leqslant_d\rangle$ 就变成了以 $\cup_d$ 为聚合算子的聚合半格的代数结构。以这样的集合作为论域，就是一种结构化论域，以结构化论域为论域的语义模型就是所谓的结构化语义模型。结构化的个体论域的完整定义如下。

> **定义 1.2**（结构化的个体论域）。
>
> a. 个体论域 $\boldsymbol{D_d}$ 是聚合上半格 $\langle\boldsymbol{D_d}, \leqslant_d\rangle$，其中 $\boldsymbol{D_d}=\boldsymbol{D}_{\mathrm{Atom}\boldsymbol{d}}\cup\boldsymbol{D}_{\mathrm{Sum}\boldsymbol{d}}$，而 $\leqslant_d$ 是 $\boldsymbol{D_d}$ 上的偏序关系。$\boldsymbol{D_d}$ 上存在 $\cup_d$ 运算，满足等幂律、交换律和结合律。显然有：$x_1\leqslant_d x_2$ 当且仅当 $x_1\cup_d x_2=x_2$。$\boldsymbol{D_d}$ 中的元素类型记作 d。
>
> **特别约定**：若 $X\subseteq\boldsymbol{D}_{\mathrm{Atom}\boldsymbol{d}}$，且 x 是由 X 中的所有个体经过 $\cup_d$ 运算后得到的最大个体加合，则 $x=\mathrm{Sup}_d(X)$，且 X 被称为 x 的生成集。
>
> b. $\boldsymbol{D}_{\mathrm{Atom}\boldsymbol{d}}\subseteq\boldsymbol{D_d}$ 是原子个体论域，即 $d\in\boldsymbol{D}_{\mathrm{Atom}\boldsymbol{d}}$ 当且仅当 有任意 x'，如果 $x'\leqslant_d x$，则 $x'=x$。$\boldsymbol{D}_{\mathrm{Sum}\boldsymbol{d}}$ 是个体真加合论域，满足任意 $x\in\boldsymbol{D}_{\mathrm{Sum}\boldsymbol{d}}$ 当且仅当 至少有 x'，$x''\in\boldsymbol{D}_{\mathrm{Atom}\boldsymbol{d}}$，满足 $x'\leqslant_d x$，且 $x''\leqslant_d x$。
>
> c. 函项 ${}^{\theta}\gamma$：$\boldsymbol{D_e}\rightarrow\boldsymbol{D_d}$ 是从事件论域到个体论域的映射。任意 $e\in\boldsymbol{D_e}$，都有且只有一个 $x\in\boldsymbol{D_d}$ 使得 ${}^{\theta}\gamma(e)=x$。

定义 1.2 中的 ${}^{\theta}\gamma$ 是与各种Θ-函项对应的映射，上标 θ 表示具体的题元角色。如 ${}^{\mathrm{Agent}}\gamma(e)=x$ 表示 e 与 x 存在施事关系。

上文对 CEM 的介绍采用了数学中的格论视角（lattice-theoretical approach），即加合运算的视角。这里再从序论的视角（order-theoretic approach），简要阐明构体论与集合论的关系。

从序论的视角，把具有自返性 reflexivity 且无结构的构体关系 ≤（即后文中的 IsPart 关系）作为原子关系。≤关系是一个偏序关系，受到下列公理的制约。

a. 自返性：$\forall x.x\leqslant x$；

① 例如，假设 $X=\{d_1, d_3\}$，则 X 的上确界元素就是 $d_1\cup_d d_3$。如果 $X=\{d_1, d_2\cup_d d_3, d_3\}$，则 X 的最大复数元素就是 $d_1\cup_d d_2\cup_d d_3$。

b. 传递性：$\forall xyz.\ x \leqslant y \wedge y \leqslant z \rightarrow x \leqslant z$；

c. 反对称性：$\forall xy.\ x \leqslant y \wedge y \leqslant x \rightarrow x = y$。

除此之外，还有如下的加合唯一性公理。

$\forall X. X \neq \varnothing \rightarrow \exists! z\ \mathrm{sum}(z, X)$

该公理表明，任意一个非空集合 X，都有唯一的一个加合。依据这一公理，有 $x \oplus y = \exists! z\ \mathrm{sum}(z, \{x, y\})$。在此基础上，就得到广义加合的概念。

广义加合：对于任意非空集 X，其加合$\oplus$X 就是$!z\ \mathrm{sum}(z, X)$

依据上述内容，显然有如下定义。

a. $x < y =_{def} x \leqslant y \wedge x \neq y$【x 的真构体是指 x 的构体中，除了 x 自身之外的构体】；

b. $x \circ y =_{def} \exists z. z \leqslant x \wedge z \leqslant y$【x 与 y 有重叠关系 当且仅当 二者有共同的构体】；

c. $\mathrm{sum}(x, X) =_{def} \forall y[X(y) \rightarrow y \leqslant x] \wedge \forall z[z \leqslant x \rightarrow \exists z'[X(z') \wedge z \circ z']]$。

【一个集合 X 的加合包括集合中所有元素，且每一个构体都与 X 中的某个元素有重叠关系】

依据上述讨论，构体论与集合论之间存在如表 1.1 的对应关系。

表 1.1 构体论与集合论的对应关系

序号	性质	CEM	集合论
1	自返性	$x \leqslant x$	$x \subseteq x$
2	传递性（transitivity）	$x \leqslant y \wedge y \leqslant z \rightarrow x \leqslant z$	$x \subseteq y \wedge y \subseteq z \rightarrow x \subseteq z$
3	反对称性（antisymmetry）	$x \leqslant y \wedge y \leqslant x \rightarrow x = y$	$x \subseteq y \wedge y \subseteq x \rightarrow x = y$
4	相互可定义性（interdefinability）	$x \leqslant y \Leftrightarrow x \oplus y = y$	$x \subseteq y \Leftrightarrow x \cup y = y$
5	加合/集合的唯一性（unique sum/union）	$X \neq \varnothing \rightarrow \exists! z\ \mathrm{sum}(z, X)$	$\exists \iota z\ (z = \cup X)$
6	结合性（associativity）	$x \oplus (y \oplus z) = (x \oplus y) \oplus z$	$x \cup (y \cup z) = (x \cup y) \cup z$
7	交换性（commutativity）	$x \oplus y = y \oplus x$	$x \cup y = y \cup x$
8	等幂性（idempotence）	$x \oplus x = x$	$x \cup x = x$
9	唯一分解性（unique separation）	$x < y \rightarrow \exists \iota z(x \oplus z = y) \wedge \neg(x \circ z)$	$x \subset y \rightarrow \exists \iota z(z = y - x)$

二、刻画个体构体关系的逻辑语言

后文在讨论事件多维构体关系以及构造 $\mathcal{L}_{MEM}$ 时，所涉及的个体构体关系理论主要来自 Link（1983，1997）中的 LPM，同时还参照了 Link（2015）等其他文献以及 Krifka（1998）、Landman（2000）和 Rothstein（2004，2008b）等文献的一些成果。在这些研究的基础之上，针对事件语义研究的需求，做了一些技术上的调整。

（一）个体的构体关系

Link（1983，1997）用 $x' \prod x$ 表示个体 x′是 x 的构体。后文在讨论事件多维构体关系时，不仅涉及个体的构体关系，还涉及事件在多维度上的构体关系，因此必然会使用大量的逻辑符号。为了提高公式的可读性，后文尽量用有意义的汉语或英语词来代替无直观意义的逻辑符号。例如，用 ^{d}IsPart 代替 $\prod$ 表示构体关系。

a. ^{d}IsPart(x′，x)表示个体 x′是 x 的构体，其中上标 *d* 是为了与 ^{e}IsPart 区分。^{e}IsPart(e′，e)在后文中表示事件 e′是 e 的构体。

b. $\oplus_d$ 表示个体的加合运算符，增加下标 *d* 是为了与后文中事件的加合符 $\oplus_e$ 区分开。任意个体论元 x 和 x′，$x \oplus_d x'$仍然是个体论元，且若 ^{d}PartOf(x′，x)，则 $x' \oplus_d x = x$。

c. $\sigma^*xP(x)$表示由具有性质 P 的所有个体 x 构成的最大加合元素。在论域中，$\sigma^*xP(x)$被解释为 $Sup_d(X)$，即$[\![\sigma^*xP(x)]\!]$是 *X* 的上确界。最大加合个体的定义如下。

定义 1.3（最大加合个体）。
如果 $X = \{d_1，d_2，\cdots，d_n\}$，则 $Sup_d(X) = d_1 \cup_d d_2 \cup_d \cdots \cup_d d_n$。

参照图 1.1，$Sup_d(\{d_1，d_3\}) = d_1 \cup_d d_3$，且 $Sup_d(\{d_1 \oplus_d d_3，d_3\}) = d_1 \cup_d d_3$。

这里约定，任意 *x* 和任意集合 $X \subseteq \boldsymbol{D}_{\mathrm{Atom}\boldsymbol{d}}$，若 $x = Sup_d(X)$，则称 *X* 是 *x* 的生成集。另注意：生成集中的个体都是原子元素。

（二）外延度量函项

在 Link（1983，1997）中，P 是原子个体的性质谓词，而*P 是包括加合个体在内的个体性质谓词。任意一个个体 x，若*P(x)为真且 *X* 是$[\![x]\!]$的生成集，则任意$[\![x']\!] \in X$，都有 P(x′)。同时 Link（1983，1997）还用 ^{m}P 表示物质个体的性质谓词。但是多维构体理论放弃了这样做法，而是引进 Suppes 等（1971）和 Krifka（1998）中的**外延度量函项**（extensive measure function，简称 **EM 函项**），并用 EM 函项来表示原子个体和加合个体以及物质个体的区别。在后文中用 $^v\boldsymbol{m}_c$ 表示个体 EM 函项，其中左上标 v 表示个体的度量单位，右下标 $\boldsymbol{C}$ 表示语境。

$^v\boldsymbol{m}_c$ 是一个由语境决定的、以 v 为度量单位的个体 EM 函项。该函项将一个

个体映射到自然数 n。对于任意个体 x，如果 $^{v}\boldsymbol{m}_c(x)$是 1，则表明 x 相对于度量单位 v 是原子个体；若 $^{v}\boldsymbol{m}_c(x)$大于 1，则是加合个体；若 $^{v}\boldsymbol{m}_c(x)$大于 0，则表明 x 的度量单位不受 v 的限制。采用了 EM 函项之后，个体的性质谓词变元统一写成 P，即在 P(x)中，x 可以是原子个体，也可以是个体加合，或者是不可数的个体。

定义 1.4（EM 函项）。

$^{v}\boldsymbol{m}_c$是一个从个体集到自然数集的函项满足：对于任意 x 和 x′，都有：

a. $^{v}\boldsymbol{m}_c(x \oplus_d x') = {}^{v}\boldsymbol{m}_c(x) + {}^{v}\boldsymbol{m}_c(x')$ 【注：$^{v}\boldsymbol{m}_c$有相加性】

b. 对于任意 x 和 x′，若 $^{v}\boldsymbol{m}_c(x) > 0$，则至少存在一个 x″满足：$x = x' \oplus_d x''$且 $^{v}\boldsymbol{m}_c(x') > 0$ 【注：$^{v}\boldsymbol{m}_c$有相余性】

关于 $^{v}\boldsymbol{m}_c$的例子。例如，∃x.**面包**(x) ∧ $^{\uparrow}\boldsymbol{m}_c(x) = 2$ 表明：x 是一个有“两个面包”性质的个体。∃x.**面包**(x) ∧ $^{\uparrow}\boldsymbol{m}_c(x) \geqslant 0$ 则表明：x 是一个有“面包”性质的个体，但数量不定，可以是多个面包，也可以是半个面包。用 EM 函项代替多种个体性质谓词，主要优势在于可以更灵活地刻画个体的性质，如例（1.7）所示。

（1.7）a. 马丽把一个苹果递给张三。

b. 马丽在沙拉中添加了一些苹果。

c. 马丽在沙拉中添加了一个苹果。

在（1.7）a 中，“苹果”指一个完整的苹果，其逻辑语义式大致是（1.7′）a，其中有 $^{\uparrow}\boldsymbol{m}(x) = 1$。但是在（1.7）b 中，“苹果”指一些切碎的苹果。假设添加到沙拉中切碎的苹果共有 20 小块，且 x 是其中任意一小块苹果，则存在 20 个“马丽添加 x 到沙拉中”的事件，这 20 个事件的加合就是（1.7）b 事件，因此（1.7）b 的逻辑语义式大致是（1.7′）b。（1.7）c 则又不相同。虽然有“一个苹果”字样，但是这显然不是表示，马丽把一个完整的苹果放到沙拉中，而是指添加到沙拉中的苹果是由一个苹果切碎的，因此（1.7）c 的逻辑语义式大致是（1.7′）c。

（1.7′）a. ∃ex.**递给**(e) ∧ Agent(e) = **马丽** ∧ Theme(e′) = x ∧ Goal(e′) = **张三** ∧ **苹果**(x) ∧ $^{\uparrow}\boldsymbol{m}(x) = 1$

b. ∃ex.**添加**(e) ∧ Agent(e) = **马丽** ∧ ∀e′[^{e}IsPart(e′, e) → ∃x[**苹果**(x) ∧ $^{\uparrow}\boldsymbol{m}(x) > 0$ ∧ Theme(e′) = x]]

c. ∃ex.**添加**(e) ∧ Agent(e) = **马丽** ∧ **苹果**(x) ∧ $^{\uparrow}\boldsymbol{m}(x) = 1$ ∧ ∀e′x[^{e}IsPart(e′, e) ∧ e′ ≠ e→ ∃x′[^{d}IsPart(x′, x) ∧ $^{\uparrow}\boldsymbol{m}(x) > 0$ ∧ Theme(e′) = x′]]

在（1.7′）c 中，通过 $^{\uparrow}\boldsymbol{m}(x) = 1$ 表明苹果的数量是一个，同时通过∃x′[^{d}IsPart(x′,

x) ∧ $^{\uparrow}\boldsymbol{m}$(x) > 0]表明添加到沙拉中的不是一个完整的苹果，而是一个完整苹果的一部分。据此可见，用 $^{\vee}\boldsymbol{m}_c$ 代替 Link 的谓词*P 和 ^{m}P 使得逻辑语言更灵巧地刻画自然语言的逻辑语义。

（三）其他不同点

与 Link 的系统相比，后文对个体的讨论稍有不同，主要体现在以下方面。

（1）将个体性质区分为本体性质和非本体性质。如果即便 x 和 x′在数量、时间、空间以及与其他个体的关系上存在某些差异，个体性质 P 仍然可以同时应用到 x 和 x′上，则 P 就是个体的本体性质，否则就是非本体性质。例如，“苹果”就是个体的本体性质，即便 x 是“两个苹果”或“夏末的苹果”或“山东的苹果”或“张三的苹果”，而 x′是“一个苹果”或“初秋的苹果”或“陕西的苹果”或“马丽的苹果”，x 和 x′都有着相同的本体性质，即“苹果”。“两个苹果”和“夏末的苹果”等性质就是个体的非本体性质。

（2）同质构体和异质构体。由于区分了本体性质和非本体性质，个体的构体关系也可以进一步区分。若 x 是“两个苹果”，x′是其中的一个苹果，则相对于本体性质“苹果”，x′是 x 的同质构体，但是相对于非本体性质“两个苹果”，则 x′是 x 的异质构体。同理，若 x 是“一个苹果和一个梨子”，而 x′是其中的那个苹果，则相对于本体性质“苹果和梨子”，x′是 x 的异质构体，但是相对于本体性质“水果”，则 x′是 x 的同质构体。这里规定，后文中谈到 x′是 x 的同质构体时，默认为是**相对于本体性质的同质构体**。

由于后文的重点在事件的多维构体关系上，因此个体的这种本体性质和非本体性质的区分，在后文中的讨论占比不大。但是对于事件而言，本体性质和非本体性质的区分就有非常重要的意义。

（3）Θ-函项的量化作用。Link（1983，1997）将个体性质 P 区分为分配性的和聚合性的，前者有 Distr(P) ↔ ∀x[P(x) → At(x)]，即若 P 有分配性，则任意 x，若 P(x)成立，则 x 必然是原子个体。这种分析法不是建立在事件语义学的基础上，而是基于经典的蒙太格语法，即将动词看成是个体之间的关系。在引入事件语义学之后，这种分配性和聚合性的差异就需要结合题元角色来考虑（Landman，2000）。这将是第二章第一节和第四章重点讨论的内容。

第三节　Bach-Krifka 的事件语义模型

自 Link（1983）将代数结构引入到自然语言的复数语义研究之后，学者就开始关注事件语义的复数问题。毫无疑问，若 e 是“张三签名”事件，则 e 必然可

以分解为 e_1 = “张三拿起笔”和 e_2 = “张三写了自己的名字”。从这个角度来说，e 就是 e_1 和 e_2 的加合。但是与个体对象相比，事件对象要复杂很多。一方面，这是因为事件本身就是抽象的，如何界定事件本身就是一个问题；另一方面，事件的主体是个体对象，所以事件结构必然依赖于个体间的关系，而且事件还具有时间构造。由此，构建一个能够充分表征自然语言事件复数语义的形式语义模型就变得更加具有挑战性。

在现有文献中，Bach（1986）是最早开始构建关于事件复数语义的文献。此后 Krifka（1998）为了刻画终结性而构造了更为复杂、表现力也更为丰富的事件语义结构，并成为事件语义学发展过程中的一个经典案例。

这些语义模型经过 Rothstein（2004）等的不断丰富，已经成为形式语义学中讨论事件语义的基础，尤其是讨论 VP 的时体语义的基础（Higginbotham et al.，2000；Pietroski，2005；Hovav et al.，2010；Dölling，2014；Robering，2014）。

一、Bach 的事件语义结构

Bach（1986）以 Link（1983，1997）的代数语义结构为基础，构造了事件语义的代数结构。Bach 事件语义结构的特点是将过程和事件区分开。在 Bach 看来，事件可以类比为可数的个体对象，如“金戒指”“一杯水”等，而过程可以类比为不可数的物质对象，如“金子”“水”等。事件是由过程构成的，就如同对象个体是由物质个体构成的一样，如下所示。

事件：可数的个体对象 vs. 过程：不可数的物质对象

依据这样的基本思想，Bach 的事件语义结构解释了（1.8）的问题，即一方面（1.8）a 和（1.8）b 都可以看成是具有原子性质的单数事件；另一方面（1.8）a 所描述的情境可以是（1.8）b 情境的构成部分。在分解（1.8）b 事件之后，可以得到（1.8）a 事件，这又说明（1.8）b 事件不具有原子性。

（1.8）a. *Sally pound in a nail.*（萨莉将钉子敲进去。）
　　　b. *Sally build a cabin.*（萨莉建造了一个小木屋。）

但是如果将过程和事件分开，从事件的角度分析，（1.8）a 和（1.8）b 都是具有原子性质的单数事件，相互之间没有构体关系。只是（1.8）a 的过程被包含在（1.8）b 的过程中，即（1.8）a 的过程是（1.8）b 的过程的构体。

Bach（1986：327）给出了下面的事件代数语义结构。

定义 1.5（Bach 事件代数语义结构）。

a. E_e 是事件的集合，集合中存在并运算 $\cup_e$ 以及偏序关系 $\leqslant_e$（构成了一个完全原子的布尔代数）；

b. $A_e \subseteq E_e$是原子事件集合；

c. $D_e \subseteq A_e$是过程的集合，集合中存在加合运算$\cup_p$以及偏序关系$\leqslant_p$（是一个完全的原子布尔代数）；

d. 在 $E_e \times E_e$上定义两个时间关系，即严格居前关系$\propto$（满足无自返性、反对称性和传递性）和重叠关系^{O}（满足自返性、对称性和非传递性）；

e. 从$\langle E_e, \cup_e, \leqslant_e, \propto, ^{\text{O}}\rangle$到$\langle D_e, \cup_p, \leqslant_p, \propto, ^{\text{O}}\rangle$的同态（homomorphism）映射 h 满足：

（i）$h_e(\alpha) = \alpha$ 当且仅当 $\alpha \in D_e$

（ii）$h_e(\alpha \cup_e \beta) = h_e(\alpha) \cup_p h_e(\beta)$

（iii）$\alpha \leqslant_i \beta \Rightarrow h_e(\alpha) \leqslant_m h_e(\beta)$。

参照 Bach（1986）的分析，假设（1.9）a 和（1.9）b 描述相同的情境，则这是两个不同的单数原子事件。（1.9）c 描述的是由这两个原子事件构成的复数事件。假设 e_1= “玛丽摔了一跤”，e_2= “玛丽崴了脚”，e_3= “玛丽摔了一跤并且玛丽崴了脚”，显然有 $e_3 = e_1 \cup_e e_2$，且 $e_1 \leqslant_e e_3$，即 e_1 是 e_3 的事件构体。同时，构成 e_1 的过程也必然是构成 e_3 的过程，因此有 $h_e(e_1) \leqslant_p h_e(e_3)$。

（1.9）a. *Mary stumble.*（玛丽摔了一跤。）[①]

b. *Mary twist her ankle.*（玛丽崴了脚。）

c. *Mary stumble and twist her ankle.*（玛丽摔了一跤并且玛丽崴了脚。）

作为最早构造的复数事件语义结构，Bach 的事件语义结构还比较简单。只是从事件进程的角度讨论了事件的构体关系，而对于事件中的两个最重要的要素，即个体与时间，没有做出系统性的考察。复数语义表现为事件的构体关系，而事件的构体关系则直接由时间和事件中的个体决定，绕开这些去讨论事件的构体关系，必然会出现一些问题。

例如，按照 Bach 的主张，一个“钉钉子”事件和一个“建造小木屋”事件都是原子事件，一个“钉钉子”的过程可以被包括在“建造小木屋”的过程中，但是一个“钉钉子”的事件却不能是“建造小木屋”事件的构体。这种解释虽然可行，却不符合人们的常识，而且这样的绕圈子，颇有舍近求远之嫌。

---

① Bach（1986）主要讨论事件本身，不涉及时等因素，因此在（1.8）～（1.9）的例句中，动词都是原形动词，没有时和数的变化。

二、Krifka 的事件语义结构

Krifka（1998）采用有向路径结构（path structure）来刻画事件语义。这样事件不再被刻画为一些离散的情境片段，而是沿着有向路径不间断地展开的过程。

（一）构体结构 P 和 EM 函项

在 Link 语义模型的基础上，Krifka（1998）首先构造了结构 P，以表征个体对象的构体结构，定义如下。

定义 1.6（Krifka 的构体结构 P）。

$P = \langle \boldsymbol{U}_P, \oplus_P, \leqslant_p, <_p, \otimes_p \rangle$ 是一个构体结构当且仅当：

a. $\boldsymbol{U}_P$ 是个体对象集；

b. $\oplus_P$ 是加合运算符，是从 $\boldsymbol{U}_P \times \boldsymbol{U}_P$ 到 $\boldsymbol{U}_P$ 的函项，并且具有等幂性，交换性和结合律（associativity），即 $\forall x, y, z \in \boldsymbol{U}_P[x \oplus_P x = x \wedge x \oplus_P y = y \oplus_P x \wedge x \oplus_P (y \oplus_P z) \wedge (x \oplus_P y) \oplus_P z]$；

c. $\leqslant_p$ 是构体关系符，其定义为 $\forall x, y \in \boldsymbol{U}_P[x \leqslant_p y \leftrightarrow x \oplus_P y = y]$；

d. $<_p$ 是真构体关系符，其定义为 $\forall x, y \in \boldsymbol{U}_P[x <_p y \leftrightarrow x \leqslant_p y \wedge x \neq y]$；

e. $\otimes_p$ 重叠关系符，其定义为 $\forall x, y \in \boldsymbol{U}_P[x \otimes_p y \leftrightarrow \exists z[z \leqslant_p x \wedge z \leqslant_p y]]$；

f. 剩余原则（remainder principle）为 $\forall x, y \in \boldsymbol{U}_P[x <_p y \rightarrow \exists! z[\neg[z \otimes_P y] \wedge x \oplus_P z = y]]$。

整体上，这个构体的代数结构基本就是 Link 并半格（join semi-lattice）代数语义模型的翻版。基于这样的结构，就可以考虑两类性质的谓词：CUM_P 和 QUA_P。前者表示相对于 P 的累积性谓词，后者表示相对于 P 的量化谓词。显然，下列公式是成立的：

a. $\forall X \subseteq \boldsymbol{U}_P[\mathrm{CUM}_P(X) \leftrightarrow \exists x, y[X(x) \wedge X(y) \wedge \neg [x = y]] \wedge \forall x, y[X(x) \wedge X(y) \rightarrow X(x \otimes_P y)]]$；

b. $\forall X \subseteq \boldsymbol{U}_P[\mathrm{QUA}_P(X) \leftrightarrow \forall x, y[X(x) \wedge X(y) \wedge \neg [y <_p x]]]$。

此外，相对于特定性质 P，原子概念也必然满足下面条件：

a. $\forall X \subseteq \boldsymbol{U}_P \forall x \in \boldsymbol{U}_P[\mathrm{ATOM}_P(x, X) \leftrightarrow X(x) \wedge \neg\exists y \in \boldsymbol{U}_P[y <_p x \wedge X(y)]]$①；

b. $\forall X \subseteq \boldsymbol{U}_P[\mathrm{ATM}(X) \leftrightarrow \forall x \in \boldsymbol{U}_P[X(x) \rightarrow \exists y \in \boldsymbol{U}_P[y \leqslant_p x \wedge \mathrm{ATOM}_P(y, X)]]]$。

此处 a 表示：x 相对于性质 X 具有原子性质，当且仅当，x 具有性质 X，且相对于性质 X 不含任何真构体。此处 b 表示：性质 X 具有原子属性，当且仅当，

① 原文所给的公式是 $\forall X \subseteq \boldsymbol{U}_P \forall x \in \boldsymbol{U}_P[\mathrm{ATOM}_P(x, X) \leftrightarrow X(x) \wedge \neg\exists y \in \boldsymbol{U}_P[y <_p x \wedge P(y)]]$，其中的 P 显然是打印错误，这里依据原文上下文的意思修改为 X。

任何一个有着性质 X 的元素都是相对于性质 X 的原子构体。例如，“三个或更多的苹果”就是一个具有原子性质的谓词，因为具有该谓词的个体都包含了原子元素。

（二）毗连结构 A 和路径结构 H

在构体结构 P 的基础上，Krifka 界定了一个毗连结构，记作毗连结构 A，具体定义如下。

定义 1.7（Krifka 的毗连结构 A）。

$A=\langle \boldsymbol{U}_A, \oplus_A, \leqslant_A, <_A, \otimes_A, \infty_A, \boldsymbol{C}_A\rangle$ 是一个毗连结构（adjacency structure）当且仅当：

a. $\langle \boldsymbol{U}_A, \oplus_A, \leqslant_A, <_A, \otimes_A\rangle$ 是一个构体结构；

b. ∞_A 是毗连关系符，是 $\boldsymbol{U}_A$ 中的二元关系满足：

（i）$\forall x, y \in \boldsymbol{U}_A[x \infty_A y \leftrightarrow \neg x \otimes_A y]$

（ii）$\forall x, y, z \in \boldsymbol{U}_A[x \infty_A y \wedge y \leqslant_A z \leftrightarrow x \infty_A z \vee x \otimes_A z]$；

c. $\boldsymbol{C}_A \subseteq \boldsymbol{U}_A$ 是凸元素集（set of convex elements），一个集合是 $\boldsymbol{U}_A$ 的凸元素集，当且仅当 该集合是满足下面条件的最大集合：

$\forall x, y, z \in \boldsymbol{C}_A[y, z \leqslant_A x \wedge \neg y \otimes_A z \wedge \neg y \infty_A z \rightarrow \exists u \in \boldsymbol{C}_A[u \leqslant_A x \wedge u \infty_A y \wedge u \infty_A z]]$。

这里的毗连条件是说：毗连的两个元素没有重叠关系，而且如果元素 x 与元素 y 毗连，而 y 又是 x 的构体，则或者 x 与 z 有毗连关系，或者 x 与 z 有重叠关系。凸元素集条件是说：所有没有部分重合的构体或者毗连的构体都被一个凸元素相连。

依据毗连关系，就可以界定路径结构 H，其定义如下。

定义 1.8（Krifka 的路径结构 H）。

$H=\langle \boldsymbol{U}_H, \oplus_H, \leqslant_H, <_H, \otimes_H, \infty_H, \boldsymbol{C}_H, \boldsymbol{P}_H\rangle$ 是一个路径结构，满足：

a. $\langle \boldsymbol{U}_A, \oplus_A, \leqslant_A, <_A, \otimes_A, \infty_A, \boldsymbol{C}_A\rangle$ 是一个毗连结构；

b. $\boldsymbol{P}_H \subseteq \boldsymbol{C}_H$ 是满足下面条件的最大集合：

$\forall x, y, z \in P_H[y, z \leqslant_H x \wedge \neg y \otimes_H z \wedge \neg y \infty_H z \rightarrow \exists u \in \boldsymbol{P}_H[u \leqslant_H x \wedge y \infty_H u \infty_H z]]$；

c. $\forall x, y \in U_H[\neg x \otimes_H y \wedge \neg x \infty_H z \rightarrow \exists z \in P_H[x \infty_H z \infty_H y]]$。

这里的条件 b 是说，总是存在一个子路径使得路径中的两个没有重叠和毗连关系的构体得以连接。条件 c 是说，两个没有重叠和毗连关系的构体被一条路径连接，如图 1.2 所示。

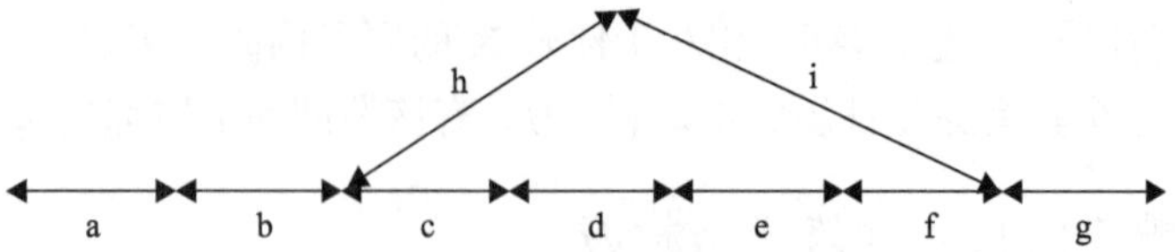

图 1.2　有向路径

在图 1.2 中，a⊕b⊕c 是一个路径，但是 a⊕c⊕d 不是，因为其中的两个构体 a 和 c 之间没有被子路径相连。同理，a⊕b⊕c⊕h 也不是，因为 b 和 b⊕h 都是连接 a 和 c 的子路径，从而违反了子路径的唯一性要求。c⊕d⊕e⊕f⊕i⊕h 也不是路径，因为 d⊕e 和 h⊕i 连接了两个没有重叠关系的 c 和 f。

两个路径在终点存在两种相连方式。若两个路径 x 和 y 的加合构成一个路径且 x 和 y 是毗连的，则 x 和 y 是外部相关的（externally tangential）关系；若对于 x 和 y 而言，存在一个路径 z 满足：y 就是 x 和 z 的加合且 x 和 z 没有重叠关系，则 x 和 y 是内部相关的（internally tangential）关系。下面的公式显然是成立的。

a. $\forall x, y \in P_H[\mathrm{ETANG}_H(x, y) \leftrightarrow x \otimes_H y \in \boldsymbol{P}_H \wedge x \infty_H y]$；

b. $\forall x, y \in P_H[\mathrm{ITANG}_H(x, y) \leftrightarrow \exists z \in P_H[\neg x \otimes_H z \wedge y = x \otimes_H z]]$；

c. $\mathrm{TANG}_H = \mathrm{ETANG}_H \cup \mathrm{ITANG}_H$。

据此，显然有：一个路径结构 H 是单维度的（one-dimensional），当且仅当 $\forall x, y \in P_H \exists z \in P_H[x \leqslant_H y \wedge y \leqslant_H z]$。

（三）有向路径结构 D

如果一个路径结构中的所有路径都是有向的，则该路径结构就具有增量性质（additional property）。例如，按照相邻关系的界定，本书的内容就是一个路径，第一章与第二章相邻，第二章与第三章相邻。除了这种相邻关系，还可以界定居前关系。通过居前关系就可以得到一个有向路径结构 D。

定义 1.9（Krifka 的有向路径结构 D）。

$D = \langle \boldsymbol{U}_D, \oplus_D, \leqslant_D, <_D, \otimes_D, \infty_D, \boldsymbol{C}_D, \boldsymbol{P}_D, \ll_D, \boldsymbol{D}_D \rangle$ 是一个有向路径结构，当且仅当：

a. $\langle \boldsymbol{U}_D, \oplus_D, \leqslant_D, <_D, \otimes_D, \infty_D, \boldsymbol{C}_D, \boldsymbol{P}_D \rangle$ 是一个路径结构；

b. $\boldsymbol{D}_D \subseteq P_D$ 是有向路径集，$\ll_D$ 是 $\boldsymbol{D}_D$ 中的二元居前关系符且满足下面（i）～（ii）中的条件：

（i）$\forall x, y, z \in D_D[\neg x \ll_D x] \wedge [x \ll_D y \rightarrow \neg y \ll_D x] \wedge [x \ll_D y \wedge y \ll_D z \rightarrow x \ll_D z]$

（ii）$\forall x, y \in D_D[x \ll_D y \rightarrow \neg x \otimes_D y]$

（iii）$\forall x, y, z \in D_D[x, y \leqslant_D z \wedge \neg x \otimes_D y \rightarrow x \ll_D y \vee y \ll_D x]$

（iv）$\forall x, y \in D_D[x \ll_D y \rightarrow \exists z \in D_D[x, y \leqslant_D z]]$。

定义 1.9b（i）规定了居前关系有反自返性、反对称性和传递性；定义 1.9b（ii）规定了居前关系只存在于没有重叠关系的两个构体之间；定义 1.9b（iii）规定了一个有向路径的两个子路径，如果没有部分重叠关系，则二者之间必然存在居前关系；定义 1.9b（iv）规定了只有有向路径中的构体之间才存在居前关系。

对于（有向）路径结构做出单维度的限定，可以得到单维度的（有向）路径结构。所谓的单维度，是指任意两个没有重叠关系的有向路径 x 或 y，或者 x 居于 y 之前，或者反之。具体定义如下。

定义 1.10（Krifka 的有向路径结构 D）。

a. 一个路径结构是单维度的，当且仅当 $\forall x, y \in P_H \exists z \in P_H[x \leqslant_H z \wedge y \leqslant_D z]$；

b. 一个有向路径结构是单维度的，当且仅当 $\forall x, y \in P_H[\neg x \otimes_D y \rightarrow [x \ll_D y \vee y \ll_D x]]$。

（四）时间结构 T 和事件结构 E

事件和时间密切相关，van Lambalgen 和 Hamm（2005）、Langman（1992）等以事件为基础，通过事件关系构建时间关系，而 Krifka 采用了不同的做法。在 Krifka 的事件结构中，时间和事件都是作为个体引入的，只是两者的类型不同，而且二者通过**时间轨迹函项** τ_E 形成同态映射，若 e 是一个事件，则 $\tau_E(e)$ 就是 e 的存续时间。这样就可以通过时间关系来界定事件之间的关系。例如，若 e′是“在 8 点到 8 点 30 分之间马丽在看书”事件，e″是“在 8 点 31 分到 9 点之间马丽在看书”，则 e′与 e″有时序上的居前关系。

Krifka 先将时间结构 T 定义为一个单维度有向路径结构，其中的«表示居前时序关系。

定义 1.11（Krifka 的时间结构 T）。

T 是一个单维度有向路径结构 $\langle \boldsymbol{U}_T, \oplus_T, \leqslant_T, <_T, \otimes_T, \infty_T, \boldsymbol{P}_T, \boldsymbol{C}_T, \ll_T, \boldsymbol{D}_T \rangle$。

注意，Krifka 在这里回避了时间的原子性问题，也没有采用后来得到普遍应用的区间语义学（interval semantics），这也导致了一些问题。不过至此，可以得到下面的 Krifka 事件结构，这同样是一个单维度有向路径结构。

定义 1.12（Krifka 的事件结构 E）。

$E = \langle \boldsymbol{U}_E, \oplus_E, \leqslant_E, <_E, \otimes_E, \boldsymbol{T}_E, \tau_E, \infty_E, \boldsymbol{C}_E, \ll_T \rangle$ 是一个事件结构，

其中：

a. $\langle \boldsymbol{U_E}, \oplus_E, \leqslant_E, <_E, \otimes_E \rangle$ 是一个构体结构；

b. $\boldsymbol{T_E}$ 是一个时间结构 $\langle \boldsymbol{U_T}, \oplus_T, \leqslant_T, <_T, \otimes_T, \infty_T, \boldsymbol{P_T}, \boldsymbol{D_T}, \ll_T \rangle$；

c. τ_E 是从 U_E 到 U_T 的时间轨迹函子，即将一个事件 e 映射到 e 的存续时间上，

∞_E 是表示 U_E 中的二元关系的毗连时间关系符，

$\ll_T$ 是表示 U_E 中的二元关系的居前时间关系符，

$\boldsymbol{C_E}$ 是有毗连时间关系的事件集，$\boldsymbol{C_E}$ 是 U_E 的子集且有以下性质：

（i）$\forall e, e' \in U_E[\tau_E(e \oplus_E e') = \tau_E(e) \oplus_T \tau_E(e')]$

（ii）$\forall e, e' \in U_E[e \infty_E e' \leftrightarrow \tau_E(e) \infty_T \tau_E(e')]$

（iii）$\forall e, e' \in U_E[e \ll_E e' \leftrightarrow \tau_E(e) \ll_T \tau_E(e')]$

（iv）$\forall e \in U_E[\tau_E(e) \in P_T]$

（v）U_E 是满足下列条件的最小集合：$C_E \subseteq U_E$ 且任意 e，$e' \in U_E$，都有 $e \oplus_E e' \in U_E$。

定义 1.12（i）规定 τ_E 是事件和时间之间相对于加合运算的同态映射，即若 t 和 t' 分别是事件 e 和 e′的存续时间，则加合事件 $e \oplus_E e'$ 的存续时间就是 $t \oplus_T t'$。定义 1.12（ii）和（iii）依据时间关系界定了两个事件之间的毗连关系和居前关系。定义 1.12（iv）则规定所有的事件都有相应的存续时间。定义 1.12（v）则规定 U_E 具有封闭性，即 U_E 中的任意两个事件 e 和 e′，无论它们是否是毗连的，二者的加合仍然是 U_E 中的事件。

由于 τ_E 的同态映射关系，时序关系的反自返性、反对称性和传递性使得事件先后关系也具有这些性质，所以有（1.10）a。

（1.10）a. $\forall e, e', e'' \in U_E[\neg[e \ll_E e] \wedge \neg[e \ll_E e' \rightarrow e' \ll_E e] \wedge [e \ll_E e' \wedge e' \ll_E e'' \rightarrow e \ll_E e'']]$

b. $\forall e, e' \in U_E[e \leqslant_E e' \rightarrow \tau_E(e) \leqslant_T \tau_E(e')]$

c. $\forall e, e' \in U_E[e \otimes_E e' \rightarrow \tau_E(e) \otimes_T \tau_E(e')]$

d. $\forall e, e' \in U_E[e \otimes_E e' \rightarrow \neg e \ll_T e']$

同时，也因为 τ_E 的同态映射关系，所以有（1.10）b～（1.10）d。（1.10）b 是说，若 e 是 e′的构体，则 e 的存续时间也是 e′存续时间的构体。（1.10）c 表明：如果 e 与 e′有部分重叠关系，则其存续时间必然也有部分重叠关系。（1.10）d 表明：若 e 和 e′有部分重叠关系，则二者就不可能有居前关系。

总体上看，Krifka 采用有向路径结构刻画事件语义，同时将对事件语义的刻画建立在对个体-时间构体的逻辑语义基础之上。这使得 Krifka 事件结构在刻画事

件时更加贴近人对事件的认知，也更加符合自然语言中的事件语义表现。如前文所述，事件本身只是一种心理现象，其构成要素是个体，如果没有个体，便不可能存在事件。同时，时间是事件的存在域，事件是个体沿着时间轴而连绵展开的情状变化。人对时间和个体的认知直接决定着对事件的认知。依据人的认知，个体和时间都存在构体结构，并直接决定了事件的构体结构。Krifka 事件的聚合半格结构同时包含了个体和时间的聚合半格结构，这是其优势所在。但是 Krifka 却止步于此，没有对此进一步展开。其中的一个可能原因，是对事件性质没有做进一步区分。如果仅从宽泛意义的事件性质来看，事件的多维构体关系并不会展现一些值得深入探讨的地方。当把事件性质进一步区分为本体性质、Θ-限定性质以及情状性质之后，事件的多维构体关系就会呈现出许多值得关注的属性，这些属性对自然语言的逻辑语义研究有着非常重要的意义。这正是后文讨论的出发点。

（五）基于 Krifka 事件结构的分析

这里引用 Krifka 基于前一小节的事件结构对有界性和事件谓词的分析，目的是与后文多维构体论的分析形成对比。后文还会结合 Verkuyl（1993，2005）的研究，从事件多维构体的角度对有界性做出不同的分析。注意，这里所说的终结性是指 telicity，后文还会讨论有界性（boundedness）。尽管 telicity 的本意是终结性，但是在现有文献中，很多学者并不严格区分 telicity 和 boundedness（Krifka，1998）。在中文文献中，有的将 telicity 译成“有界性”（顾阳，2007；李宝伦和潘海华，2005）；有的将 boundedness 译成“有界性”（尚新，2009）。这里将二者严格区分开是因为后文将有界性区分为起始界、终结界和起始-终结有界性（类似的做法参见 Piñón，1997；Heyde-Zybatow，2008）。

按照 Krifka 的分析，如果一个事件谓词 X 是有界的，则任意一个事件 e，若 e 具有 X 的性质，则 e 的任意真构体都不具有性质 X。在 Krifka 事件结构中，首先通过时间关系界定了事件 e 的初始构体和终结构体，然后通过初始构体和终结构体界定有界性谓词。

（1.11）a. $\forall e, e' \in U_E[\mathrm{INI}_E(e', e) \leftrightarrow e' \leqslant_D e \wedge \neg\exists e'' \in U_E[e'' \leqslant_E e \wedge e'' \ll_E e']]$

b. $\forall e, e' \in U_E[\mathrm{FIN}_E(e', e) \leftrightarrow e' \leqslant_D e \wedge \neg\exists e'' \in U_E[e'' \leqslant_E e \wedge e' \ll_E e'']]$

c. $\forall X \subseteq U_E[\mathrm{TEL}_E(X) \leftrightarrow \forall e, e' \in U_E[X(e) \wedge X(e') \wedge e' \leqslant_E e \rightarrow \mathrm{INI}_E(e', e) \wedge \mathrm{FIN}_E(e', e)]]$

（1.11）中的 $\mathrm{INI}_E(e', e)$和 $\mathrm{FIN}_E(e', e)$表示在 e 中，e′分别是起始事件和终结

事件，其中的 $e'' \ll_E e'$表明 $\tau_E(e) \ll_T \tau_E(e')$。$TEL_E(X)$表示事件谓词 X 是有界的。这里需要注意的是，在构体论的视角下，事件本身无所谓有界或无界，只有事件谓词才存在有界和无界的区分。（1.11）c 表明：若 X 是有界的事件谓词，则任意具有性质 X 的 e 和 e′，若 e′是 e 的构体，则 e′既是 e 的起始构体，也是终结构体，这实际上等于说 $e' = e$。

再从构体论的角度重新考虑累积性谓词和量化性谓词，（1.12）的公式显然是成立的：

（1.12）a. $\forall X \subseteq \boldsymbol{U}_P[CUM_P(X) \leftrightarrow \exists x, y[X(x) \wedge X(y) \wedge \neg [x = y]] \wedge \forall x, y[X(x) \wedge X(y) \rightarrow X(x \otimes_P y)]]$

b. $\forall X \subseteq \boldsymbol{U}_P[QUA_P(X) \leftrightarrow \forall x, y[X(x) \wedge X(y) \wedge \neg [y <_p x]]]$

若 X 是一个具有累积性的谓词，对于任意 x 和 y，若二者都有 X 的性质，则 x 和 y 的加合也具有性质 X。若 X 是一个与量化 NP 对应的谓词，则对于任意两个个体 x 和 y，若这两个个体都具有性质 X，则两者之间不可能存在真构体关系。NP 也存在类似情况，若 x 和 y 都具有“两个苹果”的性质，则 x 和 y 就不可能互为真构体。

再依据个体和事件在 Θ-角色中所展现的不同关系，Krifka（1998）给出了题元角色 θ 的一些元性质（Chierchia，1989；Parsons，1990；Landman，2000）。

（1.13）a. θ 具有参与者唯一性（uniqueness of participant，记作 UP(θ)），当且仅当：

$\forall x, y \in U_P \forall e \in U_E[\theta(x, e) \wedge \theta(y, e) \rightarrow x = y]$

【对于任意事件 e 和任意个体 x 和 x′，若 e 与 x 存在 θ 关系，e 与 x′也存在 θ 关系，则 $x = x'$】

b. θ 具有累积性（cumulativity，记作 CUM(θ)），当且仅当：

$\forall x, y \in U_P \forall e, e' \in U_E[\theta(x, e) \wedge \theta(y, e') \rightarrow \theta(x \oplus_P y, e \oplus_E e')]$

【θ 具有累积性 当且仅当 任意个体 x，x′以及任意事件 e 和 e′，若 e 与 x 有 θ 关系，且 e′与 x′也有 θ 关系，则 $e \oplus_e e'$ 与 $x \oplus_d x'$必然有 θ 关系。】

c. θ 具有对映射子事件性（mapping to subevents，记作 MSE(θ)），当且仅当：

$\forall x, y \in U_P \forall e \in U_E[\theta(x, e) \wedge y <_P x \rightarrow \exists e'[e' <_E e \wedge \theta(y, e')]]$

【θ 具有映射子事件性 当且仅当 任意个体 x 和 x′以及任意事件 e，若 e 与 x 有 θ 关系，且 x′是 x 的构体，则至少存在一个事件 e′满足 e′是 e 的 Θ-构体，且 e′和 x′有 θ 关系。】

d. θ 具有事件唯一性（uniqueness of events，记作 UE(θ)），当且仅当：

$\forall x, y \in U_P \forall e \in U_E[\theta(x, e) \wedge y <_P x \rightarrow \exists! e'[e' <_P e \wedge \theta(y, x')]]$

【θ 具有事件唯一性 当且仅当 任意个体 x 和 x′以及任意事件 e，若 e 与 x 有 θ 关系，且 x′是 x 的 Θ-构体，则存在唯一的一个 e′满足：e′是 e 的 Θ-构体，且 e′与 x′有 θ 关系。】

e. θ 具有对子个体构体的映射性（mapping to subobjects，记作 MSO(θ)），当且仅当：

$\forall x \in U_P \forall e, e' \in U_E[\theta(x, e) \wedge e' <_E e \rightarrow \exists y[y <_P x \wedge \theta(y, e')]]$

【θ 具有对个体构体的映射性 当且仅当 任意个体 x 和任意事件 e 和 e′，若 e 与 x 有 θ 关系，且 e′是 e 的 Θ-构体，则至少存在一个 x′满足 e′和 x′有 θ 关系。】

f. θ 具有子个体构体的唯一性（uniqueness of subobjects，记作 UO(θ)），当且仅当：

$\forall x \in U_P \forall e, e' \in U_E[\theta(x, e) \wedge e' <_E e \rightarrow \exists! y[y <_P x \wedge \theta(y, e')]]$

【θ 具有子个体构体的唯一性 当且仅当 任意个体 x 和任意事件 e 和 e′，若 e 与 x 有 θ 关系，且 e′是 e 的 Θ-构体，则存在唯一的一个 x′满足 e′与 x′有 θ 关系。】

θ 是严格增量性的（strictly incremental，记作 SINC(θ)），当且仅当：

（i）$MSO(\theta) \wedge UO(\theta) \wedge MSE(\theta) \wedge UE(\theta)$

（ii）$\exists x, y \in U_P \exists e, e' \in U_E[y < x \wedge e' < e \wedge \theta(x, e) \wedge \theta(y, e')]$

注意，上述这些性质在事件的多维构体关系中并不一定都成立（或者只是部分成立）。（1.13）a 的 θ 具有参与者唯一性在外延论的事件视角下，就不成立。例如，假设 e＝“张三跑步听音乐”，则有 e_1＝“张三跑步”，e_2＝“张三听音乐”，显然 $Agent(e_1) = Agent(e_2)$ = **张三**。（1.13）e 只对后文提出的 T-构体成立，但是对于 G-构体不成立。

Krifka（1998）认为，一个量化事件谓词必然是终结性的谓词。因为若 X 是一个量化事件谓词，e 具有性质 X，则 e 的任何真构体都不可能具有性质 X。以英语中的 *eat* 为例。Krifka 将 EAT 中的客体关系（即事件论元和宾语论元的关系）界定为具有严格增量性和累积性，即（1.14）a，这样就可以从构体论的角度解释（1.14）b 和（1.14）c 的差异了。

（1.14）a. SINC({⟨y，e⟩|EAT(x，y，e)})和 CUM({⟨y，e⟩|EAT(x，y，e)})

b. *eat apples*（吃苹果）：λx，e∃y[APPLES(y) ∧ EAT(x，y，e)][①]

c. *eat two apples*（吃两个苹果）：λx，e∃y[2APPLES(y) ∧ EAT(x，y，e)]

依据（1.14）a，*eat apples* 是增量性事件谓词，这是基于 *apples* 的累积性和 EAT 客体关系的累积性而得到的。假设有 APPLES(y)和 APPLES(y′)，而 e 和 e′都是以 x 为施事而客体分别是 y 和 y′的两个事件。因为“苹果”具有累积性，所以从 APPLES(y)和 APPLES(y′)可以得到 APPLES(y⊕y′)；再依据 EAT 的累积性，有 EAT(x，y⊕y′，e⊕e′），因此 *eat apples* 就是一个累积性的 VP。类似的方式可以证明 *eat two apples* 没有累积性。这里只考虑如何证明 *eat two apples* 是量化的 VP，假设存在一个个体 x 和两个事件 e 和 e′满足：e′是 e 的真构体，且∃y.2APPLES(y) ∧ EAT(x，y，e)和∃y.2APPLES(y′) ∧ EAT(x，y′，e′)。因为 e′是 e 的真构体，依据 MSO，必然存在一个 y 的构体 y″满足：EAT(x，y″，e′)。依据 UO，y″是唯一与 e′有客体关系的个体，所以有 y′ = y″，这等于说 y′也是 y 的构体。这与 2APPLES 是一个量化 NP 形成矛盾，即若有 2APPLES(y)和 2APPLES(y′)，则 y 和 y′不可能互为构体。据此可证：*eat two apples* 是量化的 VP。

但并非所有的终结性事件谓词都是量化事件谓词，因为量化是一个更为严格的概念。例如，若事件谓词 *X* 表示的性质适用于所有存续时间是“从下午 3 点到 4 点”的事件，那么 *X* 就是一个终结性谓词，但是 *X* 不一定是量化谓词。

以（1.15）a 为例。*for an hour* 是一个与 *two kilograms* 一样的名词性度量短语（nominal measure phrase），因而被看成是 EM 函项 extensive measure function H′。H′将一个事件映射到该事件的时间度量单位值上，用 H 表示时间度量单位“小时”，通过时间轨迹函项 τ 可以将 H′和 H 联系起来，即有 H′(e) = H(τ(e))，且对于任意 e 和 e′，若 e 和 e′的存续时间不存在重叠，则有 H′(e⊕e′) = H′(e) + H′(e′)。现在（1.15）a 的逻辑语义式就是（1.15）b。

（1.15）a. *walk for an hour*（走了一个小时）

b. λx∃e.WALK(x，e) ∧ H′(e) =1

假设 e 是“马丽走了一个小时”事件，e′是“张三走了一个小时”事件，若 e 和 e′的存续时间是完全重合的，那么 H′(e⊕e′) = H′(e) = H′(e′) = 1。因此 *walk for an hour* 不符合（1.12）b 对量化谓词的界定。但是 *walk for an hour* 是终结性谓词，这可以用反证法证明。

假设 *walk for an hour* 不是终结性谓词，并且假定有 e′≤e 以及 H′(e) =1 和

① 注意，Krifka（1998）采用了戴维森分析法，其中 x 表示施事，y 表示客体。

$H'(e')=1$，另有 e 满足 $\neg e'\otimes e''$，$e''\leqslant e$ 且 $e=e'\oplus e''$，即 e 是 e′和 e″的加合，且 e′与 e″不存在时序重叠关系；依据 τ 的同态映射性质，$\tau(e')$和 $\tau(e'')$互补重叠且都是 $\tau(e)$的构体；再依据 H′的定义，有 $H(\tau(e)) = H(\tau(e')) = 1$；依据 H 的相余性（commensurability），必然有 $H(\tau(e''))>0$；依据 H 的相加性（additivity），有 $H(\tau(e)) = H(\tau(e')) + H(\tau(e''))$，这与 $H(\tau(e))=1$ 是矛盾的，因此 *walk for an hour* 不是终结性谓词是不成立的。

相反，累积性事件谓词都是典型的非终结性谓词。这也可以通过 Krifka 事件结构得到证明。若 *X* 是一个累积性谓词，假设 e 和 e′是两个存续时间并不完全同步的事件，即存在一个 e″满足：$e''\leqslant e$ 且构体，且 $e'\ll e''$。那么依据累积性的定义，e 和 $e\oplus e'$必然都具有性质 *X*，这就意味着作为 $e\oplus e'$真构体的 e 与 $e\oplus e'$都有性质 *X*，所以累积性事件谓词 *X* 是非终结性事件谓词。

第二章　事件多维构体的理论框架

引　言

为了能在第三章从多维构体论的视角，讨论事件的构体关系，本章将介绍一些基本的概念，主要包括事件、区间和事件的构体结构。此外，本章的第三节将从时间、个体等维度将事件的构体关系区分为多种类型，如 T-构体关系、Θ-构体关系和 G/P-构体关系。

事件是一个被普遍使用的概念，在不同的领域（或理论）中，对事件的理解并不相同。在经典谓词逻辑分析法中，事件被视为个体之间的关系；而在事件语义学中，无论是戴维森分析法，还是新戴维森分析法，事件都被视为形而上学层面上的一种个体(metaphysical entity),或者模型论意义上的个体(model-theoretical entity)。后文对**事件或事件对象或事件个体不做严格的区分，指的都是形而上学意义上的个体事件，而个体或个体对象则专门用来指称通常意义上的个体**，如“张三、马丽、黄鹤楼、长城”等。

事件的存在域是时间。本书采用区间语义学描述事件中的时间结构。从形式语义的角度看，区间（interval，又译成时段，方立，2000）通常指由连续的时刻构成的集合，但在本书中，区间中的时刻只要求满足线性序列关系，不要求连续性。据此，就可以有非连续区间的存在，这将使得利用区间关系刻画事件的时间结构更加灵活。

第一节　事件的基本概念

本节从心理学和哲学的角度讨论事件的基本属性，并对内涵事件论和外延事件论做出对比，以说明多维构体论采用外延论的视角讨论事件和事件性质的合理性。

一、事件的心理学属性

从认知心理学的角度，Zacks 和 Tversky（2001：3-4）将事件定义为“由观察者构想的、处于特定位置的、有起点和终点的时间片段”，以及“事件存在于观察者的头脑中，与世界上的行为动作相联系”。因此，事件是一种心理认知现象，事件与时间的关系可以与个体和空间的关系进行类比，如果说空间是个体存在的域，那么时间就是事件存在的域。Zacks 和 Tversky（2001）将二者的关系归纳为一个等式：

个体：：空间 = 事件：：时间

依据这一界定，对时轴上展开的情境进行切分，不同区间上的情境就是不同的事件。这种切分如同对空间中的个体进行切分，都需要同时满足两个认知条件：①在被识别对象的周围要有凸显边界，使得凸显像（figure）和背景（ground）相互分离；②要有凸显的内部关联。

首先，在识别个体对象时，个体和周围环境之间的某种突变被识别为对象的边界。情境是时间域中的一个连续体，在识别事件对象时，使得事件对象得以区分的界限就是连续体中的某种突变。其次，如果一个连续体被识别为一个事件，则在连续体内部要有凸显的内部关联。无论是个体还是事件，只有在其内部存在某种关联的情况下，才可能被识别为独立的个体。

这两个方面相辅相成，下面是从 Zacks 和 Tversky（2001：17）引用的一段话，很好地诠释了这一点。

> 从心理学的角度看，最小事件持续只有几秒，基本都依据最简单的物体变化来界定。例如，一个人抓住别人的手，上下晃动，放开手。长一些的事件可能持续 10～30 秒，依据与意向性行为的关系来界定：前面所描述的那些事件，按 10～30 秒的时间尺度看，就是一个握手事件。无论是几分钟还是几个小时，事件的特征似乎由情节（即目标和参与者的计划）或约定俗成的活动形式决定。握手可能是签约的一部分。但是如果时间尺度足够大，事件的特征就是由其主旨决定的。在这个例子中，也许签约是“和平进程”事件的一部分。一般而言，似乎时间尺度越大，事件的心理学特征就越不明显，而目标、企划、意图和参与者的特征等占据更重要地位。

按照上面的论述，心理学意义上的事件可分为短时间事件和长时间事件两类。对于短时间事件，情境（包括行为、动作等）的突变成为凸显的边界，如“一个人抓住别人的手”“上下晃动”“放开手”等瞬时事件是依据情境的突变而界定的。长时间事件则依据不同情境的内在联系由一系列的短时间事件组成，例如：“握手”事件是由前述三个瞬时事件构成的，内在联系则是约定俗成的“握手”形式；“握手”“签字”“谈判”等事件被视为时间更长的“签约”事件的构成部分，其内在联系包含了构成事件所涉及的目标、企划、意图和参与者等关系。

综上所述，情境是世界沿着时轴展现出的面貌，是认知的对象。但是事件并不是对客观情境的简单摄取，而是人脑认知机制对情景进行加工的产物。不同时轴上的情境是否有变化并不能决定这些情境是否属于同一个事件，关键在于这些变化是否被认知机制所凸显。

Talmy（2000）提出了视域窗（window of attention）的语言认知机制。人们用自然语言表述事件的时候，视域窗的所在之处，情境中相关的内容就会凸显出来，而其他内容则置于背景中被忽略。所以尽管在理论上，沿着时轴展现的情境总是在变化，但是并非所有的变化都会被视域窗凸显，没有被视域窗凸显的情境变化，就不能成为分割事件的边界。

仍以 Zacks 和 Tversky（2001）的例子来说明。在“一个人抓住别人的手”“上下晃动”“放开手”等三个表达式中，视域窗停留在几秒的时轴上，因而这三个情境之间的差异变化被凸显出来，形成三个独立的事件。在“握手”的表达式中，视域窗停留在 10～30 秒的时轴上，三个情境的差异变化被隐去，凸显的是相互之间的关联性，构成了单一的“握手”事件。在“签约”中，视域窗停留在几分钟或者几个小时的时轴上，“握手”与“签约”的其他情境的关联被凸显，差异变化退隐成了背景，凸显的信息构成了单一的“签约”事件。

综上所述，事件具有认知意义上的原子属性。也就是说，相同的一段情境，如果被视为一个事件，就等于忽视了其内部的差异，将该段情境视为同质性情境，不再关心其内部构造；反之，如果被视为多个事件的组合，则意味着将焦点落在其内部差异上，该段情境就具有异质性。

在后文中，将这种认知意义上的事件称为格式塔事件（Gestalt event），并在第五章第三节中，给出格式塔事件的逻辑语义表征。

二、事件的性质论和个体论

关于事件的本质存在两种不同的看法。第一种看法是性质论，蒙太格将事件看成是时间的一种性质（Montague，1969；Higginbotham et al.，2000）。蒙太格写道：“太阳升起这一事件就是太阳升起那一时刻的性质，一般而言，事件构成了时刻（时段）的一类性质。”（Montague，1969：149-150）换言之，某个事件 *P* 发生在（可能世界 w 的）时刻 t 上，就可以说成是 w 中的 t 体现性质 *P*，如每天早晨发生的“太阳升起”就是不同时段对同一种性质的体现。第二种看法是奎因的事件个体论，即将事件视为某种具体的存在，由占据特定时空的一些东西构成，即“对象……与事件相同……都是由占据一定时空的东西构成的，但是这些东西是异质的、相互分离或者随意划分的”（Quine，1960：156）。按照奎因的观点，事件和个体本质相同，都可以被视为本体论意义上的某种个体存在，在空间和时间上都有边界。例如，“太阳升起”就是一个占据一定空间和时间的事件个体，所以不同早晨发生的“太阳升起”事件就是不同的事件个体。事件语义学继承了奎因的个体论，也就是将事件看成模型论意义上的个体。

戴维森在奎因以及 Reichenbach（1947）的基础上，从逻辑蕴涵的必要性出发，系统地论证了在动词的逻辑表达式中应该增加一个表示事件论元的形式分析方法，史称**戴维森分析法**。戴维森分析法的核心思想是将自然语言中的事件，看成是一种模型论意义上的个体，以此解释自然语言的逻辑语义。以戴维森分析法为基础，自 Parsons（1990）开始，Rothstein（2004，2008a，2008b）、Bach（2002）、Higginbotham（2000）、Higginbotham 等（2000）等都对戴维森分析法提出了局部的修正，形成了所谓的**新戴维森分析法**。

在自然语言中，有很多证据支持事件个体论。在很多情况下，人们会像谈论个体一样谈论事件。例如，像给个体起名字一样给一些事件起名字，诸如“西安事变”“五四运动”等；再如，像评价个体一样评价事件，前者如“主席的表情令人难忘”，后者如“主席即席发言，令人倍感鼓舞”。

不过事件语义学只是把事件看作模型论意义上的个体，对于“什么是事件”这一核心的问题，即使是在事件语义学内部也存在不同的看法，而这些都直接涉及如何认识事件和事件性质的关系。

三、事件的内涵论和外延论

如果把情境定义为在特定时空域中若干相关个体所呈现的状态，那么这些个体就构成了情境的外延，而这些个体之间的不同关系就构成了情境的内涵。据此，关于事件的本质就存在两种相对的看法：一是事件是由情境的内涵构成的，也就是说，情境中个体的不同性质和关系构成不同的事件；二是事件是由情境的外延构成的，即事件就是情境本身，而情境中个体的不同性质和关系构成事件的不同性质。前者姑且称为**事件的内涵论**，后者称为**事件的外延论**。

事件的内涵论最早可追溯到英国哲学家怀海特①，目前大多数的事件语义学文献都采用这种观点（Bach，1986；Landman，2000）。依据这种观点，事件是对情境中个体之间的不同关系进行的抽象。也就是说，事件被构造成情境的性质，而且这种性质是内涵性（Landman，2000）。这种做法本身并没有问题，但是在讨论实际问题中，出现了一种简单化的倾向，即将事件看成是情境中个体关系的简单抽象。也就是说，对于一个特定情境，该情境中存在多少种个体关系，就可以抽象成多少个事件。

---

① 事件的内涵论最早见于怀海特 1919 年在英国剑桥大学三一学院做的系列报告，后于 1920 年以“The Concept of Nature”为书名出版。

以（2.1）为例，假定（2.1）a 和（2.1）b 描述的是同一个情境中三个相同个体，那么（2.1）a 描述的是三个个体间的“买”关系，而（2.1）b 描述的是三个个体间的“卖”关系。如果把事件看成是情境中关系的简单抽象，因“买”关系和“卖”关系是不同关系，（2.1）a 和（2.1）b 描述的就是两个不同的事件。

（2.1）a. *John bought Ulysses from Bill.*（约翰从比尔那里买了《尤利西斯》。）

b. *Bill sold Ulysses to John.*（比尔把《尤利西斯》卖给了约翰。）

Landman（2000）就主张这种看法，认为（2.1）中的“买《尤利西斯》”和“卖《尤利西斯》”是两个不同的事件。Landman（2000：35）写道“如果两个事件是同一情境的两个方面，也就是说，从情境的角度二者不可区分，则两个事件会聚结在一起（lump each other）”，形成了所谓的聚结事件（lumping event）。显然，这意味着“买《尤利西斯》”和“卖《尤利西斯》”是两不同的事件。Landman（2000）还提出了如下要求。

词汇细化准则（lexical finegrainedness requirement）：

如果 A 和 B 是事件谓词，则$[\lambda e.A(e)] \cap [\lambda e.B(e)] = \varnothing$。

依据词汇细化准则的要求，若 A 和 B 是自然语言中的两个事件谓词，则二者指称的事件永远不会相同。类似的看法在很多文献中都可以看到（Bach，1986）。依据这种看法，同一个情境中存在多少种不同的个体关系，就意味着存在多少个不同的事件。

这种做法首先并不符合人们的常识。按照常识，事件往往与人们外在的行为活动相关。如果一个情境中，只存在一种行为活动，那么习惯上就应该只有一个事件。例如，在（2.1）的语境中，人们习惯上会把“买”和“卖”看成是一个事件。这一点在研究连动式的语言学文献中表现得最为明显，例如：类似于（2.2）a 的连动式被看成是单事件连动式，因为“张三骑车”的情境就是“张三锻炼身体”的情境；类似于（2.2）b 则是多事件连动式，因为“张三推开门”和“张三走出房间”是两个不同的情境（Jarkey，1991，2010；Enfield，2002，2007；Thepkanjana，2008；Rose，2009；Riccio，2017；李可胜，2016，2020）。

（2.2）a. 张三骑车锻炼身体。

b. 张三推开门走出房间。

其次，这种做法也不符合语言事实。因为在自然语言中，对待同一种行为活动，从不同的观察角度，就可以得出不同的关系，这是一种很普遍的做法。例如，如果将（2.1）a 的“买《尤利西斯》”和（2.1）b 中的“卖《尤利西斯》”看成是两个不同的事件，那么就没有理由认为（2.3）a 和（2.3）b 是同一个事件。

（2.3）a. 张三签名。

b. 张三拿起笔，在文件上写下自己的名字。

按照一般的认知，（2.3）b 只是换了一种说法来描述“签名”事件。如果因此而认为（2.3）a 和（2.3）b 是两个不同的事件，显然不合适。

事件的外延论则是将情境本身看成是事件，而情境中个体的性质和关系则构成了事件的性质，而非事件本身。例如，Link（1998）将一个事件 e 看成是有序对（$\pi|\theta$），其中 π 表示过程，θ 是事件的类。按照这种观点，同一个时空域中的相关个体之间只能构成同一个事件，而这些个体之间的不同关系构成了事件的不同性质。例如，（2.1）a 和（2.1）b 描述的是同一个时空域中的相同个体构成的情境，因而构成一个事件。不同之处在于（2.1）a 描述了该事件“买《尤利西斯》”的性质，而（2.1）b 描述了该事件“卖《尤利西斯》”的性质。

与内涵论相比，外延论更符合人们对事件的认知常识，因为在（2.1）a 和（2.1）b 的语境中，只发生了一个行为动作。实际上，当 Parsons（1990）的新戴维森分析法将动词分析成只包含一个事件论元的谓词时，就意味着动词表示事件对象的性质。就像不同的名词可以描述同一个个体的不同性质一样，不同的动词自然也可以描述同一个事件的不同性质。例如，既然同一个个体 x，可以既有“青年”的性质，也有“教师”的性质，那么也可以认为 2.2（a）中只有一个事件对象 e，e 既有“张三骑车”的性质，也有“张三锻炼身体”的性质。同理，（2.1）a 的“买《尤利西斯》”和（2.1）b 中的“卖《尤利西斯》”也是同一个事件的两种不同性质。据此，Landman（2000）中的词汇细化就显得很不合理。

基于以上的讨论，后文在讨论事件多维构体关系时，主要基于以下观点。

（1）情境的存在域是时间，情境是个体对象在时间进程中展示的状态。因此相同个体对象在相同的区间上展现同一个行为活动，只能构成同一个情境，因而也只能是同一个事件。

（2）事件是对情境进行认知加工后的产物。但是从模型论的角度分析，事件是一种形而上学层面上的个体，其本质就是一种存在，本身并不能表示其自身的内容。

（3）个体对象是情境的外延，是构成事件的主体，事件的内涵（即事件性质）是个体对象之间的关系。因为个体对象之间存在多种关系，同一个事件 e 也就可能存在多个事件性质。

只有在外延论的基础上，将事件性质区分为本体性质和非本体性质才有意义。因为只有这样才能够讨论同一个事件相对于不同性质的不同表现。这对自然语言的形式语义学研究有着非常重要的价值。

由于后文讨论的目的是从形式逻辑的角度，解决自然语言事件语义的逻辑语义表征问题，因此无须过多考虑事件的认知表征问题。所需要做的只是从模型论的角度，把事件视为一种形而上学的个体，然后从个体对象、时间以及本体性质三个角度对事件做出分析。

换句话说，无须纠结于事件的本质是什么，只需要知道一个情境 s 满足了什么样的条件时，事件 e 是存在的，否则 e 就是不存在的。这一点就像戴维森的真值条件语义学对意义的界定，虽然句子的真值条件并不是句子的意义，但是给出了句子的真值条件就等于给出了句子的意义。因为知道了句子的意义，就等于知道了在什么情况下句子为真，而知道了句子在什么情况下为真，也就等于知道了句子的意义（Davidson，1984；Lepore & Ludwig，2005，2013）。事件也是如此，在讨论某个事件 e 时，如果知道在某时某地曾存在过这样的一个 e，那么就意味着知道在某时某地出现过某种情境 s；反过来，如果知道某时某地出现过情境 s 时，就知道 e 在某时某地存在过。

同时如后文所讨论的，作为形而上学层面上的个体，事件具有相对性，即任意一个事件 e 都可以看成是更大事件的一部分，同时 e 自身又可以看成是由更小事件组成的。在这种情形下，从模型论的角度讨论事件的原子性问题并没有太多的意义。实际上，当人们用自然语言讨论事件时，关注的并不是形而上学意义上的事件个体本身，而是事件性质，因为事件性质的实质是人的认知机制对个体对象之间的关系和相互影响的抽象。

据此，从多维构体论的角度，只需要从外延的角度对事件做一个宽泛的界定，即**事件是个体对象在时间域的某个区间上呈现的情境**，这样就可以回避事件个体的原子性问题，而将逻辑语义刻画的重点放在事件本体性质上。此外，许多常常作为事件的性质和关系而被考察的东西，都将被归为事件本体性质的元性质和元关系进行逻辑语义刻画。例如，一般文献将事件的题元结构视为事件自身的属性，但是本书却将其视为基于事件性质的题元函项关系（后文简写成 **Θ-关系或 Θ-函项**）。

第二节　多维构体论的基本思想和基础结构

在最后的附录中给出了完整的 $\mathscr{L}_{MEM}$ 的形式系统，这里只对 $\mathscr{L}_{MEM}$ 的基本理念和一些基本形式结构做简要的介绍，以方便后文对事件多维构体关系的讨论。

一、事件的本体性质和非本体性质

依据新戴维森分析法，事件被看成是一种个体，动词被看成是以事件论元为唯一论元的谓词，所以动词表示事件的性质。但是依据事件性质的广义概念，通过对动词增加不同的修饰语就会得到不同的性质。例如，“修理”是事件的一种性质，“修理自行车”也是事件的一种性质，“张三修理自行车”同样是事件的一种性质。这三个性质显然并不相同，因为一个具有“修理”性质的事件，不一定有“张三修理自行车”的性质。同样，一个具有“修了一个小时自行车”性质的事件也不一定有“在院子里修理自行车”的性质。但在后文讨论中，有时需要专门指“修理自行车”这样的性质，有时需要指“修理一辆自行车”这样的性质。

个体的性质也是如此，有时需要专门指如“苹果”这类由名词表述的性质，而有时需要用到“一个红红的大苹果”这样的由“名词修饰语+名词”表述的性质。为此目的，这里将事件性质区分为：**事件的基础性质**、**本体性质**、**Θ-限定性质**和**情状性质**。前三者是限定和被限定的关系，只有情状性质单独形成系列。用非粗体的 $\wp$ 表示任意一种事件性质，用粗体的 $\boldsymbol{\wp}$ 表示本体性质，则有如下事件性质。

定义 2.1（事件性质）。

a. 基础性质：

若 $\wp$ 是由自然语言核心动词所表示的事件性质，则 $\wp$ 是事件的基础性质（记作 $^{b}\wp$）。

b. 本体性质：

若 $^{b}\wp$ 是一个由不及物动词表示的基础性质，则 $^{b}\wp$ 本身就是本体性质 $\boldsymbol{\wp}$；若 $^{b}\wp$ 是由一个及物动词表示的性质，则及物动词加上无定和非数量名词所表示的性质就是本体性质 $\boldsymbol{\wp}$，或者如果及物动词后面带有专用名词，则 V+专用名词所属的类名词所表示的性质就是本体性质 $\boldsymbol{\wp}$。

(i)一个个体性质 P 是个体的本体性质（记作 **P**） 当且仅当 对于任意个体 x, x 是否具有性质 P 不受 x 的数量以及与时间、空间和其他个体的关系影响。

（ii）一个事件性质 $^{b}\wp$ 是事件的本体性质（记作 $\boldsymbol{\wp}$） 当且仅当 对于任意事件 e，都有：若 $^{\bullet}\Theta(e)$ 是有定义的，则至少存在一个 **P** 使得 $\boldsymbol{\wp}(e) = {}^{b}\wp(e) \wedge \mathbf{P}({}^{\bullet}\Theta(e))$；若 $^{\bullet}\Theta(e)$ 未定义，则 $\boldsymbol{\wp}(e) = {}^{b}\wp(e)$。

c. Θ-限定性质：

若 $\boldsymbol{\wp}$ 是一个本体性质，则在本体性质的基础上，通过 Θ-函项对 $\boldsymbol{\wp}$ 做出限定而得到的性质就是 Θ-限定性质（记作 $^{\Theta}\wp$）。

例如，由动词“吃”表示的性质**吃**是事件的基础性质。通过类名词“苹果”对“吃”做出限定而得到的性质**吃苹果**是事件的本体性质。若再通过 Θ-函项关系对本体性质**吃苹果**做进一步限定，如“吃一个苹果”“马丽吃苹果”等就是 Θ-限定性质 $^{\Theta}\wp$。

在定义 2.1b 中，非粗体 P 表示一般意义上的个体性质，而粗体 **P** 表示个体的本体性质，$^{\bullet}\Theta$ 专指宾语 Θ-函项。$\mathbf{P}(^{\bullet}\Theta(e))$表示$^{\bullet}\Theta(e)$是一个具有本体性质 **P** 的个体。这里要注意两点。一是宾语 Θ-函项是指与处于动词宾语位置的题元角色对应的函项。在大多数的 VP 中，动词的宾语一般都是 Θ_{Theme}-函项，但是宾语 Θ-函项与 Θ_{Theme}-函项并不是同一个概念。例如，“修理自行车”中的宾语在语义上就是一个 Θ_{Theme}-函项，但是在“把书塞进书包”里，因为“塞进”是一个趋向动词，其宾语在语义层面上不是 Theme 角色，而应该是 Goal 角色，因此$^{\bullet}\Theta$ 就变成了 Θ_{Goal}-函项。据此，如果 e = “吃一个苹果”，则 e 的本体性质就是“吃苹果”；若 e =“把书塞进书包”，则 e 的本体性质就是“塞进书包”。二是若$^{\bullet}\Theta(e)$是未定义的，则表明没有这样的宾语 Θ-函项，这通常意味着性质 $\wp$ 是由不及物动词表示的。

依据这样的定义，若 e = “吃苹果”，e′ = “吃一个苹果”，则 e 和 e′有着相同的本体性质，因为无论是“苹果”还是“一个苹果”都具有“苹果”的本体性质。但是若 e′ = “吃香蕉”，则 e 和 e′就有着不同的本体性质。另外注意，在定义 2.1b 中，只要求“至少存在一个 **P**”，这是因为无论是事件还是个体，都可能同时具有多种本体性质，这也就意味着，两个事件是否具有相同的本体性质，是一个相对的概念。例如，e = “修冰箱”，e′ = “修彩电”，那么 e 和 e′相对于“冰箱”和“彩电”这样的性质而言，是具有不同本体性质的事件；但是若相对于“家电”这样的性质，则属于有着相同本体性质的事件，即 e 和 e′都是“修家电”的事件。关于这点，后文还会在讨论同质性的时候详细讨论。

从严格的形式化角度，本体性质应该写成 $^{b}\wp(e) \wedge \mathbf{P}(^{\bullet}\Theta(e))$的性质。如在（2.4）中：

（2.4）a. 马丽吃苹果。

　　　b. $\exists ex.$**吃**$(e) \wedge Theme(e) = x \wedge$ **苹果**$(x) \wedge Agent(e) =$ **马丽**

（2.4）b 中 e 的本体性质是**吃**$(e) \wedge$ **苹果**$(Theme(e))$，不过这里约定，在后文的讨论中，在不影响整体理解的基础上，将本体性质直接写成**吃苹果**这样的形式。

从集合论的角度看，本体性质是对基础性质进行限定而得到的，而 Θ-限定性质 $^{\Theta}\wp$ 是通过除了宾语 Θ-函项之外的其他 Θ-函项对 $\wp$ 做进一步限定而得到的。三者关系如图 2.1 所示。

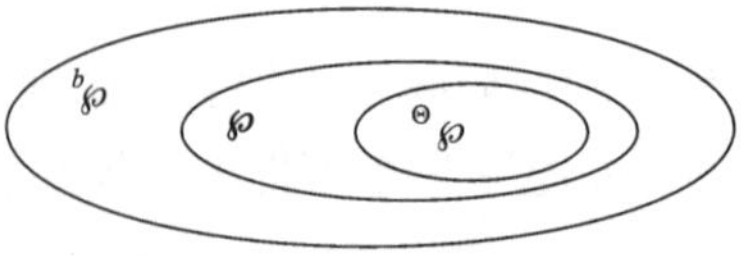

图 2.1　事件性质的关系

图 2.1 中最外层的是基础性质，最里层的是 Θ-限定性质，中间层是本体性质。如（2.5）所示（其中 $\boldsymbol{D}_e$ 是事件论域，$\boldsymbol{D}_d$ 是个体论域）。

（2.5）因为有：

a. ⟦**吃**⟧ = {e | e ∈ ⟦**吃**⟧ ⊆ $\boldsymbol{D}_e$}；

b. ⟦**吃苹果**⟧ = {e | e ∈ ⟦**吃**⟧ ⊆ $\boldsymbol{D}_e$ 且至少存在一个 x ∈ ⟦**苹果**⟧ ⊆ $\boldsymbol{D}_d$ 使得⟨e，x⟩ ∈ ⟦Theme $_{\text{吃}}$⟧}；

c. ⟦**吃一个苹果**⟧ = {e | e ∈ ⟦**吃**⟧ ⊆ $\boldsymbol{D}_e$ 且至少存在一个 x ∈ ⟦**苹果**⟧使得⟨e，x⟩ ∈ ⟦Theme $_{\text{吃}}$⟧且⟨x，1⟩ ∈⟦$^{\uparrow}\boldsymbol{m}$(x)⟧ }。

所以有：⟦**吃一个苹果**⟧ ⊆ ⟦**吃苹果**⟧ ⊆ ⟦**吃**⟧。

除了上述三种事件性质之外，事件还具有情状性质，即事件在时间进程中所展现的一些情状特征。例如，若 e = “修自行车”，e′ = “修好自行车”，则 e 和 e′有着相同的本体性质**修自行车**，但是二者的情状性质并不相同。e 是无界的事件，而 e′是终结有界性的事件。参照现有文献（Vendler，1967；Smith，1997；Dowty，1979；Rothstein，2004；Dölling，2014；沈家煊，1995；尚新，2009；马庆株，1992；顾阳，2007），情状特征主要包括有界-无界性、瞬间-持续性、动态-静态性、离散-延展性等。依据这些情状特征，学者做出了不同的情状体分类。其中最为经典的是 Vendler（1967）的分类，即状态、活动、完结和达成。但是从形式语义学的角度看，这些情状特征实际上可以直接看成是事件的情状性质。因为情状特征是事件语义的重要组成部分，准确地给出情状性质的逻辑语义对充分地表征自然语言的逻辑语义，有着非常重要的作用。

在后文的讨论中，如果不做特殊说明，所讨论的事件性质都是本体性质。这一点特别需要注意，因为这必然导致后文的讨论与现有文献存在很大的不同。例如，假设 e = “吃一个苹果”，如果从性质 $\wp$ 的角度看，e 是有界的（Krifka，1998；Rothstein，2004），但是在后文的讨论中，一方面承认 e 相对于性质**吃一个苹果**是有终结界的，另一方面也强调 e 相对于**吃苹果**性质是无界的。

另外，还需要注意区分 $\wp$ 和 $^{*}\wp$，后者是一个事件的五元关系谓词，而不是事件性质谓词。

二、题元角色和 $\Theta_{\wp}$-周延集

由于将事件性质区分成不同类型的性质，因此也就有了下面的基本理论假设。

理论假设 2.1（题元角色函项）。

题元角色被处理成了Θ-函项。Θ 角色不是由事件 e 本身决定的，而是由事件的基础性质 $^{b}\wp$ 决定的。一个 $^{b}\wp$ 的所有题元角色合在一起称

为 $^{b}\wp$ 的 Θ-函项集。对于一个事件 e，若 e 有性质 $^{b}\wp$，则 $^{b}\wp$ 的 Θ-函项关系加上与 e 有这些函项关系的个体就构成了 e 的 $\Theta_{b\wp}$-函项关系集。

从多维构体论的视角看，区分基础性质 $^{b}\wp$ 和本体性质 $\wp$ 的价值不大，因此将重点放在本体性质 $\wp$ 上，所以后文一律用本体性质 $\wp$ 代替基础性质 $^{b}\wp$。

依据**理论假设 2.1**，Θ-函项关系具有相对性。一个事件与个体之间存在哪些 Θ-函项不是由事件本身决定的，而是由事件性质决定的。用 θ 表示具体的题元角色，则 $\theta_{\wp}$-函项表示 θ 是一个由本体性质 $\wp$ 决定的Θ-函项，如 $\text{Agent}_{\text{跑步}}(e)$ ＝ **张三**表示“**张三**”是 e 作为“跑步”事件的施事。但是在后文中，在不引起误解的情况下，通常会省略下标 $\wp$。

关于情境和事件，有如下的基本假设。

理论假设 2.2（情境和事件）。

令⟨i，w⟩是一个区间 i 和可能世界 w 构成的时空域，$X_{\langle i, w\rangle}$是由时空域⟨i，w⟩中所有个体对象构成的集合，则有：

a. 任意 s 是时空域⟨i, w⟩中的一个情境（记作 $s_{\langle i, w\rangle}$） 当且仅当 $s_{\langle i, w\rangle} \subseteq X_{\langle i, w\rangle}$。

b. e 是$\Theta_{\wp}$-周延的 当且仅当 存在一个个体集 $X_{\wp}$ 满足：任意一个 $x \in X_{\wp}$，都有一个$\Theta_{\wp}$-函项 θ 使得 θ(e) = x。在此情况下，$X_{\wp}$ 称为 e 的$\Theta_{\wp}$-周延集。

c. 任意公式$^{\Theta}\wp$(e)在⟨i，w⟩中为真 当且仅当 至少存在一个 $s_{\langle i, w\rangle}$ 满足：在⟨i，w⟩中，e 的$\Theta_{\wp}$-周延集 $X_{\wp} \subseteq s_{\langle i, w\rangle}$。（其中的$^{\Theta}\wp$ 是与 $\wp$ 对应的Θ-限定性质）。

依据理论假设 2.2a，情境 s 就是特定时空域中的一个个体对象集。更准确地说，s 是从作为时空域的有序对集{⟨i，w⟩|i 是区间，w 是可能世界}到个体集的集合{X|X 是个体对象集}的函项。所谓 e 的$\Theta_{\wp}$-周延集，简单地说，若 e 作为性质$^{\Theta}\wp$ 的事件是成立的，则存在一个集合 X，若 X 是能满足所有$\Theta_{\wp}$-函项关系的个体构成的集合，则 X 就是 e 的$\Theta_{\wp}$-周延集。显然对于任意一个事件 e 而言，若 e 是一个在时空域⟨i，w⟩中具有性质$^{\Theta}\wp$ 的事件，则在⟨i，w⟩中必然存在一个情境 s，使得 e 的$\Theta_{\wp}$-周延集是 s 的子集。

这意味着，对于任意一个个体 x 而言，若 x 与 e 存在由性质 $\wp$ 决定的任意一种 Θ-函项，则 x 都在构成情境 s 的个体集中，那么$^{\Theta}\wp$(e)就为真。关于这些内容，后文会专门讨论。这里只需要清楚：理论假设 2.2c 并没有说事件 e 是如何从情境 s 中构造出来的，但是给出了 e 相对于事件性质 $\wp$ 的真值条件。

依据理论假设 2.2b 和 2.2c，如果对于一个事件 e 而言，事件性质 $\wp$ 的所有 Θ-

函项关系（即 $\theta_{\wp}$-函项关系）都得到了满足，则 e 对于性质 $\wp$ 是 Θ-周延的，简写成 **e 是Θ $\wp$-周延的**。所有与 e 有着$\Theta_{\wp}$-函项关系的个体构成的集合就是 e 的$\Theta_{\wp}$-周延集，记作 $X_{\wp}$。

依据上述讨论，下面的假设自然是成立的。

理论假设 2.3（事件的可定义性和排他性）。

a. 事件的可定义性：一个事件 e 是可以定义的 当且仅当 至少存在一个性质 $\wp$ 满足：至少存在一个时空域⟨i，w⟩使得 $\wp$(e)在⟨i，w⟩中为真；否则，e 是未定义的。

b. 事件的排他性：任意一个个体集 X，若 X 是 e 的$\Theta_{\wp}$-周延集，则任意一个事件 e′，若 X 也是 e′的$\Theta_{\wp}$-周延集，且 e 和 e′的存续区间是相同的，则 e = e′。

依据理论假设 2.3a，若一个情境被识别为一个事件，则至少存在一个事件性质 $\wp$，$\wp$ 可以应用到该情境上。如果没有这样的性质 $\wp$，则意味着该情境在人的思维以及语言交流中没有被识别为一个事件。例如，假设 e 是“到达山顶”事件，则 e 显然是一个瞬间性事件。但是这个瞬间性不是指物理学意义上的瞬间，而是认知意义上的瞬间。从物理学的角度看，e 肯定有其持续的时间，而且即便该时间很短，哪怕只有 0.1 秒，也可以继续切分成毫秒、微秒等。通过这样切分而得到的时段上的事件自然也是 e 的构体，但是这样的构体已经过于细微而被人的认知机制所忽视，因此可以不再将其视为认知意义上的独立事件。本书将这类事件统一处理为没有任何性质的事件，也就是**未定义事件**。未定义事件的概念对后文讨论事件性质的元性质（主要是不同类型的同质性）有关键性作用，具体定义如下。

定义 2.2（未定义事件）。

$\text{Undefined}_e(e) =_{def} \neg\exists \wp . \wp(e)$

【e 是未定义的 当且仅当 不存在一个性质 $\wp$ 使得 ¬$\wp$(e)。】

另外，理论假设 2.3b 是说，两个事件 e 和 e′如果有着相同的$\Theta_{\wp}$-周延集，则 e 和 e′必然是不同时段上的事件。这实际上是说：在同一个时段内同一群个体对象相对于同一个性质，只能构成同一个事件。

采用上述理论视角，基于事件语义学的命题与基于经典蒙太格语法的命题有着等同的真值条件，如（2.6）所示。

（2.6）a. 命题**跑步(张三)**在⟨i，w⟩中为真 当且仅当⟨i，w⟩中存在一个情境 *s* 使得个体“张三”在具有“跑步”性质的个体集中。

b. 命题∃e.**张三跑步**(e)在⟨i, w⟩中为真 当且仅当⟨i, w⟩中存在一个情境 s 使得任意与 e 存在 $\Theta_{\wp}$-函项关系的 x 都在 s 的个体集中。

三、区间结构

区间语义学又被译为时段语义学（方立，2000）。在自然语言的形式语义学中，区间语义学被普遍用来刻画事件语义的时间关系。区间语义学的方案最初出现在 Bennett 和 Partee（2004）中，后来 Dowty（1979）在构造体演算（aspect calculus）时，对区间语义学做了进一步的展开。$\mathcal{L}_{\text{MEM}}$ 对区间语义学做了一些改进，允许存在非连续区间，从而使其可以更为灵活地刻画事件多维构体关系。

（一）区间论域

在区间语义学中，时刻被视为原子个体，区间则被定义为时刻的非空集合，因此区间语义学的核心是基于传统时刻语义学的一种时间结构。相比较于时刻语义学，区间语义学有着很大优势。例如，两个时刻之间只有先后关系，但是不同事件在时间上不仅存在前后关系，还有重叠关系、包含关系等。如果这些关系只通过时刻的先后关系进行刻画，将会非常的烦琐，而区间本身就有先后、包含、重叠等多种关系，具有很大的灵活性和方便性，可以更准确地刻画自然语言的时间语义。

综合 Bennett 和 Partee（2004）、Dowty（1979）以及邹崇理（2000）等文献，区间结构的核心是二元组（$\boldsymbol{T}$, $\prec$），其中 $\boldsymbol{T}$ 是非空时刻集，满足严格的线性序关系$\prec$，即任意 t_1 和 t_2，都有：$t_1 < t_2$ 或者 $t_2 < t_1$。区间通常被定义为一个连续的、满足严格线性序列关系的时刻集，如 Oehl（2014：337）给出的如下定义就很有典型性。

定义 2.3（区间 i）。

一个时刻集 i 是一个区间 当且仅当 对于 i 中的任意两个时刻 $\mathrm{t_i}$ 和 $\mathrm{t_k}$，在 $\mathrm{t_i}$ 和 $\mathrm{t_k}$ 之间的所有时刻都是 i 的部分，即 $\mathrm{t_i}, \mathrm{t_k} \in \mathrm{i} \Rightarrow \forall \mathrm{t}[\mathrm{t_i} < \mathrm{t} < \mathrm{t_k} \rightarrow \mathrm{t} \in \mathrm{i}]$。

依据这种定义，区间都是由连续的时刻构成的，但是 $\mathcal{L}_{\text{MEM}}$ 允许非连续区间的存在。定义 2.3 所定义的区间在 $\mathcal{L}_{\text{MEM}}$ 中被称为连续区间，其论域是 ${}^{t}\boldsymbol{D}_i$，而 ${}^{t}\boldsymbol{D}_i$ 只是 $\mathcal{L}_{\text{MEM}}$ 区间论域 $\boldsymbol{D}_i$ 的子集。具体定义如下。

定义 2.4（区间结构）。

令（$\boldsymbol{T}$, $\prec$）为一个时刻结构，其中 $\boldsymbol{T}$ 是非空时刻集，满足严格线性序关系$\prec$，则（$\boldsymbol{D}_i$, $\cup$, $\subseteq$）是一个区间结构，满足：

a. $\boldsymbol{D}_i$是一个区间论域，任意 $i \in \boldsymbol{D}_i$　当且仅当　任意 t，$t' \in i$，都有 t，$t' \in \boldsymbol{T}$ 且满足：$t < t'$ 或者 $t' < t$。且若 $t \in \boldsymbol{T}$，则有：

(i)t 是 i 的初始时刻（记作 $t \in_{in} i$）　当且仅当　对任意的 $t' \in i$，都有 $t < t'$；

(ii)t 是 i 的终结时刻（记作 $t \in_{fi} i$）　当且仅当　对任意的 $t' \in i$，都有 $t' < t$；

(iii)i 早于 i'：$i \ll i'$ 当且仅当 任意 $t \in i$ 和 $t' \in i'$都有 $t < t'$；

(iv)i 早于且与 i'毗连：$i \ll_{\bullet} i'$　当且仅当　$i \ll i'$且若 $t \in i$，$t' \in i'$，则不存在任何 t''满足：$t'' \notin i$，$t'' \notin i'$，且 $t < t'' < t'$或 $t' < t'' < t$。

b. ${}^t\boldsymbol{D}_i \subseteq \boldsymbol{D}_i$是连续区间论域，满足：任意 $i \in {}^t\boldsymbol{D}_i$　当且仅当　若 t，$t' \in i$，则任意 t''，若 $t \prec t'' \prec t'$，则有 $t'' \in i$。

c. $\cup$ 是 $\boldsymbol{D}_i$上的并集运算。对于任意 $i' \in \boldsymbol{D}_i$，$i'' \in \boldsymbol{D}_i$，$i' \cup i'' = i$　当且仅当　任意 $t \in \boldsymbol{T}$，若 $t \in i'$或 $t \in i''$，都有 $t \in i$；反之若 $t \in i$，则或者 $t \in i'$或者 $t \in i''$。$\subseteq$是因为并集运算而在 $\boldsymbol{D}_i$上形成的集合之间的包含关系。

依据定义 2.4a，论域 $\boldsymbol{D}_i$中的任意区间都必须满足严格的线性序列关系，但是不一定满足 Oehl（2014）和邹崇理（2000）中所要求的连续性。只有论域 ${}^t\boldsymbol{D}_i$ 中的区间既满足线性要求又满足连续性要求。因为存在这样的非连续区间，区间的包含关系就与论域 $\boldsymbol{D}_i$ 上的包含关系不一致。被解释成 $\boldsymbol{D}_i$ 上两个时刻集之间的包含关系是两个区间的子区间关系，记作 $\subseteq_t$，而两个区间的包含关系记作 $\subseteq_i$，需要另外做出规定。

依据定义 2.4，区间关系可做如下界定。

定义 2.5（区间关系）。

令（$\boldsymbol{T}$，$\prec$）为一个时刻结构，其中 $\boldsymbol{T}$ 是非空时刻集，满足严格线性序关系$\prec$，则（$\boldsymbol{D}_i$，$\cup$，$\subseteq$）是一个区间结构，满足：

a. 包含关系：

$[\![\mathrm{i} \subseteq_i \mathrm{i}']\!] = 1$　当且仅当　若 $t_1 \in_{in} [\![\mathrm{i}']\!] \in \boldsymbol{D}_i$，$t_2 \in_{fi} \in [\![\mathrm{i}']\!] \in \boldsymbol{D}_i$，则任意 $t_3 \in [\![\mathrm{i}]\!] \in \boldsymbol{D}_i$，都有 $t_1 \prec t_3 \prec t_2$。

b. 子区间关系：

$[\![\mathrm{i} \subseteq_t \mathrm{i}']\!] = 1$　当且仅当　任意 $t \in [\![\mathrm{i}]\!] \in \boldsymbol{D}_i$，都有 $t \in [\![\mathrm{i}']\!] \in \boldsymbol{D}_i$。

➢　初始子区间关系：

$[\![\mathrm{i} \subseteq_{t\text{-}in} \mathrm{i}']\!] = 1$　当且仅当　$[\![\mathrm{i} \subseteq_t \mathrm{i}']\!] = 1$，且任意 $t \in [\![\mathrm{i}]\!]$，$t' \notin [\![\mathrm{i}]\!]$，$t' \in [\![\mathrm{i}']\!]$，都有 $t \prec t'$。

➢　终结子区间关系：

$[\![\mathrm{i} \subseteq_{t\text{-}fi} \mathrm{i}']\!] = 1$　当且仅当　$[\![\mathrm{i} \subseteq_t \mathrm{i}']\!]_{M,g} = 1$，且任意 $t \in [\![\mathrm{i}]\!]_{M,g}$，$t' \notin [\![\mathrm{i}]\!]$，

$t' \in [\![i']\!]$，都有 $t' \prec t$。

c. 等同关系：

$[\![i = i']\!] = 1$　当且仅当　对于任意 $t \in [\![i]\!] \in \boldsymbol{D}_i$，都有 $t \in [\![i']\!] \in \boldsymbol{D}_i$，反之亦然。

d. 相交关系：

$[\![i \cap_t i']\!] = 1$　当且仅当　至少存在一个 $t \in \boldsymbol{T}$ 使得 $t \in [\![i]\!] \in \boldsymbol{D}_i$ 且 $t \in [\![i']\!]_{M,\,g} \in \boldsymbol{D}_i$。

e. 居前关系：

$[\![i <_t i']\!] = 1$　当且仅当　对于任意 $t \in [\![i]\!]$，$t' \in [\![i']\!]$，都有 $t \prec t'$。

f. 居前等同关系：

$[\![i \leqslant_t i']\!] = 1$　当且仅当　$[\![i <_t i']\!] = 1$ 或者 $[\![i = i']\!] = 1$。

g. 居前毗连关系：

$[\![i \propto_t i']\!] = 1$　当且仅当　$[\![i <_t i']\!] = 1$ 且 $[\![i]\!] \cup [\![i']\!] \in {}^t\boldsymbol{D}_i$。

依据定义 2.5a 和 2.5b，一个区间 i 被包含在另一个区间 i′之内，并不要求 i 是 i′的一部分（即构体），后面两小节将具体讨论这一问题。此外，$\subseteq_{t\text{-}in}$ 和 $\subseteq_{t\text{-}fi}$ 分别表示初始子区间和终结子区间关系，但是在 $\mathscr{L}_{\text{MEM}}$ 中，因为存在非连续区间，即便 $i' \subseteq_{t\text{-}in} i''$ 和 $i' \subseteq_{t\text{-}fi} i''$ 同时成立，也不能说明 i′和 i″的时长是一样的。

（二）区间的加合运算

前文引入了非连续区间。这样做的动因是为了引入三个不同的区间加合运算符，从而更灵活地表现事件多维的构体关系。三个区间加合运算符是 $\oplus_t$、$\oplus_i$ 和 $\oplus_{\text{Max}t}$，其中 **$\oplus_i$ 表示区间加合运算**，**$\oplus_t$ 表示相邻区间加合运算**，**$\oplus_{\text{Max}t}$ 表示区间最大合并运算**。

三种区间的加合运算具体规定如下。

定义 2.6（区间的加合运算）。

a. $\oplus_i$ 表示两个区间的加合运算，满足自返性、反对称性和传递性。任意两个区间 i_1 和 i_2，$i_1 \oplus_i i_2 = i$　当且仅当　$[\![i_1]\!] \in \boldsymbol{D}_i$，$[\![i_2]\!] \in \boldsymbol{D}_i$，$[\![i]\!] = [\![i_1]\!] \cup [\![i_2]\!] \in \boldsymbol{D}_i$。

b. $\oplus_t$ 表示两个毗邻的连续区间加合运算，满足自返性、反对称性和传递性。对于任意两个毗邻的连续区间 i_1 和 i_2，$i_1 \oplus_t i_2 = i$　当且仅当　$[\![i_1]\!] \in {}^t\boldsymbol{D}_i$，$[\![i_2]\!] \in {}^t\boldsymbol{D}_i$，$[\![i]\!] = [\![i_1]\!] \cup [\![i_2]\!] \in {}^t\boldsymbol{D}_i$。$\oplus_t$ 运算需满足毗连性，同时有着无限延展性。

(i) $\forall i i' i''.\, i = i' \oplus_t i'' \rightarrow i' \propto_t i'' \vee i'' \propto_t i'$　　（毗连性）

（ii）$\forall i\exists i'i''.(i \propto_t i' \vee i' \propto_t i) \wedge i'' = i \oplus_t i'$　　（无限延展性）

c. $\oplus_{Maxt}$表示两个区间的最大合并运算，对于任意两个区间 i_1和i_2且 $i_1 \leqslant_t i_2$，$i_1 \oplus_{Maxt} i_2 = i$　当且仅当　$i_1 \subseteq_{t\text{-}in} i$，$i_2 \subseteq_{t\text{-}fi} i$，且任意 i′，若 $i_1 \leqslant_t i' \leqslant_t i_2$，则有 $i' \subseteq_t i$。

$\oplus_i$是两个任意区间的加合运算，更准确地说，是两个区间作为时刻集的并集运算。这意味着，对于任意时刻 $t \in \boldsymbol{T}$，若 $t \in [\![i']\!]$或者 $t \in [\![i'']\!]$，则 $t \in [\![i' \oplus_i i'']\!]$；但是若 $t \notin [\![i']\!] \cup [\![i'']\!]$，则 $t \notin [\![i' \oplus_i i'']\!]$。据此，i 可以是一个由不连续的时刻构成的区间，如在图 2.2 中，存在三个区间：i′、i″和 i‴。

图 2.2　区间加合

以这三个区间为基础，可以得到七个加合区间，即{i′，i″，i‴，$i' \oplus_i i''$，$i' \oplus_i i'''$，$i'' \oplus_i i'''$，$i' \oplus_i i'' \oplus_i i'''$}，其中的 $i' \oplus_i i'''$是非连续的区间，但是依据定义 2.5c 和定义 2.6a，仍然有 $i'' \subseteq_i i' \oplus_i i'''$。这七个区间的构体关系如图 2.3 所示。

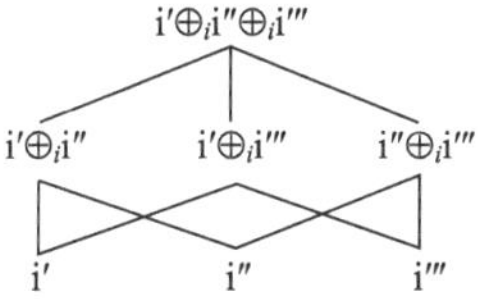

图 2.3　区间的构体关系

$\oplus_t$表示两个毗连区间的加合运算。对于 i′和 i″而言，只有 i′和 i″存在毗连关系时，$i' \oplus_t i''$才是有定义的，即$[\![i' \oplus_t i'']\!] \in {}^t\boldsymbol{D}_i$，否则$[\![i' \oplus_t i'']\!] = \perp$，但是仍然有$[\![i' \oplus_i i'']\!] \in \boldsymbol{D}_i$。在图 2.3 中，显然$[\![i' \oplus_i i''']\!] \notin {}^t\boldsymbol{D}_i$。

另外注意，$\oplus_t$运算还有无限延展性，即任何一个 i 都必然可以与其初始区间毗连的区间或与其终结区间毗连的区间进行 $\oplus_t$运算，从而使得毗连加合区间无限地延长。

$\oplus_{Maxt}$表示两个区间的最大区间加合运算。仍然参照图 2.2，$i' \oplus_{Maxt} i'''$的初始子区间是 i′的初始子区间，而 $i' \oplus_{Maxt} i'''$的终结子区间是 i‴的终结子区间。与 $\oplus_i$相比，$i' \oplus_i i'''$是非连续区间，而 $i' \oplus_{Maxt} i'''$是连续区间，显然有 $i' \oplus_{Maxt} i''' = i' \oplus_t i'' \oplus_t i'''$。

因为存在一些非连续区间，因此区间的关系也有所变化，如图 2.4 所示。

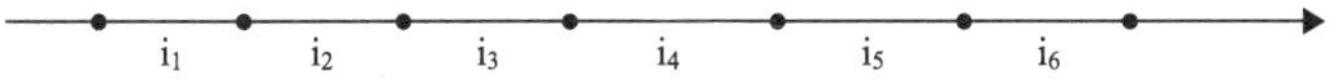

图 2.4　区间关系实例

假设图 2.4 中的任意两个小黑点之间是一个区间，依据图 2.4 有如下定义。

定义 2.7（事件区间）

a. $i_1 \oplus_i i_2$，$i_3 \oplus_i i_4$，$i_3 \oplus_i i_4 \oplus_i i_5$是连续区间；$i_1 \oplus_i i_3$，$i_1 \oplus_i i_4 \oplus_i i_6$都是非连续区间。

b. $i_2 \subseteq_i i_1 \oplus_i i_4 \oplus_i i_6$和$i_1 \oplus_i i_2 \subseteq_i i_1 \oplus_i i_4 \oplus_i i_6$都成立，前者被包含在后者中。但是$i_2 \subseteq_t i_3 \oplus_i i_5$和$i_1 \oplus_i i_2 \subseteq_t i_1 \oplus_i i_4 \oplus_i i_6$都不成立，即前者不是后者的子区间。

c. $i_2 \oplus_i i_4 \subseteq_i i_1 \oplus_i i_2 \oplus_i i_4 \oplus_i i_6$和$i_2 \oplus_i i_4 \subseteq_t i_1 \oplus_i i_2 \oplus_i i_4 \oplus_i i_6$都成立，即前者被包含在后者中，同时前者也是后者的子区间。

d. $i_1 \oplus_i i_5$和$i_1 \oplus_i i_3 \oplus_i i_5$包含了相同的时刻，但不是相同的区间。

e. $i_1 \oplus_{Maxt} i_5$和$i_1 \oplus_i i_3 \oplus_i i_5$包含了相同的时刻，也是相同的区间。

f. $i_3 \oplus_i i_4 \cap_t i_3 \oplus_i i_4 \oplus_i i_5$和$i_1 \oplus_i i_3 \cap_t i_1 \oplus_i i_6$都是成立的。

g. i_2是$i_1 \oplus_i i_2$的子区间（即i_2是$i_1 \oplus_i i_2$的构体区间）；i_2被包含在$i_1 \oplus_i i_3$中，但不是$i_1 \oplus_i i_3$的区间（即i_2不是$i_1 \oplus_i i_3$的构体）。

注意，依据定义 2.5a 和 2.5b，$\subseteq_i$表示区间的包含关系，而$\subseteq_t$表示子区间关系。

（三）事件区间和区间外延度量函项 $^{\mathrm{v}}\boldsymbol{m}_c$

引入区间的三种不同的加合运算是为了更灵活地表现事件区间。对于大多数事件而言，其在时轴上的部分都具有离散性，因此对于事件区间而言，存在两种不同的计算方法。一种计算方法，是计算事件持续的最大区间，即将从事件的初始到终结之间的区间都计算在内，而忽视事件内部的停顿。例如，（2.7）a 中的“张三学习英语”事件的存续区间就是“从早上 8 点到 9 点”的区间，而（2.7）b 中的“张三学习英语”事件的存续区间是“从去年 8 月到今年 8 月”，尽管在这一年里，张三真正花在学习英语上的时间只占一小部分。

（2.7）a. 张三（从早上 8 点到 9 点）学习了一个小时的英语。
　　　b. 张三（从去年 8 月到今年 8 月）学习了一年的英语。

另一种计算方法，是计算事件的有效存续时间。例如，虽然（2.7）a 中的“张三学习英语”事件是“从早上 8 点到 9 点”，但中间可能因某种原因而中断数次，实际有效的学习时间可能只有 40 分钟，那么这断断续续、总长为 40 分钟的区间就是有效事件区间。

用 Time(e)表示事件存续的最大区间，用 WorkTime(e)表示事件有效存续区间。通常情况下，事件区间指的是事件存续的最大区间。但是在某些场合下，也需要 WorkTime(e)这样的概念。后文在讨论自然语言的惯常体时，就需要借助 WorkTime(e)。Time 和 WorkTime 的正式定义如下。

定义 2.8（事件区间和事件有效存续区间）。

a. Time(e) = i　当且仅当　若 e′是 e 的初始构体，e″是 e 的终结构体，则 $i = \text{Time}(e') \oplus_{\text{Max}t} \text{Time}(e'')$；

b. WorkTime(e) = i　当且仅当　$i \subseteq_t \text{Time}(e) \wedge \forall i'[i' \subseteq_t i \rightarrow \exists e'[{}^{e}\text{IsPart}_T(e', e) \wedge \text{Time}(e') = i']]$；

c. 对于任意 e 和 e′，$\text{Time}(e \oplus_e e') = \text{Time}(e) \oplus_{\text{Max}t} \text{Time}(e')$。

依据定义 2.8，若 i′是 e 初始构体的存续区间，i″是 e 终结构体的存续区间，则 e 的事件区间就是 i′和 i″的最大加合运算，如图 2.5 中的 $e = e_1 \oplus_i e_2 \oplus_i e_3$，而 Time(e)则是指 *a*、*b* 之间的区间，即 $\text{Time}(e) = i_1 \oplus_i i' \oplus_i i_2 \oplus_i i'' \oplus_i i_3$。

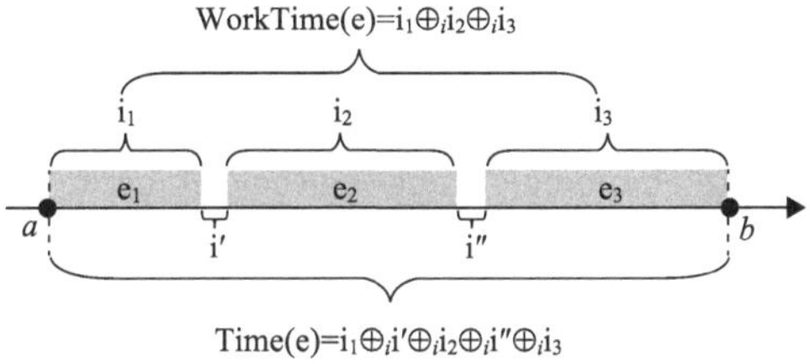

图 2.5　事件区间和事件有效存续区间

但是 WorkTime(e)所指的区间是非连续区间 $i_1 \oplus_i i_2 \oplus_i i_3$，i′和 i″不在 WorkTime(e)所指的区间之内。

此外，为了能够说明区间的长度，$\mathscr{L}_{\text{MEM}}$还引入了区间外延度量函项 ${}^{\text{v}}\boldsymbol{m}_c$，其中左上标 v 表示某种时长单位，右下标 ***C*** 表示 ${}^{\text{v}}\mathbf{m}$ 是由语境确定的某个函项，用英文单词表示时长单位，所以 v ∈ {**Hour**，**Day**，**Week**，**Month**，**Year**，...}。例如，${}^{\textbf{Day}}\mathbf{m}(i) = 2$ 表示 i 的时长是两天。区间外延度量函项 ${}^{\text{v}}\boldsymbol{m}_c$ 的映射规则可以通过递归的方式给出。

定义 2.9（区间外延度量函项 ${}^{\text{v}}\boldsymbol{m}_c$）。

${}^{\text{v}}\boldsymbol{m}_c$是一个由语境决定的区间外延度量函项，其映射规则为：

a. 若 i 是一个连续区间，则 ${}^{\text{v}}\boldsymbol{m}_c(i)$是一个自然数；

b. 若 i′和 i″都是区间且有 $i = i' \oplus_i i''$，则 ${}^{\text{v}}\boldsymbol{m}_c(i) = {}^{\text{v}}\boldsymbol{m}_c(i') + {}^{\text{v}}\boldsymbol{m}_c(i'')$是一个自然数。

现在结合 ${}^{\text{v}}\boldsymbol{m}_c$ 函项来看 $\oplus_i$ 运算和 $\oplus_{\text{Max}t}$ 运算，以（2.8）为例。

（2.8）a. 马丽在新买的跑步机上已经跑一周了。

b. 马丽每天在新买的跑步机上跑一个小时（假设一个小时不存在任何中断），坚持了一周。

假设（2.8）a 和（2.8）b 描述的是同一个情境，那么在一周内就有 7 个“马丽在跑步机跑步”的事件，现在有 $e = e_1 \oplus_e e_2 \oplus_e \cdots \oplus_e e_7$，并且有

（2.9）a. $^{\mathbf{Hour}}\mathbf{m}(\mathrm{Time}(e_1) \oplus_i \mathrm{Time}(e_2) \oplus_i \cdots \oplus_i \mathrm{Time}(e_7)) = 7$

b. $^{\mathbf{Day}}\mathbf{m}(\mathrm{Time}(e)) = {}^{\mathbf{Day}}\mathbf{m}\,(\mathrm{Time}(e_1) \oplus_{\mathrm{Max}t} \mathrm{Time}(e_7)) = 7$

（2.9）a 中的 $^{\mathbf{Hour}}\mathbf{m}$ 和 $^{\mathbf{Day}}\mathbf{m}$ 分别是以“小时”和“天”为单位的区间外延度量函项。（2.9）a 中的 $\mathrm{Time}(e_1) \oplus_i \mathrm{Time}(e_2) \oplus_i \cdots \oplus_i \mathrm{Time}(e_7)$的总时长只有 7 个小时。但是在（2.9）b 中，$\mathrm{Time}(e) = \mathrm{Time}(e_1) \oplus_{\mathrm{Max}t} \mathrm{Time}(e_7)$，所以 $^{\mathbf{Day}}\mathbf{m}(\mathrm{Time}(e))$的数值是 7 天。这也就意味着，虽然每一个 e_i（$1 \leqslant i \leqslant 7$）的事件区间的时长是 1 个小时，但是 e 作为 7 个 e_i 的加合，其事件区间却是 7 天。

第三节　事件的多维构体关系

基于前面的基本结构，现在可以将事件的构体关系区分为不同的类型。从时间、个体和空间三个维度，可以区分出事件多种类型的构体关系：T-构体关系、Θ-构体关系和 G/P-构体关系。

一、事件的构体关系

任何一个情境都是一个更大情境的组成部分，同时其自身又是由更小的情境组合而成的。按照构体论，这就是整体-构体的关系。如果把事件定义为特定时间区间上相关个体所呈现的情境，那么事件必然也存在构体结构。但是与个体的构体结构相比，事件的构体结构要复杂很多。

理论上，任何两个事件 e_1 和 e_2，都可以生成一个加合个体 $e = e_1 \oplus_e e_2$，这样在 e 与 e_1 和 e_2 之间就形成了构体结构。用 $^e\mathrm{IsPart}(e', e)$表示 e′是 e 的构体，显然有：$^e\mathrm{IsPart}(e', e)$当且仅当 $e' \oplus_e e = e$。但是从自然语言的表达来看，关联度不高的事件形成的构体关系并没有任何认知意义，因而无须关注。总体上说，事件的构体可以从时间、个体和空间三个维度进行考察。时间是事件的存在域，就如同空间是个体的存在域一样，沿着时间维度，事件形成了特定的构体结构。同时事件本身并没有独立的存在，其存在的形式是个体和个体性质及关系。如果没有了个体和个体性质及关系，那么事件也就消失了。所以依据个体与事件的关系，事件又形成另外一个类型的构体结构。此外，空间是个体的存在域，而事件的存在又是以个体为基础的，这必然也导致了事件在空间上的构体结构。所以下文主要关注事件的三种构体：T-构体、Θ-构体和 G-构体。

按照 Link-Krifka 的传统，用⊕表示加合运算符，对于任何类型的个体论元 x_1 和 x_2，$x_1 \oplus x_2$ 仍然还是该类型的个体论元。x′是 x 的构体当且仅当 $x \oplus x' = x$。为了将普通个体的加合和事件的加合区分开，用 $\oplus_d$ 表示个体论元的加合运算符，用 $\oplus_e$ 表示事件论元的加合运算符。此外，用 ^{d}IsPart(x′, x)和 ^{e}IsPart(e′, e)分别表示 x′是 x 的构体，e′是 e 的构体。

二、事件的 T-构体

事件的 T-构体是指一个事件沿着时轴的方向进行切分而得到的构体，T-构体中的 T 取自英文 time 的首字母。先考虑（2.10）。

（2.10）a. e =“在 8 点到 9 点之间，张三在公园里骑车”
　　　b. e′ =“在 8 点到 8 点 30 分之间，张三在公园里在骑车”
　　　c. e″ =“在 8 点 31 分到 9 点之间，张三在公园里在骑车”

在（2.10）中，e′和 e″在时间维度上与 e 形成构体结构。如图 2.6 所示，若 *a*～*b* 区间是 8 点到 8 点 30 分的时段，*b*～*c* 区间是 8 点 31 分到 9 点的时段，且 e =“张三在公园里骑车”的存续区间是 *a*～*c* 时段，那么在 *a*～*b* 区间和 *b*～*c* 区间必然存在两个“张三在公园里骑车”，即 e′和 e″。显然 e′和 e″都是 e 的构体。同时，由于 *a*～*b* 区间和 *b*～*c* 区间都可以无限制地继续切分，因此还可以得到 e 的更多构体，若 e'_1，e'_2，…，e'_n 等。

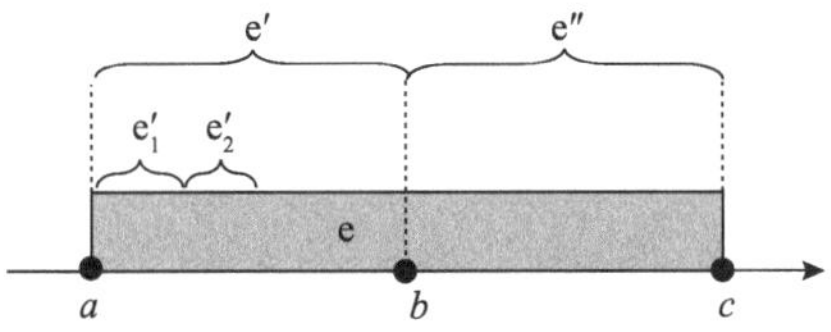

图 2.6　事件的 T-构体关系

由于图 2.6 中的 e′和 e″是在时间维度上构成了 e 的构体，因此本书将其称为事件的时间维度构体，简称事件的 T-构体，相应的构体关系也就称为 **T-构体关系**。

（2.10）中的 e 和它的构体有着相同的性质，属于同质构体，但是 T-构体也可以是异质的。例如将图 2.6 中的 e 看成是“张三穿上衣服跳下床”事件，而 e′和 e″分别是“张三穿上衣服”和“张三跳下床”，则 e 与其构体形成了异质的 T-构体关系。

因为 T-构体是沿着 e 的时轴进行切分，而时间本身可以无限地进行切分，因此无法确定一个 e 可以切分出多少个 T-构体。T-构体的正式定义如下。

定义 2.10（T-构体）。

a. 任意的 e′和 e，e′是 e 的构体 当且仅当至少存在一个 e″满足：$e = e' \oplus_e e''$。

b. 任意的 e′和 e，e′是 e 的 T-构体 当且仅当 e′是 e 的构体，且 $\text{Time}(e') \subseteq_t \text{Time}(e)$。

但是切分过细的 T-构体，在人类的认知和语言交流中，并没有意义。在自然语言的交流中，真正起作用的是直接 T-构体，而非间接 T-构体。相关内容参见本书第三章第二节第三小节（三）。

三、事件的 Θ-构体

与 T-构体不同，事件的 Θ-构体是指依据与事件存在某个 Θ-函项关系的个体进行切分而得到的构体，以（2.11）为例。

（2.11）a. e =“在 8 点到 8 点 30 分之间，张三和李四在公园里骑车”
　　　　b. e′ =“在 8 点到 8 点 30 分之间，张三在公园里骑车”
　　　　c. e″ =“在 8 点到 8 点 30 分之间，李四在公园里骑车”

在（2.11）中，e′和 e″与 e 在题元角色的维度上形成了构体关系。如图 2.7 所示，带点框表示“张三在公园里骑车”，灰色框表示“李四在公园里骑车”，二者的加合是 e，即“张三和李四在公园里骑车”。

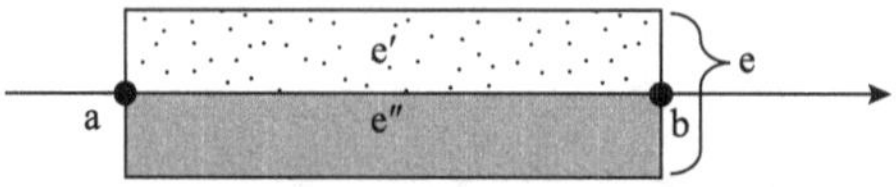

图 2.7　事件的 Θ-构体关系

显然，e′和 e″与 e 的构体关系不是沿着时轴而构成的，而是依据与 e 有着施事关系的个体而形成的，即 e′和 e″之所以是两个不同的事件，是因为存在两个不同的施事。这样的构体称为事件的题元角色构体，简称为事件的 Θ-构体，相应的构体关系就称为 **Θ-构体关系**。

若 e′是 e 依据 Θ-函项θ而得到的 Θ-构体，则 e′可以被称为 e 的 Θ_θ-构体。图 2.7 中的 e′和 e″是 e 的 Θ_{Agent}-构体。但是若 e =“张三买了一本《三国演义》和一本《西游记》”，而 e′ =“张三买了一本《三国演义》”，则 e′是 e 的 Θ_{Theme}-构体。

对于任意的 e′和 e 而言，若存在一个 Θ-函项 θ 使得 θ(e′)是 θ(e)的构体，则称这个 θ 是形成了构体关系的 Θ-函项。据此，可以得到如下定义。

定义 2.11（Θ-构体）。

令 e′和 e 是任意的两个事件，则有：

a. e′是 e 的 Θ_θ-构体 当且仅当θ(e) = θ(e′)或者至少存在一个个体 x 使得θ(e) = θ(e′) $\oplus_d$ x。

b. e′是 e 的 Θ-构体　当且仅当　至少存在一个 Θ-函项θ使得 e′是 e 的 Θ_θ-构体。

在此基础上，还可以进一步限定某个 Θ-构体为原子构体。Θ-原子构体以及 T-构体的计数函项 $TotalPart_\theta$规定如下。

定义 2.12（Θ-原子构体和 T-构体的计数函项 $TotalPart_\theta$）。

a. e′是 e 的 Θ_θ-原子构体（记作 $^eIsPart_{\theta\text{-}AT}$(e′, e)) 当且仅当　e′是 e 的 Θ_θ-构体，且任意一个 x，若 x 是θ(e′)的构体，则不存在一个 e 的 Θ_θ-构体 e″满足：θ(e″) = x。

b. 对于任意事件 e 和任意 Θ-函项 θ，$TotalPart_\theta$(e) = n 当且仅当 Card(X) = n 且 X 满足：任意 e′ ∈ X，都有 $^eIsPart_{\theta\text{-}AT}$(e′, e)。

这里 $TotalPart_\theta$是一个事件到自然数集的函项，其中的 Card(X) = n 表示 X 的基数是 n。例如，e=“张三买了一本《三国演义》和一本《西游记》”，则 $TotalPart_{Theme\text{-}AT}$ (e) = 2；但是 $TotalPart_{Agent\text{-}AT}$(e) = 1。

注意，$^eIsPart_{\theta\text{-}AT}$(e′, e)不能简单地定义为：若 e′是 e 的 Θ_θ-构体且θ(e′)是一个原子个体。例如，若 e =“张三和马丽合作发表了两篇论文”，则 $TotalPart_{Agent}$(e)= 1，因为对于事件 e 而言，“张三和马丽”是不可分解的，因为不能说“张三合作发表了两篇论文”，也不能说“马丽合作发表了两篇论文”。

另外还要注意，仍以“张三买了一本《三国演义》”为例，若 x′是 x 的任意构体（即 x′是“张三”或者是“李四”），则与 x′有 Θ_{Agent}-函项关系的是 e 的特定 Θ_{Agent}-构体 e′，而不是 e 的任意一个 Θ_{Agent}-构体。也就是说，在 Θ-函项关系中，同一个个体（无论是原子个体还是加合个体），有且只有一个事件与其有 Θ-函项关系。据此，有如下定义。

定义 2.13（T-构体的θ唯一性原则）。

a. 若 e′是 e 的 T-构体且θ(e) = x，则存在一个 x′满足：^dIsPart(x′, x) 且任意一个 x″，若θ(e′) = x″，则 x′ = x″。

b. 若 x′是 x 的构体且θ(e) = x，则存在一个 e′满足：$^eIsPart_T$(e′, e)且任意一个 e″，若θ(e″) = x′，则 e′ = e″。

依据定义 2.13，假设“客人们”包括甲、乙、丙和丁四人，用 e_1～e_4分别表示“甲来了，乙来了，丙来了和丁来了”，对于加合个体**甲** $\oplus_d$ **乙**，只有事件 $e_1 \oplus_e e_2$ 与**甲** $\oplus_d$ **乙**有 Θ_{Agent}-函项关系，无论 e_1 或者 $e_1 \oplus_e e_2 \oplus_e e_3$ 与**甲** $\oplus_d$ **乙**都不构成 Θ_{Agent}-函项关系。另注意，定义 2.13 与 Krifka（1998）定义的题元角色元性质 MSE(θ) 等并不完全相同。

为了能表现出 T-构体的θ关系的唯一性，还需要界定两个四元关系谓词 OnlyEvent 和 OnlyEntity。

定义 2.14（事件构体的唯一性和个体构体的唯一性）。

a. 对于任意一个 e、e′和 x，若 $^e\text{IsPart}_\Theta(e', e) \wedge \theta(e') = x$，则有：

$\text{OnlyEvent}(e', e, x, \theta) =_{def} \forall e''.{}^e\text{IsPart}_\Theta(e'', e) \wedge \theta(e'') = x \rightarrow e'' = e'$。

b. 对于任意一个 x、x′和 e，若 $^d\text{IsPart}_{同质}(x', x) \wedge \theta(e) = x$，则有：

$\text{OnlyEntity}(x', x, e, \theta) =_{def} \forall x''.{}^d\text{IsPart}_{同质}(x'', x) \wedge \theta(e) = x'' \rightarrow x'' = x'$。

依据定义 2.14a，若 e′是 e 的 θ-构体，并且与 x 有 θ 关系，则 OnlyEvent(e′, e, x, θ)表示在 e 的 θ-构体中，e′是唯一与 x 有 θ 关系的事件构体。同理，依据定义 2.14b，若 x′是 x 的构体，并且 x′与 e 有 θ 关系，则 OnlyEntity(x′, x, e, θ)表示在 x 的构体中，x′是唯一与 e 有 θ-函项关系的个体①。

这里需要注意：依据唯一性的要求，同一个事件 e，相对于不同的 Θ-角色，就会出现数量不同的 Θ-构体，如（2.12）所示。

（2.12）a. 张三、李四和马丽都来了。

b. 张三、李四和马丽都写了两篇论文。

在（2.12）a 中，假设 e = “张三、李四和马丽来了”，则 e 只有 Agent-角色。从 Agent 的角度切分，e 只能有三个 Θ_{Agent}-原子构体：e′ = “张三来了”，e″ = “李四来了”和 e‴ = “马丽来了”。无论是这些 Θ_{Agent}-原子构体还是这些原子构体的加合，在“张三”“李四”“马丽”三个原子个体中，都有且只有一个个体（或个体的加合）与之有 Θ_{Agent}-函项关系。同时三个个体中的任意一个个体或个体的加合，在 e 的三个 Θ_{Agent}-原子构体中也有且只有一个构体（或构体的加合）与之有 Θ_{Agent}-函项关系，如图 2.8（a）所示。

① 这里对 OnlyEvent 和 OnlyEntity 的界定借鉴了蒙太格语法对指称唯一性的处理。当然理论上还可以采用 τ-算子（iota-operator）来刻画的唯一性现象（Partee，1986），但是 τ-算子不利于语义的组合生成。

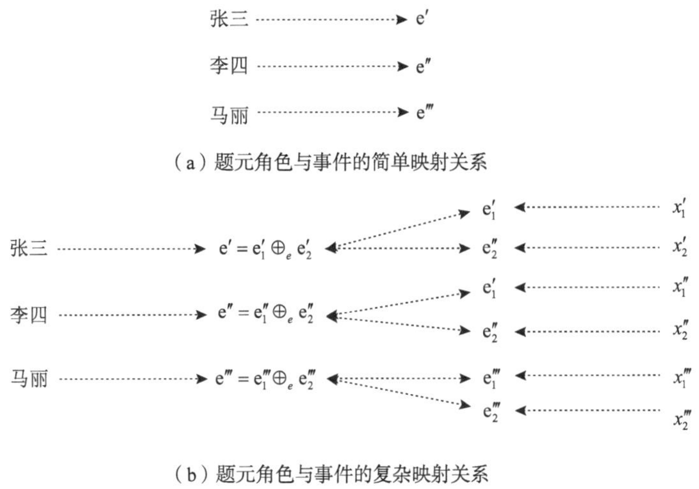

图 2.8　不同 Θ-构体关系对比

在（2.12）b 中，e =“张三、李四和马丽都写了两篇论文”既有 Agent-角色，也有 Theme-角色。若从 Agent 的角度切分，e 同样只有三个 Θ_{Agent}-原子构体，即 $TotalPart_{Agent}(e) = 3$。但是若从 Theme 的角度切分，则可以得到 $TotalPart_{Theme}(e) = 6$。如图 2.8（b）所示，无论是 Θ_{Agent}-构体还是 Θ_{Theme}-构体，都符合事件构体的唯一性和个体构体的唯一性原则。

四、事件的 G/P-构体

（2.13）a 事件也可以看成是（2.13）b 事件和（2.13）c 事件的加合，即 $e = e_1 \oplus_e e_2$ 且 e_1 =“张三在读报纸”，e_2 =“马丽在做饭”。不过与（2.10）和（2.11）的例子不同，e_1 和 e_2 既不是沿着时轴对 e 切分而得到的，也不是通过对与 e 有 Θ-关系的个体进行分解而得到的。e_1 和 e_2 的关系是：“报纸”既与 e_1 存在Θ_{Theme}-函项关系，也与 e_2 存在Θ_{Theme}-函项关系。

（2.13）a. 张三在看报纸的时候，马丽在做饭。
b. 张三在读报纸。
c. 马丽在做饭。

这样的构体可以称为事件的关联构体，简称为事件的 G-构体[①]，相应的构体关系也就称为 **G-构体关系**。

若 e′和 e″与 e 形成 G-构体关系，则 e′和 e″必须满足Θ-关联性，具体定义如下。

① 取“关联”中“关”字拼音的首字母。

定义 2.15（Θ-关联性和 G-构体）。

a. e′和 e 是Θ-关联的 当且仅当 至少存在一个个体 x 使得 θ(e′) = x 且′θ(e) = x（其中′θ可以是与θ相同的题元角色）。

b. 任意的 e′和 e，e′是 e 的 G-构体 当且仅当 e′和 e 的构体，e′和 e 是Θ-关联的，且 e′不是 e 的Θ-构体。

简而言之，Θ-关联性使得某个个体 x 与 e′和 e 都有着某种Θ-关系，对于 e′和 e 而言，这种Θ-函项关系可以是相同的，也可以是不同的。例如，（2.14）b～（2.14）d 事件都是（2.14）a 事件的 G-构体，而“李四”在（2.14）c 和（2.14）d 事件中的Θ-函项关系并不相同。

（2.14）a. 张三开车送李四去机场。
　　　　b. 张三开车去机场。
　　　　c. 张三送李四去机场。
　　　　d. 李四去机场。

（2.15）a 事件也可以看成是（2.15）b 事件和（2.15）c 事件的加合，但是它们之间既无 T-构体关系，也不存在任何Θ-关联性。

（2.15）a. 张三在看报纸的时候，马丽在做饭。
　　　　b. 张三在看报纸。
　　　　c. 马丽在做饭。

对于（2.15）a 而言，若 $e = e_1 \oplus_e e_2$ 且 e_1 = “张三在看报纸”，e_2 = “马丽在做饭”，则 e_1 和 e_2 只是在时空上毗邻，同时“张三”和“马丽”或许也存在某种关联。例如，他们可能是生活在一起的人。

这种因时空的毗邻关系或者个体的关联而形成的构体可以称为事件的毗邻构体，简称为事件的 P-构体[①]，相应的构体关系也就称为 **P-构体关系**。

从认知的角度看，把一些没有任何关联的事件聚合生成加合事件，没有任何意义。从这个角度上说，P-构体关系可以看成是一个分界线。如果连时空的毗邻关系都没有达到，则对自然语言语义已经没有意义了。所以后文对构体关系的讨论主要针对 T-构体和Θ-构体，并且在需要的时候，将 G-构体和 P-构体合并为 G/P-构体，放在一起考虑。

另外注意，G-构体和 P-构体并不遵守定义 2.12 中的 T-构体的θ唯一性原则。

① 取“毗邻”中“毗”字拼音的首字母。

五、事件多维构体关系的小结

现在依据前文的讨论，对事件多维构体关系进行小结，以便后文展开讨论。下文用 ⊕ 加上不同的下标表示不同的加合运算符，并有如下具体定义。

定义 2.16（事件的加合运算符）。

$\langle \boldsymbol{D_e}, \cup_e, \leqslant_e \rangle$ 是一个聚合上半格结构，其中的 $\boldsymbol{D_e}$ 是事件集；$\cup_e$ 是 $\boldsymbol{D_e}$ 中的聚合运算，满足等幂律，交换律和结合律。$\leqslant_e$ 是因为 $\cup_e$ 运算在 $\boldsymbol{D_e}$ 上形成的偏序关系，即对于任意 e，$e' \in \boldsymbol{D_e}$，都有：$e' \leqslant_e e$ 当且仅当 $e \cup_e e' = e$。据此：

令 e′和 e″为任意两个事件论元满足：$[\![e']\!] \in \boldsymbol{D_e}$，$[\![e'']\!] \in \boldsymbol{D_e}$，则有：

a. $e = e' \oplus_e e''$ 当且仅当 $[\![e']\!] = [\![e']\!] \cup_e [\![e'']\!] \in \boldsymbol{D_e}$。

b. $e = e' \oplus_T e''$ 当且仅当 $e = e' \oplus_e e''$ 且 $Time(e') <_t Time(e'')$。

c. $e = e' \oplus_\theta e''$ 当且仅当 $e = e' \oplus_e e''$ 且 $\theta(e) = \theta(e') \oplus_d \theta(e'')$。

d. $e = e' \oplus_G e''$ 当且仅当 $e = e' \oplus_e e''$ 且至少存在一个个体 x 和两个 Θ-关系 θ 和 θ′使得：$\theta(e') = \theta(e'')$，且 θ 和 θ′不必不同。

依据前文对区间关系的定义，定义 2.16b 中的 $Time(e') <_t Time(e'')$ 为真 当且仅当 任意 $t \in \tau([\![e']\!])$，$t' \in \tau([\![e'']\!])$，都有 $t < t'$。

用二元事件关系谓词 ${}^eIsPart(e', e)$ 表示 e′是 e 的构体，通过在 ${}^eIsPart$ 上增加下标可以表示不同的构体关系，如 ${}^eIsPart_t$、${}^eIsPart_\Theta$ 和 ${}^eIsPart_G$ 分别表示 T-构体关系、Θ-构体关系和 G-构体关系，具体定义如下。

定义 2.17（事件的构体关系）。

a. ${}^eIsPart(e', e) =_{def} e' \oplus_e e = e$。

b. ${}^eIsPart_t(e', e) =_{def} {}^eIsPart(e', e) \wedge Time(e') \subseteq_i Time(e)$，特别地，

${}^eIsPart_T(e', e) =_{def} {}^eIsPart(e', e) \wedge Time(e') \subseteq_i Time(e) \wedge \neg Undefined_e(e')$

若 ${}^eIsPart_T(e', e)$ 且 $Time(e') \subset_i Time(e)$，则 e′是 e 的**真 T-构体**。

c. ${}^eIsPart_\theta(e', e) =_{def} {}^eIsPart(e', e) \wedge \exists\theta\forall x[\theta(e) = x \rightarrow \exists x'[\theta(e') = x' \wedge {}^dIsPart_{同质}(x', x)]]$，特别地，${}^eIsPartt_{\theta\text{-}AT}(e', e) =_{def} {}^eIsPartt_\theta(e', e) \wedge \forall xx'[\theta(e') = x \wedge {}^dIsPart(x', x) \rightarrow \neg\exists e''[{}^eIsPart_\Theta(e'', e') \wedge \theta(e'') = x']]$。

d. ${}^eIsPart_G(e', e) =_{def} {}^eIsPart(e', e) \wedge \exists\theta\theta'[\theta(e) = \theta'(e')]$。

注意，这里用 ${}^eIsPart_T(e', e)$ 表示 e′是 e 有定义的 T-构体。在后文中除了极少数情况下，一般都用 ${}^eIsPart_T(e', e)$，而不是 ${}^eIsPart_t(e', e)$。另外，${}^eIsPart_{\theta\text{-}AT}(e', e)$ 表示 e′是 e 的 Θ_θ-原子构体，例如，${}^eIsPart_{Agent\text{-}AT}(e', e)$ 表明 e′是 e 的 Agent 原子-

构体。

依据定义 2.16b，e'是 e 的 T-构体 当且仅当$^{e}IsPart_{e}(e', e)$且 $Time(e') \subseteq_i Time(e)$。特别地，若 $Time(e') \subset_i Time(e)$，则 e'是 e 的真 T-构体。依据定义 2.16c，e'是 e 的 Θ-构体 当且仅当 e'是 e 的构体且至少存在一个题元角色 θ 和使得所有的个体 x，若 x 与 e 存在 θ 关系，则至少存在一个 x'满足：x'与 e'也有 θ 关系且 x'是 x 的构体。依据定义 2.16d，e'是 e 的 G-构体 当且仅当 e'是 e 的构体且至少一个个体 x 和两个题元角色 θ 和 θ'满足：x 与 e 有 θ 关系，与 e'有 θ'关系。这里的 θ 和 θ'可以是同一个题元角色。

定义 2.18（最大加合事件）。

令 $X = \{e_1, e_2, \cdots, e_n\} \subseteq \boldsymbol{D_e}$，则 $Sup_{\varepsilon}(X) = e_1 \cup_{\varepsilon} e_2 \cup_{\varepsilon} \cdots \cup_{\varepsilon} e_n$，则有：

$\sigma^{\varepsilon}e\wp(e)$是具有性质 $\wp$ 的事件生成的最大ε-加合事件，即有$[\![\sigma^{\varepsilon}e\wp(e)]\!] = Sup_{\varepsilon}([\![\wp]\!])$，其中的$\varepsilon \in \{T, \Theta, G\}$。

这里约定，任意加合事件 e 和任意集合 $X \subseteq \boldsymbol{D_e}$，若 $e = Sup_e(X)$，则称 X 是 e 的生成集。

T-构体关系和 Θ-构体关系通常都是交织在一起的，从而形成了复杂的构体关系，如（2.16）的连动式语句所示。

（2.16）a. 孩子们都穿上衣服跳下床。
　　　　b. 大妈们正在院子里洗衣做饭。

如果把（2.16）a 的连动式所描述的事件看成是一个加合事件 e[①]，e 是由多个 Θ_{Agent}-构体构成的，即每一个 x，若 x 属于“孩子们”中的一员，则存在一个事件 e' =“x 穿上衣服跳下床”。同时每一个 e'又可以切分成两个 T-构体，即 e'_1=“x 穿上衣服”事件和 e'_2 =“x 跳下床”事件。按照这样的分析，e'_1 和 e'_2 是 e'具有时间毗邻关系的 T-构体。但是若直接把 e 分析成 e' =“孩子们穿上衣服”和 e'' =“孩子们跳下床”，那么 e'和 e''就不一定是 e 的 T-构体，因为 e'和 e''的存续区间有可能交织在一切，出现这样的情境：有些孩子已经跳下床了，另一些孩子还没有穿上衣服。如图 2.9 所示。

① Enfield（2002）提出，连动式描述的是复合事件（complex event），并将复合方式分为两类：一是由多个明显相互分离的“构件事件”（component-events）构成的复合事件；二是由同一个事件的不同侧面（event-facets）构成的复合事件。

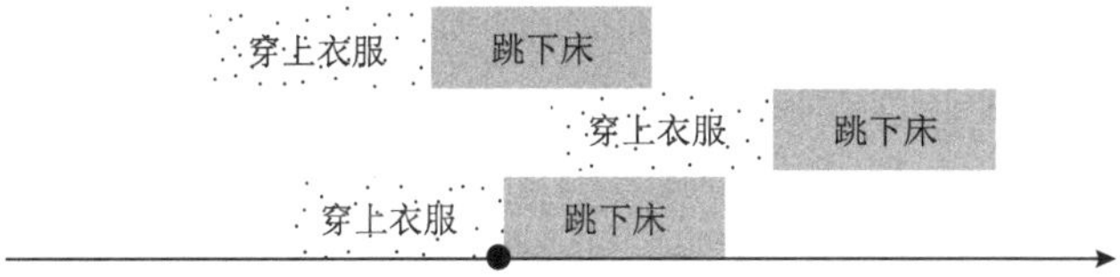

图 2.9　T-构体关系和 Θ-构体关系的交织

对这类现象的处理见第六章第四节第五小节。

对于一个事件而言，无论是 T-构体还是 Θ-构体，其构体性质与事件的性质都存在多种情况，这将是第三章讨论的重点。

第三章　事件的多维构体关系与事件性质

引　　言

构体论是从构体-整体关系的角度研究自然语言表达式指称对象的形式逻辑理论，其基本的思想是整体并非部分的简单相加，而是与部分有着同样本体论地位的个体。从模型论的视角看，构体论允许个体通过加合操作生成复数个体（即加合个体），由此形成了个体的构体关系。这种构体论思想与事件语义学的基本思想相结合，就出现了 CEM。不过 CEM 并不是一种系统的理论，而是散见于不同的文献（Krifka，1998；Landman，2000；Rothstein，2004，2008a，2008b；Landman & Rothstein，2010；Maienborn，2010；Robering，2014），其基本特征是通过考察事件的构体关系，刻画自然语言中的事件语义。在这些学者已有研究的基础上，第二章采取综合视角，从多个维度区分了事件的构体关系。本章将主要在 T-构体关系和Θ-构体关系上对事件性质展开讨论，从而为构造可以刻画自然语言事件逻辑语义的 $\mathscr{L}_{\text{MEM}}$ 打下理论基础。

与现有文献相比，本章讨论的主要不同点如下。

（1）从Θ-构体的角度系统地考察事件的本体性质，以此为基础，讨论与Θ-限定性质有关的Θ-拓展关系和Θ-可交换关系等。

（2）对事件本体性质做系统的考察，揭示事件本体性质的一些元性质和元关系，如相交关系、类性质、合取性质、组合性质等。以此为基础，从形式语义学的角度，对事件多维构体关系中的一些重要概念做出界定，如最小 T 单位事件、最大连续 T-构体、直接构体和间接构体等。此外还从 T-构体的角度系统地考察事件的情状性质。

通过这种多维度视角梳理事件、构体、事件性质和事件性质的元性质和元关系，可以从逻辑语义学的角度，更全面地解释事件语义。

第一节　Θ-函项关系与事件的本体性质

本节将从Θ-函项关系的角度讨论事件的本体性质。从事件多维构体论的视角看，题元角色被视为一种函项关系。按照一般语言学的分析，句子的题元角色是由核心动词决定的（Fillmore，1968；Baker，1988；Jackendoff，1990）。这意味着，Θ-函项关系是由事件的基础性质 $^{b}\wp$ 决定的，但是因为基础性质和本体性质的表现差异不大，因此后文将忽视 $^{b}\wp$ 而直接讨论事件的本体性质 $\wp$。

一、$\Theta_{\wp}$-函项关系和$\Theta_{\wp}$-周延集

Θ-函项关系具有相对性。同一个事件 e，针对不同的本体性质 $\wp$，有着不同的Θ-函项集。也就是说，事件 e 与同一个个体 x 可能存在多种不同的Θ-函项关系。仍以前文讨论过的例子为例，这里改写成（3.1）。

（3.1）a. *John bought Ulysses from Bill.*（约翰从比尔那里买了《尤利西斯》。）
　　b. *Bill sold Ulysses to John.*（比尔把《尤利西斯》卖给了约翰。）

Landman（2000）将（3.1）中的“买《尤利西斯》”和“卖《尤利西斯》”视为两个不同的事件。但是按照外延论的处理方式，“买《尤利西斯》”和“卖《尤利西斯》”是同一个事件 e 的两种性质。不过这样也导致了一个问题，即同一个事件和同一个个体会出现不同的Θ-函项关系，如（3.2）的分析。

（3.2）a. 若 e 是一个**买《尤利西斯》**性质的事件，则 Agent(e) = *john*，Goal(e) = *bill*。
　　b. 若 e 是一个**卖《尤利西斯》**性质的事件，则 Agent(e) = *bill*，Source(e) = *john*。

依据（3.2）的分析，似乎存在一个悖论：Goal(e) = *bill* = Agent(e)；Agent(e) = *john* = Source(e)。对于这样的问题，Parsons（1990）提出过如下两条策略：①对事件进行更加精细化的刻画。②对题元角色进行更加精细化的刻画。

Landman（2000）的处理方式实际上就是第一种策略，也就是对事件做出更精细的区分，即第二章第一节中的词汇细化准则。正因为如此，Landman（2000）将“买《尤利西斯》”和“卖《尤利西斯》”视为两个不同的事件。但是按照外延论的分析，只能采用第二种策略，即对Θ-函项关系做出更精细的区分。具体做法是采用性质下标的方式，如（3.3）所示。

（3.3）a. $\exists e.\mathrm{BUY}(e) \wedge \mathrm{Agent}_{buy}(e, \mathit{john}) \wedge \mathrm{Theme}_{buy}(e, \mathit{ulysses}) \wedge \mathrm{Source}_{buy}(e, \mathit{bill})$

b. $\exists e.SELL(e) \wedge Agent_{sell}(e, \textit{bill}) \wedge Theme_{sell}(e, \textit{ulysses}) \wedge Goal_{sell}(e, \textit{john})$

（3.3）的这种做法实际上就是承认Θ-函项关系是基于事件本体性质的，而不是基于事件本身的，即一个事件 e 与一个个体 x 存在什么样的Θ-函项关系，取决于 e 具有什么样的本体性质。据此，有如下假设。

理论假设 3.1（事件性质与Θ-函项关系）。

a. Θ-函项关系是由事件的本体性质 ℘ 决定的，而不是由事件 e 本身决定的。

b. 同一个事件 e 相对于不同的性质 ℘ 可能有着不同的Θ-函项关系。

c. 同一个本体性质 ℘ 无论应用到哪一个 e 上，都有着相同类型的 $\Theta_{\wp}$-函项集。

依据理论假设 3.1a，对于一个 ℘(e)，若有 $\theta(e) = x$，则 θ 不能被称为事件 e 的Θ-函项关系，而是性质 ℘ 的Θ-函项关系，并记作 θ 是**$\Theta_{\wp}$-函项**。据此，从模型论的角度看，对于任意一个事件 e 和任意一个本体性质 ℘，若 ℘(e)为真，则需要满足两点：一是$[\![e]\!] \in [\![\wp]\!]$，即 e 指称的事件必须在 ℘ 指称的事件集中；二是所有的$\Theta_{\wp}$-函项都要得到满足。这里所谓的"$\Theta_{\wp}$-函项都要得到满足"是指，任意一个$\Theta_{\wp}$-函项 θ，都有$[\![\theta(e)]\!] \in \boldsymbol{D_d}$，即 θ(e)指称的个体在个体论域 $\boldsymbol{D_d}$ 中。

据此，就有了$\Theta_{\wp}$-周延集的概念。

定义 3.1（$\Theta_{\wp}$-周延集）。

令$^{\Theta}\wp(e)$为任意公式，$\boldsymbol{\Theta}$ 为$\Theta_{\wp}$-函项集，X 是一个个体集，则有：

X 是 e 的$\Theta_{\wp}$-周延集 当且仅当 任意 $\theta \in \boldsymbol{\Theta}$ 都有且只有一个 $x \in X$ 使得 $\theta(e) = x$；同时任意一个 x，若 $x \in X$，则有且只有一个 $\theta \in \boldsymbol{\Theta}$ 使得 $\theta(e) = x$。

依据定义 3.1，显然就有前文所述的$^{\Theta}\wp(e)$真值条件，即若$^{\Theta}\wp(e)$为真，当且仅当 存在一个个体集 X 满足：X 是 e 的$\Theta_{\wp}$-周延集。

下文将默认Θ-关系存在性质下标，在不引起误解的情况下，为了让书写形式简洁一些，Θ-关系的性质下标可以省略。只有在刻意凸显Θ-函项是由性质 ℘ 决定的，才标注上下标 ℘。

二、Θ-拓展关系

先以（3.4）为例说明两个本体性质 ℘ 和 ℘′的Θ-拓展关系。假定在（3.4）b 中，被"张三"检测"发动机"的汽车与（3.4）a 中的"汽车"是同一个个体，而且 e 和 e′并不是同一个事件。也就是说，同一辆汽车被张三修了两次，但修的具体内容不一样。在这种情况下，考虑性质*修 a 和性质*检测 a 的部件 b 之间的Θ-拓展关系。

（3.4）a. 张三在修汽车。（e′）
　　　b. 张三在检测发动机。（e″）

显然，若一个事件 e 有***检测 a 的部件 b** 的性质，则 e 必然也有***修 a** 的性质。但是反之并不成立，因为“修 a”并不必然地等于“检测 a 的部件 b”。也就是说，对于任意一个事件 e 而言，若 Theme$_{检测}$(e) = x，则必然存在一个个体 x′，使得 Theme$_{修}$(e) = x′且 x 是 x′的构体。两个性质之间的这种Θ-函项关系可以称为**Θ-函项的拓展关系**；若性质 $\wp$ 的所有$\Theta_{\wp}$-函项关系或者等同于性质 $\wp'$的$\Theta_{\wp}'$-函项关系或者是$\Theta_{\wp}'$-函项关系的拓展，则称 $\wp$ 是 $\wp'$的Θ-拓展。

若 $\wp$ 是 $\wp'$的Θ-拓展，则意味着$\Theta_{\wp}$-周延集和$\Theta_{\wp}'$-周延集存在一种特殊的关系，仍以（3.4）为例，如图 3.1 所示。

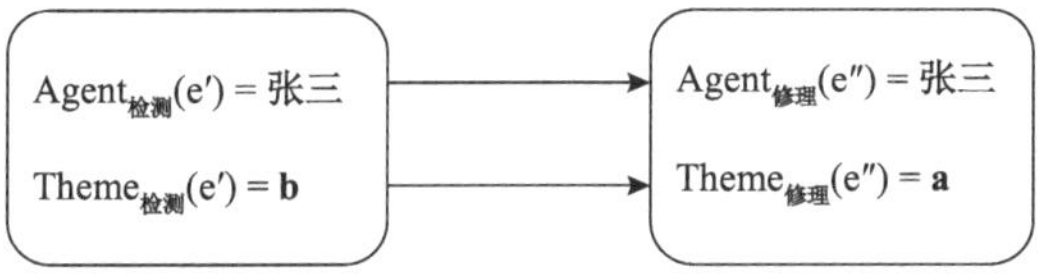

图 3.1　Θ-拓展示意图

图 3.1 中的 **a** 是汽车，**b** 是发动机，并假设 **b** 就是 **a** 中的发动机。对比左右两个圆角框，左边的圆角框代表 e′的$\Theta_{检测}$-周延集 X$_{检测}$，右边的代表 e″的$\Theta_{修理}$-周延集 X$_{修理}$。两个周延集显然满足：任意一个 x，若⟦x⟧ ∈ X$_{检测}$，则必然有一个⟦x′⟧ ∈ X$_{修理}$，且 x′就是 x 或者 x′是 x 的构体；同时若⟦x⟧ ∈ X$_{修理}$，则必然有一个⟦x′⟧ ∈ X$_{检测}$，且 x′就是 x 或者 x′是以 x 为构体的加合。X$_{检测}$和 X$_{修理}$的这种关系被称为**等价关系**，具体定义如下。

定义 3.2（基于构体关系的Θ-周延集关系）。

令 X 和 X′是任意两个本体性质 $\wp$ 和 $\wp'$的 Θ-周延集，则有：

a. X 和 X′是等同的　当且仅当　任意一个 x，若⟦x⟧ ∈ X，则⟦x⟧ ∈ X′，反之亦然。

b. X 和 X′是等价关系　当且仅当　X 和 X′不是等同的，且任意一个 x，若 x ∈ X，则必然有⟦x′⟧ ∈ X′且 x′或者就是 x，或者是 x 的构体，或者是以 x 为构体的加合；反之，若⟦x⟧ ∈ X′，则必然有⟦x′⟧ ∈ X 且 x′或者就是 x，或者是 x 的构体，或者是以 x 为构体的加合。

（i）X 是 X′的上等价集合　当且仅当　X 和 X′是等价关系，且任意一个 x，若⟦x⟧ ∈ X，则必然有⟦x′⟧ ∈ X′且 x′或者就是 x，或者是以 x 为构体的加合；若⟦x⟧∈ X′，则必然有⟦x′⟧ ∈ X 且 x′或者就是 x，或者是 x 的构体。

（ii）X 是 X′的下等价集合　当且仅当　X 和 X′是等价关系，且任意一个 x，若⟦x⟧ ∈ X，则必然有⟦x′⟧ ∈ X′且 x′或者就是 x，或者是 x 的构体；若⟦x⟧∈ X′，必然有⟦x′⟧ ∈ X′且 x′或者就是 x，或者是以 x 为构体的加合。

这里的所谓 X 和 X′的等价关系，是指虽然 X 和 X′是不同的个体元素集，但是任意一个个体 x，若⟦x⟧ ∈ X，则 x 必然与 X′存在某种关系，即或者 x 就在 X′中，或者 x 的构体在 X′中，或者以 x 为构体的加合在 X′中。以（3.5）中的 A 列和 B 列的集合为例。

（3.5）

	A	B
a.	$\{x_1, x_2, x_3\}$	$\{x_1 \oplus_d x_2, x_3\}$
b.	$\{x_1, x_2, x_3\}$	$\{x_1 \oplus_d x_2, x_3 \oplus_d x_4\}$
c.	$\{x_1 \oplus_d x_2, x_3\}$	$\{x_1, x_2, x_3\}$
d.	$\{x_1 \oplus_d x_2, x_3\}$	$\{x_1, x_2, x_3 \oplus_d x_4\}$
e.	$\{x_1, x_2 \oplus_d x_3\}$	$\{x_1 \oplus_d x_2, x_2\}$
f.	$\{x_1, x_2, x_3\}$	$\{x_1 \oplus_d x_2\}$

依据定义 3.2，（3.5）中的 a、b、c 和 d 四行中的集合 A 和集合 B 都有等价关系，e 和 f 行中的集合 A 和集合 B 不存在等价关系。其中 a 行和 b 行中的集合 A 是集合 B 的上等价集合，c 行中的集合 A 是集合 B 的下等价集合。

依据定义 3.2 可以定义本体性质的Θ-拓展关系，具体定义如下。

定义 3.3（本体性质的Θ-拓展关系）。

令 ℘′和 ℘ 为任意两个本体性质，e′和 e 为任意两个事件，$X_{\wp'}$和 $X_{\wp}$ 分别是$\Theta_{\wp}'$-周延集和$\Theta_{\wp}$-周延集，$R_{e'} = \{\langle\theta, x\rangle | \theta(e') = x \in X_{\wp}, \theta$ 是任意$\Theta_{\wp}'$-函项$\}$，$R_e = \{\langle\theta, x\rangle | \theta(e) = x \in X_{\wp}, \theta$ 是任意$\Theta_{\wp}$-函项$\}$，则有：

℘′是 ℘ 的Θ-拓展　当且仅当　$X_{\wp}'$是 $X_{\wp}$ 的上等价集合，且存在一个满射函项 f: $R_{e'} \rightarrow R_e$。

因为 f 是一个从 R_e 到 $R_{e'}$ 的映射且 $X_{\wp}$ 是 $X_{\wp}'$的上等价集合，因此依据定义 3.3，任意一个$\Theta_{\wp}$-函项 θ，若 θ(e) = x，且存在一个 x′和一个$\Theta_{\wp}'$-函项 θ 满足：若 θ′(e′) = x′，则 x′或者是 x 本身，或者是以 x 为构体的加合。反过来，任意一个$\Theta_{\wp}'$-函项 θ′，若 θ′(e′) = x′，且存在一个 x 和一个$\Theta_{\wp}$-函项 θ 满足：若 θ(e) = x，则 x 或者是 x′本身，或者是 x′的构体。同时由于 X 和 X′是等价关系，则意味着 X 和 X′不是等同的，因为定义 3.2 已经将等同关系与等价关系区分开了，这意味着不能将一个本体性质 $\wp$ 看成是其自身的拓展。

（3.6）和（3.7）的两组句子所表示的事件本体性质都不符合定义 3.2 和定义 3.3，因而不构成Θ-拓展关系。

（3.6）a. 张三在看报纸。（e_1）

b. 张三[在看报纸]$_{e'}$的时候，马丽[玩手机]$_{e''}$。（e_2）

（3.7）a. 马丽躺在床上。（e′）

b. 马丽躺在床上看电视。（e″）

（3.6）中的加合性质**看报纸** ⊗ **玩手机**不是性质**看报纸**的Θ-拓展，如（3.6′）的分析。

（3.6′）a. $\exists e_1 x_1.$**看**$(e_1) \wedge \text{Agent}_{看}(e_1) =$ **张三** $\wedge\ \text{Theme}_{看}(e') = x_1 \wedge$ **报纸**(x_1)

b. $\exists e_2 e' e'' x' x''. e_2 = e' \oplus_e e'' \wedge$ **看**$(e') \wedge$ **做**$(e'') \wedge \text{Agent}_{看}(e') =$ **张三** $\wedge\ \text{Theme}_{看}(e') = x' \wedge$ **报纸**$(x') \wedge \text{Agent}_{玩}(e'') =$ **马丽** $\wedge\ \text{Theme}_{玩}(e'') = x'' \wedge$ **手机**(x'')

因为（3.6′）b 中 $e_2 = e' \oplus_e e''$，而**张三**和**报纸**只与 e′有Θ-关系，与 e_2 没有Θ-关系。在（3.6′）b 中，常元**马丽**和变元 x″所指的个体在（3.6′）a 中没有对应的个体。也就是说，**马丽**和 x″所指的个体与（3.6′）a 中的事件 e_1 没有任何关系。依据类似的分析，（3.7）中的加合性质**躺在床上** ⊗ **看电视**也不是性质**躺在床上**的Θ-拓展。

依据相关定义，可以直接得到下面的事实。

事实 3.1。

a. 若 X 和 X′是等价的Θ-周延集，则若$[\![X]\!] \subseteq \boldsymbol{D}_d$，必然有$[\![X']\!] \subseteq \boldsymbol{D}_d$。

b. 若$^{\Theta}\wp$ 是$^{\Theta}\wp'$的Θ-拓展，则有：$\forall e.{}^{\Theta}\wp'(e) \rightarrow {}^{\Theta}\wp(e)$。

依据加合的定义，若 x_1，$x_2 \in \boldsymbol{D}_d$，则 $x_1 \oplus_d x_2 \in \boldsymbol{D}_d$；再依据定义 3.3，就可以直接得到事实 3.1a。由事实 3.1a 可以直接得到事实 3.1b。具体步骤为：依据本体性质的应用条件，若 $\wp'(e)$为真，则必然存在一个个体集 X′满足：X′是 e 的$\Theta_{\wp'}$-周延集。依据定义 3.3，因为 $\wp$ 是 $\wp'$的Θ-拓展，所以满射函项 f 必然可以从 X′中得到一个上等价的集合 X 使得 X 是 e 的$\Theta_{\wp}$-周延集（即令定义 3.3 中的 e′ = e），这意味着 $\wp(e)$必然也为真。

三、Θ-可交换关系

为了说明Θ-可交换关系，仍然以前文的（3.3）为例，重写成（3.8）。不过这次假设 $Time(e_1) \neq Time(e_2)$，这意味着 $e_1 \neq e_2$。尽管如此，（3.8）中的 BUY 和 SELL 是Θ-可交换的。

（3.8）a. $\exists e_1.BUY(e_1) \wedge Agent_{\mathbf{buy}}(e_1) = john \wedge Theme_{\mathbf{buy}}(e_1) = ulysses \wedge Source_{\mathbf{buy}}(e_1) = bill$

b. $\exists e_2.SELL(e_2) \wedge Agent_{\mathbf{sell}}(e_2) = bill \wedge Theme_{\mathbf{sell}}(e_2) = ulysses \wedge Goal_{\mathbf{sell}}(e_2) = john$

虽然有 $Time(e_1) \neq Time(e_2)$，但是（3.8）a 中的 *ulysses* 与（3.8）b 中的 *ulysses* 仍然可以是同一个个体。这意味着，约翰在不同的时间从比尔那里买了同一本 *Ulysses*。这虽然有些荒唐，但在理论上是可行的。假设在时间 t_1，约翰从比尔那里买了本 *Ulysses*，但是不久就丢失了，而碰巧又被比尔捡了回去；在时间 t_2，约翰又从比尔那里把这本 *Ulysses* 买了回去。在这种情况下，虽然 $e_1 \neq e_2$，但是下面所列的等式都是成立的。

（3.9）a. $Agent_{\mathbf{buy}}(e_1) = john = Goal_{\mathbf{sell}}(e_2)$

b. $Source_{\mathbf{buy}}(e_1) = bill = Agent_{\mathbf{sell}}(e_2)$

c. $Theme_{\mathbf{buy}}(e_1) = ulysses = Theme_{\mathbf{sell}}(e_2)$

（3.9）表明，虽然 $e_1 \neq e_2$，但是只要 $\wp$ 和 $\wp'$可以分别应用到 e_1 和 e_2 上，任意一个Θ_{buy}-函项 θ 都可以改写成一个对应的Θ_{sell}-函项 θ′。在这种情况下，可以称 θ 和 θ′是**可交换的Θ-函项**。对于任意两个本体性质 $\wp$ 和 $\wp'$和任意一个 x，若 x 与 e 存在某个$\Theta_{\wp}$-函项关系，则必然也与 e′存在一个一一对应的$\Theta_{\wp'}$-函项关系，且 e_1 的$\Theta_{\wp}$-周延集和 e_2 的$\Theta_{\wp'}$-周延集是相同的，在这种情况下，则称 $\wp$ 和 $\wp'$是Θ-可交换的。

除了“买”和“卖”之外，下面每组的两个例句中的动词都表示两个可交换的本体性质。

（3.10）a. 中国女排战胜了巴西女排。/中国女排击败了巴西女排。

b. 中国在造船业上领先了日本。/日本在造船业上落后于中国。

（3.10）a 中的“战胜”和“击败”属于同义词，而（3.10）b 中的“领先”和“落后”属于反义词。但是从事件语义学的真值条件角度看，它们都是Θ-可交换的本体性质。

本体性质的Θ-可交换关系的正式定义如下。

定义 3.4（本体性质的Θ-可交换关系）。

令 $\wp$ 和 $\wp'$为任意两个本体性质，e′和 e 为任意两个事件，$X_{\wp'}$和 $X_{\wp}$分别是$\Theta_{\wp'}$-周延集和$\Theta_{\wp}$-周延集，$R_{e'} = \{\langle\theta, x\rangle | \theta(e') = x \in X_{\wp}$，θ 是任意$\Theta_{\wp'}$-函项$\}$，$R_e = \{\langle\theta, x\rangle | \theta(e) = x \in X_{\wp}$，θ 是任意$\Theta_{\wp}$-函项$\}$，则：

$\wp$ 和 $\wp'$是Θ-可交换的 当且仅当 存在一个个体集 $X \subseteq \boldsymbol{D}$ 满足：$X = X_{\wp} = X_{\wp'}$，且存在一个一一对应的映射 g：$R_{e'} \to R_e$。

定义 3.4 中的“$X = X_{\wp} = X_{\wp'}$”，意味着 X 既是 e 的$\Theta_{\wp}$-周延集，同时也是 e′的$\Theta_{\wp'}$-周延集，即$\Theta_{\wp}$-周延集和$\Theta_{\wp'}$-周延集包含了完全相同的个体。同时由于 g 是一个一一对应的映射，所以Θ-可交换关系是一种一一对应的映射关系。

关于定义 3.4，有两点需要注意。首先，Θ-函项关系的可交换性不等于Θ-函项关系是相同的，如（3.9）a 中的 $\text{Agent}_{\textbf{buy}}$ 和 $\text{Goal}_{\textbf{sell}}$ 是可交换的，但是并不是相同的。定义 3.4 规定的实际效果是：所有个体 x，若 x 在 e 的$\Theta_{\wp}$-周延集中，那么 x 也在 e′的$\Theta_{\wp'}$-周延集中。

其次，需要注意，e 是否有某个$\Theta_{\wp}$-关系，与人们在语言交流中是否提到这个关系无关。例如，将（3.1）的句子改写成（3.11），并且规定（3.11）a 和（3.11）b 是对同一个事件的描述。

（3.11）a. 约翰从比尔那里买了一本《尤利西斯》。
　　　　b. 约翰买了一本《尤利西斯》。

虽然在（3.11）b 中，“比尔”并没有出现，但是这不影响“比尔”与（3.11）a 事件存在 $\Theta_{买}$-关系，即 $\text{Source}_{\textbf{buy}}(e) = \textit{bill}$。也就是说，在具体的语言表达中，说话者由于对信息掌握的充分程度不同，因此对一个事件的描述可以存在残缺，导致某些 Θ-关系没有表述出来，但这不影响存在这样的 Θ-关系。

与（3.11）形成对照，下面几组例子都不是 Θ-可交换的。

（3.12）a. 张三在看报纸。
　　　　b. 马丽在做饭。

（3.13）a. 张三躺在床上。
　　　　b. 张三看电视。

（3.14）a. 张三骑车。
　　　　b. 张三锻炼身体。

从构体论的角度考虑，可以把“张三在看报纸的时候，马丽在做饭”，“张三躺在床上看电视”和“张三骑车锻炼身体”都看成是一个事件(或事件的加合)。但是显然(3.12)a 中的“张三”和“报纸”与(3.12)b 的“做饭”事件没有任何 Θ-关系，而(3.12)b 中的“马丽”和“饭”也与(3.12)a 的“看报纸”事件没有任何 Θ-关系，所以不符合Θ-可交换关系的定义。同理，(3.13)a 中“躺在床上”的性质和(3.13)b 中“看电视”的性质也不是Θ-可交换的。

同时，两个性质的Θ-可交换关系也是一个双向关系，若 $\wp$ 和 $\wp'$是Θ-可交换的，则 $\wp'$和 $\wp$ 必然也是Θ-可交换的。虽然(3.14)a 中的“车”可以与(3.14)b 的“锻炼身体”事件存在“事件-工具”的 Θ-关系，但是(3.14)b 中的“身体”与(3.14)a 的“骑车”事件没有任何 Θ-关系。因此，(3.14)a 中“骑车”的性质和(3.14)b 中“锻炼身体”的性质也不是Θ-可交换的。

第二节　事件本体性质的元性质和元关系

在事件多维构体论中，事件的本体性质是一个关键词。本节将讨论事件本体性质的元性质和元关系，以此为基础，后文得以界定事件构体的性质和关系。

一、性质之间的关系

本小节从集合论的角度分析两个事件性质之间的关系，包括等同关系、同一关系、相交关系、包含关系和类性质关系。这些关系对于后文定义事件构体的关系和性质非常重要。

(一) 等同关系和同一关系

本体性质 $\wp$ 和 $\wp'$是等同的，表示 $\wp$ 和 $\wp'$有着相同的事件外延，但是这并不是说 $\wp$ 和 $\wp'$是同一个性质。这可以从两个方面来考察：一是从内涵逻辑的角度，二是从 $\Theta_{\wp}$-函项集的角度。

从内涵逻辑的角度,可以把事件性质看成是事件和可能世界构成的有序对集，即 $\wp = \boldsymbol{E} \times \boldsymbol{W}$，其中 $\boldsymbol{E} \subseteq \boldsymbol{D}_{\mathrm{e}}$，$\boldsymbol{W} \subseteq \boldsymbol{D}_{\mathrm{w}}$。本体性质 $\wp$ 和 $\wp'$是等同的，意味着 $\wp$ 和 $\wp'$有着相同的 $\boldsymbol{E}$，但是 $\boldsymbol{W}$ 不一定相同。不过后文的讨论不考虑模态问题，所以后文不从这个角度考虑事件性质的等同关系和同一关系。

另一个就是 $\Theta_{\wp}$-函项集的角度。把性质 $\wp$ 和 $\wp'$指称的事件集分别记作 $[\![\wp]\!]$和$[\![\wp']\!]$，则 $\wp$ 和 $\wp'$的等同关系表示 $\wp$ 和 $\wp'$有着相同的事件集，而同一关系不仅要求 $\wp$ 和 $\wp'$有着相同的事件集，而且有着相同的 Θ-函项集。具体定义如下。

定义 3.5（事件性质的等同关系和同一关系）。

a. $\wp$ 和 $\wp'$是等同的性质（记作 $\wp =_{\otimes} \wp'$）　当且仅当　$\forall e.\wp'(e) \leftrightarrow \wp(e)$。

b. $\wp$ 和 $\wp'$是同一个性质（记作 $\wp = \wp'$）　当且仅当　$\wp =_{\otimes} \wp'$且 $\forall \theta x[\theta_{\wp}(e) = x \rightarrow \theta_{\wp'}(e) = x]$。

同一性比等同性更为严格，不仅要满足$\forall e.\wp(e) \leftrightarrow \wp'(e)$，而且与 $\wp$ 相关的 Θ-关系和与 $\wp'$相关的 Θ-关系必须都完全一致。如前文所讨论的“买”和“卖”的例子，这两个性质无疑是等同的，因为$\forall e.$**买**$(e) \leftrightarrow$**卖**(e)，但是“买”和“卖”不是同一个性质，因为它们有着不同的 Θ-关系。实际上，如果有 $\wp = \wp'$，则表示 $\wp$ 和 $\wp'$的动词一定是严格意义上的同义词。

此外，还应该将“$\wp =_{\otimes} \wp'$”与“$\wp(e) = \wp'(e)$”区分开，后者表示 $\wp(e)$和 $\wp'(e)$是两个等值的逻辑式，或者同为真，或者同为假，即 $\wp(e) \leftrightarrow \wp'(e)$。显然，若有 $\wp =_{\otimes} \wp'$，则有 $\wp(e) = \wp'(e)$；但是即便 $\wp(e) = \wp'(e)$，也未必有 $\wp =_{\otimes} \wp'$，如（3.15）所示。

（3.15）a. 骑车锻炼身体。

b. 骑车上班。

（3.15′）a. $\exists exx'.$**骑**$(e) \wedge$ **锻炼**$(e) \wedge Theme_{骑}(e) = x \wedge$ **车**$(x) \wedge Theme_{锻炼}(e) = x' \wedge$ **身体**(x')

b. $\exists ex.$**骑**$(e) \wedge$ **上班**$(e) \wedge Theme_{骑}(e) = x \wedge$ **车**(x)

依据（3.15′），**骑**$(e) \wedge$ **锻炼**(e)可以为真，**骑**$(e) \wedge$ **上班**(e)也可以为真，但这并不意味着**骑** $=_{\otimes}$ **锻炼**或**骑** $=_{\otimes}$ **上班**。

现在可以考虑下面的事实。

事实 3.2。

a. 若 $\wp =_{\otimes} \wp'$，则 $\wp$ 和 $\wp'$是Θ-可交换的；反之亦然。

b. 若 $\wp =_{\otimes} \wp'$，则对任意两个 e 和 e′，若 $\wp(e) \wedge \wp'(e') \wedge Time(e) = Time(e')$，则 $e = e'$。

事实 3.2a 直接反映在相关定义中。如果 $\wp$ 和 $\wp'$是Θ-可交换的，则依据定义 3.4 对Θ-可交换关系的定义，可知对于任意 e 和 e′，都必然存在一个个体集 X 满足：X 既是 e 的$\Theta_{\wp}$-周延集，也是 e′的$\Theta_{\wp'}$-周延集。因为 e 和 e′为任意两个事件，现在规定 $e = e'$，则 X 必然既是 e 的$\Theta_{\wp}$-周延集，也是 e 的$\Theta_{\wp'}$-周延集。依据事件性质的应用条件，则 $\wp(e)$和 $\wp'(e)$都为真，$\wp(e) \leftrightarrow \wp'(e)$是成立的。反过来，若 $\wp =_{\otimes} \wp'$，则 $\wp$ 和 $\wp'$必然是Θ-可交换的。因为 $\wp =_{\otimes} \wp'$，所以有$\forall e.\wp(e) \leftrightarrow \wp'(e)$；

依据事件性质的应用条件，从 $\wp(e) \leftrightarrow \wp'(e)$中，必然得到一个个体集 X 满足：X 既是 e 的$\Theta_{\wp}$-周延集，也是 e′的$\Theta_{\wp'}$-周延集。依据定义 3.4 对Θ-可交换关系的定义，$\wp$ 和 $\wp'$是Θ-可交换的。

关于事实 3.2b。依据事实 3.2a，因为 $\wp =_{\otimes} \wp'$，所以有$\forall e.\wp(e) \leftrightarrow \wp'(e)$。据此，从 $\wp(e) \wedge \wp'(e') \wedge \text{Time}(e) = \text{Time}(e')$可以得到 $\wp(e) \wedge \wp(e') \wedge \text{Time}(e) = \text{Time}(e')$。然后依据事件的排他性，可以直接得到 $e = e'$。

（二）相交关系和类性质关系

事件性质的相交关系是指不同的性质可以应用到同一个事件上，仍以前文的（3.15）为例，这里重写成（3.16）。

（3.16）a. 骑车锻炼身体。
　　　b. 骑车上班。

显然，在（3.16）a 中，有**骑车**(e) ∧ **锻炼身体**(e)，即“骑车”性质和“锻炼身体”性质可以应用到同一个事件 e 上。这意味着⟦**骑车**⟧和⟦**锻炼身体**⟧之间存在非空交集。用 $\cap_{\otimes}$ 表示两个性质之间的相交关系，有如下定义。

定义 3.6（事件性质的相交关系 $\cap_{\otimes}$）。

$\wp \cap_{\otimes} \wp'$　当且仅当　$\neg(\wp' =_{\otimes} \wp) \wedge \exists e[\wp(e) \wedge \wp'(e)]$。

依据定义 3.6，若 $\wp$ 和 $\wp'$是相交的，把性质 $\wp$ 和 $\wp'$指称的事件集分别记作⟦$\wp$⟧和⟦$\wp'$⟧，则有：$\wp \cap_{\otimes} \wp'$　当且仅当　$[\![\wp]\!] \cap [\![\wp']\!] \neq \varnothing$ 且$[\![\wp]\!] \neq [\![\wp']\!]$。注意，虽然理论上，等同关系是相交关系的一种，即$[\![\wp]\!] = [\![\wp']\!]$必然有$[\![\wp]\!] \cap [\![\wp']\!] \neq \varnothing$。但是定义 3.6 特别将等同关系从相交关系中排除了，原因后文还会提到。

相交关系的一个重要意义在于：相交关系决定着事件的类性质。类性质的具体定义如下。

定义 3.7（事件性质的类性质）。

令 Φ 是一个非空事件性质集，则有：

a. $\wp$ 是 Φ 的类性质 当且仅当 $\wp \notin \Phi$ 且任意一个 $\wp'$，若 $\wp' \in \Phi$，都有 $\wp \cap_{\otimes} \wp'$。

b. $\wp$ 是 $\wp'$的类性质（记作 $\wp' \leqslant_{类} \wp$） 当且仅当 至少存在一个性质 $\wp''$满足：$\neg(\wp =_{\otimes} \wp') \wedge \neg(\wp =_{\otimes} \wp'') \wedge \neg(\wp' =_{\otimes} \wp'') \wedge \wp \cap_{\otimes} \wp' \wedge \wp \cap_{\otimes} \wp''$。

例如，假设 Φ 包含性质“跑步，游泳，打篮球，…，骑自行车”，则“锻炼身体”性质就是这些性质的类性质，因为“锻炼身体”性质与 Φ 中的任意性质都是相交关系，如图 3.2 所示。

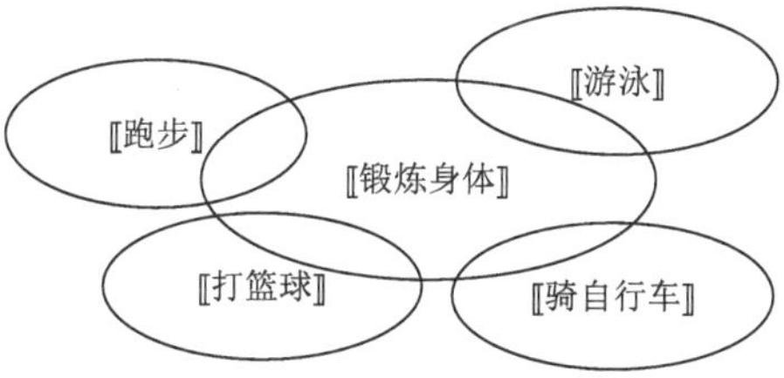

图 3.2　性质的相交关系

$\wp$ 和 $\wp'$的相交关系与等同关系不同。若 $\wp =_{\otimes} \wp'$，则有$\forall e.\wp(e) \leftrightarrow \wp'(e)$；但是若 $\wp \cap_{\otimes} \wp'$，则有$\exists e.\wp(e) \wedge \wp'(e)$。如（3.16）a 中的 e 既是“骑车”事件，也是“锻炼身体”事件。但在（3.16）b 中，e 有“骑车”性质，但不一定有“锻炼身体”性质。假定，张三某天因为打不到车，而不得不在雾霾天气骑共享单车上班，那么无论是从张三的行为意图上看，还是从实际效果上看，这个“张三骑车”事件都不具有“锻炼身体”的性质。

虽然相交关系是一种双向关系，即若 $\wp$ 与 $\wp'$是相交关系，则 $\wp'$与 $\wp$ 也是相交关系。但是若有 $\wp \cap_{\otimes} \wp' \wedge \wp \cap_{\otimes} \wp''$，则 $\wp$ 就是 $\wp'$和 $\wp''$的类性质，而类性质是单向关系。若 $\wp$ 是 $\wp'$的类性质，那么 $\wp'$就必定不是 $\wp$ 的类性质。这就意味着，类性质使得相交关系转换成认知的上下位关系，如图 3.3 所示。

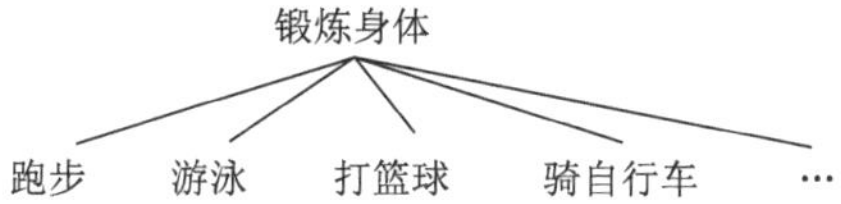

图 3.3　性质的上下位关系

从认知的角度看，若 $\wp' \leqslant_{类} \wp$，即 $\wp$ 是 $\wp'$的类性质，则意味着 $\wp$ 是抽象程度高的性质，而 $\wp'$是抽象程度低的性质。一般而言，处于下位的性质通常是对行为活动的具象内容进行抽象概括而得到的，而处于上位的性质通常是对人的意图或目标等抽象内容进行抽象概括而得到的。例如，“跑步、游泳、打篮球、骑自行车”等性质反映的是特定情境中行为活动的具象特征，而“锻炼身体”反映的则是情境中人的意图。

认知的上下位关系可以通过举例测试的方式进行验证。例如，在日常交流中，如果要举例说明“什么样的活动是锻炼身体”，通常人们会举出“跑步、游泳、打篮球、骑自行车”等例子。但是如果要举例说明“什么样的活动是跑步”，人们只会举出“长跑、短跑”等例子，而不会把“锻炼身体”看成是“跑步”的例子。

这里有一点要特别注意，依据定义 3.6，等同关系排除在相交关系之外，原因正是与认知的上下位关系有关。若 $\wp$ 与 $\wp'$是等同关系，则 $\wp$ 与 $\wp'$就不可能形成上下位关系。从认知的角度分析，若 $\wp$ 与 $\wp'$是相交的，则 $\wp$ 与 $\wp'$是从不同的层次对同一种个体间关系的抽象；若 $\wp$ 与 $\wp'$是等同的，则 $\wp$ 与 $\wp'$是在同一个层次的两个不同角度对同一种个体间关系的抽象。例如，前文讨论过的“买”性质和“卖”性质就是两个等同关系的性质，对于任意一个事件 e，若 e 有“买”性质，则 e 必然有“卖”性质，因此，也就不存在上下位关系。

因相交性质而形成的上下位关系对自然语言具有重要的句法意义。在汉语中，这种相交关系更是区分连动式不同结构的重要理据（李可胜，2016，2020），如下（3.17）所示。

（3.17）a. 马丽今天[骑车]$_{VP1}$[上班]$_{VP2}$。
　　　　b. 马丽今天在家[洗衣]$_{VP1}$[做饭]$_{VP2}$。

（3.17）a 和（3.17）b 中都包含了两个 VP，但是（3.17）a 中的“骑车”和“上班”是同一个事件的两个性质，但是（3.17）b 中的“洗衣”和“做饭”描述的是两个不同事件的性质。李可胜（2016，2020）将这种差异归因为“上班”和“骑车”之间存在交集关系，而“洗衣”和“做饭”则没有。因为一个事件可以同时具有“上班”和“骑车”的性质，当两者并列时，抽象程度高的性质就会寄生在抽象程度低的性质之上，二者描述同一个事件。⟦**洗衣**⟧和⟦**做饭**⟧没有交集，所以“洗衣”和“做饭”只能描述不同事件的性质。

（三）包含关系和类性质

假设 $\wp$ 和 $\wp'$为任意两个事件性质，e 为任意事件，任何时候若性质 $\wp$ 可以应用到 e 上，那么性质 $\wp'$也可以应用到 e 上，则可以称性质 $\wp'$包含了性质 $\wp$，记作 $\wp \subset_{\otimes} \wp'$。为了说清楚性质的包含关系，这里先考虑一个例子，即（3.18）。

（3.18）a. 周末时，张三在院子里种树。
　　　　b. 周末时，张三在院子里挖了一个坑，把树苗立在坑中，给树苗浇了些水。

依据常识，（3.18）a 和（3.18）b 可以是同一个事件的不同描述，所描述的情境如图 3.4 所示。

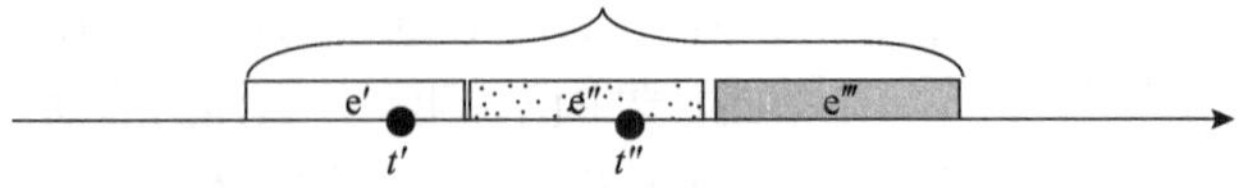

图 3.4　包含关系和类性质关系

假设 e′、e″和 e‴分别是“张三挖坑”，“张三把树苗立在坑中”和“张三向坑中填土固定树苗”事件。显然有 $e = e' \oplus_e e'' \oplus_e e'''$ 且 e 既是一个“张三种树”的事件，也是一个“张三挖坑，把树苗立在坑中，给树苗浇水”的事件。尽管 e′、e″和 e‴都只是一个“种树”事件的构体，但是“种树”性质却可以直接应用到 e′、e″和 e‴上。这也意味着，一个“张三种树”的事件并不一定包含了张三种树的整个过程。例如，人们可以说：“张三上午在院子里种树，但刚挖完坑，就下起大雨，结果树也没有种成。”这就表明，即便“张三只是在挖坑”，只要其意图是种树，人们就可以说“张三在种树”。

但并不是每一个“挖坑”事件都是“种树”事件。假设在图 3.4 中的时间点 t'，马丽正好路过，并且看见了张三在挖坑，马丽不一定会认为（3.18）a 为真，除非她知道张三挖坑的目的是种树。但是假设马丽是在图 3.4 中的时间点 t'' 路过，看见了张三正在把树苗立在坑中，则她必然认为（3.18）a 为真，即便马丽并不知道栽树的坑是否是张三自己挖的。从这个角度分析，若一个事件 e 有“把树苗立在坑中”性质，则 e 必然有“种树”性质。据此可见，“挖坑”性质和“种树”性质是前文所分析的相交关系，而“种树”性质和“把树苗立在坑中”性质是包含关系的性质。

两个性质的包含关系用符号 $\subset_\otimes$ 表示，具体定义如下。

定义 3.8（事件性质的包含关系 $\subset_\otimes$）。

$\wp \subset_\otimes \wp'$ 当且仅当 $\neg(\wp' =_\otimes \wp) \wedge \forall e[\wp'(e) \rightarrow \wp(e)]$。

把性质 $\wp$ 和 $\wp'$ 指称的事件集分别记作 $[\![\wp]\!]$ 和 $[\![\wp']\!]$，则显然有：$\wp \subset_\otimes \wp'$ 当且仅当 $[\![\wp]\!] \subset [\![\wp']\!]$。也就是说，与相交关系一样，包含关系也把等同关系排除在外。实际上，（3.18）中的“种树”是“挖坑”、“把树苗立在坑中”和“给树苗浇水”的共同类性质。

另外，包含关系本身也是一种相交关系，因此包含关系也可以形成类性质。依据定义 3.7，$\wp$ 是 Φ 的类性质 当且仅当 $\wp \notin \Phi$ 且任意一个 $\wp'$，若 $\wp' \in \Phi$，都有 $\wp \cap_\otimes \wp'$。若任意 $\wp' \in \Phi$，都有 $\wp \subset_\otimes \wp'$，则必然有 $\wp \cap_\otimes \wp'$。

但是包含关系与相交关系也有不同，包含关系是反对称的，若 $\wp \subset_\otimes \wp'$，则 $\wp' \subset_\otimes \wp$ 不成立。因此仅凭对两个性质 $\wp$ 和 $\wp'$ 之间的包含关系，就可以断定 $\wp$ 和 $\wp'$ 之中哪一个是类性质。依据相关定义，显然有如下事实。

事实 3.3。

若 $\wp' \subset_\otimes \wp$，则必然有 $\wp' \leqslant_{类} \wp$。

与包含关系不同，相交关系是对称的，若 $\wp \cap_\otimes \wp'$，则必然有 $\wp' \cap_\otimes \wp$，所以仅从 $\wp$ 和 $\wp'$ 本身无法判定哪一个是类性质，必须参照第三个与 $\wp$ 或与 $\wp'$ 有相交关系的性质。

二、事件与性质的关系

基于前文的讨论，现在可以讨论事件和本体性质的关系。首先需要考虑的问题是：在什么样的情况下，一个本体性质 $\wp$ 可以应用到 e 上。依据理论假设 3.1，Θ-关系不是由事件 e 本身的结构决定的，而是由本体性质 $\wp$ 决定的，如果 $\wp$ 可以应用到 e 上，则 e 必须满足所有$\Theta_{\wp}$-函项关系。

定义 3.9（本体性质的应用条件）。

令 $\wp$ 为任意本体性质，e 为任意事件，则：

$^{\Theta}\wp(e)$在$\langle i, w\rangle$中为真　当且仅当　至少存在一个 $s_{<i, w>}$满足：在$\langle i, w\rangle$中，e 的$\Theta_{\wp}$-周延集 $X_{\wp} \subseteq s_{\langle i, w\rangle}$。

显然对于任意一个本体性质 $\wp$ 和一个事件 e，若存在一个$\Theta_{\wp}$-函项 θ 且没有任何个体 x 满足 $\theta(e) = x$，那么$^{\Theta}\wp(e)$为假，当然这与人们在自然语言交流中是否提及函项 θ 和 x 没有关系。例如，当人们说“张三吃过了”时，必然表明存在一个性质为**吃**的事件，而这又必然意味着存在一个$\Theta_{\wp}$-函项 $Theme_{吃}$和一个个体 x 满足：$Theme_{吃}(e) = x$，即 x 是被吃的东西。

若 $\wp$ 和 $\wp'$是相同的本体性质，则 $\wp$ 和 $\wp'$必然有着相同的Θ-函项集，且任意本体性质集 Φ，若 $\wp$ 是 Φ 的类性质，则 $\wp'$也是 Φ 的类性质，反之亦然。

（一）合取性质与 T-构体的同步性

所谓合取性质是指同一个事件个体同时具有两种不同的性质，这与性质的相交关系有着密切的关联。（3.19）a 是前文多次讨论过的例子，其简化的逻辑语义式是（3.19）b。

（3.19）a. 张三骑车锻炼身体。

b. ∃e.**骑车**(e) ∧ **锻炼身体**(e) ∧ Agent(e) = **张三**

显然，若（3.19）a 为真，则存在一个事件 e 满足：e 既有“张三骑车”性质，也有“张三锻炼身体”性质，因此 e 的性质是“张三骑车”性质和“张三锻炼身体”性质的合取。

显然合取性质的前提是两个性质必须是相交关系，即只有在 $\wp \cap_{\otimes} \wp'$为真的前提下，才有可能存在一个事件 e 使得 $\wp(e) \wedge \wp'(e)$为真。值得考察的是，若 e 有着 $\wp$ 和 $\wp'$的合取性质，则 $\wp$ 和 $\wp'$需要满足 T-构体的同步性（简称 T-同步性）。正式定义如下。

定义 3.10（T-同步性）。

$\wp$ 和 $\wp'$对于 e 是 T-同步的 当且仅当 对于 e 的任意 T-构体 e′，若 e′具有性质 $\wp$，则 e′必然有性质 $\wp'$；反之亦然。

例如，若 e 是（3.19）a 中的“张三骑车锻炼身体”事件，则在 e 的存续区间上，任意截取 e 的 T-构体 e′，若 e′是“张三骑车”事件，则必然也是“张三锻炼身体”事件；反之亦然。

两个事件性质是否形成合取关系，有时并不容易判断。以（3.20）a 和（3.20）b 为例，按照这里的分析，二者的真值条件是（3.20′）a 和（3.20′）b。

（3.20）a. 张三开车送李四去机场。
　　　　b. 张三躺在床上看电视。

（3.20′）a. （3.20）a 为真 当且仅当 存在一个事件 e，e 既有“张三开车”性质，也有“张三送李四去机场”性质。
　　　　 b. （3.20）b 为真 当且仅当 存在一个事件 $e = e_1 \oplus_e e_2$ 满足：e_1 有“躺在床上”性质，而 e_2 有“看电视”性质。

在（3.20′）a 中，e 的性质是“开车”性质和“送李四去机场”性质的合取，这一点使得（3.20′）a 不同于（3.20′）b。这种判定的依据是：（3.20）a 中的两个性质是 T-同步的，而（3.20）b 中的不是。先考虑前者，如图 3.5 所示。

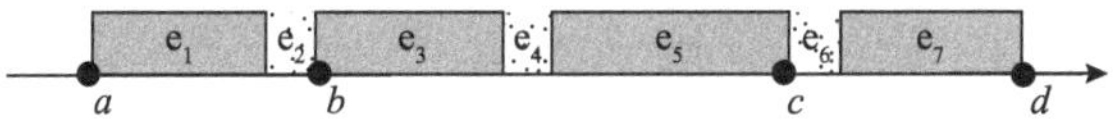

图 3.5　“张三开车送李四去机场”的构体关系示意图

按照一般的理解，“张三开车送李四去机场”的整个过程可以是非连续的。假设整个情境的过程是：张三先开车来到李四的住处，接到李四后送李四去机场，中途张三去加油站加了一次油，送李四到机场后张三独自开车返回。这样，图 3.5 中的各个事件分别具有以下性质。

（3.21）a. e_1=“张三开车来到李四的住处”
　　　　b. e_2 =“在李四的住处，张三等候李四一段时间”
　　　　c. e_3 =“张三送李四去机场”
　　　　d. e_4 =“张三在加油站加油”
　　　　e. e_5 =“张三送李四去机场”
　　　　f. e_6 =“张三告别李四后，在机场稍作停留”
　　　　g. e_7 =“张三独自开车从机场返回”

依据（3.21），可以有如下分析。

（3.22）a. $e' = e_1 \oplus_e e_3 \oplus_e e_5 \oplus_e e_7 =$ “张三开车”

b. $e'' = e_3 \oplus_e e_5 =$ “张三送李四去机场”

c. $e''' = e_3 \oplus_e e_4 \oplus_e e_5 =$“张三送李四去机场，中间还加了一次油”

显然，e′有“张三开车”的性质，但是并不具有“张三送李四去机场”的性质。e″既有“张三开车”的性质也有“张三送李四去机场”的性质。更重要的是，在 e″的存续区间内，任取一个子区间 i′，若 e 是 e″在 i′上的 T-构体且 e 是“张三开车”性质的事件，则 e 必然也是“张三送李四去机场”性质的事件；反之，若 e 不是“张三开车”性质的事件，则 e 也必然不是“张三送李四去机场”性质的事件。如在（3.21）中，在 e_4 的存续区间内，就不存在一个既有“张三开车”性质，也有“张三送李四去机场”性质的事件。

这里需要注意的是，在上述的分析中，对于任意一个事件 e，无论 e 具有何种性质，其存续区间都是其构体的最大存续区间。如（3.22）中 e″的存续区间就是图 3.5 中的 $b \sim c$ 时段，包括了 e_4 的存续区间。

与（3.20）a 不同，（3.20）b 中的“张三躺在床上看电视”不是 T-同步的。在图 3.6 中，用灰色框代表“躺在床上”的性质，带点框代表“看电视”的性质。

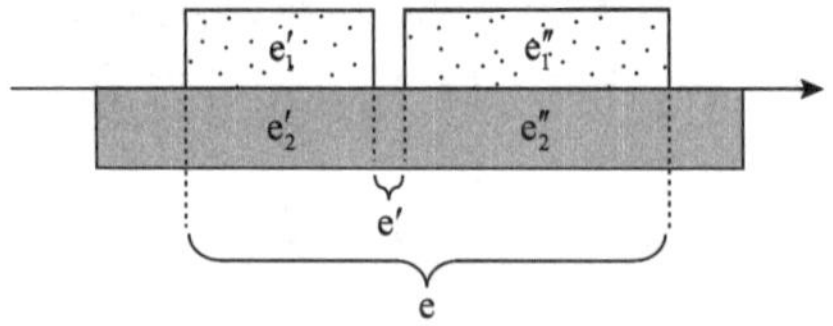

图 3.6　“张三躺在床上看电视”的构体关系示意图

虽然在现实中，具有“躺在床上”性质的事件，其存续区间可能大于具有“看电视”性质的事件。但是两个长虚线之间的区间上，二者是重叠的。这个重叠区间的带点框和灰色框共同构成了“张三躺在床上看电视”的事件 e。现在假定在 e 的存续期间，张三的手机突然响了，他拿出手机并关掉手机。假设这个区间是两个短虚线之间的区间，那么 e 在这个区间内的 T-构体 e′，就只有“躺在床上”的性质，而没有“看电视”的性质。由此可见，“张三躺在床上看电视”就不是 T-同步的。

依据以上分析，可以对（3.20）做如下总结分析。

a. 若 e 是（3.20）a 描述的事件，则：①e 既是“开车”性质事件，也是“送李四去机场”性质事件；②e 的任意 T-构体都既有“开车”性质又有“送李四去机场”性质。

b. 若 e 是（3.20）b 描述的事件，则：①e 既不是“躺在床上”性质事件，也不是“看电视”性质事件，而是“躺在床上看电视”性质事件；②$e = e_1 \oplus_e e_2$，其中 e_1 是“躺在床上”性质事件，但没有“看电视”性质；而 e_2 是“看电视”性质事件，但没有“躺在床上”性质；③e_1 的构体和 e_2 的构体都是 e 的构体，但是理论上，在 e 的存续区间内，e_1 的构体和 e_2 的构体的分布不一定 T-同步的。

（二）事件的加合性质

理论上，任何一个事件 e 都可以与其他的事件（无论是否是同一性质的事件）一起形成一个加合事件。那么这个加合事件应该是什么样性质的事件呢？对于由具有性质 $\wp'$的事件 e'和具有性质 $\wp''$的事件 e''生成的加合 e，可以应用到 e 上的性质有两种情况：①若存在一个性质 $\wp$，且 $\wp$ 是 $\wp'$和 $\wp''$的类性质，则性质 $\wp$ 可以直接应用到加合 e 上。②若 $\wp'$和 $\wp''$没有类性质，则不存在一个单一性质可以应用到 e 上，只能将 $\wp'$和 $\wp''$进行组合应用到 e 上。

先考虑类性质的问题。定义 3.7 对类性质的定义，若 $\wp$ 是 $\wp'$的类性质，则至少存在一个性质 $\wp''$满足：$\wp$、$\wp'$和 $\wp''$互相不等同，且 $\wp$ 和 $\wp'$是相交关系，$\wp$ 和 $\wp''$也是相交关系。

这里需要特别指出，虽然相交关系排除了等同关系，但是并不排除一个性质和其自身存在相交关系，即任意一个 $\wp$，都有 $\wp \cap_{\otimes} \wp$。这也意味着，$\wp$ 是自身的类性质。据此，若 $e = e' \oplus_e e''$，且 e'和 e''都有“骑车”性质，那么“骑车”性质必然可以应用到加合 e 上，因为“骑车”性质是其自身的类性质。

按照前文的分析，性质之间的相交关系（包括包含关系）是形成类性质的基础。因此 $\wp'$和 $\wp''$分别与 $\wp$ 有相交关系，或者 $\wp$ 包含 $\wp'$和 $\wp''$，则 $\wp$ 都可以直接应用到加合 $e = e' \oplus_e e''$上。更重要的是，相交关系和包含关系可以混合在一起形成类性质，并应用到事件的加合上。仍以前文讨论过“张三在院子里种树”为例，为了便于说明，将图 3.4 拷贝为下面的图 3.7。

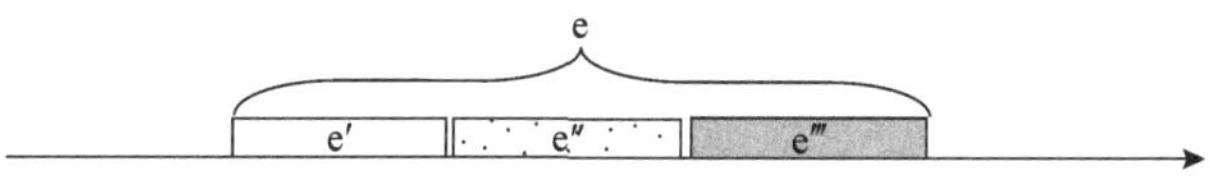

图 3.7　“张三在院子里种树”构体关系

图中的 e'、e''和 e'''分别是“张三挖坑”事件、“张三把树苗立在坑中”事件和“张三向坑中填土固定树苗”事件，而“种树”是这些性质的类性质。因此，“种树”可以直接应用到 e 上。但是显然“挖坑”性质与“种树”性质是相交关系，因为一个“挖坑”事件不一定必然是“种树”事件，如果张三是想掩埋某物而挖坑，那么“挖坑”事件就不是“种树”事件。“把树苗立在坑中”则必然是“种树”性质的事件，因此后者包含了前者。

再考虑第二种情况，即若 $e = e' \oplus_e e''$，且有 $\wp'(e') \wedge \wp''(e'')$，但是在 $\wp'$和 $\wp''$之间并不存在类性质，则不存在一个单一性质可以应用到 e 上，就只能将 $\wp'$和 $\wp''$进行组合，然后应用到 e 上。仍参照图 3.7，假设 e'、e''和 e'''分别是“张三挖坑”事件、“张三洗手”事件和“张三离开院子”事件。显然就找不到一个单一性质可以应用到 $e = e' \oplus_e e'' \oplus_e e'''$上。在这种情况下，只能说 e 是由一个“挖坑”事件、一个“洗手”事件和一个“离开院子”事件构成的加合。为了便于说明，将这种性质称为**组合性质**，用符号 ⊗ 表示，例如**挖坑** ⊗ **洗手** ⊗ **离开院子**。组合性质只能应用到 e 上，而 e 的 T-构体大多不具有这样的组合性质。

综上所述，可以得到以下定义。

定义 3.11（组合性质、单一性质和构体性质）。

令 $\wp$ 和 $\wp'$为任意两个事件性质，且 $\wp \neq \wp'$，则有：

a. $\wp' \otimes \wp''$是一个组合性质，满足：$\wp' \otimes \wp''(e)$ 为真 当且仅当 $\forall e \exists e'e''. e = e' \oplus_e e'' \wedge \wp'(e') \wedge \wp''(e'')$。

b. $\wp$ 是单一性质 当且仅当 $\forall e. \wp(e) \rightarrow \forall e'[{}^e\text{IsPart}(e', e) \wedge \neg \text{Undefined}(e') \rightarrow \wp(e')]$。

c. $\wp$ 是 $\wp'$的构体性质（记作 $\wp \leqslant_{\otimes} \wp'$） 当且仅当 $\wp \leqslant_{类} \wp'$或者至少存在一个性质 $\wp'' \neq \wp$ 和一个事件 e 满足：$\wp'(e) = \wp \otimes \wp''(e)$。

单一性质与组合性质的不同之处在于：令 $\wp$ 是一个可以应用到 e 上的性质，若 $\wp$ 是一个单一性质，那么 $\wp$ 就可以应用到 e 的任何有定义的构体上（无论是哪种类型的构体）；若 $\wp$ 是一个组合性质，则至少存在一个 e 的构体 e'（无论是哪种类型的构体，但不包括未定义的构体）使得 $\wp$ 不可以应用到 e'上。

另外特别注意，组合性质和事件的加合性质也不相同。加合性质是指一个事件加合所具有的性质，因此加合性质可以是组合性质，也可以是其构体事件性质的类性质。加合性质是与构体性质相对的概念，而组合性质和单一性质是相对的概念。

性质组合符 ⊗ 将两个性质组合起来，只是一种便利的写法。从逻辑语义的角度看，⊗ 是冗余的，如（3.23）所示。

（3.23）a. 张三挖坑并且洗手。

b. $\exists ee'e''[e = e' \oplus_e e'' \wedge \textbf{挖} \otimes \textbf{洗}(e) \wedge \textbf{挖}(e') \wedge \textbf{洗}(e'') \wedge \text{Agent}_{挖\otimes洗} = \textbf{张三} \wedge \text{Theme}_{挖} = x \wedge \text{Theme}_{洗} = x' \wedge \textbf{坑}(x) \wedge \textbf{手}(x')]$

c. $\exists ee'e''[e = e' \oplus_e e'' \wedge \textbf{挖}(e') \wedge \textbf{洗}(e'') \wedge \text{Agent}_{挖} = \textbf{张三} = \text{Agent}_{洗} \wedge \text{Theme}_{挖} = x \wedge \text{Theme}_{洗} = x' \wedge \textbf{坑}(x) \wedge \textbf{手}(x')]$

显而易见，（3.23）b 和（3.23）a 没有区别。所以 $\otimes$ 只是为了便于讨论而采用的一个符号。同时由于存在多种不同的构体关系，因此必要时，$\otimes$ 也可通过下标做出区分，如下所示。

a. $\wp\otimes_T\wp'$表示由 $\wp$ 和 $\wp'$构成的 T-组合性质，满足：对于任意事件 e，$\wp\otimes_T\wp'(e)$为真 当且仅当 $e = e_1 \oplus_T e_2$，e_1 有性质 $\wp$ 但是没有性质 $\wp'$，而 e_2 有性质 $\wp$ 但是没有性质 $\wp'$，且 $Time(e_1) <_t Time(e_2)$。

b. $\wp\otimes_\Theta\wp'$表示由 $\wp$ 和 $\wp'$构成的 Θ-组合性质，满足：对于任意事件 e，$\wp\otimes_\Theta\wp'(e)$为真 当且仅当 $e = e_1 \oplus_\Theta e_2$，$e_1$ 有性质 $\wp$ 但是没有性质 $\wp'$，而 e_2 有性质 $\wp$ 但是没有性质 $\wp'$。

c. $\wp\otimes_G\wp'$表示由 $\wp$ 和 $\wp'$构成的 G-组合性质，满足：对于任意事件 e，$\wp\otimes_G\wp'(e)$为真 当且仅当 $e = e_1 \oplus_G e_2$，e_1 有性质 $\wp$ 但是没有性质 $\wp'$，而 e_2 有性质 $\wp$ 但没有性质 $\wp'$。

这里最为特别的是 $\otimes_T$，因为需要满足严格的线性序列关系。也就是说，$\wp\otimes_T\wp'$和 $\wp'\otimes_T\wp$ 是不同的性质，例如，“穿上衣服跳下床”和“跳下床穿上衣服”是不同的 T-组合性质。

以上述不同的 $\otimes$ 为基础，通过对构体-组合性质的进一步限定，就可以得到不同的构体-组合性质关系。这里以过程性的构体-组合性质关系为例，令 $\wp$ 和 $\wp'$ 为两个任意事件性质，且 $\neg(\wp =_\otimes \wp')$，则：

a. $\wp'$是 $\wp$ 的过程性构体性质（也就是 T-构体） 当且仅当 至少存在一个性质 $\wp''$和一个事件 e 满足：$\wp(e) = \wp'\otimes_T\wp''(e)$（这里的 $\wp''$ 可以是组合性质也可以是非组合性质或者是 $\varnothing$）。

b. $\wp$ 是过程性组合性质 当且仅当 存在一个事件 e 和一个性质序列 $\wp_1$，$\wp_2$，…，$\wp_n$ 满足：$\wp(e) = \wp_1\otimes_T\wp_2\otimes_T\cdots\otimes_T\wp_n(e)$。

现在可以小结一下事件性质的包含/相交关系与事件加合的性质关系。依据前文的分析，显然有下列事实。

事实 3.4。

a. $\forall\wp\wp'.\wp \subseteq_\otimes \wp' \rightarrow \wp \leqslant_\otimes \wp'$。

b. $\forall\wp\wp'\wp''.\wp \cap_\otimes \wp' \wedge \wp \cap_\otimes \wp'' \wedge \neg(\wp' \cap_\otimes \wp'') \rightarrow \wp' \leqslant_\otimes \wp \wedge \wp'' \leqslant_\otimes \wp$。

事实 3.4a 是说，如果 $\wp$ 是 $\wp'$的子性质（即 $\wp$ 与 $\wp'$是包含关系），则 $\wp$ 必然是 $\wp'$的构体性质。事实 3.4b 是说，如果 $\wp$ 与 $\wp'$有相交关系，与 $\wp''$也有相交关系（这意味着 $\wp$ 是 $\wp'$和 $\wp''$的类性质），则 $\wp'$和 $\wp''$必然都是 $\wp$ 的构体性质。这些都在相关定义中反映出来了。以事实 3.4a 为例，依据事实 3.3，必然有 $\wp \subseteq_{\otimes} \wp' \rightarrow \wp \leqslant_{类} \wp'$；再依据事实 3.4a，直接有 $\wp \leqslant_{类} \wp' \rightarrow \wp \leqslant_{\otimes} \wp'$，因此有 $\wp \subseteq_{\otimes} \wp' \rightarrow \wp \leqslant_{\otimes} \wp'$。

此外，依据定义 3.11b，若有 $\wp' \leqslant_{\otimes} \wp$ 且 $\wp$ 是一个非组合性质，那么 $\wp$ 就必然是 $\wp'$的类性质。

三、本体性质的元性质

本节所讨论的事件性质针对的是本体性质，但是与现有文献对普遍意义的事件性质之元性质所做的讨论，应该是并行关系，并不是肯定其一就必然要否定另一个的矛盾关系。例如，如果将下面的 P 理解成事件的本体性质 $\wp$，则 Borer（2005a，2005b）对“量化性”（quantity）和“同质性”（homogeneity）的界定仍然成立。

a. 量化性：P 是量化的 当且仅当 P 不是同质的。
b. 同质性：P 是同质的 当且仅当 P 是累积性的（cumulative）和可分裂的（divisive）。
（i）累积性的：P 是累积性的 当且仅当 $\forall x, y[P(x) \wedge P(y) \rightarrow P(x \cup y)]$。
（ii）可分裂的：P 是可分裂的 当且仅当 $\forall x[P(x) \rightarrow \exists y[P(y) \wedge y<x]] \wedge \forall x, y[P(x) \wedge P(y) \wedge y < x \rightarrow P(x - y)]$。

（一）同质性和强同质性

按照现有文献的分析，同质性与异质性（heterogeneity）是相对的概念，主要指事件在时间进程中所展示的性质。不过现有文献在讨论同质/异质性时，针对的是一般意义上的事件性质。据此，通常同质/异质性的定义大致如下。

a. 性质 $\wp$ 具有同质性 当且仅当 任意事件 e，若 e 有性质 $\wp$，则 e 的任意 T-构体都有性质 $\wp$。
b. 性质 $\wp$ 具有异质性 当且仅当 任意事件 e，若 e 有性质 $\wp$，则至少存在一个 e 的 T-构体使得 e 不具有性质 $\wp$。

Rothstein（2004）更是将性质的同质性分为三种：极弱同质的（very weakly homogeneous）、弱同质的（weakly homogeneous）和强同质的（strongly homogeneous）。区别如下。

a. 一个性质 X 是极弱同质的 当且仅当 至少存在一个 x，x 有性质 X，且至少存在一个 x 的真构体 y 使得 y 也有性质 X；

b. 一个性质 X 是弱同质的 当且仅当 所有的 x，若 x 有性质 X，则至少存在一个 x 的真构体 y 使得 y 也有性质 X；

c. 一个性质 X 是强同质的 当且仅当 所有的 x，若 x 有性质 X，则任意一个 x 的真构体 y 都满足：y 也有性质 X。

这样界定的同质性针对的不是本体性质，而是一般意义上的事件性质。下文的讨论针对的是本体性质，前文已经区分了事件本体性质之间的多种关系，因此从本体性质的角度讨论同质性等元性质，可以将不同事件之间的差异归为它们所具有的事件性质之元性质差异。

例如，若 e_1 = “张三吃苹果”，e_2 = “马丽吃香蕉”，则 e_1 和 e_2 是相同性质的事件，都具有性质“吃”。因而 $e_1 \oplus_e e_2$ 是有着单一性质的事件，这也意味着 e 是同质性事件。但是若 e_1 = “张三吃苹果”，e_2 = “马丽看电视”，则 $e_1 \oplus_e e_2$ 只能有 e_1 和 e_2 的组合性质**吃** $\otimes$ **看**，而不存在一个单一性质可以直接应用到 $e_1 \oplus_e e_2$，这也意味着 e 是异质性事件。至于“马丽吃苹果”和“马丽吃一个苹果”之间的差异，可以统一由 Θ-函项进行处理。由此可见，只有在 $\wp$ 是一个组合性质时，$\wp$ 才是异质的，否则 $\wp$ 必然具有同质性，所以同质性和异质性的区别就变成了组合性质和单一性质的区分。

但这必然导致一个问题，即一些有着明显差异的性质无法得到区分。为此目的，需要对同质性做进一步的区分，下文从同质性中区分出两个特殊子类：强同质性和周期同质性。以（3.24）、（3.25）为例。

（3.24）a. 9 点到 9 点半之间：[张三挖坑]$_{e'}$，[马丽把树苗立于坑中]$_{e''}$，[马丽给树苗浇水]$_{e'''}$。

b. 9 点到 9 点半之间：[张三和马丽在种树]$_{e}$。

（3.25）a. 9 点到 9 点半之间：[张三在生气]$_{e'}$，[马丽在生气]$_{e''}$。

b. 9 点到 9 点半之间：[张三和马丽在生气]$_{e}$。

显然，上述各例 a 项中的事件都是 b 项事件的 G/P-构体。先考虑（3.24），假设张三和马丽种了多棵树，而张三只负责挖坑，剩下的事情由马丽完成。显然在（3.24）a 为真的情况下，（3.24）b 必然也为真，这意味着 $e = e' \oplus_e e'' \oplus_e e'''$，如图 3.8 所示。

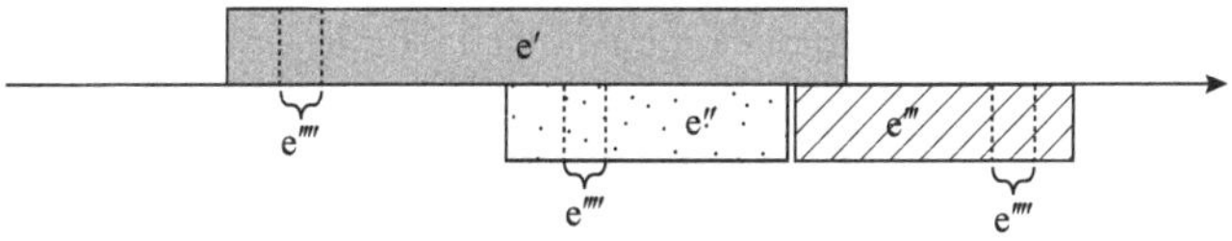

图 3.8　“张三和马丽在种树”的构体关系

按照通常的认知，尽管“张三”只是在“挖坑”，甚至可能都没有碰“树苗”，但是仍然可以认为“张三在 9 点到 9 点半之间在种树”是真的。实际上，当人们看到张三在挖坑而马丽在将树苗栽到其他已挖好的坑中时，完全可以断定“张三所做的事情是在种树”。甚至当张三挖好坑后，因为某种原因，马丽没有在坑里栽上树，只要张三挖坑的目的是种树，则都可以认为 e′是一个“张三种树”性质的事件，只是该事件是一个未完成体（关于这点后文另外专门讨论）。据此，可以认为图 3.8 中的 e′一方面有性质“挖坑”，同时作为 e 的 G-构体，e′也有性质“种树”。同理，e″作为“（把树苗）栽到坑中”事件，e‴作为“（给树苗）浇水”事件，也都有“种树”性质。更重要的是，任意一个 e‴，无论 e‴是 e′的 T-构体，还是 e″或 e‴的 T-构体，“种树”性质仍然可以应用到 e‴上。从这个角度分析，“种树”性质具有同质性。

但是需要注意的是，虽然“种树”性质可以应用到 e′、e″和 e‴以及它们的 T-构体上，但是反过来却并不成立，如“挖坑”性质可以应用到 e′上，却不可以应用到 e 上。也就是说，可以将图 3.8 中的 e′称为“种树”事件，但是不能把 $e' \oplus_e e'' \oplus_e e'''$称为“挖坑”事件。

正是这一点使得“种树”的同质性与（3.25）中“生气”的同质性不同。参照图 3.9 来考虑（3.25）。

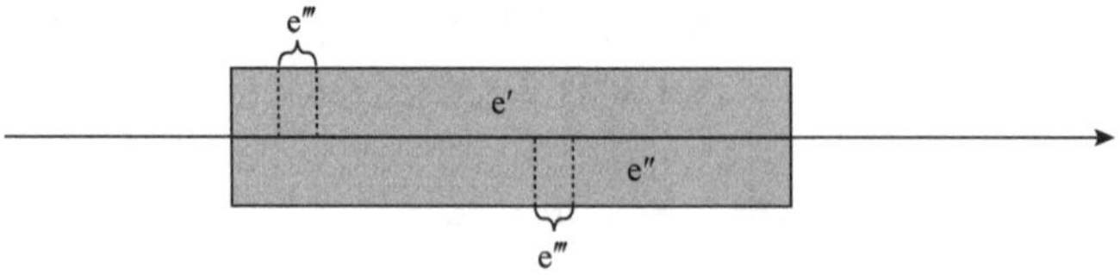

图 3.9　“张三和马丽在生气”的构体关系

假设时轴上方的灰色框表示“张三在生气”的事件 e′，下方的灰色框表示“马丽在生气”的事件 e″。显然“生气”性质可以应用到 $e = e' \oplus_e e''$，也必然可以应用到 e′和 e″以及 e′和 e″任意 T-构体 e‴上。从这点上看，“生气”性质也是同质的。但是与“种树”不同的是：e′和 e″及其任意 T-构体除了“继承”了 e 的所有性质外，没有任何“新”的性质。也就是说，任意本体性质 $\wp$，若 $\wp$ 可以应用到 e′或 e″上，则 $\wp$ 可以应用到 e 上。

简而言之，将（3.24）与（3.25）进行对比，一个“生气”事件的任意构体仍然只能是“生气”事件，而不可能是其他性质的事件。但是一个“种树”事件 e 的 T-构体，则必然还有着 e 所没有的“新”性质。

综合上述讨论，单一的本体性质都具有同质性，但是单一的本体性质本身还存在差异。类似“种树”这类性质的同质性表现为：任意一个事件 e，若 $\wp(e)$为真，则对 e 任意真构体 e′，都有 $\wp(e')$为真。类似“生气”这类性质的同质性表现更为苛刻，不仅要求若 $\wp(e)$为真，则对 e 任意真构体 e′，都有 $\wp(e')$为真，而且任意性质 $\wp'$，若 $\wp'(e')$为真，则 $\wp'(e)$也必然为真。后一类同质性可以称为强同质性。用 Homo 和 Hete 分别表示 $\wp$ 的同质性和异质性，用 ^{Str}Homo 表示强同质性①，正式定义如下。

定义 3.12（同质性和异质性）。

a. $Hete(\wp) =_{def} \forall e[\wp(e) \rightarrow \exists e'[^{e}IsPart_{T}(e', e) \wedge e' \neq e \wedge \neg\wp(e')]]$

【本体性质 $\wp$ 具有异质性 当且仅当 任意一个事件 e，若 $\wp(e)$为真，则至少存在一个 e′满足：e′是 e 的任意有定义的真 T-构体且 $\wp(e')$为假。】

b. $Homo(\wp) =_{def} \forall e[\wp(e) \rightarrow \exists e'[^{e}IsPart_{T}(e', e) \wedge e' \neq e] \wedge \forall e'[^{e}IsPart_{T}(e', e) \wedge e' \neq e \rightarrow \wp(e')]]$

【本体性质 $\wp$ 具有同质性 当且仅当 任意一个事件 e，若 $\wp(e)$为真，则 e 至少存在一个有定义的真 T-构体 e′，且对于 e 任意真 T-构体 e′，都有 $\wp(e')$为真。】

c. $^{Str}Homo(\wp) =_{def} Homo(\wp) \wedge \forall ee'[\wp(e) \wedge {}^{e}IsPart_{T}(e', e) \wedge e' \neq e \rightarrow \forall \wp'[\wp'(e') \rightarrow \wp'(e)]]$

【本体性质 $\wp$ 具有强同质性 当且仅当 $\wp$ 具有同质性，且任意一个事件 e，若 $\wp(e)$为真，则对于任意事件 e′和任意性质 $\wp'$，若 e′是 e 的任意有定义的真 T-构体，且 $\wp'(e')$为真，则 $\wp'(e)$必然为真。】

依据定义 3.12b，若 $\wp$ 具有同质性且 $\wp(e)$为真，则 e 必须至少有一个有定义的真 T-构体，这意味着 e 不能是瞬间事件。关于瞬间性的定义和讨论，参见本章第三节第一小节。

基于定义 3.12，显然有如下事实。

事实 3.5。

若 $\wp$ 是同质的，e 有性质 $\wp$ 且存在一个$\Theta_{\wp}$-函项 θ 使得 $\theta(e) = x \wedge P(x)$，则有：

a. 若 P 是累积性谓词，则任意 x′和 e 的任意 T-构体 e′，若 $e \neq e'$且 $\theta(e') = x'$，则 $P(x')$为真。

b. 若 P 是量化性谓词，则任意 x′和 e 的任意 T-构体 e′，若 $e \neq e'$且 $\theta(e') = x'$，则 $P(x')$为假。

① 上标 Str 表示 Strong。

例如，若 e 是“马丽吃苹果”事件，则有 $Theme_{吃}(e) = x \wedge$ **苹果**(x)，因为**苹果**是一个累积性谓词，即$\forall x_1 x_2$.**苹果**(x_1) $\wedge$ **苹果**(x_2) $\to$ **苹果**($x_1 \oplus_d x_2$)，所以 e 的任意 T-构体 e′，若 e′不是 e 本身（即 e′是 e 的真 T-构体），则有 $Theme_{吃}(e') = x' \wedge$ **苹果**(x′)。但是若 e 是“马丽吃一个苹果”事件，则有 $Theme_{吃}(e) = x \wedge$ **一个苹果**(x)，那么 e 的任意 T-构体 e′，若 e′不是 e 本身，则有 $Theme_{吃}(e') = x' \wedge \neg$ **一个苹果**(x′)。

据此可见，从本体性质的角度界定同质性与现有文献对同质性的讨论本质上并不矛盾。

另外依据定义 3.12，构体也可以分为同质性构体和异质性构体，不过这种同质性/异质性构体关系分为相对的和绝对的两类，具体定义如下。

定义 3.13（同质性/异质性构体）。

a. $^{e}PartOf_{异质}(e', e, \wp) =_{def} {}^{e}IsPart_T(e', e) \wedge \wp(e) \wedge \neg \wp(e')$

【e′是 e 的相对于性质 $\wp$ 的异质构体　当且仅当　e′是 e 的构体且有 $\wp(e) \wedge \neg \wp(e')$。】

b. $^{e}PartOf_{同质}(e', e, \wp) =_{def} {}^{e}IsPart_T(e', e) \wedge \wp(e) \wedge \wp(e')$

【e′是 e 的相对于性质 $\wp$ 的同质构体　当且仅当　e′是 e 的构体且有 $\wp(e) \wedge \wp(e')$。】

c. $^{e}IsPart_{异质}(e', e) =_{def} {}^{e}IsPart_T(e', e) \wedge \forall \wp[\wp(e) \to \neg \wp(e')]$

【e′是 e 的异质构体　当且仅当　e′是 e 的构体，且任意性质 $\wp$，若 $\wp$(e)为真，则 $\wp$(e′)为假。】

d. $^{e}IsPart_{同质}(e', e) =_{def} {}^{e}IsPart(e', e) \wedge \exists \wp[\wp(e) \wedge \wp(e')]$

【e′是 e 的同质构体　当且仅当　e′是 e 的构体，且至少存在一个性质 $\wp$ 使得 $\wp$(e)为真且 $\wp$(e′)为真。】

e. $^{e}IsPart_{单强同质}(e', e) =_{def} {}^{e}IsPart_T(e', e) \wedge \forall \wp[\wp(e) \to \wp(e')]$

【e′是 e 的单向强同质构体　当且仅当　e′是 e 的构体，且至少存在一个性质 $\wp$ 使得 $\wp$(e)为真且 $\wp$(e′)为真。】

f. $^{e}IsPart_{双强同质}(e', e) =_{def} {}^{e}IsPart_T(e', e) \wedge \forall \wp[\wp(e) \leftrightarrow \wp(e')]$

【e′是 e 的双向强同质构体　当且仅当　e′是 e 的构体，且至少存在一个性质 $\wp$ 使得 $\wp(e) \leftrightarrow \wp(e')$。】

这里用三元构体关系谓词 $^{e}PartOf_{异质}$等表示 e 相对于特定性质的同质/异质构体关系。用二元构体关系谓词表示两个事件之间的绝对同质/异质构体关系。

（二）周期同质性

具有周期同质性的典型本体性质包括“游泳、跑步、骑车”等性质，这类性质的特点是存在周期性重复。例如，若 e 是一个“游泳”事件，则 e 一定是由多个动作的周期性重复构成的。按照常识，无论采用何种泳姿，人在游泳时总是可以分解成几个基本动作，而整个“游泳”事件就是这些基本动作简单重复而构成的，当然这种重复可以是有规律的，也可以是无规律的。

将“游泳”与前文讨论过的“种树”和“生气”的性质相比较，就会发现前者的表现介于后两者之间，如图 3.10 所示。

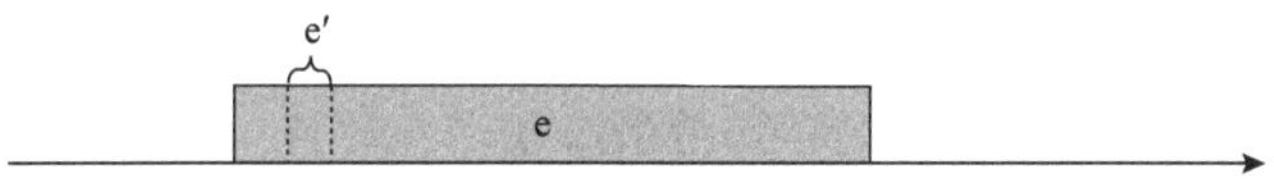

图 3.10　周期同质性的构体关系

假设图 3.10 中的 e 是一个“游泳”事件，在 e 的存续区间内任取一个 e 的 T-构体 e′。毫无疑问，e′必然也有“游泳”性质，所以“游泳”性质也具有同质性，问题是“游泳”性质是否与“生气”性质一样，具有强同质性？若具有强同质性，则除了 e 所具有的性质外，e′没有新增加的性质，即任意性质 $\wp$，若 $\wp$ 可以应用到 e′，则必然也可以应用到 e 上。

若 e 是一个“游泳”事件，e′是 e 的任意 T-构体，这会出现两种情况。一是 e′包含了某种泳姿的所有分解动作，在这种情况下，e′有着与 e 完全相同的事件性质，这意味着“游泳”有强同质性。二是 e′是一个足够“小”的事件，“小”到只包含了某种泳姿的部分分解动作，则 e′就有了 e 所没有的性质。例如，假设图 3.10 中的 e′的存续区间只有几分之一秒，那么 e′可能是“将双腿收拢”性质的事件①，但是“（将双腿）收拢”性质显然不能应用到 e 上。从这个角度分析，“游泳”又与“种（树）”性质相似，不具有强同质性。据此，将“游泳”的这种性质称为带有周期律的同质性，简称周期同质性。显然，与强同质性一样，周期同质性也是对同质性做进一步限定而得到的。不过周期同质性只针对 T-构体关系，而强同质性针对所有的构体关系。

为了能从形式语义学的角度定义周期同质性，先需要界定一个概念，即最小 T-单位事件。用 $\text{MinUnit}_e(e', e, \wp)$表示 e′是 e 作为本体性质 $\wp$ 事件的最小 T-单位事件，具体定义如下。

定义 3.14（性质 $\wp$ 的最小 T-单位事件）。

$\text{MinUnit}_e(e', e, \wp) =_{\text{def}} \wp(e') \wedge \wp(e) \wedge {}^{e}\text{IsPart}_T(e', e) \wedge e' \neq e \wedge$

① 这里以蛙泳的动作分解为例，收拢双腿是蛙泳分解动作之一，是指把腿收至最有利于蹬水的位置。

$\forall e''[{}^{e}IsPart_{T}(e'', e') \rightarrow \forall e'''[{}^{e}IsPart_{T}(e''', e) \wedge \neg {}^{e}IsPart_{T}(e'', e''') \rightarrow \neg \wp(e''')]]$

【e′是 e 作为性质 $\wp$ 事件的最小 T-单位事件 当且仅当 e′是 e 的真 T-构体且 e 有性质 $\wp$，且对任意 e″，若 e″是 e′的有定义的 T-构体，则对于任意的 e‴，若 e‴是 e 的 T-构体，但是 e″不是 e‴的 T-构体，则性质 $\wp$ 不可以应用到 e‴上。】

简单地说，若 e′是 e 作为性质 $\wp$ 事件的最小 T-单位事件，那么在 e′的 T-构体中扣除任何一个有定义的 T-构体 e″而得到的 e‴，则 e‴就不再具有性质 $\wp$。

依据定义 3.14，e 是具有性质 $\wp$ 的最小 T-单位事件，意味着 e 的任意 T-构体 e′对于 e 具有性质 $\wp$ 都是不可或缺的。所以 $\wp$ 的最小 T-单位事件 e 虽然并不表示 e 是具有性质 $\wp$ 的原子事件，但是从时间进程的角度看，e 是作为性质 $\wp$ 事件的“最小”事件。

用 ${}^{Iter}Homo(\wp)$表示本体性质 $\wp$ 具有周期同质性①，正式定义如下。

定义 3.15（事件性质的周期同质性）。

${}^{Iter}Homo(\wp) =_{def} Homo(\wp) \wedge \forall ee'[\wp(e) \wedge [MinUnit_{e}(e', e, \wp) \vee \exists e''[{}^{e}IsPart_{T}(e'', e') \wedge MinUnit_{e}(e'', e, \wp)]] \rightarrow \forall \wp'[\wp'(e') \leftrightarrow \wp'(e)]]$

【本体性质 $\wp$ 具有周期同质性 当且仅当 $\wp$ 是同质性的，且若 $\wp(e)$为真，则 e 任意有定义的 T-构体 e′，若 e′是 e 相对于 $\wp$ 的最小 T-单位事件构体，或者 e′的构体中至少存在一个 e 相对于 $\wp$ 的最小 T-单位事件构体 e″，则对任意的 $\wp'$都有：$\wp'(e') \leftrightarrow \wp'(e)$。】

简单地说，$\wp$ 周期同质性是指：若具有周期性的 $\wp$ 可以应用到 e 上，则 e 的任意一个有定义的 T-构体 e′，如果 e′本身是 e 的最小 T-单位构体，或者 e 至少包含了一个 e 的最小 T-单位构体 e″，则 e′和 e 就有着完全相同的性质。

依据同质性和周期同质性的定义（定义 3.12 和定义 3.15），显然强同质性或周期同质性是通过对同质性进一步限定而得到的。而且很显然，任意本体性质 $\wp$，若 $\wp$ 是单一性质，则 $\wp$ 必然具有同质性的。

（三）直接/间接 T-构体

与 Θ-构体相比，T-构体有一个明显的区别，即 T-构体具有不可穷尽性。因为任意的区间都可以无限制地切分成更细小的区间，所以任意一个事件也就可以无限制地切分成更为细小的 T-构体。按照前文的讨论，从事件的本体性质角

① 其中上标 Iter 是 iterative 的缩写。

度分析，任意一个单一事件性质都是同质性的。这也就意味着，若 e 具有单一性质 $\wp$，则 e 的任意 T-构体 e′，无论 e′是多么细小的 T-构体，都具有本体性质 $\wp$。这里存在两个问题，一是过于细小的 T-构体在认知意义上没有价值，因此被处理成未定义事件。二是 T-构体依据其自身性质的不同，可以形成多个层级关系。以（3.26）为例。

（3.26）a. [把冰箱门打开]$_{e'}$[把大象塞进冰箱]$_{e''}$[把冰箱门关上]$_{e'''}$。
b. [挖了一个坑]$_{e'}$[把树苗立于坑中]$_{e''}$[在坑内填上土]$_{e'''}$。

（3.26）a 取自宋丹丹在央视春晚中喜剧小品的一句台词，表述把大象装进冰箱的三个步骤，也就是三个事件 e′、e″和 e‴。显然 $e = e' \oplus_e e'' \oplus_e e'''$是一个“（把大象）装进冰箱”性质的事件。按照前文的分析，“（把大象）装进冰箱”性质是 e′、e″和 e‴的类性质，而且由于这是一个单一性质，因此该性质不仅可以应用到 e′、e″和 e‴上，而且还可以应用到这些构体的任意 T-构体上，如图 3.11 所示（即前文的图 3.4，稍做修改）。

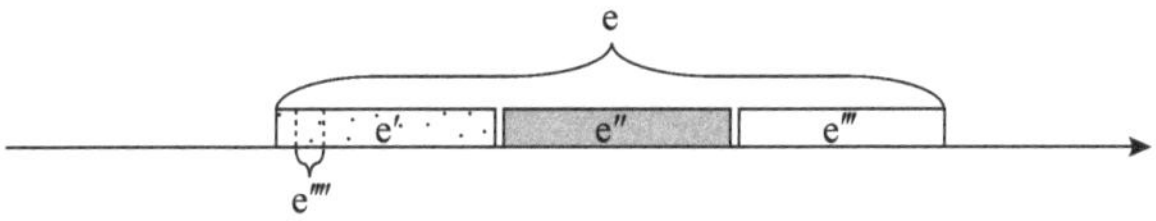

图 3.11 “把大象装进冰箱”的构体关系

设想一下，在 e 的存续区间内任取一个片段，无论这个片段多么短[①]，片段中的情境都是“（把大象）装进冰箱”事件的构成之一。也就是说，无论说话者具体正在做什么，是伸手去抓冰箱门，或者是正在拉开冰箱门，或者是正在抱起大象，或是往冰箱中塞大象，或是正在把冰箱门关上，都可以说这个人做的事情是正在“把大象装进冰箱”。这正是前文说的同质性的表现。

现在重点考虑图 3.11 中的 e 和 e⁗。虽然二者都有性质“装进冰箱”，但是这两种 T-构体有着很大的不同。这里似乎存在一个悖论。一方面，按照常识，当人们伸手握住冰箱门并打算拉开，且其目的是把大象塞进冰箱时，人们就可以说他正在做“把大象装进冰箱”的事情。另一方面，如小品中的表演，当人们问道，把大象装进冰箱分为几步？比较合理的回答是三步，即第一步把冰箱门打开，第二步把大象塞进冰箱，第三步把冰箱门关上。如果把“伸手（去握住冰箱门）”也看成是把大象装进冰箱的步骤之一，则显得很不合理。按照前一个方面看，e⁗应该有“装进冰箱”的性质，但是按照后一方面看，e⁗不应该有“装进冰箱”的

① 这里假设“把大象装进冰箱”事件是持续无中断地进行的。

性质。

如果换一个视角，就可以比较容易地从悖论中解脱出来。一方面，e''''是 e 的 T-构体，且与 e'一样有着“装进冰箱”的性质，这是该性质同质性的表现。另一方面，可以规定“装进冰箱”性质是“打开冰箱门”性质的类性质，但是却不是“伸手（去握冰箱门）”性质的类性质。“打开冰箱门”性质才是“伸手（去握冰箱门）”性质的类性质。

据此，可以将 T-构体进一步区分为**直接 T-构体**和**间接 T-构体**。（3.26）中的 e'、e''和 e'''是 e 的直接构体，而 e''''是 e 的间接构体。

这里先定义具有性质 $\wp$ 的最大连续 T-构体，用 $\text{MaxPart}_T(e', e, \wp)$表示在 e 的 T-构体中，$e'$是具有性质 $\wp$ 的最大构体。

定义 3.16（最大连续 T-构体）。

$$\text{MaxPart}_T(e', e, \wp) =_{\text{def}} \wp(e') \wedge {}^e\text{IsPart}_T(e', e) \wedge \text{Continuum}(e', \wp) \wedge \forall e''\exists e'''[\wp(e'') \wedge \wp(e''') \wedge {}^e\text{IsPart}_T(e''', e') \wedge [\text{Time}(e'') \propto_t \text{Time}(e''') \vee \text{Time}(e''') \propto_t \text{Time}(e'')] \rightarrow {}^e\text{IsPart}_T(e'', e')]$$

【e'是 e 相对于本体性质 $\wp$ 的最大构体 当且仅当 e'具有性质 $\wp$，e'是 e 的 T-构体，且相对于性质 $\wp$ 具有延展性，对于任意一个 e''，若 e''有性质 $\wp$ 且与至少一个 e'的具有性质 $\wp$ 的有定义 T-构体 e'''毗连，那么 e''必然是 e'的 T-构体。】

在定义 3.16 中，$\forall e''\exists e'''$之后的一部分公式保证了有着性质 $\wp$ 的 e 的连续构体是图 3.12 中的 e'，而不是 e'的 T-构体 e''，同时也不排除 e 存在多个性质为 $\wp$ 的最大连续 T-构体。

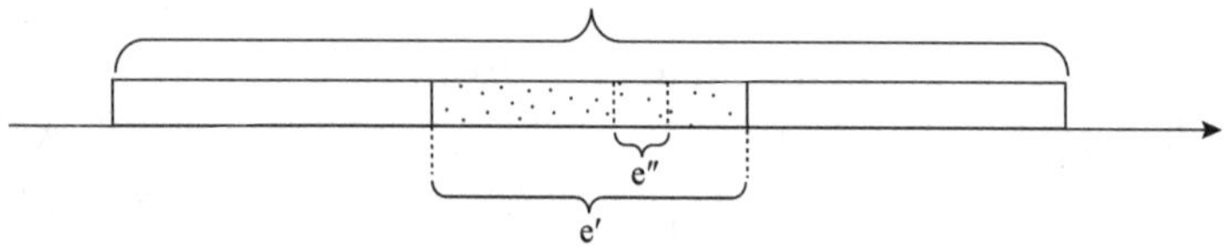

图 3.12　最大连续 T-构体关系

定义 3.16 中的 $\text{Continuum}(e', \wp)$表示 e'作为性质 $\wp$ 事件具有连续分布的特点，关于 Continuum 的具体定义和讨论，参见本章第三节第一小节（三）。

用三元构体关系谓词 ${}^e\text{PartOf}_{直接}(e', e, \wp)$表示 e'是 e 作为性质 $\wp$ 事件的直接 T-构体，用 ${}^e\text{PartOf}_{间接}(e', e, \wp)$表示 e'是 e 作为性质 $\wp$ 事件的间接 T-构体（注意与二元构体关系谓词 ^{e}IsPart 区分开）。

${}^e\text{PartOf}_{直接}$和 ${}^e\text{PartOf}_{间接}$的正式定义如下。

定义 3.17（直接 T-构体和间接 T-构体）。

a. $^{e}\mathrm{PartOf}_{直接}(e', e, \wp) =_{def} [\mathrm{Homo}(\wp) \wedge \exists \wp'[\wp' <_{类} \wp \wedge \mathrm{MaxPart}_T(e', e, \wp')]] \vee [\mathrm{Hete}(\wp) \wedge \exists \wp'[\wp' <_{\otimes} \wp \wedge \mathrm{MaxPart}_T(e', e, \wp')]]$

【e′是 e 相对于本体性质 $\wp$ 的直接 T-构体　当且仅当　或者 $\wp$ 是同质的，且至少存在一个性质 $\wp'$满足：$\wp$ 是 $\wp'$的类性质，且在 e 的 T-构体中，e′是有性质 $\wp'$的最大连续 T-构体；或者 $\wp$ 是异质的且 $\wp = \wp_1 \otimes \wp_2 \otimes \ldots \otimes \wp_n$，则在 e 的 T-构体中，e′是有性质 $\wp_i$（$1 \leqslant i \leqslant n$）的最大连续 T-构体。】

b. $^{e}\mathrm{PartOf}_{间接}(e', e, \wp) =_{def} {}^{e}\mathrm{IsPart}_T(e', e) \wedge \neg {}^{e}\mathrm{PartOf}_{直接}(e', e, \wp)$

【e′是 e 相对于 $\wp$ 的间接 T-构体　当且仅当　e′是 e 有定义的 T-构体且 e′不是 e 相对于性质 $\wp$ 的直接 T-构体。】

关于直接/间接 T-构体，有两点需要注意。首先，这里的“直接”和“间接”都是相对于特定性质 $\wp$ 而言的。其次，$\wp$ 具有同质性还是异质性，其直接 T-构体和间接 T-构体是不一样的。如前文所分析的，如果 $\wp$ 是单一性质，$\wp$ 就具有同质性，则若 e 有性质 $\wp$，其直接构体 e′也有着性质 $\wp$；但是如果 $\wp$ 是组合性质，$\wp$ 就具有异质性，则若 e 有性质 $\wp$，其直接构体 e′没有性质 $\wp$。

前面（3.26）的例子说明了若 $\wp$ 是同质性时，其直接构体和间接构体的情况，这里考虑 $\wp$ 是异质性时的情况。假设 e 是一个“张三穿上衣服跳下床”的事件，因为**穿上** ⊗ **跳下**是一个组合性质，所以 e 只有两个直接 T-构体，即 e_1 = “张三穿上衣服”，e_2 = “张三跳下床”，如图 3.13 所示。依据定义 3.17 的规定，e_1 是 e 的 T-构体中具有“穿上（衣服）”性质的最大连续 T-构体。也就是说，e 中其他有性质“穿上（衣服）”的 T-构体 e′，如果 e′不是 e_1 本身的话，则 e′就是 e_1 的 T-构体。

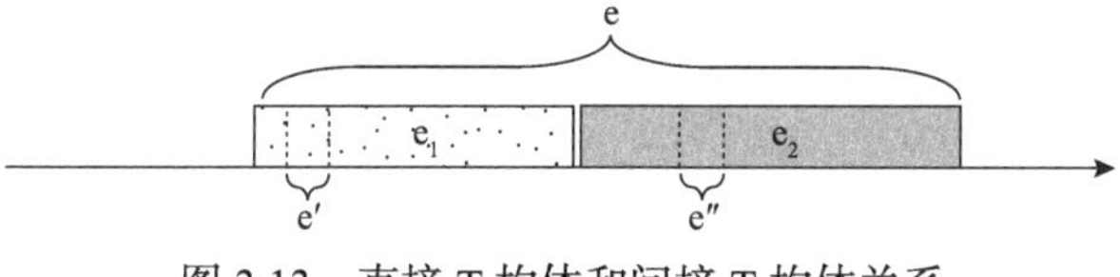

图 3.13　直接 T-构体和间接 T-构体关系

但是注意，因为组合性质**穿上** ⊗ **跳下**是异质性的，因此其直接构体 e_1 和 e_2 都不具有 e 的性质**穿上** ⊗ **跳下**。

将 T-构体区分为直接 T-构体和间接 T-构体的理论基础在于：从格式塔心理学的角度看，当部分构成一个整体时，整体并不是部分的简单相加，而是具有了独立的认知地位，而这种独立的认知地位反过来又使得部分中的一些细节得以被忽视，从而使得人们的认知注意力集中在整体上。就事件的构体论而言，直接/间接

T-构体的区分可以使事件的构体理论规避事件的原子性问题，从而可以更好地说明人的认知机制在识别事件时的层级划分（Zacks & Tversky，2001），如图 3.14 所示。

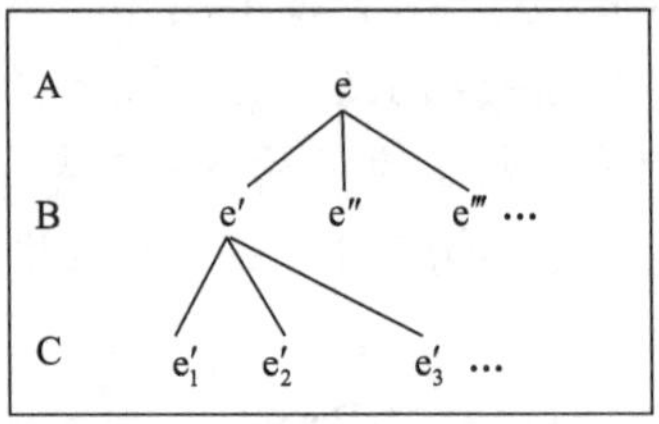

图 3.14　直接 T-构体的认知意义

假设图 3.14 中 C 层的事件 e'_1、e'_2 和 e'_3 是 B 层事件的 T-构体，而 B 层的 e′、e″和 e‴又是 A 层事件的 T-构体。按照一般的理解，根据人的认知机制，人在认识这些构体的性质时，或者忽视 C 层事件而只聚焦在 B 层与 A 层之间的构体关系，或者忽视 A 层的事件只聚焦在 B 层与 C 层之间的构体关系，但一定不会忽视 B 层而聚焦在 A 层和 C 层的构体关系上。

综上所述，任意 e，若 $\wp$(e)为真，且 $\wp$ 是非组合本体性质，则 e 作为性质 $\wp$ 事件的直接 T-构体都具有性质 $\wp$；反之，若 $\wp$ 是组合本体性质，则 e 作为性质 $\wp$ 事件的直接 T-构体都不具有性质 $\wp$。

（四）其他元性质和元关系及相关事实

结合其他文献的研究成果（Krifka，1998；Borer，2005a，2005b；Rothstein，2007），除了本章重点讨论的事件本体性质的元性质之外，还有一些普遍性的元性质，部分归纳如下。

定义 3.18（事件的其他元性质）。

a. $^{\uparrow}\textbf{Conservative}(\wp) =_{def} \forall ee'. \wp(e) \wedge \wp(e') \rightarrow \wp(e \oplus_e e')$

【向上留驻性】

【若 $\wp$ 是向上留驻的，则对于任意 e′和 e″而言，若 e′和 e″都具有本体性质 $\wp$，则 $e' \oplus_e e''$ 必然也具有性质 $\wp$。】

b. $^{\downarrow}\textbf{Conservative}(\wp) =_{def} \forall ee'[\wp(e) \wedge {}^{e}\text{IsPart}(e', e) \rightarrow \wp(e')]$

【向下留驻性】

【若 $\wp$ 是向下留驻的，则对于任意 e 而言，若 e 具有性质 $\wp$，则 e 的任意构体 e′都必然具有性质 $\wp$。】

c. $^{\infty}\textbf{Additive}(\wp) =_{def} \forall e. \wp(e) \rightarrow \exists e'. \wp(e \oplus_e e')$　　【无穷增量性】

【若 $\wp$ 是无穷增量的，则对于任意事件 e 而言，若 e 有性质 $\wp$，则至少存在一个事件 e 满足：e 和 e′的加合 $e \oplus_e e'$ 也有性质 $\wp$。】

d. **Exclusive**($\wp$，$\wp'$) $=_{def} \forall e.[\wp(e) \to \neg\wp'(e)] \wedge [\wp'(e) \to \neg\wp(e)]$ 【性质的相斥关系】

【若 $\wp$ 和 $\wp'$是相斥的，则对于任意事件 e 而言，若 e 有性质 $\wp$，则必然不具有性质 $\wp'$，反之亦然。】

e. **Compatible**($\wp$，$\wp'$) $=_{def} \exists e.\wp(e) \wedge \wp'(e)$ 【性质的相容关系】

【若 $\wp$ 和 $\wp'$是相容的，则至少存在事件 e 满足：e 即有性质 $\wp$ 也有性质 $\wp'$。】

f. **Co-Temp**($\wp$，$\wp'$) $=_{def} \exists e \forall e'.{}^{e}\text{PartOf}_{直接}(e', e, \wp) \leftrightarrow {}^{e}\text{PartOf}_{直接}(e', e, \wp')$ 【性质的同步关系】

【若 $\wp$ 和 $\wp'$是同步的，则至少存在事件 e 满足：e 的任意直接 T-构体 e′，若 e′有性质 $\wp$，则 e′也有性质 $\wp'$，反之亦然。其中的 Co-Temp 表示 Co-temporal。】

g. **Coexistent**($\wp$，$\wp'$) $=_{def} \forall ex.\wp(e) \wedge \text{Agent}(e) = x \to \exists e'[\wp'(e') \wedge \text{Agent}(e') = x \wedge \text{Time}(e) = \text{Time}(e')]$ 【性质的共存关系】

【若 $\wp$ 和 $\wp'$是共存的，则对于任意事件 e 和任意个体 x 而言，若 e 有性质 $\wp$ 且 Agent(e) = x，则至少存在一个事件 e′满足：e′有性质 $\wp'$，Agent(e′) = x 且 e 和 e′的事件区间是相同的。】

基于定义 3.18 以及本节前文的一些定义，显然有如下事实。

事实 3.6。

a. 任意性质 $\wp$ 都有向上驻留性和无穷增量性。

b. $\forall \wp.{}^{\downarrow}\textbf{Conservative}(\wp) \to {}^{Str}\text{Homo}(\wp)$。

c. $\forall \wp\wp'.\text{Co-Temp}(\wp, \wp') \leftrightarrow \exists e[\wp(e) \wedge \wp'(e)]$。

d. 若 $\wp$ 和 $\wp'$对于 e 是直接 T-同步的 则 $\wp$ 和 $\wp'$对于 e 是Θ-可交换的。

依据事件性质的累积性和直接 T-构体的定义（定义 3.17），事实 3.6a 是不证自明的。事实 3.6b 可用反证法证明。假定 $\wp$ 和 $\wp'$对于 e 是直接 T-同步的，但是 $\wp$ 和 $\wp'$对于 e 不是Θ-可交换的，那么必然存在一个 x 满足 e 相对于 $\wp$ 与 x 存在某个 Θ-关系，但是相对于 $\wp'$，e 与 x 不存在任何 Θ-关系，这与定义 3.5（事件性质的等同关系和同一关系）对事件等同性的定义相矛盾。

第三节 事件的情状性质

事件的性质除了前面重点讨论的本体性质之外，还有重要的一类，即情状性质。事件的情状性质是指事件在时间进程中所展现出来的性质。在语言学文献中，这属于情状体的范畴（Smith，1997）。早在Vendler（1967）中，依据VP语义成分中包含的事件三组对立特征（即[±静态性]、[±持续性]和[±有界性]），VP被分为四种类型：状态（state）、活动（activity）、完结（accomplishment）和达成（achievement）①。Smith（1997）将VP的这些类型称为情状体。

从形式语义学的视角看，作为情状体分类基础的三组对立特征，可以直接看成是事件性质。这种性质显然与事件的本体性质和Θ-限定性质不同，因而称为**情状性质**。在本节的讨论中，情状性质不仅仅包含与三组对立特征对应的性质，即静态-动态性、瞬间-持续性和有界-无界性，还包括离散-延展性。在这四组对立的性质中，静态-动态性、持续-瞬间性和离散-延展性都聚焦于事件在时轴上的分布情形，而有界-无界性则聚焦于事件的有界T-构体，因而属于特殊的一类情状体性质。从语言学的角度看，有界-无界性也比较特殊，不仅直接决定着自然语言表达式的情状体，而且还影响着视点体和时语义。因此在本节的讨论中，有界-无界性被单列为一小节。

一、事件的分布情状

本小节先讨论事件在时轴上的三种分布性质：瞬间-持续性、静态-动态性和离散-延展性。这些分布性质与下一节讨论的有界-无界性不同，至少在现代汉语中，这些分布性质的影响只限于汉语表达式的情状体。而不像有界-无界性那样，还影响着视点体语义和时语义。

（一）瞬间-持续性

瞬间-持续性是事件在时间进程中展现出来的性质。按照通常的理解，若e具有瞬间性，则e的存续区间是一个时刻；反之，若e具有持续性（duration），则e的存续区间就是时间段。如在（3.27）和（3.28）中，a句事件的性质都是瞬间性的，b句都是持续性的。

---

① Accomplish和achievement在汉语文献中的译法比较乱，如李宝伦和潘海华（2005）分别译成“完结”和“实现”，邓湘君（2018）分别译成“成就体”和“完成体”，本书采用龚千炎（1995）和戴耀晶（1997）的译法。

（3.27）a. 张三[骑上车]$_e$去找自己的朋友。
　　　　b. 张三[跳进地上的大坑]$_e$。

（3.28）a. 张三[骑着车]$_e$去找自己的朋友。
　　　　b. 张三[跑了五千米]$_e$。

在自然语言中，表示瞬间性本体性质的动词通常不能与强调过程的“正在”搭配，而表示持续性本体性质的动词通常不能与强调结果的副词“终于”搭配，如（3.29）、（3.30）所示。

（3.29）a. 马丽终于发现了这些财宝。//*马丽正在发现了这些财宝。
　　　　b. *马丽终于寻找这些财宝。//马丽正在寻找这些财宝。

（3.30）a. 警察终于逮捕了小偷。//*警察正在逮捕了小偷。
　　　　b. *警察终于抓捕了小偷。//警察正在抓捕小偷。

当然也有一些动词既可以与“终于”搭配，也可以与“正在”搭配，这表明这样的动词存在瞬间-持续性的歧义。

（3.31）a. 警察正在抓小偷。
　　　　b. 小偷终于被警察抓了。

因为任意一个区间都可以无限制地切分成更为细小的区间，所以对瞬间性的定义就不能依据事件的存续区间是否可以继续切分而定，即不能按照事件区间的时间长短来定义瞬间性①。从构体论的角度分析，可以从两个方面来界定瞬间性。

首先，瞬间性必须具有不可切分性。如果对一个事件 e 沿着时轴方向进行切分，得到的真 T-构体 e′是一个不具有任何性质的未定义事件。这意味着，人们已经将 e 视为一个不存在内部时间结构的原子事件了，这样的 e 显然具有瞬间性特征。

① 在现有文献中，大多认为持续性的判定依据是 VP 中能否出现“着”。若能出现“着”，则 VP 是持续性的；否则，VP 是瞬间的（马庆株，1992；Smith，1997；Xiao & McEnery，2004）。但实际上，依据是否与“着”共现所判断的是延续性而非持续性。例如，“骑上”和“穿上”在形式上很像，都不能与“着”共现，但前者有着瞬间性，后者有持续性。这可以通过拷贝动词的方式测试，如“穿了一分钟才穿上外套”符合语感，但是“*骑了一分钟才骑上车”却很不自然。这表明，“穿上”包含了过程和结果，而“骑上”只聚焦于最后的结果，过程不在该词语的表达内容中。虽然“骑上车”的动作本身也有一个时间过程，但是要表达这样的过程，需要借助其他的方式。例如，“张三用了或者花了一分钟才骑上车”，而不能采用动词拷贝的方式表示。具体讨论见李可胜（2020：64-65）。

其次，瞬间性必须具有不可组合性。因为若一个事件 e 具有瞬间性，则 e 与其前的事件 e′或其后的事件 e″必然有着不同的性质。这就意味无论是 $e' \oplus_e e$ 还是 $e \oplus_e e''$ 都不是具有强同质性的加合事件。

据此，用谓词 INSTANT 和 DURATIVE 分别表示瞬间性和持续性，则性质 ℘ 的瞬间性和持续性可做如下定义。

定义 3.19（事件的瞬间性和持续性）。

a. $\text{INSTANT}(\wp) =_{\text{def}} \forall ee'.\wp(e) \wedge \wp(e') \wedge e' \neq e \rightarrow \neg[{}^{e}\text{IsPart}_{T}(e', e) \wedge {}^{e}\text{IsPart}_{T}(e, e')]$

【℘ 具有瞬间性　当且仅当　对于任意事件 e 和 e′, 若 e 和 e′都有性质 ℘ 且 e′≠e, 则必然有：e′不是 e 的 T-构体，且 e 也不是 e′的 T-构体。】

b. $\text{DURATIVE}(\wp) =_{\text{def}} \forall e.\wp(e) \rightarrow \exists e'[{}^{e}\text{IsPart}_{T}(e', e) \wedge e' \neq e]$

【℘ 具有持续性　当且仅当　对于任意事件 e，若 e 具有性质 ℘，则至少存在一个 e′满足：e′是 e 的有定义的真 T-构体。】

依据定义 3.19，可以给出事件本体性质的瞬间性和持续性的定义。

定义 3.20（事件本体性质的瞬间性和持续性）。

a. $\text{Instant}(e, \wp) =_{\text{def}} \wp(e) \wedge \text{INSTANT}(\wp)$

【e 作为性质为 ℘ 的事件是瞬间性的　当且仅当　e 有性质 ℘，且 ℘ 是瞬间性的。】

b. $\text{Durative}(e, \wp) =_{\text{def}} \wp(e) \wedge \text{DURATIVE}\ (e)$

【e 作为性质为 ℘ 的事件是持续性的　当且仅当　e 有性质 ℘，且 ℘ 是持续性的。】

注意，依据定义 3.20，瞬间性并非指物理意义上的瞬间过程，而是指认知意义的过程。更重要的是，并非一个事件 e 的事件区间是瞬间的，则 e 就是瞬间性的。例如，i 是 e=“张三跑步”的事件区间，则在 i 中任意截取一个瞬间区间，所得到的 T-构体 e′，虽然其事件区间 i′是一个瞬间区间，但是这并不意味着 e′具有瞬间性，因为这个 e′可以与其前或其后的其他 T-构体构成强同质性的加合事件。与之形成对照，若 i 是 e =“张三到达终点”的事件区间，则在早于 i 的区间 i′上，有 e′ =“张三跑步”，在迟于 i 的区间 i″上，有 e″ =“张三停止跑步”，显然无论 $e' \oplus_e e$ 还是 $e \oplus_e e''$ 都不是强同质性的加合事件。

依据相关定义，显然有如下事实。

事实 3.7。

a. $\forall \wp.\text{Homo}(\wp) \rightarrow \text{DURATIVE}(\wp)$。

b. $\forall \wp.\mathrm{INSTANT}(\wp) \rightarrow \mathrm{Hete}(\wp)$。

若 $\wp$ 是同质性的，则 $\wp$ 必然是持续性的，但是反之未必成立。同时若 $\wp$ 是瞬间性的，则 $\wp$ 必然是异质性的。

这也体现在相关的定义中。如依据同质性的定义（定义 3.12b），若 $\wp$ 是同质性的，则任意 e，若有 $\wp$(e)成立，则 e 必然有一个构体 e′满足 $\wp$(e′)，这与瞬间性要求 e′不具有任何性质相矛盾，因此 e 只能是持续的。依据性质的瞬间性定义（定义 3.20a），$\wp$ 必然是瞬间的。同理，若 $\wp$ 是瞬间的且有 $\wp$(e)成立，则 e 的任意真 T-构体 e′都满足 e′不具有任何性质，这必然意味着 $\neg\wp$(e′)成立。依据异质性定义，$\wp$ 必然是异质性的。

（二）静态-动态性

静态-动态性是一对重要的情状性质。在 Vendler（1967）对体的分类中，状态体和活动体的唯一区别在于“静态-动态性”的对立。在 Dölling（2014）的分类中，“静态-动态性”是区分状态和发生（occurrence）的依据。但是从形式语义学的角度看，静态-动态本身并不容易进行定义。在讨论时体的现有文献中，大多也是将静态-动态性直接看成是原子概念进行讨论的，没有对静态-动态性做进一步深入分析（Vendler，1967；Smith，1997；Steedman，1997；Rothstein，2004；Dölling，2014）。

一般而言，可以从两个角度考虑静态-动态问题。第一个角度是从行为变化的角度分析，若一个事件 e 的整个过程中都不涉及行为变化，则 e 具有静态性，否则具有动态性。第二个角度是从同质-异质性的角度分析（陈平，1987；马庆株，1992；Smith，1997）。如陈平（1988）认为：静态情状具有一种同质的（homogeneous）时间结构。也就是说，如果情状在特定时段内的所有时间点上呈现出来的状态都是相同的，那么该情状就是静态情状。第一个角度的问题在于：行为动作是否有变化几乎无法从形式语义学的角度界定。因此只能从第二个角度考虑，但是第二个角度依赖于如何界定同质性。

采用前文所分析的同质性和强同质性等概念，就可以界定静态事件与动态事件的差异。与一般文献对同质性的界定不同，前文将同质-异质性看成是事件本体性质的元性质，而不是一般语义上的事件性质的元性质，并在同质性的基础上区分出两种特殊的同质性：强同质性和周期同质性。这种分析的优势之一，是能够比较充分地将静态事件与动态事件区分开。例如，如果将同质性笼统地定义为：e 具有同质性 当且仅当 e 的任意 T-构体与 e 有着相同的性质，那么就很难区分（3.32）中的例子。在这些例子中，从（3.32）a 到（3.32）d，所表述的事件由“强静态”逐渐变为“强动态”。

（3.32）a. 张三思念自己的妻子。
b. 张三坐在主席台上。
c. 张三在操场跑步。
d. 张三在修理汽车。

具体来说，（3.32）a 中的“思念某人”表示人的思想状态，没有外显的行为要素。这也就意味着，无须任何变化，就可以使得“张三思念自己的妻子”事件持续下去。如图 3.15 所示，若图中灰色部分代表“思念某人”的事件 e，而 e′和 e″是沿着时轴截取 e 的任意两个 T-构体，显然除了时间因素外，e′、e″和 e 没有任何差异，都是“张三思念自己的妻子”性质的事件。

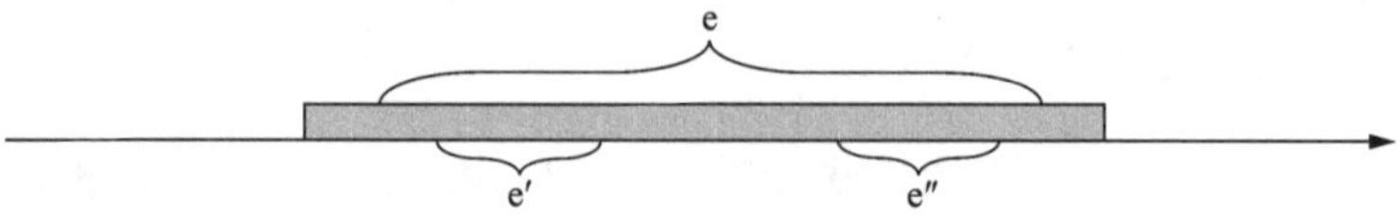

图 3.15　事件的 T-构体示意图

（3.32）b 中的“坐在某处”通常也被理解成静态事件，但是与“思念某人”事件不同，“坐在某处”存在一些外显要素。只是在整个事件的过程中，这些要素无须发生任何改变，就可以使得“张三坐在主席台上”持续下去。假设图 3.15 中的 e 代表一个“张三坐在主席台上”事件，则 e′和 e″与 e 一样，都是“张三坐在主席台上”性质的事件，尽管 e′和 e″所涉及的情境可能有所不同。例如，张三在 e′事件区间时，坐在主席台上正在做报告；在 e″事件区间时，张三已经结束了自己的报告但仍坐在主席台上。但是这不影响 e′和 e″的“张三坐在主席台上”的性质，因为只要 e′和 e″满足了“张三坐在主席台上”性质的构成要素，即 e′和 e″都是“坐”的事件，施事都是“张三”，地点都是“主席台”，那么就不影响 e′和 e″是“张三坐在主席台上”性质的事件。

（3.32）c 中的“跑步”通常被理解成动态的活动事件。如果说，在（3.32）b 的语境中，理论上，张三以及语境中的其他任何要素无须做任何改变，就可以使得“张三坐在主席台上”事件持续下去。那么在（3.32）c 的语境中，张三必须做出一定的行为变化才能使得“张三在操场跑步”事件持续下去。例如，将图 3.15 中的事件看成是一个“张三在操场跑步”事件，那么在 e′中，张三可能前脚离地后脚在地面上，在 e″中可能正相反，前脚着地而后脚离开地面。同时在 e′和 e″中，张三相对于操场的位置也可能不同。如果没有这些变化，“张三在操场跑步”事件是不可能持续的。（3.32）d 中的“修理汽车”的动态性更强，其过程通常是一个有空白的过程（gapy progress）（Portner & Kuhn，2002），而且整个过程中情境变化很大。理论上，在整个“修理汽车”事件的区间内，任意截取的两个 T-构体，“张三”的行为表现和“汽车”的状态都会有所不同。因此“张三在修理汽车”是一个强动态性质的事件。

但问题在于：即便是“张三跑步”和“张三修理汽车”这样典型的动态事件，也有同质性的特点。仍以图 3.15 为参照，若 e 是一个具有“张三跑步”性质的事件，则 e′和 e″必然也具有“张三跑步”的性质，因为在“张三跑步”的整个时段内的任意一个时间点上，都可以说“张三在跑步”。从这个角度看，与“张三思念自己的妻子”和“张三坐在主席台上”并没有区别。

再如（3.33）a 例子。假设（3.33）a 和（3.33）b 描述的是相同的情境，则有 $e = e' \oplus_T e''$。

（3.33）a. 张三整个上午都[待在家里]$_e$。

b. 张三整个上午先[躺在卧室里的床上]$_{e'}$后[坐在客厅的沙发上]$_{e''}$。

如果单独看“待（在家里）”，应该是静态的，因为在整个上午，“张三”和“家”的关系都是不变的。可是（3.33）b 却表明“张三”在整个上午处于一个动态的过程中。

现在考虑利用前文给出的同质性的概念来区分静态事件和动态事件。按照定义 3.12 对强同质性的定义，一个本体性质 $\wp$ 具有强同质性，不仅要求 e 以及 e 的所有 T-构体（包括直接 T-构体和间接 T-构体）具有性质 $\wp$，而且要求 T-构体继承 e 的所有性质并且没有额外增加“新”的性质。参照这一定义，（3.32）a 和（3.32）b 中的本体性质“思念”和“坐在主席台上”都有强同质性，因而（3.32）a 和（3.32）b 事件是静态的。（3.32）c 的本体性质“跑步”具有周期同质性，（3.32）d 的本体性质“修理汽车”只有同质性，因而（3.32）c 和（3.32）d 事件是动态的。

另外注意，（3.33）a 的本体性质“待在家里”也只有一般同质性，而非强同质性。按照构体论的分析，在（3.33）中，$e = e' \oplus_e e''$，e 既有“待在家里”性质，又有“躺在卧室里的床上+坐在客厅的沙发上”性质。作为 e 的 T-构体，e′具有“躺（在卧室里的床）”的性质，但是 e 却不具有该性质。因此依据同质性的定义，“待在家里”只具有一般同质性。

用本体性质的强同质性来界定事件的静态性，理论上也是可以接受的。对于任意本体性质 $\wp$，若 $\wp$ 是强同质性的，则 $\wp$(e)中的 e 必然是静态事件。因为如果 $\wp$ 具有强同质性，且有 $\wp$(e)成立，则表明 e 的任意 T-构体 e′必然有着与 e 完全相同的性质，这也意味着，即便 e 和 e′中的行为动作有一些差异，也都不影响 e 和 e′具有性质 $\wp$。相反，若 $\wp$ 不具有强同质性（包括 $\wp$ 具有周期同质性的情况），则 $\wp$(e)中的 e 必然是动态事件。因为这意味着 e 的 T-构体中，至少存在一个 e′和一个本体性质 $\wp'$使得 $\wp'(e')$为真但 $\wp'(e)$为假。按照前文对事件的本体性质的界定，即本体性质是个体的性质、关系以及个体行为的抽象，这必然表明 e 和 e′存在足以影响本体性质的个体性质、关系以及个体行为差异。

现在用关系谓词$^{+}$Dynamic(e，$\wp$)表示 e 相对于 $\wp$ 是静态的，用$^{-}$Dynamic(e，$\wp$)表示 e 相对于 $\wp$ 是动态的，具体规定见定义 3.21。

定义 3.21（静态性和动态性）。

a. $^{-}\text{Dynamic}(e, \wp) =_{def} \wp(e) \wedge {}^{Str}\text{Homo}(\wp)$

【e 作为性质 $\wp$ 的事件是静态的 当且仅当 $\wp(e)$为真且 $\wp$ 是强同质的。】

b. $^{+}\text{Dynamic}(e, \wp) =_{def} \wp(e) \wedge \text{Homo}(\wp) \wedge \neg {}^{Str}\text{Homo}(\wp)$

【e 作为性质 $\wp$ 的事件是动态的 当且仅当 $\wp(e)$为真且 $\wp$ 不是同质性的但不是强同质性的。】

（三）离散-延展性

瞬间-持续性[①]是针对事件在时轴上的分布，除了瞬间-持续性之外，离散-延展性也是针对事件在时轴上的分布。一个事件有离散性是指该事件在时轴上的分布是离散的。也就是说，对于一个事件 e，在 e 的存续区间内，总能找到一个子区间 i 使得在 i 上，没有 e 的 T-构体。反之，若不存在这样的子区间，则 e 就具有延展性。试比较（3.34）和（3.35）两组例句。

（3.34）a. 张三在床上躺着。
　　　　b. 张三（连续地）病了两个月。
　　　　c. 张三（连续地）跑了 3000 米。

（3.35）a. 张三在修车。
　　　　b. 张三（时好时坏地）病了两个月。
　　　　c. 张三（断断续续地）跑了 3000 米。

假设 i 是一个三小时的区间，若在 i 上存在一个“张三在床上躺着”的事件 e，则 i 的任意一个子区间，都有一个 e 的 T-构体 e′满足：e′也是“张三在床上躺着”的事件。也就是说，e 在时轴上呈连续分布，中间不存在任何中断。与之形成对

① 这里所说的离散性，对应的英文形容词是 discrete，而与 discrete 对立的是 continuous。从翻译的角度看，continuous 更为贴近汉语中的“连续的”或“持续的”。但是考虑到在现有文献中，与 instantaneous（瞬间的）对应的 durative 已经固定译为“持续的”，而连续性与持续性的意义基本无区别，因此只好退而求其次，若一个事件是 continuous，则称其具有延展性。如果要更准确地表达，可以用非瞬间性替换持续性，用非离散性替换延展性。

照，若在 i 上存在一个“张三修车”的事件 e，并不意味着在 i 的任意子区间，都存在一个“张三修车”的事件 e′，因为在这三小时内，张三也可能休息若干次。那么在这些休息的区间，就没有“张三修车”的事件，所以 e 在时轴上就呈离散分布。

离散-延展性具有相对性。例如，假设（3.35）c 事件是 e，且在该语境中，张三每跑 500 米之后，就快步行走 100 米。那么 e 作为“张三跑步”事件，其过程是离散的，但是 e 作为“张三锻炼身体”事件，则整个过程是延展的，中间没有停顿，因为“快步行走 100 米”也是“锻炼”的一部分。

用 Discrete(e，$\wp$)表示 e 相对于本体性质 $\wp$ 是离散的，用 Continuum(e，$\wp$)表示 e 相对于本体性质 $\wp$ 是延展的，则有如下定义。

定义 3.22（离散性和延展性）。

a. $\mathrm{Discrete}(e, \wp) =_{def} \wp(e) \wedge \exists i[i \subset \mathrm{Time}(e) \wedge \neg\exists e'[\wp(e') \wedge {}^{e}\mathrm{IsPart}_{T}(e', e) \wedge \mathrm{Time}(e') = i]]$

【e 作为本体性质为 $\wp$ 的事件是离散的 当且仅当 $\wp$(e)为真，且至少存在一个区间 i 满足：i 是 e 存续区间的真子区间，且不存在一个 e 的 T-构体 e′使得 $\wp$(e′)为真，且 Time(e′) = i。】

b. $\mathrm{Continuum}(e, \wp) =_{def} \wp(e) \wedge \forall i[i \subset \mathrm{Time}(e) \rightarrow \exists e'[\wp(e') \wedge {}^{e}\mathrm{IsPart}_{T}(e', e) \wedge \mathrm{Time}(e') = i]]$

【e 作为本体性质为 $\wp$ 的事件是延展性的 当且仅当 $\wp$(e)为真且任意区间 i，若 i 是 e 存续区间的真子区间，则 e 至少有一个 T-构体 e′满足：e′有性质 $\wp$，e′的事件区间是 i′。】

这里需要注意离散-延展性与同质性的关系。依据前文对同质性的定义，若 $\wp$ 是同质性的且 $\wp$(e)为真，则 e 的所有构体都具有性质 $\wp$。但是同质性并不要求 e 的事件区间内，每一个子区间都必须有一个 e 的 T-构体。因此这与 e 相对于 $\wp$ 是离散的还是延展的，没有必然的联系。例如，“种树”是一个具有同质性的本体性质，因为一个“种树”事件 e 的任意 T-构体 e′都有“种树”的本体性质，无论 e′是“挖坑”还是“植入树苗”或是“为栽下的树苗浇水”。但是在“张三种树”事件的整个过程中，张三完全可能休息数次而不影响整个事件具有“张三种树”的性质，所以若 e =“张三种树”，则 e 相对于本体性质“种树”就是离散的。另注意，定义 2.7 对事件区间的定义采用了事件最大区间的概念。

在自然语言中，很多动词都存在离散-延展的歧义，需要结合语境确定所表示的性质是离散还是延展，如（3.36）、（3.37）的两组例子。

（3.36）a. 会议开了两个半小时。

b. 会议开了两天半。

（3.37）a. 张三已经在床上躺了半个小时了。
　　　　b. 张三的老母亲已经在床上躺了半年了。

在（3.36）a 中，参照区间是“两个半小时”，一般情况下，“开会”就会被理解成延展性的，即整个“会议”的过程没有中断。但是当参照区间变成了“两天半”时，“开会”就变成了离散性的。因为“两天半”的时间里，肯定存在多次中断的情况。（3.37）中的两个句子也有类似的情况。相比较而言，表示状态的性质通常都具有延展性，如（3.38）中的动词所表述的事件性质。

（3.38）a. 手术后，他又活了五年。
　　　　b. 我在这个城市住了十年。

在（3.38）a 的语境中，在所指的“五年”之内的任何一刻，“他活着”都是必然的，一定不存在任何中断的情形。（3.38）b 也是如此，其中的“住在某处”不应该理解成“停留在某处”，而是“居住地在某处”。因此，在（3.38）b 的语境中，十年之内的任何一刻，“我住在这个城市”都不曾中断。例如，当人们说出“我在这个城市住了十年，只是在读博的时候离开了三年”时，并没有让人感到不自然的地方。这表明：“离开这个城市”的三年被包含在“住在这个城市”的十年中。

依据相关定义，显然有如下事实。

事实 3.8。

a. $\forall e\wp.\text{Continuum}(e, \wp) \to \text{Durative}(e)$。

b. $\forall e\wp.\text{Instant}(e) \to \text{Discrete}(e, \wp)$。

c. $\forall \wp.\text{Homo}(\wp) \to \forall e[\wp(e) \to \text{Durative}(e)]$。

依据持续性和延展性的定义，Continuum(e，℘)的前提是 Durative(e)。若有 Continuum(e，℘)，则必然存在 e 的一个真 T-构体 e′使得 e′具有性质 ℘，这必然意味着 Durative(e)是成立的。但是 Discrete(e，℘)并不需要以 Durative(e)为前提。因为依据瞬间性的定义，e 若是瞬间性的，则 e 的任意真 T-构体都不具有任何本体性质。依据离散性的定义，若 e 相对于性质 ℘ 具有离散性，并不要求必然存在一个 e 的真 T-构体具有性质 ℘。另外，依据同质性的定义，性质 ℘ 若具有同质性，则任意 e，若 ℘(e)为真，则 e 的任意 T-构体 e′必然也有性质 ℘，这意味着 e 必然是持续的，所以有：$\forall e.\wp(e) \to \text{Durative}(e)$。同时因为：$\forall \wp.{}^{\text{Str}}\text{Homo}(\wp) \vee {}^{\text{Iter}}\text{Homo}(\wp) \to \text{Homo}(\wp)$，所以必然也有：${}^{\text{Str}}\text{Homo}(\wp) \vee {}^{\text{Iter}}\text{Homo}(\wp) \to \forall e.\wp(e) \to \text{Durative}(e)$。

另外还要注意，静态-动态的互补性质与前文的离散-延展的互补性质并无对应关系。一个静态的事件可以是离散的也可以是延展的，同样一个动态事件也可以是离散的或者是延展的，如（3.34）和（3.35）的例子可以做如下分析。

（3.34′）a. e＝“张三在床上躺着”
　　e 相对于性质**躺着**是[+静态性；延展性]。
　b. e＝“张三（连续地）病了两个月”
　　e 相对于性质**病了**是[+静态性；延展性]。
　c. e＝“张三（连续地）跑了 3000 米”
　　e 相对于性质**跑**是[动态性；延展性]。

（3.35′）a. e＝“张三在修车”
　　e 相对于性质**修车**是[动态性；离散性]。
　b. e＝“张三（时好时坏地）病了两个月”
　　e 相对于性质**病了**是[静态性；离散性]。
　c. e＝“张三（断断续续地）跑了 3000 米”
　　e 相对于性质**跑**是[+动态性；离散性]。

二、事件的有界性-无界性

按照 Smith（1997）的界定，所谓的有界性是指：如果事件存在一种状态变化，而这个状态变化意味着该事件的结果或者目标得以实现，则这些事件是有界的。因为当这些结果或目标实现时，就意味着该事件结束了。所以有界性事件是指在人的认知经验中，某个事件在时间域和/或空间域中有着清晰的界限（Thompson，2005； Jackendoff，1991）。据此，从形式语义学的角度，有界性可以定义为事件性质的某种突变。

例如，在英语中，介词 in 和 for 引导的时间短语是判定是否有终结界的重要依据（Dowty，1979，Rothstein，2007；Dölling，2014）。如（3.39）表明，*walk* 可以与 *for an hour* 搭配，不可以与 *in an hour* 搭配，因而是无界的。（3.40）则表明，*paint a picture* 不能与 *for an hour* 搭配，但可以与 *in an hour* 搭配，因而是有界的。

（3.39）a. *John walked for an hour.*
　b. **John walked in an hour.*

（3.40）a. **John painted a picture for an hour.*
　b. *John painted a picture in an hour.*

显然，在（3.39）a 的语境中，一个小时之后，若“约翰仍然在走路”，则后面的事件仍然具有“约翰走路”的性质。也就是说，（3.39）a 并没有表明，在一个小时之后，事件性质会发生突变。但在（3.40）b 的语境中，若一个小时之后，即便约翰还继续画的话，则画的是另一幅画。如果将（3.40）b 中的 *a picture* 记作 a，则一个小时之后，约翰继续画的话，则所画的画不可能是个体 a。所以在一个小时时间点的前后，事件性质发生了突变，因而是有界的。下文则从本体性质的角度，重新考虑有界性的问题。

（一）有界性的相对性

有界性是相对的，即一个事件是有界的还是无界的，总是相对于特定性质而言的。假设图 3.16 中的 e_1 = “张三修彩电”，e_2 = “张三修冰箱”，则 e 是“张三修家电”性质的事件。依据前文对直接 T-构体的讨论，e_1 是 e 的直接 T-构体，既有“修彩电”的本体性质，也有“修家电”的本体性质。再假设 e′是“张三修完彩电”事件，则 e′是 e_1 作为“修彩电”事件的终结 T-构体，但是 e′并不是 e_1 作为“修家电”事件的终结 T-构体。

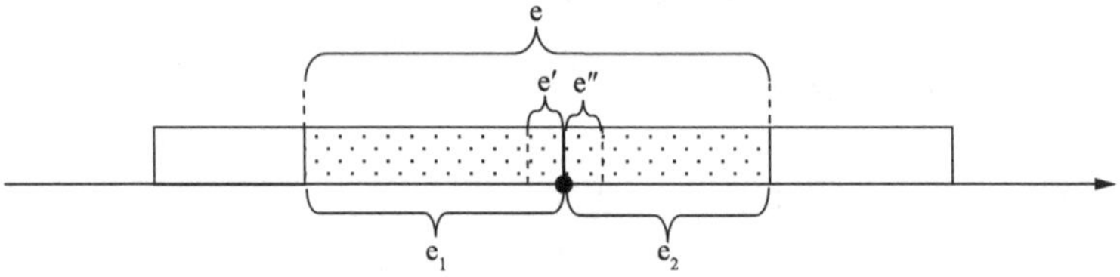

图 3.16　有界性的相对性

据此可见，有界实际上是指事件的性质发生了突变，而不是事件的情状发生了变化。例如，在图 3.16 的“张三修好彩电又修好冰箱”的情境中，张三的行为（也就是事件的情状）一直在发生变化。但只有在时轴的圆点处，事件的“修冰箱”性质发生了重大变化。所以 e_1 相对于本体性质“修冰箱”是有终结界的，但是相对于本体性质“修家电”，并没有终结界。据此，有界性应该被看成是事件 e 相对于特定性质 $\wp$ 而具有的性质。

有界性的定义依赖于初始 T-构体和终结 T-构体。在没有引入多维构体概念和多重事件性质之前，Krifka（1998）对有界性的界定最具典型性。Krifka（1998）的大致思路是：若 e′是 e 的初始构体，则 e 的任意构体都必然不早于 e′；反之，若 e′是 e 的终结构体，则 e 的任意构体都必然不晚于 e′。据此一个性质是有界的性质，则意味着，任意事件 e，若 e 具有该性质，则 e 的任意构体 e′既是 e 的初始构体，也是 e 的终结构体。

Krifka（1998）的思路是将初始或终结 T-构体等同于第一个或最后一个 T-构体。但是引入多维构体概念和多重事件性质之后，e′是 e 的最后一个（或最初的一个）T-构体和 e′是 e 的终结 T-构体（或初始 T-构体）并不是同一个概念。对终结/起始 T-构体的界定必须考虑具体的事件性质。

依据初始 T-构体和终结 T-构体，可以将一个事件的有界性区分为四种情况：起始有界性、终结有界性、起始-终结有界性和无界性。在自然语言中，这些不同的有界性一般都是通过各种时体标记表达的或者是通过量化 NP 表达的，如（3.41）～（3.44）中的例子（其中的 asp 表示体标记词）。

（3.41）a. 马丽[开始]$_{asp}$写信。
　　　　b. 张三扛[起]$_{asp}$了桌子。

（3.42）a. 马丽写[完]$_{asp}$了信。
　　　　b. 张三爬[上]$_{asp}$了山顶。

（3.43）a. 马丽写了一封信。
　　　　b. （在田径运动会上，）张三已经跑了 1500 米（这个比赛项目）。

（3.44）a. 马丽写信。
　　　　b. 张三跑步。

（3.41）中的事件都是起始有界的，（3.42）中的事件都是终结有界的，（3.43）既是起始有界的，也是终结有界的，而（3.44）则既无起始界也无终结界。

一般认为有界性不完全是由核心动词决定的，宾语也会影响有界性，如“吃苹果”是无界的，而“吃一个苹果”是有界的。这就是说，有界性不仅仅由本体性质决定。但是要特别注意，由于汉语自身的特点，“及物动词+时量宾语”和“及物动词+数量宾语”很容易让人混淆。后者中的数量在语义层面是修饰宾语所指的个体对象，而前者中的时量在语义上并不是修饰宾语所指称的个体，而是指称动词所指称的事件，作用相当于英语中的 *for an hour*。对比（3.45）中的两个句子。

（3.45）a. 马丽写了一个小时的信。
　　　　b. 马丽写了一封信。

如果把（3.45）a 中的事件记作 e，那么一个小时显然不是名词“信”的数量，而是表示事件 e 时长的量。事实上，“马丽写了一个小时的信”并没有表明“一个小时之后”，马丽后面不再写了。而且如果一个小时之后，马丽继续写信的话，所写的信可能与之前写的信可以是一封信，即一个小时之前没有写完的信。因此，（3.45）a 并没有表明在一个小时前后，事件的性质会发生突变，因而是无界的。但是（3.45）b 则属于“及物动词+数量宾语”结构，所描述的事件相对于性质“写了一封信”是有界的。不过相对于本体性质“写信”而言，（3.45）b 事件仍然是无界的。

（二）有界性的形式语义表征

有界性的逻辑语义表征依赖于终结 T-构体和起始 T-构体的形式语义，这里先定义终结 T-构体和起始 T-构体。从认知心理学的角度看，事件本身并没有边界，事件的边界实际上是因为相关事件情境在时间进程中发生了突变，从而使得突变前后的情境不再被视为同一个事件。前文从构体论的角度也分析了，任意一个事件都可以与其前后的事件构成一个更大的事件。据此，这种突变不应看成是事件情状的变化，而是事件性质发生重大变化。参照图 3.17 来界定终结 T-构体和起始 T-构体。

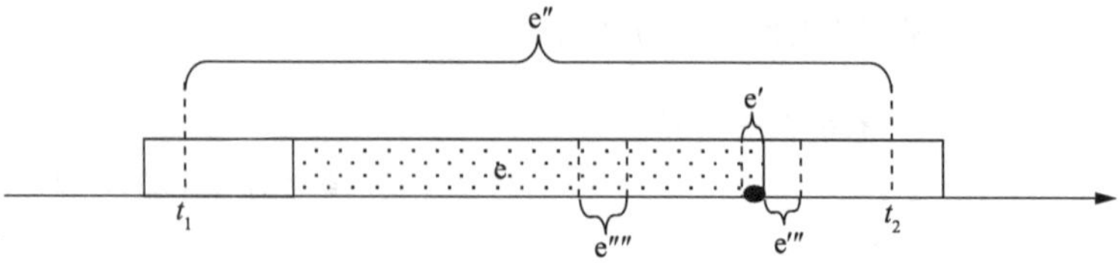

图 3.17　终结 T-构体的示意图

图 3.17 是终结 T-构体的示意图，其中带点方框代表有性质 $\wp$ 的事件 e，e 本身必然是更大事件的 T-构体，假设这个更大的事件是 e″，其存续区间是 t_1 和 t_2 之间。显然，图 3.17 中的 e′就是 e 相对于性质 $\wp$ 的终结 T-构体。这意味着：①e′是 e 的一个瞬间性 T-构体（所以用黑圆点表示）；②e″的任意 T-构体 e‴，若 e‴的存续区间迟于 e′，则 e‴将不再具有性质 $\wp$；若 e‴是 e 的 T-构体，则 e‴的存续区间都不晚于 e′的区间。

类似地，起始 T-构体的示意图如图 3.18 所示。与图 3.17 相比，只是 e′和 e‴与 e 的时间关系有了变化：①e′是 e 的瞬间性 T-构体。②e″的任意 T-构体 e‴，若 e‴的存续区间早于 e′，则 e‴将不再具有性质 $\wp$；若 e‴是 e 的 T-构体，则 e‴的存续区间都不早于 e′的区间。

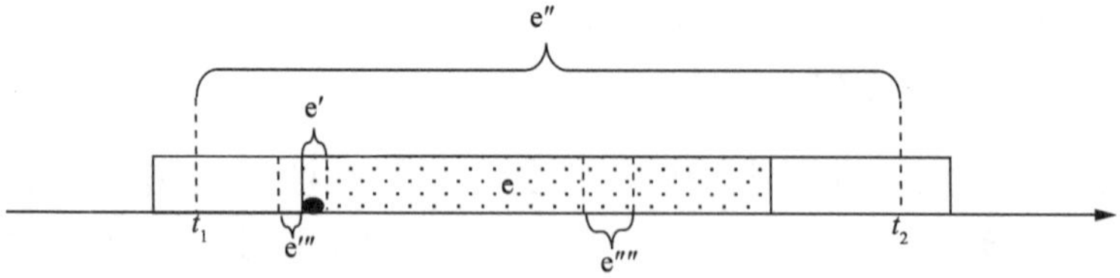

图 3.18　起始 T-构体的示意图

用 End_e(e′，e，$\wp$)表示 e′是 e 作为性质 $\wp$ 事件的终结 T-构体，First_e(e′，e，$\wp$)则表示 e′是 e 作为性质 $\wp$ 事件的起始 T-构体。依据图 3.17 和图 3.18 的示意图，可以得到如下正式定义。

定义 3.23（起始 T-构体和终结 T-构体）。

a. $First_e(e', e, \wp) =_{def} \wp(e) \wedge \wp(e') \wedge Instant(e', \wp) \wedge {}^eIsPart_T(e', e) \wedge \exists e''[{}^eIsPart_T(e, e'') \wedge \forall e'''[[{}^eIsPart_T(e''', e'') \wedge Time(e''') \propto_t Time(e') \rightarrow \neg\wp(e''')] \vee [{}^eIsPart_T(e''', e) \rightarrow Time(e') \leqslant_t Time(e''')]]]$

【e′是 e 作为性质 $\wp$ 事件的起始 T-构体　当且仅当　e′是 e 的 T-构体，都具有性质 $\wp$，e′相对于性质 $\wp$ 具有瞬间性，且 e 是一个更“大”的事件 e″的 T-构体，e″满足：任意一个 e‴，若 e‴也是 e″的 T-构体，且存续区间在 e′的存续区间之前并且毗连，则 e‴不具有性质 $\wp$；或者若 e‴是 e 的 T-构体，则 e‴的存续区间不会早于 e′的存续区间。】

b. $End_e(e', e, \wp) =_{def} \wp(e) \wedge \wp(e') \wedge Instant(e', \wp) \wedge {}^eIsPart_T(e', e) \wedge \exists e''[{}^eIsPart_T(e, e'') \wedge \forall e'''[[{}^eIsPart_T(e''', e'') \wedge Time(e') \propto_t Time(e''') \rightarrow \neg\wp(e''')] \vee [{}^eIsPart_T(e''', e) \rightarrow Time(e''') \leqslant_t Time(e')]]]$

【e′是 e 作为性质 $\wp$ 事件的终结 T-构体　当且仅当　e′是 e 的 T-构体，都具有性质 $\wp$，e′相对于性质 $\wp$ 具有瞬间性，且 e 是一个更“大”的事件 e″的 T-构体，e″满足：任意一个 e‴，若 e‴也是 e″的 T-构体，且存续区间在 e′的存续区间之后并且毗连，则 e‴不具有性质 $\wp$；或者若 e‴是 e 的 T-构体，则 e‴的存续区间不会迟于 e′的存续区间。】

现在依据事件关系谓词 $First_e$ 和 End_e，用 Telic 表示二元关系谓词，即 Telic(e, $\wp$)表示 e 作为本体性质 $\wp$ 的事件是有界的。同样，可以通过汉字上标表示 e 相对于性质 $\wp$ 具有不同的有界性或无界性。

定义 3.24（事件的相对有界性 Telic）。

a. $^{始}Telic(e, \wp) =_{def} \exists^{\Theta}\wp e'.{}^{\Theta}\wp(e) \wedge First_e(e', e, {}^{\Theta}\wp)$

【e 作为本体性质为 $\wp$ 的事件是起始有界的　当且仅当　存在一个与 $\wp$ 对应的性质$^{\Theta}\wp$ 和事件 e′满足：e′是 e 相对于$^{\Theta}\wp$ 的起始 T-构体。】

b. $^{终}Telic(e, \wp) =_{def} \exists^{\Theta}\wp.{}^{\Theta}\wp(e) \wedge \exists e'.End_e(e', e, {}^{\Theta}\wp)$

【e 作为本体性质为 $\wp$ 的事件是终结有界的　当且仅当　存在一个与 $\wp$ 对应的性质$^{\Theta}\wp$ 和事件 e′满足：e′是 e 相对于$^{\Theta}\wp$ 的终结 T-构体。】

c. $^{始\text{-}终}Telic(e, \wp) =_{def} \exists^{\Theta}\wp.{}^{始}Telic(e, {}^{\Theta}\wp) \wedge {}^{终}Telic(e, {}^{\Theta}\wp)$

【e 作为本体性质为 $\wp$ 的事件是起始-终结有界的　当且仅当　存在一个与 $\wp$ 对应的性质$^{\Theta}\wp$ 满足：$^{\Theta}\wp$ 既是起始有界的，也是终结有界的。】

d. $^{无}Telic(e, \wp) =_{def} \exists^{\Theta}\wp \forall e'.{}^{\Theta}\wp(e) \wedge {}^eIsPart_T(e', e) \rightarrow \neg[First_e(e', e, {}^{\Theta}\wp) \vee End_e(e', e, {}^{\Theta}\wp)]$

【e 作为本体性质为 $\wp$ 的事件是无界的　当且仅当　存在一个与 $\wp$ 对应的性质$^{\Theta}\wp$ 满足：对于任意事件 e′，若$^{\Theta}\wp$(e)成立且 e′是 e 的 T-构体，则 e′既不是 e 相对于$^{\Theta}\wp$ 的起始 T-构体，也不是 e 相对于$^{\Theta}\wp$ 的终结 T-构体。】

注意，有界性的定义与前文对离散性等的定义不同。由于有界性不仅仅是由本体性质决定的，还受到Θ-限定性质的制约，有界性的定义是：e 作为本体性质为 $\wp$ 的事件具有有界性　当且仅当　e 作为 $\wp$ 的Θ-限定性质$^{\Theta}\wp$ 的事件是有起始 T-构体的或终结 T-构体的。

用大写的 TELIC 表示有界性，并通过汉字上标表示不同的有界性和无界性。具体定义如下。

定义 3.25（事件性质的有界性 TELIC）。

a. ${}^{\text{始}}\mathrm{TELIC}(\wp) =_{\mathrm{def}} \forall e.\wp(e) \to \exists e'[\mathrm{First}_e(e', e, \wp)]$

【性质 $\wp$ 是起始有界性的 当且仅当 任意一个事件 e，若 e 有性质 $\wp$，则至少存在一个 e′满足：e′是 e 作为性质 $\wp$ 事件的起始 T-构体。】

b. ${}^{\text{终}}\mathrm{TELIC}(\wp) =_{\mathrm{def}} \forall e.\wp(e) \to \exists e'[\mathrm{End}_e(e', e, \wp)]$

【性质 $\wp$ 是终结有界性的 当且仅当 任意一个事件 e，若 e 有性质 $\wp$，则至少存在一个 e′满足：e′是 e 作为性质 $\wp$ 事件的终结 T-构体。】

c. ${}^{\text{始-终}}\mathrm{TELIC}(\wp) =_{\mathrm{def}} {}^{\text{始}}\mathrm{TELIC}(\wp) \wedge {}^{\text{终}}\mathrm{TELIC}(\wp)$

【性质 $\wp$ 是起始-终结有界性的 当且仅当 $\wp$ 是起始有界性的，且 $\wp$ 是终结有界性的。】

d. ${}^{\text{无}}\mathrm{TELIC}(\wp) =_{\mathrm{def}} \forall e.\wp(e) \to \neg\, {}^{\text{始}}\mathrm{Telic}(e, \wp) \wedge \neg\, {}^{\text{终}}\mathrm{Telic}(e, \wp)$

【$\wp$ 是无界性的 当且仅当 任意一个事件 e，$\wp$ 既不是起始有界性的，也不是终结有界性的。】

注意，本体性质 $\wp$ 是有界的（或无界的）与 e 作为本体性质为 $\wp$ 的事件是有界的（或无界的）并不是一回事。例如，本体性质**吃苹果**是无界的，但是却有可能出现${}^{\text{终}}\mathrm{Telic}$(e，**吃苹果**)为真的情况。假设 e =“马丽吃了一个苹果”，则${}^{\text{终}}\mathrm{Telic}$(e，**吃苹果**)就是成立的，即 e 作为本体性质为**吃苹果**的事件是终结有界的。虽然这听起来有些别扭，但对后文在应用 $\mathscr{L}_{\mathrm{MEM}}$ 刻画时体语义时起到关键作用。实际上，也可以把${}^{\text{终}}\mathrm{Telic}$(e，**吃苹果**)理解成：事件 e 的本体性质为**吃苹果**，并且 e 存在一个**吃苹果**的限定性质（假设为**吃一个苹果**）使得相对于这个限定性质，e 是终结有界的。

三、情状性质的语义公设

依据前文对情状性质的讨论以及相应的逻辑语义刻画，事件本体性质往往具有各种不同的性质。这些性质有些需要通过简单枚举或者形式界定的方式进行处理。

语义公设 3.1（情状性质的语义公设）。

a. ⟦Homo⟧ = {℘|℘ 是单一性质}

【同质性等同于单一性质，所以所有单一事件性质都是同质的。】

b. {**思念**，**坐**，**站**，**睡觉**，**乘车**，**骑马**，…} ⊆ ⟦^{Str}Homo⟧ ⊆ ⟦Homo⟧

【通过枚举的方式穷尽具有强同质性的本体性质。】

c. {**跑步**，**游泳**，**骑自行车**，…} ⊆ ⟦^{Iter}Homo⟧ ⊆ ⟦Homo⟧

【通过枚举的方式穷尽具有周期同质性的本体性质。】

d. {**穿上**，**推开**，**打开**，**解开**，**杀死**，**打伤**，**推倒**，**折毁**，**爬上**，…} ⊆ ⟦^{终}TELIC⟧

【通过枚举的方式穷尽具有终结有界性的本体性质。】

e. {℘|℘ 是形如"V+ 起来"或者形如"V+ 下去"的性质，…} ⊆ ⟦^{始}TELIC⟧

【形如"V+ 起来"或者形如"V+ 下去"的本体性质 ℘ 具有起始有界性。】

语义公设 3.1 所列举的事件性质都是本体性质。依据前文的定义，本体性质不仅仅是动词表示的性质，也包括宾语函项中个体的本体性质。例如，若一个事件 e 满足**骑**(e) ∧ Theme(e) = x ∧ **马**(x)，则 e 的本体性质就是**骑马**；如果 e 满足**骑**(e) ∧ Theme(e) = x ∧ **自行车**(x)，则 e 的本体性质就是**骑自行车**。依据同质性的定义，**骑马**和**骑自行车**虽然都有**骑**的性质，但是前者属于强同质性，而后者具有周期同质性。

第四节　可能世界与事件五元关系谓词* ℘

$\mathscr{L}_{MEM}$ 采用的是多体模型论，即在语义模型的论域中存在多种不同类型的元素。除了通常所说的个体之外，事件、区间（即时间）和世界都被视为模型论意义上的个体。据此，在模型的论域 $\boldsymbol{D}$ 中就存在多个子论域，主要包括 $\boldsymbol{D_d}$、$\boldsymbol{D_e}$、$\boldsymbol{D_i}$ 和 $\boldsymbol{D_w}$，其中 $\boldsymbol{D_d}$ 是普通意义的个体论域，如⟦**张三**⟧ ∈ $\boldsymbol{D_d}$；$\boldsymbol{D_e}$ 是事件论域，如⟦**跑步**⟧ ⊆ $\boldsymbol{D_d}$；$\boldsymbol{D_i}$ 和 $\boldsymbol{D_w}$ 分别是区间论域和可能世界论域。

显然，对于任意一个事件 e，若⟦e⟧∈ $\boldsymbol{D_e}$，都必然至少存在一个⟨i, w⟩使得 e 存在于区间 i 上的可能世界 w 中。在这种情况下，可以说 e 相对于 w 是确定的。否则 e 必然是未定义的，记作⟦e⟧ = ⊥。

本节将讨论事件的确定性问题以及事件、区间和世界的三元关系问题。

一、事件的确定性问题

一般认为，可能世界的概念最初是由莱布尼茨（Leibniz）系统地提出来的[①]。克里普克在此基础上提出了自己关于可能世界的观点，并因此建立了可能世界语义学。可能世界语义学建立后，“可能世界”作为与语句的真值相关的参照点被引入逻辑系统中。一个公式的真值就不再是恒定的，而是取决于可能世界，即一个公式是否为真，取决于相对于哪一个可能世界而言，如在模态逻辑中，有如下规定。

a. 若一个公式ψ在参照世界w中必然为真，记作□ψ 当且仅当 在与w有可及关系（accessibility）的所有可能世界中，ψ都为真；

b. 若一个公式ψ在参照世界w中可能为真，记作◇ψ 当且仅当 至少存在一个与w有可及关系的可能世界w′满足在w′中，ψ都为真。

从事件语义学的角度看，事件的确定性也总是相对于某个可能世界而言的。如果一个事件 e 存在于 w 中，则 e 相对于 w 就是确定的；反之，如果 e 只是存在于某个与 w 有可及关系的世界 w′中，则 e 相对于 w 是不确定的。

现在可以对事件 e 的确定性做如下规定。

定义 3.26（事件的确定性）。

若一个事件个体 e 的存续世界是可能世界 w，则 e 对 w 而言是确定的，而对 w 之外的其他世界都是不确定的。

鉴于与其他世界不存在可及关系的世界对于自然语言语义而言，没有实际价值，因此定义 3.26 以及后面的讨论中，都默认所有可能世界之间都存在可及关系，且可及关系具有自返性，即对于任意 w 和 w′而言，都有 $\boldsymbol{R}(\mathrm{w}, \mathrm{w}') \wedge \boldsymbol{R}(\mathrm{w}, \mathrm{w})$。另外，定义 3.26 并不排除 e 同时存在多个世界的可能性。

区间和可能世界直接影响着事件的确定性。从自然语言的角度分析，事件的确定性可以分为两种：一是针对参照区间；二是针对说话区间。与之相对应的是两个特殊的世界，即参照世界和说话者世界。在自然语言中，大多数情况下，参照世界和说话者世界是不同的。例如，当人们说“孙悟空三打白骨精”时，参照世界是《西游记》的世界，而不是说话者所处的世界。虽然在说话者世界中并不存在“孙悟空三打白骨精”事件，但是在参照世界中，该事件是存在的。

① 但是这种说法并不一定准确，如马洪锐（2013：63）提到：“‘可能世界’”概念也不是莱布尼茨首先提出的，这个概念至少在中世纪哲学（如司各特）已经出现，并且在许多近代哲学家（如马勒布朗士）的著作中已经作为流行的概念使用。”

对于事件而言，事件区间 i、参照区间 i_r 和说话区间 i_u 之间的关系，直接决定着事件的存续世界 w、参照世界 w_r 和说话者世界 w_u 的关系，具体如图 3.19 所示。

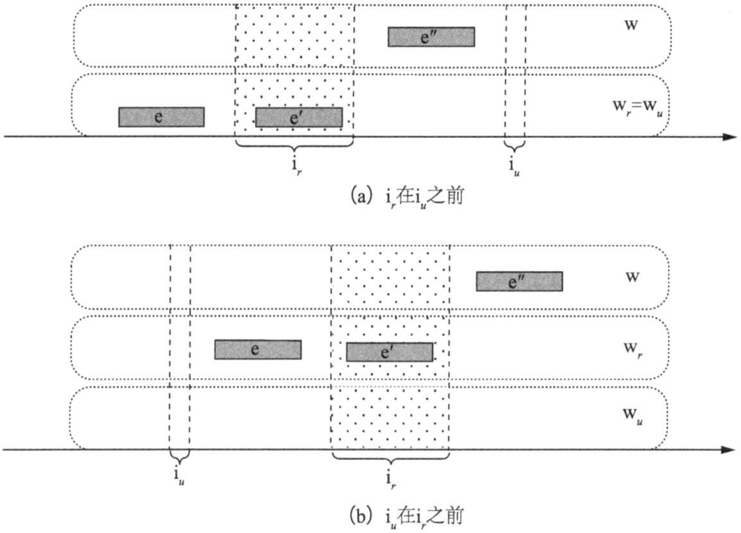

图 3.19 区间和可能世界的关系

在图 3.19（a）中，i_r 在 i_u 之前，w_r 和 w_u 是同一个世界。在这种情况下，若事件不迟于 i_r，则事件的存续世界就是 $w_r = w_u$，如图 3.19（a）中的 e 和 e′。若事件迟于 i_r 但早于 i_u，则至少存在一个与 w_r（$= w_u$）有可及关系的世界 w 是该事件的存续世界，如图 3.19（a）中的 e″。注意，因为可及关系具有自返性，因此这并不排除 $w = w_r = w_u$ 的可能性。但是如果 i_r 迟于 i_u，且事件不迟于 i_r，则该事件的存续世界就是 w_r；反之，若事件迟于 i_r，则至少存在一个与 w_r 有可及关系的世界 w 是该事件的存续世界。

在 $\mathscr{L}_{\text{MEM}}$ 框架下，区间关系与世界关系的对应是固定的，因此后文在应用 $\mathscr{L}_{\text{MEM}}$ 对现代汉语时体语义进行分析时，不再考虑世界的关系，而只需要对区间关系做出刻画，世界关系就可以从区间关系中推导出来。区间关系与世界关系的对应如下所示。

定义 3.27（区间与世界的关系）。

令 e 为任意事件，Time(e) = i，i_r 和 i_u 分别为 e 的参照区间和说话区间，w、w_r 和 w_u 分别为 e 的存续世界、参照世界和说话者世界，在不考虑模态的情况下①，则有：

① 如果考虑自然语言中的情态动词，需要引入模态逻辑中的一些概念，则事件的区间与可能世界的关系会变得更加复杂。这将是本书研究的后续主要方向之一。

a. 若 $i \leqslant_t i_r$ 或者 $i \subseteq_{t\text{-}fi} i_r$，则必然有 $w = w_r$；否则若 $i_r <_t i$，则未必有 $w = w_r$；

b. 若 $i_r \leqslant_t i_u$ 或者 $i_r \subseteq_{t\text{-}fi} i_u$，则必然有 $w_r = w_u$；否则若 $i_u <_t i_r$，则未必有 $w_r = w_u$。

依据前文的定义，$i \subseteq_{t\text{-}fi} i'$ 表示 i' 是以 i 为终结子区间的区间。定义 3.27a 表明，只要 i_r 不晚于 i，则 e 的事件存续世界就是参照世界；反之，则未必。同理，定义 3.27b 表明，只要 i_u 不晚于 i_r，则 e 的参照世界就是说话者世界；反之，则未必。

有了定义 3.27，后文在讨论时体的逻辑语义时，就可以不用考虑参照世界和说话者世界。只需说明事件区间 i、i_r 以及 i_u 之间的关系即可，这会让逻辑语义表达式显得简洁一些，可读性更强一些。

例如，依据定义 3.27，对（3.46）可以做如（3.46′）的分析。

（3.46）a.（昨天我见到张三时），他正要离开上海。

b.（明天我见到张三时），他的夫人已经离开了上海。

（3.46′）a. 存在一个与 w_r（$= w_u$）有可及关系的世界 w 且 $w \neq w_r$，“张三离开上海”事件存在于 w 中。

b. 存在一个与 w_r 和 w_u 都有可及关系的世界 w，“张三夫人离开上海”事件存在于 w 中。

在（3.46）a 中，若 e =“张三离开上海”，则 e 的事件区间迟于 i_r（即“昨天我见到张三时”），但 i_r 早于 i_u。依据定义 3.27，e 存续的世界 $w \neq w_r$，且 $w \neq w_u$，但是有 $w_r = w_u$。也就是说，（3.46）a 中的“张三离开上海”事件对于 w_u 和 w_r 都是可以取消的。

但是在（3.46）b 中，若 e =“张三的夫人离开上海”，则 e 的事件区间在 i_u 之后，i_r（即“明天我见到张三时”）之前。依据定义 3.27，e 的存续世界就是 w_r。但因为 i_r 在 i_u 之后，因此 e 的存续世界并不是 w_u。从 i_u 和 w_u 的角度看，该事件存在于一个与 w_u 有可及关系的世界 w_r 中。据此，对于 w_r，“张三的夫人离开上海”是一个不可取消的事件，但是对于 w_u，是一个可取消的事件，因为该事件只是存在于一个与 w_u 存在可及关系的世界中。

二、五元关系谓词* $\wp$

前文的讨论采用的是新戴维森分析法，即用 $\wp(e)$ 表示事件 e 具有性质 $\wp$。从模型论的角度看，$\wp(e)$ 为真 当且仅当 $[\![e]\!] \in [\![\wp]\!] \subseteq \boldsymbol{D_e}$。同时将由区间 i 和可能世界 w 构成的⟨i，w⟩称为一个时空域，$s_{\langle i,\ w\rangle}$是⟨i，w⟩中的一个个体集，这样的个体集被看成是一个情境。对于事件 e 和任意本体性质 $\wp$，若 $\wp$(e)为真，则 e 是 Θ-周延的，即存在一个个体集 X ⊆ $s_{\langle i,\ w\rangle}$使得：任意一个 $\Theta_{\wp}$-函项 θ，都有 θ(e) ∈ X；同时任意 x，若 e ∈ X，则必然有一个 $\Theta_{\wp}$-函项 θ 使得 θ(e) = x。

在这种情况下，关于 $^{\Theta}\wp$(e)的真值条件，就有了两种不同的说法。

a. $^{\Theta}\wp$(e)在⟨i，w⟩中为真　当且仅当　$[\![e]\!] \in [\![\wp]\!]_{\langle i,\ w\rangle}$。
b. $^{\Theta}\wp$(e)在⟨i，w⟩中为真　当且仅当　至少存在一个$s_{\langle i,\ w\rangle}$满足：在⟨i，w⟩中，e的$\Theta_{\wp}$-周延集$X_{\wp} \subseteq s_{\langle i,\ w\rangle}$。

这里临时用$[\![^{\Theta}\wp]\!]_{\langle i,\ w\rangle}$表示 $^{\Theta}\wp$ 在⟨i，w⟩指称的个体集。以（3.47）a 为例，如果将其逻辑语义式写成（3.47）b，则会出现冗余性问题。

（3.47）a. 张三跑步。
b. ∃e.**跑步**(e) ∧ Agent $_{跑步}$(e) = **张三**

如果不考虑其他因素，e 的$\Theta_{跑步}$-周延集就是一个个体独元集，所以有∃e.Agent $_{跑步}$(e) = **张三**，则必然有∃e.**跑步**(e)。因此（3.47）b 只需要写成∃e.Agent $_{跑步}$(e) = **张三**即可。另外，注意后文为了简洁，一般都将$\theta_{\wp}$ 中的下标 $\wp$ 省略，如（3.47）b 中的 Agent $_{跑步}$(e)就直接写成 Agent(e)。

但是从另一方面看，任何事件都存在于特定的时空域中。讨论一个事件的性质，一定是讨论特定的时空域中的事件，需要将 i 和 w 都拉入到事件的量化域中。为此目的，给事件性质谓词加上符号*来表示类型为⟨⟨e，w，i，i，i⟩，t⟩的事件的五元关系谓词，如*__跑步__(e，w，i，i_r，i_u)表示 e 是 w 中的、i_r 和 i_u 定位的区间 i 上的事件，且 e 的本体性质为**跑步**。将两个特别的区间论元引入到五元关系谓词中，就可以在句子的逻辑语义组合过程，对参照区间和说话区间进行约束，从而完成句子的时和体的逻辑语义刻画。五元关系谓词的具体规定如下。

定义 3.28（事件性质谓词和五元事件关系谓词）。

a. $\wp$ 是类型为⟨e，t⟩的事件性质谓词，任意 $\wp$，若 $\wp$ 是有定义的，则有$[\![\wp]\!] \in \boldsymbol{D_e}$。

b. $^{*}\wp$ 是⟨⟨e，w，i，i，i⟩，t⟩的五元关系谓词，任意$^{*}\wp$，若 $\wp$ 是有定义的，则有$[\![^{*}\wp]\!] \subseteq \boldsymbol{D_e} \times \boldsymbol{D_w} \times \boldsymbol{D_i} \times \boldsymbol{D_i} \times \boldsymbol{D_i} \times \boldsymbol{D_i}$。

依据定义 3.28，（3.48）a 的逻辑语义式就是（3.48）b。

（3.48）a. 张三每天跑步。

b. $\exists ewii_r i_u.{}^{*}\textbf{跑步}(ewii_r i_u) \wedge Agent(e) = \textbf{张三} \wedge {}^{每天}\mathbf{Habtual}(e, i_r, \mathbf{Day}) \wedge i_u \subseteq_{t\text{-}fi} i_r$

这里的 $i_u \subseteq_{t\text{-}fi} i_r$ 表示 i_r 是以 i_u 为终结子区间的区间，而 ${}^{每天}\mathbf{Habtual}(e,\ i_r, \mathbf{Day})$ 表示存在一个区间 i 满足：$i_r \subseteq_t i$ 且 e 在 i 上呈现出惯常体的分布状况。具体定义见第五章对惯常体的讨论，而具体的句法-语义推演见第六章第四节。

直观上，可以将 ${}^{*}\wp(e,\ w,\ i,\ i_r,\ i_u)$ 理解为 e 是 w 中参照 i_r 和 i_u 定位的 i 上的事件，且性质为 $\wp$。不过之所以将 w、i、i_r 和 i_u 引入到同一个量化辖域内，除了避免冗余公式之外，更重要的目的是可以将论元 w、i、i_r 和 i_u 纳入到同一个辖域，这样在句子的语义组合过程中，可在多个层次对相关论元进行多重量化。

例如，（3.48）a 中的“每天”被处理成体$_{惯常}$-算子，同时因为（3.48）a 没有显性的时标记词，因此默认为现在时。图 3.20 中第 2a 行就是对应的逻辑语义式，而 $\lambda i_r i_u . i_u \subseteq_{t\text{-}fi} i_r$ 则是时$_{现在}$-算子的逻辑语义式。时与体的逻辑语义组合之后，生成时体标记的逻辑语义式①，再与第 1 行进行 λ-还原演算，就可以得到（3.48）a 最终的逻辑语义式。

1. $\exists ewii_r i_u.{}^{*}\textbf{跑步}(ewii_r i_u) \wedge Agent(e) = \textbf{张三}$ 【张三跑步$_s$】

2. $\lambda ewii_r i_u.{}^{*}\textbf{跑步}(ewii_r i_u) \wedge Agent(e) = \textbf{张三}$

a. $\lambda \boldsymbol{S} \lambda^{*}\wp \exists ewii_r i_u.{}^{*}\wp(eiwi_r i_u) \wedge {}^{每天}\mathbf{Habtual}(e,\ i_r,\ \mathbf{Day}) \wedge \boldsymbol{S}(i_r,\ i_u)$ 【每天$^{\leftarrow}{}_{T\backslash(ATs/s)}$】

$\lambda i_r i_u . i_u \subseteq_{t\text{-}fi} i_r$ 【时$_{现在}$-算子$^{\leftarrow}{}_{T}$】

b. $\lambda^{*}\wp \exists ewii_r i_u.{}^{*}\wp(eiwi_r i_u) \wedge {}^{每天}\mathbf{Habtual}(e,\ i_r,\ \mathbf{Day}) \wedge i_u \subseteq_{t\text{-}fi} i_r$ 【时体标记$_{ATs}$】

3. $\exists ewii_r i_u.{}^{*}\textbf{跑步}(ewii_r i_u) \wedge Agent(e) = \textbf{张三} \wedge {}^{每天}\mathbf{Habtual}(e,\ i_r,\ \mathbf{Day}) \wedge i_u \subseteq_{t\text{-}fi} i_r$ 【张三每天跑步$_s$】

图 3.20 “张三每天跑步”语义的 λ-演算示例

图 3.20 中的 $^{\leftarrow}T\backslash(ATs/s)$ 和 $^{\leftarrow}T$ 中的上标←是左向移位算子，带有移位算子的范畴可以称为可移位范畴，具体见第六章的范畴定义 6.1。因为最终得到的逻辑语义式中有 $i_u \subseteq_{t\text{-}fi} i_r$，依据定义 3.27，必然有“张三跑步”的存续区间是 w_r，即（3.49）a =（3.49）b。

---

① CCG_{Sem} 采用的是时体一体化的语义推演方法，即时标记词和体标记词（两者都包括∅-形式）单独进行组合，形成时体标记，然后时体标记再与句子没有时体成分的部分进行组合。这一点与一般文献的做法不同，具体内容见第六章。

（3.49）a. $\exists ewii_r i_u.$ ***跑步**$(ewii_r i_u) \wedge Agent(e) =$ **张三** $\wedge$ ^{每天}**Habtual**(e，i_r，**Day**) $\wedge\ i_u \subseteq_{t\text{-}fi} i_r$

b. $\exists ewii_r i_u.$ ***跑步**$(ewii_r i_u) \wedge Agent(e) =$ **张三** $\wedge$ ^{每天}**Habtual**(e，i_r，**Day**) $\wedge\ i_u \subseteq_{t\text{-}fi} i_r \wedge w = w_r$

下　编

应　用　篇

第四章　多维构体论视角下的Θ-函项关系

引　言

在不同的文献中，题元角色有着不同的称谓，如语义角色、语义关系、格范畴等。尽管术语不同，但核心概念是指动词语义中蕴含的某些固有语义角色，如主体、客体、场所、地点、终点、工具等。据高明乐（2004）的介绍，题元角色的概念最初形成于20世纪60年代，由J. Gruber在其博士学位论文中提出来。Fillmore（1968）丰富了题元角色的理论，他提出：在句子的表层结构中有主语、宾语等句法概念，在深层结构中，则存在由语义格构成的格关系，也就是这里所说的Θ-函项关系。按照一般文献中的观点，在语义结构中，动词与谓词（predicate）对应，而题元角色是由动词的语义框架决定的，表现了动词与NP之间的关系。

在事件句的复数语义结构中，题元角色在事件和个体之间扮演着非常重要的角色。从表层结构来看，题元角色表示特定事件e和特定个体x之间的关系；但是由于e可能是复数事件，x也可能是复数个体，这就必然牵涉到e的构体与x的构体之间的复杂关系。让问题变得更为复杂的是：由于汉语的形态标记比较贫乏，很多时候，仅仅依据NP自身的形态是无法确定其语义解读的。

$\mathscr{L}_{MEM}$将题元角色看成是句法结构算子，简称为Θ-算子。这些算子在句法层面的表现形式可以是显性的量化标记词，如“都、全、所有、有些”等，也可以是以$^{\varnothing}$算子的形式存在，即以隐性算子的方式隐藏在特定的句法结构中。在$\mathscr{L}_{MEM}$中，Θ-算子的作用是将范畴为*np*的NP转换为范畴为*Qnp*的量化NP[①]。同时$\mathscr{L}_{MEM}$还规定能进入到特定题元角色位置的，只能是范畴为*Qnp*的量化NP，因此所有的NP都需要经过Θ-算子的作用，才能充当某个题元角色。在语义层面，把题元角色处理成表示事件-个体之间不同关系的谓词，并用不同的λ-词项来体现Θ-量化，从而刻画出NP在特定Θ-角色中动词之间的关系。当Θ-算子将NP的范畴从*np*转换为*Qnp*时，Θ-算子的逻辑语义

---

① 注意，大写的NP和VP等是语言学意义上的名词短语和动词短语，而斜体的*np*和*Qnp*等表示CCG中的范畴。

式与 NP 的逻辑语义式做 λ-演算，就使得 QNP 得到与其作为特定 Θ-角色相应的逻辑语义式。

在具体的翻译规则中，将汉语中的“都、全”等词语看成是量化标记词，并翻译成相应的 Θ-算子。若句子中没有这类量化标记词，则依据语境让$^{\varnothing}\Theta$-算子进行句法上的毗连组合和语义的 λ-演算。

第一节　Θ-函项关系的语言学分析

NP 通过题元角色与事件发生关系，但是即便是同一个 NP，在不同的语境中与事件的 Θ-量化关系也往往有所不同。更重要的是，在汉语中，仅凭 NP 自身的形态标记很难确定 NP 与事件的 Θ-量化关系。这里先以有定和无定为例，来看 NP 与事件的复杂 Θ-量化关系。

陈平从词语形式出发，归纳出七类与指称相关的词语形式[①]：①人称代词；②专有名词；③“这/那”+（单位词）+（NP）；④光杆名词；⑤数词 + 单位词 +NP；⑥“一”+（单位词）+ NP；⑦量词 + NP。

陈平（2016）从可辨识度的角度，将这七类词语形式分为三组。第一组包括前三类，特点是三组词语形式都表示可辨识事物，所以属于定指的（definite）形式。第二组包含第四、五类，属于不定的（indeterminate）形式。也就是说，该组的词语存在定指解读和不定指解读的歧义，需要结合上下文分析。第三组包括第六、七类，特点是它们表示不可辨识事物，属于无定的（indefinite）形式。

显然这类 NP 不能仅凭其自身的形态标记来确定其语义，必须依据其出现的位置进行判定。例如，陈平（2016）将相关汉语句法成分位置分为两大类：一类是定指倾向性位置，如主语位置、“把”字句宾语位置、动词前宾语位置、双宾语结构中的近宾语位置等；另一类是无定倾向性位置，如“有”字句中“有”后位置、存现句动词后位置、双宾语结构中的远宾语位置等。

这里以光杆名词为例。例如，（4.1）中的两个例句都包括了光杆名词“客人”，虽然相对于动词而言，两个“客人”出现的位置不同，但二者都充当“来了”事件的施事，只是存在有定和无定的差异。在（4.1）a 中，“客人”做有定理解，即在会话双方心目中，已经有确定的所指对象作为“客人”的指称，例如受邀参

① 此处来源于《中国语文》1987 年第二期上的“释汉语中与名词性成分相关的四组概念”，这里转引自陈平（2016）。

加婚礼宴会的客人等。在（4.1）b 中，“客人”做无定理解，即会话双方的心目中并没有特定的个体被“客人”所指称。

（4.1）a. 客人来了。
　　　 b. 来客人了。

除了这种有定和无定的差异之外，Θ-角色关系还涉及聚合解（collective reading）和分配解（distributive reading）的区分（Link，1983，1998），例如：

（4.2）a. 客人们都来了。
　　　 b. 客人们都互相握手。
　　　 c. 客人们都围坐在一起。

虽然从形态上就可以判定（4.2）中的“客人们”都是复数，但是它们与不同事件之间的关系却并不一致。如果把（4.2）a 所描述的事件记作 e，并将“客人们”指称的加合个体记作 x，显然 e 与 x 有施事关系。同时还应该看到，如果 x′是“客人们”中的一员，即 x′是 x 的一个原子构体，则必然 e 中也存在一个构体 e′使得 e′和 x′有施事关系。也就是说，e 的最小 Θ-构体的施事可以是 x 的原子构体。但是在（4.2）b 和（4.2）c 中，若 e′是 e 的最小 Θ-构体，则 e′的施事不能是一个“客人”个体，因为一个人不可能“相互握手”，也不可能“围坐在一起”。从这个角度说，NP 在（4.2）a 中是分配语义，在（4.2）b 和（4.2）c 中是聚合解。虽然都是聚合解，（4.2）b 和（4.2）c 也有不同之处。“相互握手”事件要求其施事只能是两个“客人”个体，而“围坐在一起”事件要求其施事至少包括三个“客人”个体。

如果将考察的范围扩大一些，情况变得更复杂。例如，（4.3）a 中的“书”和（4.4）a 中的“苹果”都是光杆名词，但是担任客体角色后，却有着不同的量化表现。

（4.3）a. 马丽买了书。
　　　 b. 马丽买了两本书。

（4.4）a. 马丽吃了苹果。
　　　 b. 马丽吃了两个苹果。

比较（4.3）和（4.4）。显然如果（4.3）b 为真，则（4.3）a 也为真。同样如果（4.4）b 为真，则（4.4）a 也为真。“马丽买了两本书”事件可以切分成两个 Θ_{theme}-构体，因为充当客体角色的“两本书”是由两个原子构体构成的加合。也就是说，（4.3）a 为真，当且仅当至少存在一本书 x 满足：x 被马丽买了。但是“马丽吃了两个苹果”事件却可以切分成无数多个 Θ_{Theme}-构体，因为（4.4）a 为真并不需要马丽吃掉一整个苹果。任意一个 x，若 x 是苹果或者苹果的一部分且马丽吃了 x，则（4.4）a 就为真。（4.5）让本来已经很复杂的问题变得更棘手。

（4.5）a. 马丽看过书。

b. 马丽看过两本书。

同样还是“书”，“马丽看过两本书”事件却可以切分成很多 Θ_{Theme}-构体，而不是像“马丽买了两本书”那样，只能切分成两个 Θ_{Theme}-构体。这意味着，只要存在一个 x，x 是书或者是书的一部分且马丽看过 x，则（4.5）a 为真。

除了有定/无定以及聚合/分配的歧义之外，NP 还存在全称量化和存在量化的歧义。以（4.2）为例，其中的三个例子都含有“都”，“都”有左向语义约束的功能且使得位于其左边的 NP 被全称量化（蒋严，1998；潘海华，2006；张谊生，2003；袁毓林，2005a；Xiang，2008；Xiang，2016）。但是像“都”这种典型的具有全称量化的词语，仍然还不能阻止 NP 出现 Θ-量化歧义，例如，“客人们都围坐在一起”和“客人们都互相握手”就有不同的语义表现。

（4.6）客人们都围坐在一起。

a. ?若 x 是客人之一，则至少有一个加合个体 x′满足：x′是由另外两位客人构成的加合且 x 和 x′形成“围坐在一起”的关系。

b. 若 x 是客人之一，则任意一个加合 x′，若 x′是另外的两位客人，则 x 和 x′形成“围坐在一起”的关系。

（4.7）客人们都互相握手。

a. 若 x 是客人之一，则至少存在一个 x′满足：x′是另外一位客人且 x 和 x′存在“互相握手”的关系。

b. 若 x 是客人之一，则任意一个 x′，若 x′是另一位客人，则 x 和 x′存在“互相握手”的关系。

在（4.6）和（4.7）中，a 是存在量化解读，b 是全称量化解读。但是仔细比较（4.6）和（4.7）就会发现，“客人们都围坐在一起”的正确理解是（4.6）b，而不是（4.6）a，这体现了“都”的全称量化作用。但是（4.7）a 和（4.7）b 都可以看成是“客人们都互相握手”的正确理解。

第二节 Θ-函项与个体的构体关系

在 $\mathscr{L}_{MEM}$ 中，题元角色被视为句法组合中的隐形 Θ-算子。汉语中任何一个名词短语 NP，其范畴只是 *np*（除非另有规定），而范畴为 *np* 的 NP 所指称的个体不能直接与任何事件形成任何Θ-函项关系。只有经过某个 Θ-算子的操作，其范畴变成了量化 NP，相关的Θ-函项关系才成立。

整体上，Θ-算子具有双重功能：①表征出“全称量化/存在量化”和“聚合解/分配解”的语义差异；②使得 NP 在范畴和语义两个层面上，具备了与动词短语进行组合的能力。

本小节希望解决的问题主要是：在事件多维构体论的视角下，个体和事件都可能是复数对象，这就使得题元角色关系变得非常复杂。即便是相同的 NP 担任相同的题元角色，在不同的句子中所表示的事件-个体关系也可能有所不同。

一、“全称/存在”和“聚合/分配”

在 $\mathscr{L}_{MEM}$ 中，如果 NP 是专名，那么 NP 直接以个体词项的方式进入到 Θ-量化关系中。因为个体词项指称特定的原子个体，若事件 e 与特定的原子个体 x 存在 Θ-关系，那么除了 e 本身外，e 没有其他的 Θ-构体，而 x 也没有除了自身之外的任意构体，所以 Θ-量化关系只存在于 x 和 e 之间。但是如果 NP 不是专名，则问题就变复杂了。因为此时的 NP 既可以理解成单数，也可以理解成复数。相应地，事件 e 也因为复数 NP 可以被切分成多个 Θ-构体。这样 Θ-关系不仅牵涉到 x 和 e，还要考虑到 x 和 e 各自构体之间的 Θ-关系。

Krifka（1998）曾对具有增量性质的 Θ-关系做出过系统的分析。依据 Krifka（1998），若一个 θ 满足 MSO、UO、MSE 和 UE 等性质，且至少存在两个事件 e 与 e′和两个个体 x 和 x′满足：若 e 和 x 有 θ 关系，e′和 x′有 θ 关系，则 θ 就具有严格意义上的增量性（incrementality）。对于 θ 的严格增量性，这里将其归结为事件在“全称/存在”和“聚合/分配”两个方面上的 Θ-构体关系。整体上看，事件的 Θ-构体结构中存在四种基本的关系，即**全称分配关系**、**存在分配关系**、**全称聚合关系**和**存在聚合关系**。

这里先以Θ_{Agent}-函项为例，将前文的相关例句重写如（4.8）所示。

（4.8）a. 客人都来了。 【全称分配量化的施事 NP】

b. 客人来了。 【存在分配量化的施事 NP】

c. 客人都围坐在一起。 【全称聚合量化的施事 NP】

d. 客人围坐在一起。 【存在聚合量化的施事 NP】

如前文所分析的，“都”的左向语义约束对（4.8）a 和（4.8）c 中的Θ_{Agent}-函项中的个体产生了全称量化作用[①]，所以“客人”指称相关论域的全体客人；（4.8）b 和（4.8）d 没有了“都”，因而Θ_{Agent}-函项中的个体是存在量化，“客人”应该理解成相关全体客人中的一部分。此外，“来了”是具有分配解性质的 VP，而“围坐在一起”是具有聚合解性质的 VP。

令 x 是语境中所有“客人”构成的最大加合，（4.8）中各例所表示的事件都分别记作 e，则各例的真值条件分析如下。

（4.9）a. （4.8）a 为真 当且仅当 e 和 x 有Θ_{Agent}-函项关系，且 x 的任意构体 x′都满足：存在一个 e 的特定Θ_{Agent}-构体 e′，使得 e′和 x′有Θ_{Agent}-函项关系。【注：这意味着有多少位“客人”，e 就有多少个Θ_{Agent}-原子构体】

b. （4.8）b 为真 当且仅当 e 和 x 有Θ_{Agent}-函项关系，且至少存在一个 x 的构体 x′满足：存在一个 e 的特定Θ_{Agent}-构体 e′（不一定是原子构体），使得 e′和 x′有Θ_{Agent}-函项关系。

c. （4.8）c 为真 当且仅当 e 和 x 有Θ_{Agent}-函项关系，且 x 的任意构体 x′都满足：至少存在一个由两位客人构成的加合 x″，并且存在一个 e 的Θ_{Agent}-构体 e′，使得 e′和 $x' \oplus_d x''$ 有Θ_{Agent}-函项关系。

d. （4.8）d 为真 当且仅当 e 和 x 有Θ_{Agent}-函项关系，且至少存在一个 x 的构体 x′满足：至少存在一个由两位客人构成的加合 x″，并且存在一个 e 的特定Θ_{Agent}-构体 e′使得 e′和 $x' \oplus_d x''$ 有Θ_{Agent}-函项关系。

据此，可以给出四种基本 Θ_{Agent}-量化的语义表达式。

定义 4.1（Θ-函项量化逻辑语义式）。

a. 全称分配 Θ-函项量化逻辑语义式：

$\lambda x \lambda e \forall x'.{}^{d}\mathrm{IsPart}_{\text{同质}}(x', x) \rightarrow \exists e'[{}^{e}\mathrm{IsPart}_{Agent}(e', e) \wedge \theta(e') = x' \wedge \mathrm{OnlyEvent}(e', e, x', \theta_{\wp})]$

① 全称聚合量化不一定都要用“所有……”和“都”这样的量化标记词表示，有些动词本身就包含了全称聚合量化语义。例如，“客人们到齐了”中的“到齐”就表明由语境决定的“客人们”的全体都“到齐了”。

【注：任意个体 x′，若 x′是 x 的构体，则在 e 的 Θ_{Agent}-构体中，有且只有一个 e′满足：e′和 x′有 Θ_{Agent}-函项关系。】

b. 存在分配 Θ-量化逻辑语义式：

$\lambda x\lambda e\exists e'x'.{}^{d}IsPart_{同质}(x', x)\wedge{}^{e}IsPart_{Agent}(e', e)\wedge\theta(e')=x'\wedge OnlyEvent(e', e, x', \theta_{\wp})$

【注：在 x 的构体中至少存在一个个体 x′，并且在 e 的 Θ_{Agent}-构体中，有且只有一个事件构体 e′使得 x′和 e′满足：e′和 x′有 θ_{Agent}-函项关系。】

c. 全称聚合 Θ-量化逻辑语义式：

$\lambda x\lambda e\forall x'.{}^{d}IsPart_{同质}(x', x)\wedge{}^{v}\boldsymbol{m_c}(x')=n_c\rightarrow\exists e'[{}^{e}IsPart_{Agent}(e', e)\wedge\theta(e')=x'\wedge OnlyEvent(e', e, x', \theta_{\wp})]$

【注：任意个体 x′，若 x′是 x 的构体且 x′的原子构体基数大于等于某个依据语境而定的数值 n_c（n 不能等于 1），则在 e 的 θ_{Agent}-构体中，有且只有一个构体 e′满足：e′和 x′有 θ_{Agent}-函项关系。】

d. 存在聚合 Θ-量化逻辑语义式（其中的 n≥2）：

$\lambda x\lambda e\exists e'x'.{}^{d}IsPart_{同质}(x', x)\wedge{}^{v}\boldsymbol{m_c}(x')=n_c\wedge{}^{e}IsPart_{\theta}(e', e)\wedge\theta(e')=x'\wedge OnlyEvent(e', e, x', \theta_{\wp})$

【注：在 x 的构体中，至少存在一个个体 x′，x′的原子构体基数大于等于某个依据语境而定的数值 n_c(n 不能等于 1)，并且在 e 的 θ_{Agent}-构体中，有且只有一个事件构体 e′使得 x′和 e′满足：e′和 x′有 θ_{Agent}-函项关系。】

这里有两点需要注意：一是${}^{v}\boldsymbol{m_c}$是 EM 函项，具体定义见第一章的定义 1.4，另 n_c表示 n 是一个依据语境而定的数值，通常是≥2，即${}^{v}\boldsymbol{m_c}(x')\geq n_c$。二是事件构体都限定为 Θ_{Agent}-构体。按照前文的界定，若 e′是 e 的 Θ-构体，则 e′和 e 具有完全相同的性质，二者的区别只是担任 Θ_{Agent}-角色的个体不同。

在定义 4.1 中，分配逻辑语义式与聚合逻辑语义式的差异主要是前者对${}^{v}\boldsymbol{m_c}(x')$没有限制，而后者要求${}^{v}\boldsymbol{m_c}(x')\geq 2$。依据${}^{v}\boldsymbol{m_c}$的定义，显然有：

a. 若${}^{v}\boldsymbol{m_c}(x')=1$，则x就是一个以ν为单位的原子个体。

b. 若${}^{v}\boldsymbol{m_c}(x')\geq 2$，则x就是一个以ν为单位的加合个体。

c. 若${}^{v}\boldsymbol{m_c}(x')>0$，则x可以是一个以ν为单位的原子个体或加合个体，也可以是一个ν单位的原子个体的一部分。

虽然这里使用了“原子个体”这种说法，不过这仅仅是一种便利的说法而已。准确地说，${}^{v}\boldsymbol{m_c}(x)=1$是指 x 是以ν为单位且数量为 1 的个体。这一点下一小节再详细讨论。

现在重新考虑定义 4.1。与分配逻辑语义式相比，聚合逻辑语义式只是多了一个限制，即 x 的构体 x′不能是原子个体。很明显，如果将聚合逻辑语义式中的 n 限定 n = 1，则聚合逻辑语义式就变成了分配逻辑语义式。这样定义 4.1 中四个逻辑语义式就可以合并为定义 4.2 中两个更具概括性的定义 4.2a 和定义 4.2b。

定义 4.2（Θ-关系量化逻辑语义式）。

a. 全称 Θ-关系的逻辑语义式（$^{\forall}\Theta$-逻辑语义式）：

$\lambda x\lambda e\forall x'.{}^{d}IsPart_{同质}(x', x) \wedge {}^{\vee}\boldsymbol{m_c}(x') = n_c \rightarrow \exists e'[{}^{e}IsPart_{\theta}(e', e) \wedge \theta(e') = x' \wedge OnlyEvent(e', e, x', \theta)]$。

b. 存在 Θ-关系的逻辑语义式（$^{\exists}\Theta$-逻辑语义式）：

$\lambda x\lambda e\exists e'x'.{}^{d}IsPart_{同质}(x', x) \wedge {}^{\vee}\boldsymbol{m_c}(x') = n_c \wedge {}^{e}IsPart_{\theta}(e', e) \wedge \theta(e') = x' \wedge OnlyEvent(e', e, x', \theta)$。

c. 专名 Θ-关系的逻辑语义式（$^{专}\Theta$-逻辑语义式）：

$\lambda xe.\theta(e) = x$。

在定义 4.2 中，若 $n_c = 1$，则定义 4.2a 就是全称分配 Θ-关系的逻辑语义式，定义 4.2b 就是存在分配 Θ-关系的逻辑语义式；若 $n_c \geqslant 2$，则定义 4.2a 就是全称聚合 Θ-关系的逻辑语义式，而定义 4.2b 就是存在聚合 Θ-关系的逻辑语义式。

但是如果将定义 4.2a 和定义 4.2b 中的 x 限定为原子个体，同时将 $n_c = 1$，则定义 4.2a 和定义 4.2b 就没有区别了，都变成了专名 Θ-关系的逻辑语义式，即定义 4.2c。因为这等同于在定义 4.2a 和定义 4.2b 中增加"$\forall x'[{}^{d}IsPart_{同质}(x', x) \rightarrow x' = x]$"，从而导致 $x = x'$，$e = e'$和 $\theta(e', x') = \theta(e, x)$，同时${}^{\vee}\boldsymbol{m_c}(x') = 1$ 和 $OnlyEvent(e', e, x', \theta)$也失去任何意义，于是就得到了定义 4.2c。

依据上述讨论，（4.8）中的句子都可以得到相应的逻辑语义式（暂不考虑"有定-无定"维度以及时和体等问题）。

（4.8′）a. 客人们都来了。

$\exists ewii_r i_u x[{}^{*}\textbf{来}(ewii_r i_u) \wedge \textbf{客人}(x) \wedge \forall x'[{}^{d}IsPart_{同质}(x', x) \wedge {}^{\vee}\boldsymbol{m_c}(x') \geqslant 1 \rightarrow \exists e'[{}^{e}IsPart_{\theta}(e', e) \wedge Agent(e') = x' \wedge OnlyEvent(e', e, x', Agent)]]]$

b. 客人们来了。

$\exists ewii_r i_u x[{}^{*}\textbf{来}(ewii_r i_u) \wedge \textbf{客人}(x) \wedge \exists x'e'[{}^{d}IsPart_{同质}(x', x) \wedge {}^{\vee}\boldsymbol{m_c}(x') \geqslant 1 \wedge {}^{e}IsPart_{\theta}(e', e) \wedge Agent(e') = x' \wedge OnlyEvent(e', e, x', Agent)]]$

c. 客人们都围坐在一起。

$$\exists ewii_r i_u x[{}^{*}\textbf{围坐在一起}(ewii_r i_u) \wedge \textbf{客人}(x) \wedge \forall x'[{}^{d}IsPart_{\text{同质}}(x', x) \wedge {}^{\text{位}}\boldsymbol{m}(x') \geqslant 3 \rightarrow \exists e'[{}^{e}IsPart_{\theta}(e', e) \wedge Agent(e') = x' \wedge OnlyEvent(e', e, x', Agent)]]]$$

d. 客人们围坐在一起。

$$\exists ewii_r i_u x[{}^{*}\textbf{围坐在一起}(ewii_r i_u) \wedge \textbf{客人}(x) \wedge \exists x'e'[{}^{d}IsPart_{\text{同质}}(x', x) \wedge {}^{\text{位}}\boldsymbol{m}(x') \geqslant 3 \wedge {}^{e}IsPart_{\theta}(e', e) \wedge Agent(e') = x' \wedge OnlyEvent(e', e, x', Agent)]]$$

e. 张三来了。

$$\exists ewii_r i_u[{}^{*}\textbf{来}(ewii_r i_u) \wedge Agent(e) = \textbf{张三}]$$

二、NP 的数量化和个体的原子单位

所谓的非数量 NP 是相对于数量 NP 而言的。注意，这里所说的数量 NP 与前文所说的量化 NP（即范畴为 *Qnp* 的 NP）并不是同一个概念。量化 NP 是从形式语义学的角度讨论的 NP，表示词组的语义中含有逻辑学意义上的量词（如∀、∃等）；数量 NP 是从语言学的角度对 NP 的讨论，表示词组中含有语言学意义上的数词和量词（如“一个、两只、三台”等）。为了区分，这里用数量词指语言学意义上的“数词+量词”，量词专指逻辑学意义上的量词。相应地，数量 NP 指包含“数词+量词”的 NP，而非数量 NP 指不包括“数词+量词”的 NP，而量化 NP 专指逻辑学意义上的 NP。

显然，数量 NP 一定是量化 NP，但是非数量 NP 并不一定就是非量化 NP。例如（4.10）a 中的“苹果”是非数量词，但它可以是一个量化 NP，因为在（4.10）a 中，“吃”使得它所处的题元角色有全称 Θ-量化的要求。

（4.10）a. 马丽吃苹果。

b. （4.10）a 为真 当且仅当 存在一个“吃苹果”的事件 e，e 与“马丽”存在Θ_{Agent}-函项关系，且至少存在一个 x 满足：x 是与 e 存在Θ_{Theme}-函项关系的、特定的“一个或多个苹果”，而且任意一个 x′，若 x′是 x 的构体，则存在一个 e 的构体 e′使得 e′与 x′存在Θ_{Theme}-函项关系。

如（4.10）b 的分析，（4.10）a 中“苹果”相对于“吃”有全称 Θ-函项关系，但是与前文的全称 Θ-函项关系不同，这类 NP 并不要求（4.10）b 中的 x′是 x 的原子构体。这样的话，x′可以做两种解读：①若马丽吃了多个苹果（即 x 是多个苹果构成的加合），则 x′可以是“一个苹果”也可以是“一个苹果的一部分”；

②若马丽只吃一个苹果，则 x′就是“一个苹果的一部分”。

现在将$^{\uparrow}\boldsymbol{m}(x')$的数值设定为≥0，当 $0 < {}^{\uparrow}\boldsymbol{m}(x') < 1$ 时，意味着 x′是小于原子构体的个体，即 x′是某个原子个体的一部分。据此，“马丽吃苹果”的逻辑语义式就是（4.10′）b。

（4.10′）a. 马丽吃苹果。

b. $\exists ewii_r i_u[{}^{*}$**吃**$(ewii_r i_u) \wedge Agent(e) =$ **马丽** $\wedge \exists x[$**苹果**$(x) \wedge Theme(e) = x] \wedge \forall x'[{}^{d}IsPart_{同质}(x', x) \wedge {}^{\uparrow}\boldsymbol{m}(x') \geq 0 \rightarrow \exists e'[{}^{e}IsPart_{\theta}(e', e) \wedge Theme(e') = x' \wedge OnlyEvent(e', e, x', Theme_{吃})]]]$

在（4.10′）b 中，当$^{\uparrow}\boldsymbol{m}(x') \geq 1$ 时，x′可以是一个苹果，也可以是多个苹果，但是 $0 < {}^{\uparrow}\boldsymbol{m}(x') < 1$ 时，则 x″只能是一个苹果的一部分。

上文一直使用 EM 函项$^{\vee}\boldsymbol{m}_c(x)$表示 x 的原子构体数，却没有使用现有文献通常用的 Atom(x)表示 x 是原子个体，原因是使用 EM 函项可以规避个体的原子性问题。实际上，原子个体本身是一个难以界定的概念。即便是同样的一个个体对象 x，由于认知方式的不同，其原子性质的定义是不同的，原子构体总数自然也不同。如 Link（1983）所讨论的，“两副扑克牌”和“108 张扑克牌”虽然可能指称同一个对象，却代表着对该对象的两种认知方式。从个体的构成上看，一副扑克牌有 54 张，所以“张”可以看成是扑克牌的原子单位；但是从功能上看，一副扑克牌有 54 张，少了一张便会影响游戏的完整性。因此从这个角度看，扑克牌的原子单位应该是“副”但是即便如此，在一些流行的玩法中，需要将两幅扑克牌合在一起玩。久而久之，在习惯这种玩法的人士中，一副扑克牌变成了 108 张，而不是 54 张。

再如（4.11）a 和（4.12）a 都含有“书”，如果采用前文的分析，则得到的逻辑语义式基本相同①。

（4.11）a. （马丽）买了书。

b. $\exists ewii_r i_u x.{}^{*}$**买**$(ewii_r i_u) \wedge$ **书**$(x) \wedge \forall x'[{}^{d}IsPart_{同质}(x', x) \rightarrow \exists e'[{}^{e}IsPart_{\theta}(e', e) \wedge Theme(e', x') \wedge OnlyEvent(e', e, x', Theme)]]$

（4.12）a. （马丽）看了书。

b. $\exists ewii_r i_u x.{}^{*}$**看**$(ewii_r i_u) \wedge$ **书**$(x) \wedge \forall x'[{}^{d}IsPart_{同质}(x', x) \rightarrow \exists e'[{}^{e}IsPart_{\theta}(e', e) \wedge Theme(e', x') \wedge OnlyEvent(e', e, x',$

① 为了简洁，（4.11）b 和（4.12）b 的逻辑语义式都不包括对施事成分的语义表征。

Theme)]]

对比（4.11）b 和（4.12）b，除了 e 的事件性质，二者完全相同，这掩盖了这样的事实，即（4.13）a 是正确的，而（4.13）b 是不正确的。

（4.13）a. （4.11）a 蕴含“马丽至少买了一本书”。

b. （4.12）b 蕴含“马丽至少看了一本书”。

问题的关键在于：不同的单位词代表着对同一个事物原子性质的不同认知。若 e 是具有“买”性质的事件，则“书”的原子单位应该是“本”；若 e 是具有“看”性质的事件，则“书”的原子单位可以是“页”，甚至是“行”。鉴于这种情况，使用${}^{v}\boldsymbol{m}_c$这种 EM 函项就是一个不错的选择，因为可以依据语境选择单位词 v。据此，（4.11）和（4.12）的分析就变成了（4.11′）和（4.12′）。

（4.11′）a. （马丽）买了书。

b. $\exists ewii_r i_u x.{}^{*}$**买**$(ewii_r i_u) \wedge$ **书**$(x) \wedge \forall x'[{}^{d}IsPart_{同质}(x', x) \wedge {}^{本}\boldsymbol{m}(x') \geqslant 1 \rightarrow \exists e'[{}^{e}IsPart_{\theta}(e', e) \wedge \theta(e', x') \wedge OnlyEvent(e', e, x', \theta)]]$

（4.12′）a. （马丽）看了书。

b. $\exists ewii_r i_u x.{}^{*}$**看**$(ewii_r i_u) \wedge$ **书**$(x) \wedge \forall x'[{}^{d}IsPart_{同质}(x', x) \wedge {}^{页}\boldsymbol{m}(x') \geqslant 1 \rightarrow \exists e'[{}^{e}IsPart_{\theta}(e', e) \wedge \theta(e', x') \wedge OnlyEvent(e', e, x', \theta)]]$

（4.11′）中“${}^{本}\boldsymbol{m}(x') \geqslant 1$”表明 e 作为本体性质为**买**的事件，是以“本”为单位的，所以（4.11′）b 蕴含了“马丽至少买了一本书”。（4.12′）中“${}^{页}\boldsymbol{m}(x') \geqslant 1$”表明 x′ 的单位是“页”，所以（4.12′）b 只蕴含“马丽至少看了一页书”，却不蕴含“马丽至少看了一本书”。

不过，下文将仍然使用原子个体这种便利的说法，表示 x 是以v为单位且数量为 1 的个体（或构体）。

三、全称和存在 Θ-算子

按照前文对 Θ-函项关系的讨论，若 e 和 x 之间存在某个 Θ-函项关系且 x 是一个复数个体，则 x 和 e 各自构体之间可能会存在多种不同的 Θ-函项关系，而关系之复杂导致相应的逻辑语义式也变得非常复杂。在这种情况下，$\mathscr{L}_{MEM}$ 考虑采用 Θ-关系元变元的方式来刻画复杂的 Θ-函项关系。

用粗体的 $\boldsymbol{\theta}$ 表示 Θ-元关系，并通过不同的左上标来区分不同的 Θ-关系。例如，$^{\forall n}\boldsymbol{\theta}$ 表示全称 Θ-量化关系的 **θ**，其中上标 ***n*** 表示对 $^{\vee}\boldsymbol{m}_c(\mathrm{x}')$的数值进行的限定，通过调整 $^{\vee}\boldsymbol{m}_c(\mathrm{x}')$的数值，**θ** 可以表示聚合-分配量化差异。另外，在必要时还可以通过增加右下标方式对 Θ-元关系做进一步的区分。例如，$^{\forall n}\boldsymbol{\theta}_{\mathrm{IndR}}$ 和$^{\forall n}\boldsymbol{\theta}_{\mathrm{DR}}$ 分别表示非限定关系类和限定关系类存在$^{\forall n}\boldsymbol{\theta}$。

依据前文对 Θ-逻辑语义式的讨论，定义以下三种 Θ-关系元变元，其中$^{\forall}$Θ-关系元变元是全称 Θ-关系，$^{\exists}$Θ-关系元变元是存在 Θ-关系，$^{\iota}$Θ-关系元变元是原子个体 Θ-关系。

定义 4.3（Θ-关系元变元）。

a. $^{\forall}$Θ-关系元变元：

$^{\forall n}\boldsymbol{\theta}(\mathrm{e},\ \mathrm{x},\ {}^{\vee}\boldsymbol{m}_c) =_{\mathrm{def}} \theta(\mathrm{e}) = \mathrm{x} \wedge \forall \mathrm{x}'[{}^{d}\mathrm{IsPart}_{同质}(\mathrm{x}',\ \mathrm{x}) \wedge {}^{\vee}\boldsymbol{m}_c(\mathrm{x}') = \mathrm{n}_c \to \exists \mathrm{e}'[{}^{e}\mathrm{IsPart}_{\theta}(\mathrm{e}',\ \mathrm{e}) \wedge \theta(\mathrm{e}') = \mathrm{x}' \wedge \mathrm{OnlyEvent}(\mathrm{e}',\ \mathrm{e},\ \mathrm{x}',\ \theta)]]$。

b. $^{\exists}$Θ-关系元变元：

$^{\exists n}\boldsymbol{\theta}(\mathrm{e},\ \mathrm{x},\ {}^{\vee}\boldsymbol{m}_c) =_{\mathrm{def}} \theta(\mathrm{e}) = \mathrm{x} \wedge \exists \mathrm{e}'\mathrm{x}'[{}^{d}\mathrm{IsPart}_{同质}(\mathrm{x}',\ \mathrm{x}) \wedge {}^{\vee}\boldsymbol{m}_c(\mathrm{x}') = \mathrm{n}_c \wedge {}^{e}\mathrm{IsPart}_{\theta}(\mathrm{e}',\ \mathrm{e}) \wedge \theta(\mathrm{e}') = \mathrm{x}' \wedge \mathrm{OnlyEvent}(\mathrm{e}',\ \mathrm{e},\ \mathrm{x}',\ \theta)]$。

c. $^{\iota}$Θ-关系元变元：

$^{\iota}\boldsymbol{\theta}(\mathrm{e}, \mathrm{x}, {}^{\vee}\boldsymbol{m}_c) =_{\mathrm{def}} \theta(\mathrm{e}) = \mathrm{x} \wedge {}^{\vee}\boldsymbol{m}_c(\mathrm{x}) = 1 \wedge \forall \mathrm{x}'[{}^{d}\mathrm{IsPart}_{同质}(\mathrm{x}', \mathrm{x}) \to \mathrm{x}' = \mathrm{x}]$。

定义 4.3 中的 Θ-关系元变元中的 $\boldsymbol{\theta} \in \{\mathbf{Ag},\ \mathbf{Th},\ \mathbf{In},\ \cdots\}$，$\mathrm{n}_c$表示由语境 ***C*** 决定的特定数值 n。在具体的句子组合运算中，依据需要，用具体的 Θ-关系元谓词 **Ag** 等替换变元 **θ**，就可以得到不同的题元角色谓词。另外，若 x 是专名，为了简洁，$^{\iota}\boldsymbol{\theta}(\mathrm{e},\ \mathrm{x},\ {}^{\vee}\boldsymbol{m}_c)$也可以直接写成 $\theta(\mathrm{e}) = \mathrm{x}$ 的形式，如 Agent(e) = 张三。

注意，**θ** 左上标的 ***n*** 是一个与 $^{\vee}\boldsymbol{m}_c(\mathrm{x})$的数值 n 相关的标记。若 ***n*** 是形如“= 1”的标记，则表示 $^{\vee}\boldsymbol{m}_c(\mathrm{x}) = 1$；若 ***n*** 是形如“≥1”的标记，则表示 $^{\vee}\boldsymbol{m}_c(\mathrm{x}') \geqslant 1$。

例如，在“马丽吃面包”中，其中与 Θ_{Theme}-算子对应的逻辑语义式就应该是 $^{\exists\geqslant 0}\boldsymbol{\theta}(\mathrm{e}, \mathrm{x}, {}^{\uparrow}\boldsymbol{m}) \wedge$ **面包**(x)，这表明具有“吃面包”本体性质的 e 至少有一个 θ_{Theme}-构体 e′满足：$\theta(\mathrm{e}') = \mathrm{x}'$且 x′具有“面包”性质，x′是 x 的一个构体且 x′的原子单位不受限制。这意味着，马丽可以吃以“个”为单位完整的面包，也可以不是以“个”为单位的面包，如只吃半个面包等。

依据定义 4.3 中的 Θ-关系元变元，Θ-算子的元逻辑语义式规定如下。

定义 4.4（Θ-算子的元逻辑语义式）。

a. 量化 Θ-算子：$\lambda \mathrm{P}\lambda^{*}\wp\lambda \mathrm{ewii}_r\mathrm{i}_u\exists \mathrm{x}.^{*}\wp(\mathrm{ewii}_r\mathrm{i}_u) \wedge \mathrm{P}(\mathrm{x}) \wedge {}^{\varepsilon}\boldsymbol{\theta}(\mathrm{e},\ \mathrm{x},\ {}^{\vee}\boldsymbol{m}_c)$。

b. 中性 Θ-算子：$\lambda \mathrm{P}\lambda^{*}\wp\lambda \mathrm{ewii}_r\mathrm{i}_u\exists \mathrm{x}.^{*}\wp(\mathrm{ewii}_r\mathrm{i}_u) \wedge \mathrm{P}(\mathrm{x}) \wedge \theta(\mathrm{e}) = \mathrm{x}$。

定义 4.4 中有两个 Θ-算子的元逻辑语义式，其中量化 Θ-算子是具有量化作用

的 Θ-算子，而中性 Θ-算子是无量化作用的 Θ-算子。之所以保留无量化作用的 Θ-算子，是因为在某些句子中，不同 Θ-函项间存在量化依存的现象。对于这种情况就需要在句子层面进行量化，而对 NP 只需要通过中性 Θ-算子，给出其题元角色即可。具体讨论见第四章第三节第三小节。

定义 4.4a 中的 $^{\varepsilon}\boldsymbol{\theta} \in \{^{\forall n}\boldsymbol{\theta}, {}^{\exists n}\boldsymbol{\theta}, {}^{\iota}\boldsymbol{\theta} \mid \boldsymbol{\theta} \in \{\mathbf{Ag}, \mathbf{Th}, \cdots\}\}$，用具体的 Θ-关系元谓词$^{\forall n}\mathbf{Ag}$或$^{\exists n}\mathbf{Th}$等替换变元 $^{\varepsilon}\boldsymbol{\theta}$，就可以得到不同的 Θ-算子的逻辑语义式。

注意，这里为了统一，将专名的 Θ-算子处理成 $^{\iota}\boldsymbol{\theta}(e, x, {}^{v}\boldsymbol{m}_c)$的形式，然后通过 Θ-算子的元逻辑语义式获得相应的逻辑语义式。不过在不影响逻辑语义表达的情况下，通常仍然写成 Agent(e) = **张三**或 Theme(e) = x ∧ $^{位}\boldsymbol{m}(x) = 1$ 这样的形式，其效果实际上等同于 $^{\iota}\boldsymbol{\theta}(e,$ **张三**, $^{位}\boldsymbol{m})$的形式。

以 Krifka（1998）中的 UE 和 UP 为基础，必然有下列事实。

事实 4.1。

a. $\forall e \wp \exists \theta x. \wp(e) \to \theta(e) = x$

【任意事件 e 和任意本体性质 ℘，若 e 有性质 ℘，则必然至少存在一个 Θ-函项 θ 使得 $\theta_{\wp}(e) = x$。】

b. $\forall ee'x\theta. {}^{e}\mathrm{IsPart}_{\theta}(e', e) \wedge \theta(e) = x \to \exists x'[{}^{d}\mathrm{IsPart}_{同质}(x', x) \wedge \theta(e') = x']$

【对于任意事件 e 和 e′、任意个体 x 和任意 Θ-函项 θ，若 e′是 e 的 θ-构体且 θ(e) = x，则必然存在一个个体 x′满足：x′是 x 的构体且 θ(e′) = x′。】

采用定义 4.4 中的 Θ-关系元谓词后，与题元角色相关的逻辑语义表征和整体的 λ-演算过程都变得简明多了。

四、Θ-函项的蕴涵关系

在 $\mathscr{L}_{\mathrm{MEM}}$ 的框架下，还可以对与 Θ 相关的蕴涵关系做进一步的讨论，例如 Θ-量化的累积性和下蕴含性。前者实际上就是 Landman（2000）中的复数题元角色，但是在 $\mathscr{L}_{\mathrm{MEM}}$ 中，累积性可以分为两种：**Θ-全称量化的累积性**和 **Θ-存在量化的累积性**。

定义 4.5（Θ-累积性）。

a. $^{\forall n}\Theta$-累积性：$\exists \wp \forall exe'x'. {}^{\forall n}\boldsymbol{\theta}_{\wp}(e, x, {}^{v}\boldsymbol{m}_c) \wedge {}^{\forall n}\boldsymbol{\theta}_{\wp}(e', x', {}^{v}\boldsymbol{m}_c) \to {}^{\forall n}\boldsymbol{\theta}_{\wp}(e \oplus_{\Theta} e', x \oplus_{d} x', {}^{v}\boldsymbol{m}_c)$。

b. $^{\exists n}\Theta$-累积性：$\forall ex. {}^{\exists n}\boldsymbol{\theta}_{\wp}(e, x, {}^{v}\boldsymbol{m}_c) \to \forall e'x'[[{}^{\forall n}\boldsymbol{\theta}_{\wp}(e', x', {}^{v}\boldsymbol{m}_c) \vee {}^{\exists n}\boldsymbol{\theta}_{\wp}(e', x', {}^{v}\boldsymbol{m}_c)] \to {}^{\exists n}\boldsymbol{\theta}_{\wp}(e \oplus_{\Theta} e', x \oplus_{d} x', {}^{v}\boldsymbol{m}_c)]$。

因为累积性必须针对相同性质的事件，因此这里的 $\boldsymbol{\theta}_{\wp}$中的下标 ℘ 很重要，此处特意标注出。

$^{\forall n}\Theta$-关系的累积性是说：如果 e 和 x 有 Θ-存在量化的函项关系，且 x′和 e′有 Θ-全称量化的函项关系，则 $e\oplus_{\Theta}e'$和 $x\oplus_{d}x'$之间也有 Θ-全称量化的函项关系。$^{\exists n}\Theta$-关系的累积性是说：如果 e 和 x 有 Θ-存在量化的函项关系，则对于任意一个 x′和 e′，无论 x′和 e′有 Θ-存在量化的函项关系或者有 Θ-全称量化的函项关系，$e\oplus_{\Theta}e'$和 $x\oplus_{d}x'$之间都有 Θ-存在量化的关系。

以$^{\exists n}\Theta$-关系的累积性为例。“第一组的参会代表”在（4.14）a 中是存在量化，即只要张三至少见到该组的一位代表，则（4.14）a 就为真。在此情况下，无论（4.14）b 为真或者（4.14）c 为真，（4.14）d 中的“第一组和第二组的参会代表”都只能理解成存在量化。

（4.14）a. 张三见到了第一组的参会代表。
　　　　b. 张三见到了第二组的参会代表。
　　　　c. 张三见到了第二组的全体参会代表。
　　　　d. 张三见到了第一组和第二组的参会代表。

依据定义 4.6b，显然可以从（4.15）a 的阴影部分和（4.15）b 的阴影部分，得到（4.15）c 的阴影部分。

（4.15）a. $\exists ewii_ri_u x.^{*}$**见到了**$(ewii_ri_u)\wedge {}^{\exists\geqslant 1}Theme(e, x, {}^{位}\boldsymbol{m})\wedge$ **第一组代表**$(x)\wedge {}^{专}Agent(e,$ **张三**$)$
　　　　b. $\exists ewii_ri_u x.^{*}$**见到了**$(ewii_ri_u)\wedge {}^{\exists\geqslant 1}Theme(e, x, {}^{位}\boldsymbol{m})\wedge$ **第二组代表**$(x)\wedge {}^{专}Agent(e,$ **张三**$)$
　　　　c. $\exists ewii_ri_u xx'.^{*}$**见到了**$(ewii_ri_u)\wedge {}^{\exists\geqslant 1}Theme(e, x\oplus_d x', {}^{位}\boldsymbol{m})\wedge$ **第一组代表**$(x)\wedge$ **第二组代表**$(x')\wedge {}^{专}Agent(e,$ **张三**$)$

除了累积性之外，Θ-全称量化还具有下蕴含性，即如果“张三见到了全体参会代表”，则（4.14）a～（4.14）d 都为真。

定义 4.6（Θ-下蕴含性）。

a. $\forall ex.^{\forall n}\boldsymbol{\theta}(e, x, {}^{v}\boldsymbol{m}_c)\rightarrow\forall e'[{}^{e}IsPart_{\Theta}(e', e)\rightarrow\exists x'[{}^{d}IsPart_{同质}(x', x)\wedge {}^{\forall n}\boldsymbol{\theta}(e', x', {}^{v}\boldsymbol{m}_c)\wedge OnlyEntity(x', x, e', \theta)]]$

【如果 e 和 x 有$^{\forall n}\boldsymbol{\theta}$关系，则对于 e 的任意 Θ-构体 e′，在 x 的构体中，有且只有一个 x′使得 e′和 x′有着$^{\forall n}\boldsymbol{\theta}$关系。】

b. $\forall ex.^{\forall n}\boldsymbol{\theta}(e, x, {}^{v}\boldsymbol{m}_c)\rightarrow\forall x[{}^{d}IsPart_{同质}(x', x)\wedge {}^{v}\boldsymbol{m}_c(x)\geqslant n_c\rightarrow\exists e'[{}^{e}IsPart_{\Theta}(e', e)\wedge {}^{\forall n}\boldsymbol{\theta}(e', x', {}^{v}\boldsymbol{m}_c)\wedge OnlyEvent(e', e, x', \theta)]]$

【如果 e 和 x 有 $^{\forall n}\boldsymbol{\theta}$ 关系，则对于 x 的任意构体 x′，如果 x′的原子构体基数大于等于 n，在 e 的事件构体中，有且只有一个 e′使得 e′和 x′有着 $^{\forall n}\boldsymbol{\theta}$ 关系。其中的 n_c 表示有语境决定的数值 n。】

另注意，由于全称量化蕴含着存在量化，因此将定义 4.6 中的 $^{\forall n}\boldsymbol{\theta}(e', x')$ 换成 $^{\exists n}\boldsymbol{\theta}$，也必然是成立的。

五、Θ-定指关系：有定和无定

这里再考虑有定和无定的问题。NP 存在有定和无定的差异，这导致了在 Θ-函项关系中的个体存在定指和非定指的差异。继续引用前文陈平（1987，2016）的分析，在汉语中，在缺少明显的形态标记时，有时同一个 NP 出现在不同的句法环境中，就存在有定理解和无定理解的差异。

如（4.16）所示，仅仅因为“客人”相对于动词“来”的位置发生了变化，（4.16）a 和（4.16）b 的语义就有很大的变化（为了讨论的简洁，这里暂不考虑 Θ-全称/分配关系，也不考虑时和体的问题，因此这里用事件性质谓词**来了**，而不是五元关系谓词*__来了__）。

（4.16）a. 客人来了：$\exists xe.$**来了**$(e) \wedge \forall x'[$**客人**$(x') \wedge {}^{\forall\geqslant 1}\mathbf{Ag}(e, x, {}^{位}\boldsymbol{m})$
$\rightarrow x' = x]$

b. 来客人了：$\exists xe.$**来了**$(e) \wedge {}^{\exists\geqslant 1}\mathbf{Ag}(e, x, {}^{位}\boldsymbol{m}) \wedge$ **客人**(x)

（4.16）a 确保了 x 是语境中唯一与 e 有 Θ_{Agent}-关系的且具有“客人”性质的个体，而（4.16）b 只是表明 x 是与 e 有 Θ_{Agent}-关系且具有性质“客人”的个体，但 x 并不具有唯一性。

前文给出了“客人来了”的逻辑语义式，即（4.17）a，但是该表征式不包括 Θ-有定关系，如果将 Θ-有定关系纳入其中，则“客人来了”的完整逻辑语义式应该是（4.17）b。

（4.17）客人们都来了：

a. $\exists xe.$**来了**$(e) \wedge \forall x'[$**客人**$(x') \wedge {}^{\forall\geqslant 1}\mathbf{Ag}(e, x, {}^{位}\boldsymbol{m}) \rightarrow x' = x]$

b. $\exists xe.$**来了**$(e) \wedge \forall x'[$**客人**$(x') \wedge \forall x'[{}^{d}\mathrm{IsPart}_{同质}(x', x) \wedge {}^{位}\boldsymbol{m}(x') \geqslant 1 \rightarrow \exists e'[{}^{e}\mathrm{IsPart}_{\Theta}(e', e) \wedge \mathrm{Agent}(e', x') \wedge \mathrm{OnlyEvent}(e', e, x', \theta)]] \rightarrow x' = x]$

类似地，如果把 Θ_{Theme}-存在/分配关系添加到（4.16）b 中，就得到了（4.18）b。

（4.18）来客人了：

a. $\exists xe.$**来了**$(e) \wedge {}^{\exists \geq 1}\mathbf{Ag}(e, x, {}^{位}\boldsymbol{m}) \wedge$ **客人**(x)

b. $\exists xe.$**来了**$(e) \wedge \exists e'x'[{}^{d}\mathrm{IsPart}_{同质}(x', x) \wedge {}^{位}\boldsymbol{m}(x') \geq 1 \wedge {}^{e}\mathrm{IsPart}_{\Theta}(e', e) \wedge \mathrm{Agent}(e', x') \wedge \mathrm{OnlyEvent}(e', e, x', \theta)] \wedge$ **客人**(x)

注意，“客人们都来了”中的Θ_{Agent}-函项关系是“有定全称”关系，而“来客人了”中的Θ_{Theme}-函项关系是“无定存在”关系。

从句法层面，可以认为存在一个NP$_{有定}$-算子。该算子在Θ-算子之前与相关的NP毗连组合，得到有定NP之后再与Θ-算子毗连组合。先考虑NP$_{有定}$-算子的逻辑语义式。这里将蒙太格语法对有定性的处理方式引入到$\mathscr{L}_{MEM}$中，如（4.19）和（4.20）所示。

（4.19）a. *the*：$\lambda QP\exists x\forall y.[{}^{\vee}Q(y) \rightarrow x = y] \wedge {}^{\vee}P(x)$

b. *The man*：$\lambda P\exists x\forall y.[{}^{\vee}man(y) \rightarrow x = y] \wedge {}^{\vee}P(x)$

（4.20）a. NP$_{有定}$-算子：$\lambda P\exists x\forall y.P(y) \rightarrow [x = y \vee {}^{d}\mathrm{IsPart}_{同质}(y, x)]$

b. 客人们$^{[有定]}$：$\exists x\forall y.$**客人**$(y) \rightarrow [x = y \vee {}^{d}\mathrm{IsPart}_{同质}(y, x)]$

（4.19）a是蒙太格语法对*the*的处理。在（4.19）b中，*the man*的语义被表征为：相关论域中存在一个个体x，对于任意个体y，若y是*man*，则y就是那个x。依据$\mathscr{L}_{MEM}$的特点对（4.19）a做相应改进，就可以得到Θ-有定算子的逻辑语义式。在（4.20）a中，有定NP“客人们”的语义被表征为加合个体x，而语境中有性质P的个体或者是加合个体x本身或者是x的构体。

据此，可以给出NP$_{有定}$-算子的逻辑语义表达式，即定义4.7a，同时约定，当变元P被常元代替后，可以用定义4.7b中的缩写形式。

定义4.7（NP$_{有定}$-算子）。

a. NP$_{有定}$-算子语义式：$\lambda P\exists x\forall y.P(y) \rightarrow [y = x \vee {}^{d}\mathrm{IsPart}_{同质}(y, x)]$。

b. 缩写形式：若P被常元替代后，在不改变逻辑语义式的约束关系的前提下，$\lambda P\exists x\forall y.P(y) \rightarrow [y = x \vee {}^{d}\mathrm{IsPart}_{同质}(y, x)]$这一部分可以缩写成$\exists x.\mathrm{Def}(x, P)$。

在定义4.7b中，Θ-有定算子语义式缩写形式的作用纯粹是让公式简洁一些，从而提高公式的可读性。当P被常元替代后，如果∀对y的辖域只在“$P(y) \rightarrow [x = y \vee {}^{d}\mathrm{IsPart}_{同质}(y, x)]$”范围内，要接受约束的只有一个变元x，所以可以缩写成$\mathrm{Def}(x, P)$，否则不可以。

第三节　Θ-量化组合实例分析

与现有文献的通行做法相同，$\mathscr{L}_{MEM}$在语义层面，按照 NP 与动词的关系，将题元角色分为**必有题元角色**和**非必有题元角色**两种。若缺少了某类题元角色，就不能形成完整的事件句命题，则该类题元角色就是必有题元角色，否则就是非必有题元角色。按照一般文献的处理方式，必有题元角色被直接纳入到动词的逻辑语义式中，而非必有题元角色则需要经过类型提升，然后通过函项的形式，以逻辑合取的方式引入到句子的逻辑语义式中。例如，按照通常的做法（Bayer，1997；Higginbotham et al.，2000；Landman，2000；Parsons，1990），动词 *butter* 被翻译成 $\lambda yx\exists e.\mathbf{Butter}(e)\wedge Ag(e)=x\wedge Th(e)=y$，其中包含了施事 Ag 和客体 Th 两个必有题元角色，而工具 **With** 和地点 **In** 则以逻辑合取的方式引入到逻辑语义式中。

这种处理方式有其合理性。一个及物动词必须至少和两个 NP 组合才能表示一个完整的命题；相应地，一个不及物动词必须至少和一个 NP 组合才能表示一个完整命题。这就意味着，动词的逻辑语义式中应该含有其必有题元角色。非必有题元角色则可以被视为对一个命题所做的进一步限定，因此可以采用逻辑合取的方式引入。

但是与经典的事件语义学方案不同，在 $\mathscr{L}_{MEM}$ 中，所有的Θ-函项都必须以逻辑合取的方式引入到句子的逻辑表征式中。因为 NP 只有先与Θ-算子组合，才能得到相应的Θ-量化。在具体的翻译规则中，汉语中的“都、全、所有、有些”等词语都可以看成是量化标记词，并翻译成相应的 Θ-算子。若句子中没有这类量化标记词，则依据语境让$^{\varnothing}$Θ-算子进行句法上的毗连组合和语义的 λ-演算。这就使得 NP 的量化处理集中在Θ-算子身上，更具体地说，以本章第二节所讨论的基本Θ-算子为基础，将一些量化标记词翻译成恰当的Θ-算子，就成为处理汉语事件句的关键。

本节将以关系谓词、“都”以及Θ-函项的“合作”关系为例，说明依据 $\mathscr{L}_{MEM}$ 的基本思路，构造复杂Θ-算子的思路和具体方案。

一、Θ-算子和 NP $_{有定}$-算子在 CCG 框架下的简单应用

$\mathscr{L}_{MEM}$是为 CCG 设计的语义形式化方案，因此在给出了Θ-算子和 NP $_{有定}$-算子逻辑语义式之后，还需要在句法范畴层面保证这些逻辑语义式能与范畴推演无缝对接。为此，CCG_{MEM} 对范畴做出如下规定。

范畴定义 4.1。

a. *np* 不带有量化语义的 NP 范畴；

b. *Qnp* 带有量化语义的 NP 范畴；

c. $^{d}Qnp\backslash s$ 不及物动词范畴；

d. $^{d}Qnp\backslash s/Qnp$ 及物动词范畴。

这里的 *np* 是普通 NP 的范畴，所谓的普通名词不包括时间名词，这一点在第六章会详细讨论。*Qnp* 表示量化 NP。这里比较特殊的是上标 *d*，这个上标是 CCG_{MEM} 设计的**增配范畴标记**，凡是带有这种上标的范畴称为增配范畴。一个增配范畴包括两部分：增配标记和范畴标记。例如，^{d}np 中上标 *d* 就是增配标记（理论上还可以有其他的增配标记），而 *np* 就是一般意义上的名词范畴，所以 ^{d}np 是 *np* 的增配范畴。在后文中，当这些范畴都以下标的形式出现时，因为排版的问题，将增配范畴的第一个字母用粗体表示，如 ^{d}np 变成了 ***np***，而 ^{d}Qnp 变成了 ***Qnp***。两种写法的效果是等同的。有了增配范畴，就需要在 CCG_{MEM} 中增加范畴推演的特别规则（以下简称**特别规则**），具体规定如下。

特别规则 4.1。

令上标 *d* 是一个增配标记，A、B 和 C 为任意范畴，则有：

a. $^{d}A \quad {}^{d}A\backslash B$ （或 $B/^{d}A \quad {}^{d}A$）$\Rightarrow \quad {}^{d}B$；

b. $^{d}A \quad A\backslash B$ （或 $B/A \quad {}^{d}A$）$\Rightarrow \quad {}^{d}B$；

c. $A \quad A\backslash B^{d}$ （或 $^{d}B/A \quad A$）$\Rightarrow \quad {}^{d}B$。

d. 若 $A = s$，则 $^{d}s = s$

但是下面的推演是无效的：

$A \quad {}^{d}A\backslash B$ （或 $B/^{d}A \quad A$）$\Rightarrow \quad B$。

依据特别规则 4.1，如果函项范畴中包含了增配标记 *d*，那么相应的论元范畴也必须包含标记 *d*，二者才有可能毗连组合。如果函项范畴中不包含标记 *d*，相应的论元范畴无论是否含有标记 *d*，都可以与函项范畴毗连组合。也就是说，带有增配标记 *d* 的范畴可以像普通范畴那样进入到范畴推演中。例如，及物动词的范畴为 $^{d}Qnp\backslash s\ /Qnp$，无论宾语的范畴是 *Qnp* 还是 ^{d}Qnp，都可以与之毗连组合生成范畴为 $^{d}Qnp\backslash s$ 的不及物动词短语，但是主语的范畴必须是 ^{d}Qnp。这就保证了在主语位置上的NP必须是有定的，而宾语位置上的NP可以是有定的也可以是无定的。具体例子见第六章的图 6.13。此外，标记 *d* 还具有继承性，无论是函项范畴中带有标记 *d* 还是论元范畴带有标记 *d*，二者毗连组合后得到的范畴仍然带有标记 *d*。但如果范畴是 *s*，则标记 *d* 失效，因为标记 *d* 只是在句子内部的推演中起作用。

现在，以“同学们来了”为例，说明 CCG_{MEM} 中 $NP_{有定}$-算子和Θ-算子在句法-语义并行推演中的应用。已知词库中有如下内容：

（4.21）a. 同学们 $[np] :\Rightarrow \lambda x.$**同学**$(x)$

b. 来了 $[^{d}Qnp\backslash s] : \Rightarrow \lambda ewii_{r}i_{u}.^{*}$**买了**$(ewii_{r}i_{u})$

c. 都（$^{\forall}\Theta_{\text{Agent}}$-算子） $[np\backslash ^dQnp]$

：⇒ $\lambda P\lambda^*\wp\lambda ewii,i_u\exists x.^*\wp(ewii,i_u) \wedge P(x) \wedge ^{\forall\geq 1}\mathbf{Ag}(e, x, ^{位}\mathbf{m})$

d. NP$_{有定}$-算子语义式 $[^dQnp/Qnp]$

：⇒ $\lambda P\exists x\forall y.P(y) \to [y = x \vee ^d\text{IsPart}_{同质}(y, x)]$

暂不考虑句子的时和体问题，"同学们都来了"句法的范畴推演过程大致如图 4.1 所示。

NP$_{有定}$-算子	同学们	都	来了
$^dnp/np$	np	$np\backslash Qnp$	$^dQnp\backslash s$

^dnp

^dQnp

s

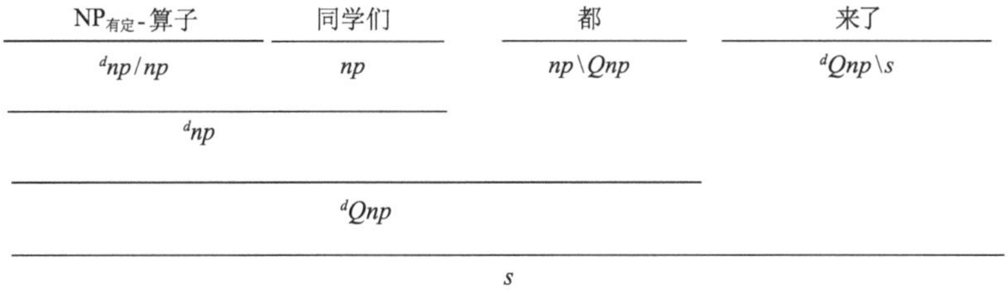

图 4.1 "同学们都来了"句法的范畴推演过程

范畴推演说明：①这里暂时将"都"处理成全称算子。从语言学的角度分析，这里的"都"具有左向语义约束的功能，也就是说，"都"是其左边 NP 的全称Θ-算子。在"同学们都买了书"中，"都"约束的是"同学们"，而"同学们"处于施事位置，因此这里的"都"被处理成一个具有全称量化的Θ$_{\text{Agent}}$-函项，范畴是 $np\backslash Qnp$。当然，"都"在现代汉语中，有着多种功能，本节的最后一小节还会专门讨论。②按照前文的分析，汉语主语位置隐含着[+有定]的特征，因此如果主语位置的 NP 不是一个有定 NP，则该位置隐含着一个 NP$_{有定}$-算子。依据陈平（2016），隐含着[+有定]的特征的位置还有"把"字句宾语位置、动词前宾语位置、双宾语结构中的近宾语位置等。

"同学们都来了"语义的 λ-演算过程如图 4.2 所示。

1. $\lambda ewii,i_u.^*$来了$(ewii,i_u)$ 【来了 $_{Qnp\backslash s}$】

   a. $\lambda P\lambda^*\wp\lambda ewii,i_u\exists x.^*\wp(ewii,i_u) \wedge P(x) \wedge ^{\forall\geq 1}\mathbf{Ag}(e, x, ^{位}\mathbf{m})$ 【都（$^{\forall}\Theta_{\text{Theme}}$-算子）$np\backslash Qnp$】

   ① $\lambda P\exists x\forall y.P(y) \to [y = x \vee ^d\text{IsPart}_{同质}(y, x)]$ 【NP$_{有定}$-算子 $^dnp\backslash np$】

   $\lambda y.$同学$(y) \wedge ^{位}\mathbf{m}(y) \geq 2$ 【同学们 $_{np}$】

   ② $\exists x\forall y.$同学$(y) \wedge ^{位}\mathbf{m}(y) \geq 2 \to [x = y \vee ^d\text{IsPart}_{同质}(y, x)]$

   ③ $\lambda x\forall y.$同学$(y) \wedge ^{位}\mathbf{m}(y) \geq 2 \to [x = y \vee ^d\text{IsPart}_{同质}(y, x)]$ 【同学们 $_{np}$】

   b. $\lambda^*\wp\lambda ewii,i_u\exists y.^*\wp(ewii,i_u) \wedge$ 同学$(y) \wedge ^{位}\mathbf{m}(y) \geq 2 \to [x = y \vee ^d\text{IsPart}_{同质}(y, x)] \wedge ^{\forall\geq 1}\mathbf{Ag}(e, x, ^{位}\mathbf{m})$ 【同学们都 $_{Qnp}$】

2. $\lambda ewii,i_u\exists y.^*$来了$(ewii,i_u) \wedge$ 同学$(y) \wedge ^{位}\mathbf{m}(y) \geq 2 \to [x = y \vee ^d\text{IsPart}_{同质}(y, x)] \wedge ^{\forall\geq 1}\mathbf{Ag}(e, x, ^{位}\mathbf{m})$ 【同学们都来了 $_s$】

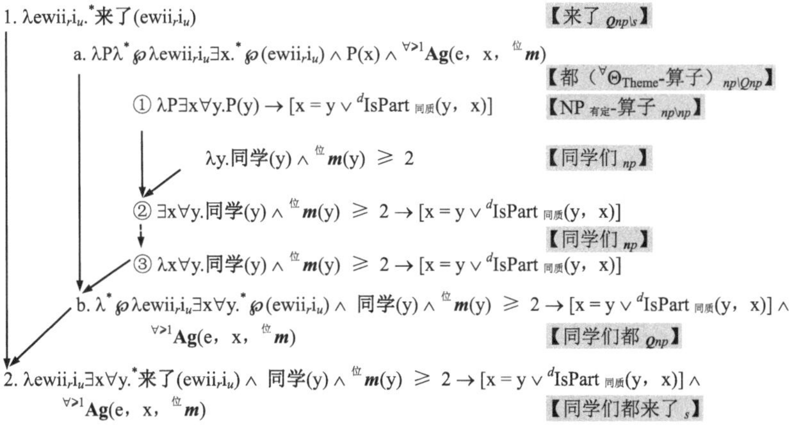

图 4.2 "同学们都来了"语义的 λ-演算过程

语义推演说明：图 4.2 中有两次类型转换，分别是从 1b 步到 1c 步和从 1d 步到 1e 步，最终得到的逻辑语义式是（4.22）a。显然这并不是“同学们都来了”的最终逻辑语义式。一个句子最终的逻辑语义式应该带有时和体的信息，在 CCG_{MEM} 中，没有时体信息的句子，没有真值，其范畴是 *s*。有时体信息的句子，其范畴是 *ATs*①。关于时和体的 λ-语义演算，第五章将详细讨论。现在将（4.22）a 做一个简单的存在封闭，临时得到一个有真值的句子逻辑语义式（4.22）b。

（4.22）a. $\lambda ewii_r i_u \exists x \forall y.{}^{*}\textbf{来了}(ewii_r i_u) \wedge \textbf{同学}(y) \wedge {}^{位}m(y) \geqslant 2 \wedge {}^{\forall\geqslant}$
$^{1}\mathbf{Ag}(e, y, {}^{位}m) \rightarrow [x = y \vee {}^{d}\mathrm{IsPart}_{同质}(y, x)]$
b. $\exists ewii_r i_u x \forall y.{}^{*}\textbf{来了}(ewii_r i_u) \wedge \textbf{同学}(y) \wedge {}^{位}m(y) \geqslant 2 \wedge {}^{\forall\geqslant}$
$^{1}\mathbf{Ag}(e, y, {}^{位}m) \rightarrow [x = y \vee {}^{d}\mathrm{IsPart}_{同质}(y, x)]$

（4.22）b 可以理解为：e 是一个具有本体性质“来了”的事件；且存在一个个体 x，满足：任意一个个体 y，若 y 与 e 有 Θ_{Agent}-函项关系，且有“同学”性质，且对 y 的任意构体 y′，e 都有一个 Θ_{Agent}-构体 e′使得 Agent(e′) = y′，则 y 就是那个 x。显然这正是希望得到的逻辑语义式。

另外注意，∅NP $_{有定}$-算子的范畴是 $^{d}Qnp/Qnp$，必须与量化 NP 毗连组合得到一个有定的量化 NP。但汉语中还存在一些有定标记词，如“那个、这个”等。与这些有定标记词对应的有定算子的范畴是 $^{d}np\backslash np$，即直接与非量化的 NP 毗连组合，得到一个非量化的有定 NP。具体参见第五章的图 5.14 和第六章的图 6.18。

二、关系谓词和基本 Θ-函项关系的拓展

“都”是汉语中典型的量化标记词，一般含有全称量化的语义②。这里所说的关系谓词，是指语言学意义上的关系名词，张宜生（2003）曾将汉语中的关系名词分为两类。第一类是逆互关系名词，如“师生、夫妻、兄弟”等。第二类是对等关系名词，如“朋友、邻居”等。“都”一旦与关系谓词搭配，就会产生极其复杂的量化依存关系。

（一）关系谓词的语言学分析

前文通过 λ-词项来刻画 NP 和 VP 之间的 Θ-函项关系，不仅可以将聚合-分配关系、全称-存在关系进行统一地刻画，而且以此为基础，还可以进一步刻画其他一些更为复杂的 Θ-函项关系。本小节以非数量 NP 和关系类谓词为例，讨论更为

① *ATs* 中的 *A* 和 *T* 分别代表 aspect 和 tense。

② “都”还有其他不同的用法，例如梯级隐含的用法（蒋严，1998；潘海华，2006；张谊生，2003；袁毓林，2005a；Xiang，2008；Xiang，2016），这些暂不在考虑范围之内。

复杂 Θ-函项关系的刻画。

所谓关系谓词是指表示个体之间相互关系的谓词，如逆互关系名词“夫妻、兄弟”和对等关系名词“朋友、邻居”等。但是从真值条件语义学的角度分析，逆互关系和对等关系的区别并没有对 Θ-函项关系产生影响（当然不排除在其他方面可能产生影响）。尽管如此，这些关系名词的内部，还是存在一些差异。与这些关系名词相关的谓词都可以称为关系类谓词。这里以“是朋友”和“是夫妻”为例，来分析两种限定关系类谓词和非限定关系类谓词对 Θ-函项关系的影响（袁毓林，2005b）。

（4.23）a. 来跳舞的人都是朋友。

b. （4.22）a 为真 当且仅当 若 x 属于来的人，则至少一个个体 x′满足 x′也属于来的人且 x 和 x′是朋友。

（4.24）a. 来跳舞的人都是夫妻。

b. （4.23）a 为真 当且仅当 若 x 是来跳舞的人，则有且只有一个个体 x′满足 x′也是来跳舞的人且 x 和 x′是夫妻。

从聚合-分配维度来讨论这些例子。与“围坐在一起”一样，“是朋友”也是一个聚合性质 VP，因此要求担任施事的加合个体至少有两个原子个体。但是与“围坐在一起”不同的是，“是朋友”并不要求论域中的相关个体都是朋友。例如，甲和乙是朋友，乙和丙是朋友，但是甲和丙可能并不是朋友，但这不影响（4.23）a 为真。与“是朋友”一样，“是夫妻”的聚合性质也不要求论域中的相关个体都“是夫妻”。但是如（4.24）b 的真值条件所示，只能有一个 x′可以与 x 一起充当“是夫妻”的施事。

（二）基本 Θ-函项关系的拓展

在定义 4.3 和定义 4.4 的基础上，对 Θ-关系元变元做出进一步限定，就可以得到一些拓展的 Θ-关系元变元。这些元变元可以刻画（4.23）和（4.24）中的关系谓词所表达的 Θ-量化依存关系。用下标 R 表示与关系谓词相关的 Θ-关系元变元，具体规定如下。

定义 4.8（拓展的 Θ-关系元变元）。

a. $^{\forall}\Theta_R$-元变元（即与关系谓词相关的全称 Θ-关系元变元）：

$^{\forall n}\boldsymbol{\theta}_R(e, x, {}^{v}\boldsymbol{m}_c) =_{def} \theta(e) = x \wedge \forall x'.{}^{d}IsPart_{同质}(x', x) \wedge {}^{v}\boldsymbol{m}_c(x') = n_c \rightarrow \exists x''[{}^{d}IsPartf_{同质}(x'', x) \wedge x'' \neq x' \wedge {}^{v}\boldsymbol{m}_c(x'') = n'_c \wedge \exists e'[{}^{e}IsPart_{\theta}(e', e) \wedge \theta(e') = x' \oplus_d x'' \wedge OnlyEvent(e', e, x' \oplus_d x'', \theta)]]$

【**注**：θ(e) = x 且对于任意一个 x′，如果 x′是 x 的一个构体，且 ${}^{v}\boldsymbol{m}_c(x') = n_c$，则 x 至少还存在的一个不同的构体 x″满足：${}^{v}\boldsymbol{m}_c(x'') = n_c$ 且 $x' \oplus_d x''$ 和 e 的特定 Θ-构体 e′有 θ 关系。】

b. $^{\exists}\Theta_R$-元变元（即与关系谓词相关的存在 Θ-关系元变元）：

$^{\exists n}\boldsymbol{\theta}_R(e, x, {}^{v}\boldsymbol{m}_c) =_{def} \theta(e) = x \wedge \exists e'x'x''.{}^{d}IsPart_{同质}(x', x) \wedge {}^{v}\boldsymbol{m}_c(x') = n_c \wedge {}^{d}IsPart_{同质}(x'', x) \wedge {}^{v}\boldsymbol{m}_c(x'') = n'_c \wedge x'' \neq x' \wedge {}^{e}IsPart_{\theta}(e', e) \wedge \theta(e') = x' \oplus_d x'' \wedge OnlyEvent(e', e, x' \oplus_d x'', \theta)$

【**注**：$\theta(e) = x$ 且 x 至少存在两个不同的构体 x′和 x″，满足 ${}^{v}\boldsymbol{m}_c(x') = n_c$，${}^{v}\boldsymbol{m}_c(x'') = n'_c$，且 e 存在一个特定的构体 e′使得 $\theta(e') = x' \oplus_d x''$。】

在定义 4.8 中，通过由语境确定的**位** $\boldsymbol{m}$(x)和**位** $\boldsymbol{m}$(x′)的数值，可以刻画出理论上的多种不同关系谓词的逻辑语义。例如，（4.25）a 中的**位** $\boldsymbol{m}(x') = 1$，而**位** $\boldsymbol{m}(x'') \geqslant 1$；（4.26）a 中的**位** $\boldsymbol{m}(x') = 1$，而**位** $\boldsymbol{m}(x'') = 1$。

（4.25）a. 来跳舞的人都是朋友。

b. $\exists\, ewii_r i_u x.^{*}$**是朋友**$(ewii_r i_u) \wedge$ **来跳舞的人**$(x) \wedge Agent(e) = x \wedge \forall x'[{}^{d}IsPart_{同质}(x', x) \wedge$ **位** $\boldsymbol{m}(x') = 1 \rightarrow \exists x''[{}^{d}IsPartf_{同质}(x'', x) \wedge x'' \neq x' \wedge$ **位** $\boldsymbol{m}(x'') \geqslant 1 \wedge \exists e'[{}^{e}IsPart_{\theta}(e', e) \wedge \theta(e') = x' \oplus_d x'' \wedge OnlyEvent(e', e, x' \oplus_d x'', \theta)]]]$

（4.26）a. 跳舞的人有些是夫妻。

b. $\exists ewii_r i_u x.^{*}$**是夫妻**$(ewii_r i_u) \wedge$ **来跳舞的人**$(x) \wedge Agent(e) = x \wedge \exists e'x'x''.{}^{d}IsPart_{同质}(x', x) \wedge$ **位** $\boldsymbol{m}(x') = 1 \wedge {}^{d}IsPart_{同质}(x'', x) \wedge$ **位** $\boldsymbol{m}(x'') = 1 \wedge x'' \neq x' \wedge {}^{e}IsPart_{\theta}(e', e) \wedge \theta(e') = x' \oplus_d x'' \wedge OnlyEvent(e', e, x' \oplus_d x'', \theta)$

（4.25）a 是与关系谓词相关的全称Θ-量化。在（4.25）b 中，e 是一个本体性质为**是朋友**的事件，Agent(e) = x，且 x 的任意一个个体 x′，若 x′是 x_1 的一个原子构体（**位** $\boldsymbol{m}(x') = 1$），则 x 必然至少另一个构体 x″满足：e 存在一个特定的Θ-构体 e′使得 $Agent(e') = x' \oplus_d x''$。因为有**位** $\boldsymbol{m}(x'') \geqslant 1$，所以 x′可以与“来跳舞的人”中的另一人也可以是多个人形成“朋友”关系。

（4.26）a 是与关系谓词相关的存在Θ-量化。在（4.26）b 中，e 是一个具有本体性质**是夫妻**的事件，Agent(e) = x，且在 x 的构体中，至少存在两个原子构体 x′和 x″满足：e 至少有一个Θ-构体 e′使得 $Agent(e') = x' \oplus_d x''$。因为有**位** $\boldsymbol{m}(x') = 1$ 和**位** $\boldsymbol{m}(x'') = 1$，所以具有夫妻关系的只能是 x 中的两个原子构体。

为了简洁，（4.25）和（4.26）都没有考虑“有定-无定”的问题。另注意，这里所说的“事件”实际上等同于 Bach（1986）的“事态”。“是……”表示的状态也被处理成事件个体，而“是朋友”和“是夫妻”指称两个事件。

将定义 4.8 中的 Θ-关系元变元带入到定义 4.4 中 Θ-算子的元逻辑语义式，就可以得到与关系谓词相关的拓展的 Θ-算子的逻辑语义式。

定义 4.9（拓展的Θ-算子）。

a. $^{\forall}\Theta_R$-算子：$\lambda P\lambda^{*}\wp\lambda ewii_r i_u \exists x.^{*}\wp(ewii_r i_u) \wedge P(x) \wedge {}^{\forall n}\boldsymbol{\theta}_I(x,\ {}^{\vee}\boldsymbol{m}_c,\ e)$。

b. $^{\exists}\Theta_{DR}$-算子：$\lambda P\lambda^{*}\wp\lambda ewii_r i_u \exists x.^{*}\wp(ewii_r i_u) \wedge P(x) \wedge {}^{\exists n}\boldsymbol{\theta}_I(x,\ {}^{\vee}\boldsymbol{m}_c,\ e)$。

三、Θ-函项中的“合作”关系

Θ-函项中的“合作”关系是指一些个体在某个Θ-函项中，相对于另一个Θ-函项存在“合作”关系。

（一）“合作”的语义分析

先考虑下面的例子：

（4.27）a. 张三和马丽种了四棵树。

b. 连队战士们在河上已经架起了两座简易桥。

以（4.27）a 为例，显然不能分析成：张三至少种了两棵树，马丽至少种了两棵树，两人种的树合计是四棵。因为完全有可能出现这样的情境：张三负责挖坑，马丽负责把树苗栽入坑中。在这种情况下，四棵树中没有任何一棵是张三种的，也没有任何一棵是马丽种的。（4.27）b 也存在类似的情况。

在有些句子中，出现了“合作”一词，因此“合作”关系得到了清楚地表达。而有些句子没有出现“合作”关系，会产生“合作”语义，如（4.28）中的例子。

（4.28）a. 张三和马丽合作发表了四篇论文。

b. 张三和马丽发表了四篇论文。

（4.28）a 中的“合作”一词清楚地表明了“四篇论文都是张三和马丽合作发表的”，这可以称为全称合作关系。（4.28）b 没有“合作”一词，从而产生了歧义。一方面，（4.28）b 有“非合作”的理解，即“张三和马丽各自发表了四篇论文，总数是八篇”或者“张三和马丽各自发表了论文，总数合计为四篇”；另一方面，（4.28）b 还有“合作”的理解，即“张三和马丽合作发表了四篇论文”。这又可以有两种理解：一是四篇论文都是二人合作的成果；二是四篇论文有一部分是二人合作的成果，有一部分是张三或马丽独自发表的。前一种理解是与（4.28）a 相同的全称合作关系，后一种理解称为存在合作关系。

本小节只考虑“合作”语义，非合作语义留待下一小节讨论。以（4.28）b 为例，其存在的合作关系分析如下。

a. 若四篇论文中有一些是“张三和马丽”合作发表的，也有一些是“张三”独立发表的，或者是“马丽”独立发表的，则从Θ_{Agent}-函项的角度看，“张三和马丽”是可分解的。即若 x'是**张三** $\oplus_d$ **马丽**的构体，则 e 有可能存在一个Θ_{Agent}-构体 e'使得 Agent(e′) = x′且 Theme(e′) = x″，而 x″ 是“四篇论文”的构体之一。由于从Θ_{Agent}-函项的角度看，“张三和马丽”并不都是合作关系，因此记作$^{\exists Col}$Agent①。

b. 从Θ_{Theme}-函项的角度看，因为不清楚“四篇论文”中哪些是合作发表的，哪些是独立发表的，因此只能将“四篇论文”看成是“张三”和“马丽”独立或合作发表的论文的并集，因此记作$^{\cup}$Theme。

依据上述分析，在Θ_{Agent}-函项关系中的“张三和马丽”是$^{\exists Col}$Agent。假设“张三和马丽”合作发表了三篇，最后一篇是马丽发表的，那么**马丽**作为**张三** $\oplus_d$ **马丽**的构体，e 存在一个Θ_{Agent}-构体 e′满足：Agent(e′) = **马丽**。但是**张三**作为**张三** $\oplus_d$ **马丽**的构体，e 就不存在一个Θ_{Agent}-构体 e′满足：Agent(e′) = **张三**。因此相对于Θ_{Theme}-函项关系中的“四篇论文”，“张三和马丽”就是$^{\exists Col}$Agent。

（4.28）b 的全称合作关系分析如下。

a. 若四篇论文都是“张三和马丽”合作发表的，则从Θ_{Agent}-函项的角度看，“张三和马丽”是不可分解的。因为按照构体论，若一篇论文是由张三和马丽生成的加合**张三** $\oplus_d$ **马丽**发表的，就不能说这篇论文是张三发表的，也不能说是马丽发表的。在Θ_{Agent}-函项关系中的“张三和马丽”只能做合作关系理解，记作$^{\forall Col}$Agent。

b. 从Θ_{Theme}-函项的角度看，“四篇论文”中的任意一篇，与之对应的施事都是“张三和马丽”，而不可能是其中的人。这样的 Theme-角色记作 $^{\wedge}$Theme②，表示客体的任意一个构体，与之对应的施事都是不可分解的。

据此，这种“合作”关系实际上是两个Θ-函项之间的量化依存关系。从形式语义学的角度，可以把这种关系刻画成两个 Θ-算子之间的关系。用“合作”的汉语拼音的首字母 **HZ** 表示两个 Θ-算子关系的谓词，并用上标“∀∧”表示全称合作关系的[$^{\forall Col}\theta_1$；$^{\wedge}\theta_2$]模式，用“∃∪”表示存在合作关系[$^{\exists Col}\theta_1$；$^{\cup}\theta_2$]模式。

---

① 其中的上标 Col 为 collective 的缩写，而∃Col 表示存在合作关系。

② 注意，这里使用并集符号、合取符号以及后面还会出现的析取符号，仅仅是为了区分 Agent-Theme 的量化模式而采用的符号，都不应看作是形式逻辑中严格意义上的合取、析取和并集符号。

这样两种合作关系的差异如表 4.1 所示。

表 4.1 合作关系的差异

合作关系	语义分析	Ag-Th 的量化依存模式	Θ 合作-算子
全称合作关系	**张三** $\oplus_d$ **马丽**发表了 x，且 x 是“四篇论文”	$[^{\forall Col}$Agent；$^{\wedge}$Theme$]$	$^{\forall\wedge}$**HZ**
存在合作关系	x 是“四篇论文”，其中至少有一篇是**张三** $\oplus_d$ **马丽**发表的，且至少有一篇或者是**张三**发表的，或者是**马丽**发表的	$[^{\exists Col}$Agent；$^{\cup}$Theme$]$	$^{\exists\cup}$**HZ**

（二）“合作”的逻辑语义

为了刻画Θ-函项之间的两种量化依存关系，$\mathscr{L}_{MEM}$ 给出了 $\Theta_{合作}$-算子，具体定义如下。

定义 4.10（Θ 合作-逻辑语义式）。

Θ 合作-算子的逻辑语义式：

HZ-算子元公式：$\lambda \boldsymbol{E}\exists ex_1x_2.E(x_1, x_2, e) \wedge {}^{*}\mathbf{HZ}({}^{HZn}\boldsymbol{\theta}_1(x_1, {}^{v}\boldsymbol{m}_c, e), {}^{HZn\prime}\boldsymbol{\theta}_2(x_2, {}^{v}\boldsymbol{m}'_c, e))$。

其中$^{*}\mathbf{HZ} \in \{^{\forall\cup}\mathbf{HZ}, {}^{\exists\cup}\mathbf{HZ}\}$，这些 $\Theta_{合作}$-关系元谓词的具体定义如下。

定义 4.11（$\Theta_{合作}$-关系元谓词）。

a. $^{\forall\wedge}\mathbf{HZ}({}^{dn}\boldsymbol{\theta}_1(x_1, {}^{v}\boldsymbol{m}_c, e), {}^{dn\prime}\boldsymbol{\theta}_2(x_2, {}^{v}\boldsymbol{m}'_c, e)) =_{def}$

$\forall x'\exists e'.{}^{d}IsPart_{同质}(x', x_1) \wedge {}^{v}\boldsymbol{m}_c(x') = n_c \wedge {}^{e}IsPart_{\theta 1}(e', e) \wedge \theta_1(e') = x' \rightarrow x' = x_1 \wedge e' = e] \wedge \forall x'[{}^{d}IsPart_{同质}(x', x_2) \wedge {}^{v}\boldsymbol{m}'_c(x') = n'_c \rightarrow \exists e'[{}^{e}IsPart_{\theta 2}(e', e) \wedge \theta_2(e') = x' \wedge \theta_1(e') = x_1]]$

【若 x'是 x_1 的构体，且 e 有一个 $\Theta_{\theta 1}$-构体 e'满足 $\theta_1(e') = x'$，则 $x' = x_1 \wedge e' = e$；反之，若 x'是 x_2 的构体，则 e 必然有一个 $\Theta_{\theta 2}$-构体 e'满足 $\theta_2(e') = x'$，且 $\theta_1(e') = x_1$。】

b. $^{\exists\cup}\mathbf{HZ}({}^{dn}\boldsymbol{\theta}_1(x_1, {}^{v}\boldsymbol{m}_c, e), {}^{dn\prime}\boldsymbol{\theta}_2(x_2, {}^{v}\boldsymbol{m}'_c, e)) =_{def}$

$\forall x'\exists e'.{}^{d}IsPart_{同质}(x', x_1) \wedge {}^{v}\boldsymbol{m}_c(x') = n_c \wedge {}^{e}IsPart_{\theta 1}(e', e) \wedge \theta_1(e') = x' \rightarrow \exists x''[{}^{d}IsPart_{同质}(x'', x_2) \wedge \theta_2(e') = x''] \wedge \forall x'[{}^{d}IsPart_{同质}(x', x_2) \wedge {}^{v}\boldsymbol{m}'_c(x') \geqslant n'_c \rightarrow \exists e'[{}^{e}IsPart_{\theta 2}(e', e) \wedge \theta_2(e') = x' \wedge \exists x''[{}^{d}IsPart_{同质}(x', x_1) \wedge \theta_1(e') = x'']]]$

【若 x'是 x_1 的构体，且 e 有一个 $\Theta_{\theta 1}$-构体 e'满足 $\theta_1(e') = x'$，则 x_2 至少存在一个构体 x''使得 $\theta_2(e') = x'$；反之，若 x'是 x_2 的构体，则 e 必然有一个 $\Theta_{\theta 2}$-构体 e'满足 $\theta_2(e') = x'$，且 x_1 至少存在一个构体 x''满足：$\theta_1(e') = x''$。】

定义 4.11 中的两个阴影部分分别对应元谓词 **HZ** 中 $\boldsymbol{\theta}_1$ 和 $\boldsymbol{\theta}_2$。将定义中的 $^{\forall\wedge}$**HZ** 或 $^{\exists\cup}$**HZ** 带入到定义 4.10 中的元公式，并依据语境确定 n 和 n′的数值，就得到可以进入句子语义推演的、表现不同Θ-函项间量化依存关系的逻辑语义式。

在句法上，**HZ**-算子的作用对象是范畴为 *s* 的句子，即其范畴是 *s/s*。在汉语中，**HZ**-算子可以是显性的，例如，“合作”这类词语就可以视为显性 **HZ** 标记词。因为“合作”表示Θ-函项间量化依存关系，所以应该与普通动词区分开。在 $\mathscr{L}_{\text{MEM}}$ 中，“合作”被赋予 *s/s* 范畴，同时被翻译成 **HZ**-算子。此外，有些事件的本体性质可以看成是隐含了 **HZ**-算子，例如，“建造大楼，制造飞机，开凿运河”等本体性质，在句子层面上，都隐含着在 Agent-Theme 之间存在的合作关系。由于“合作”这类词语需要在句子层面参与毗连组合，因此在句法层面就需要有移位操作。对于这种移位操作，CCG_{MEM} 设计了左向移位算子$^{\leftharpoondown}$，具体内容见第六章。

以“张三和马丽合作发表了四篇论文”为例，说明 **HZ**-算子的使用，该句子句法的范畴推演过程见图 4.3[①]。

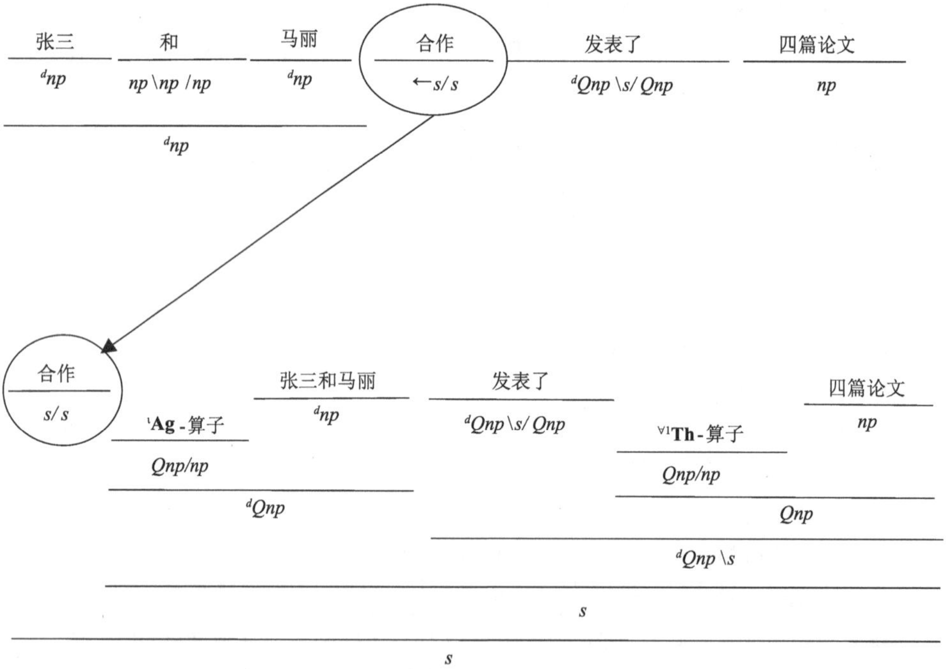

图 4.3　“张三和马丽合作发表了四篇论文”句法的范畴推演过程

在图 4.3 中，“合作”的范畴是$^{\leftharpoondown}s/s$，其中的上标←是左向移位算子，具体介

① 为了使分析不至于过于烦琐，对“了”不做分析，图 4.5 也是如此。

绍见第六章第二节。此外，“马丽”和“张三”是专用名词，本身就是有定的，所以范畴是 ^{d}np。

“张三和马丽合作发表了四篇论文”语义的 λ-演算过程见图 4.4。其中的 $^{篇}\boldsymbol{m}$ 和 $^{位}\boldsymbol{m}$ 都是依据语境选定的函子常元（functor），而相关的数值都是 1。这里因为不考虑时和体的问题，因此直接对第 4 行进行存在封闭，临时得到一个有真值的句子。另外，“张三和马丽”作为专名，本身是有定 NP，其范畴是 ^{d}np。另注意，这里采用将首字母加粗的方式表示增配范畴，如 ***n**p* 以及 ***Q**np*。

1\. $\lambda ewii_r i_u.{}^{*}\textbf{发表了}(ewii_r i_u)$　　【发表 $_{Qnp\backslash s/Qnp}$】

　　a. $\lambda P\lambda^{*}\wp\lambda ewii_r i_u \exists x.{}^{*}\wp(ewii_r i_u) \wedge P(x) \wedge \text{Theme}(e) = x$　　【Θ_{Theme}-算子 $_{Qnp/np}$】

　　　　$\lambda x.\textbf{四篇论文}(x)$　　【四篇论文 $_{np}$】

　　b. $\lambda^{*}\wp\exists ewii_r i_u \exists x.{}^{*}\wp(ewii_r i_u) \wedge \textbf{四篇论文}(x) \wedge \text{Theme}(e) = x$

　　【四篇论文 $_{Qnp}$】

2\. $\lambda ewii_r i_u \exists x \forall y.{}^{*}\textbf{发表了}(ewii_r i_u) \wedge \textbf{四篇论文}(x) \wedge \text{Theme}(e) = x$

　　【发表了四篇论文 $_{Qnp\backslash s}$】

　　a. $\lambda P\lambda^{*}\wp\lambda ewii_r i_u \exists x.{}^{*}\wp(ewii_r i_u) \wedge P(x) \wedge \text{Agent}(e) = x$　　【$^{\iota}\Theta_{\text{Agent}}$-算子 $_{Qnp/np}$】

　　　　$\lambda x.x = \textbf{张三}\oplus_d\textbf{马丽}$　　【张三和马丽 $_{np}$】

　　b. $\lambda^{*}\wp\lambda ewii_r i_u \exists x_1.{}^{*}\wp(ewii_r i_u) \wedge \text{Agent}(e) = x_1 = \textbf{张三}\oplus_d\textbf{马丽}$

　　【张三和马丽 $_{Qnp}$】

3\. $\lambda ewii_r i_u \exists x_1 x_2 \forall y.{}^{*}\textbf{发表了}(ewii_r i_u) \wedge \text{Agent}(e) = x_1 = \textbf{张三}\oplus_d\textbf{马丽} \wedge \textbf{四篇论文}(x_2) \wedge$
　　$\text{Theme}(e) = x_2$　　【张三和马丽发表了四篇论文 $_s$】

4\. $\lambda x_1 x_2 e \exists wii_r i_u \forall y.{}^{*}\textbf{发表了}(ewii_r i_u) \wedge \text{Agent}(e) = x_1 = \textbf{张三}\oplus_d\textbf{马丽} \wedge \textbf{四篇论文}(x_2) \wedge$
　　$\text{Theme}(e) = x_2$

　　$\lambda \boldsymbol{E}\exists ex_1x_2.\boldsymbol{E}(x_1, x_2, e) \wedge {}^{\forall\wedge}\textbf{HZ}({}^{HZ>1}\textbf{Ag}(x_1, {}^{位}\boldsymbol{m}, e), {}^{HZ>1}\textbf{Th}(x_2, {}^{篇}\boldsymbol{m}, e))$

　　【**HZ**-算子 $_{s/s}$】

5\. $\exists ewii_r i_u x_1 x_2 \forall y.{}^{*}\textbf{发表了}(ewii_r i_u) \wedge \text{Agent}(e) = x_1 = \textbf{张三}\oplus_d\textbf{马丽} \wedge \textbf{四篇论文}(x_2) \wedge$
　　$\text{Theme}(e) = x_2 \wedge {}^{\forall\wedge}\textbf{HZ}({}^{HZ>1}\textbf{Ag}(x_1, {}^{位}\boldsymbol{m}, e), {}^{HZ>1}\textbf{Th}(x_2, {}^{篇}\boldsymbol{m}, e))$

　　【张三和马丽发表了四篇论文 $_s$】

图 4.4　“张三和马丽合作发表了四篇论文”语义的 λ-演算过程

在图 4.4 中，最终的逻辑语义表征式是（4.29）a。

（4.29） a. $\exists ewii_r i_u x_1 x_2 \forall y.{}^{*}\textbf{发表了}(ewii_r i_u) \wedge \text{Agent}(e) = x_1 = \textbf{张三}\oplus_d \textbf{马丽} \wedge \textbf{四篇论文}(x_2) \wedge \text{Theme}(e) = x_2 \wedge {}^{\forall\wedge}\textbf{HZ}({}^{HZ\geqslant 1}\textbf{Ag}(x_1, {}^{位}\boldsymbol{m}, e), {}^{HZ\geqslant 1}\textbf{Th}(x_2, {}^{篇}\boldsymbol{m}, e))$

b. $\exists ewii_r i_u x_1 x_2 \forall y.$ ***发表了**$(ewii_r i_u) \wedge Agent(e) = x_1 =$ **张三**$\oplus_d$ **马丽** $\wedge$ **四篇论文**$(x_2) \wedge Theme(e) = x_2 \wedge \forall x' \exists e'[{}^d IsPart_{同质}(x', x_1) \wedge {}^{位}\boldsymbol{m}(x') = 1 \wedge {}^e IsPart_{Agent}(e', e) \wedge Agent(e') = x' \rightarrow x' = x_1 \wedge e' = e] \wedge \forall x'[{}^d IsPart_{同质}(x', x_2) \wedge {}^{篇}\boldsymbol{m}(x') = 1 \rightarrow \exists e'[{}^e IsPart_{Theme}(e', e) \wedge Theme(e') = x' \wedge Agent(e') = x_1]]$

依据定义 4.10，（4.29）a 等同于（4.29）b。如果（4.29）b 为真，则 e 的 Agent 是 $x_1 =$ **张三**$\oplus_d$**马丽**，而且若 x′是 x_1 的任意原子构体，且 e 存在一个 Θ_{Agent}-构体 e′满足 Agent(e′) = x′，则 x′就是 x_1 本身，e′也是 e 本身，这意味着 e 没有真 Θ_{Agent}-构体。同时 e 的 Theme 是 x_2，x_2 是一个具有“四篇论文”性质的个体，且若 x′是 x_2 的任意原子构体，则 e 必然有一个 Θ_{Theme}-构体 e′满足 Theme (e′) = x′∧ Agent(e′) = x_1，即 e′的 Agent 是**张三**$\oplus_d$ **马丽**。显然这就是希望得到的逻辑语义式。

依据同样的方式可以得到“张三和马丽发表了四篇论文”的存在合作解读。

（4.30）a. 张三和马丽发表了四篇论文（有合作也有非合作发表，论文总数是四篇）。

b. $\exists ewii_r i_u x_1 x_2 \forall y.$ ***发表了**$(ewii_r i_u) \wedge Agent(e) = x_1 =$ **张三**$\oplus_d$ **马丽** $\wedge$ **四篇论文**$(x_2) \wedge Theme(e) = x_2 \wedge {}^{\exists\cup}\mathbf{HZ}({}^{HZ\geqslant 1}\mathbf{Ag}(x_1, {}^{位}\boldsymbol{m}, e), {}^{HZ\geqslant 1}\mathbf{Th}(x_2, {}^{篇}\boldsymbol{m}, e))$

c. $\exists ewii_r i_u x_1 x_2 \forall y.$ ***发表了**$(ewii_r i_u) \wedge Agent(e) = x_1 =$ **张三**$\oplus_d$ **马丽** $\wedge$ **四篇论文**$(x_2) \wedge Theme(e) = x_2 \wedge \forall x' \exists e'[{}^d IsPart_{同质}(x', x_1) \wedge {}^{位}\boldsymbol{m}(x') = 1 \wedge {}^e IsPart_{Agent}(e', e) \wedge Agent(e') = x' \rightarrow \exists x''[{}^d IsPart_{同质}(x'', x_2) \wedge Theme(e') = x'']] \wedge \forall x'[{}^d IsPart_{同质}(x', x_2) \wedge {}^{篇}\boldsymbol{m}'(x') = 1 \rightarrow \exists e'[{}^e IsPart_{Theme}(e', e) \wedge Theme(e') = x' \wedge \exists x''[{}^d IsPart_{同质}(x', x_1) \wedge Agent(e') = x'']]]$

依据定义 4.10，（4.30）b 等同于（4.30）c。若（4.30）c 为真，则 e 的 Agent 是 $x_1 =$ **张三**$\oplus_d$**马丽**，而且若 x′是 x_1 的任意原子构体，且 e 存在一个 Θ_{Agent}-构体 e′满足：Agent(e′) = x′，则 x_2（即“四篇论文”所指的个体）必然存在一个构体 x″使得 Theme(e′) = x″。若 x′是 x_2 的任意原子构体，则 e 必然有一个 Θ_{Theme}-构体 e′满足：Theme (e′) = x′，且 x_1 必然存在一个构体使得 Agent(e′) = x″。

四、“都”的全称量化和分配解

前文在讨论全称Θ-量化时，用了“同学们都买了书”的例子。这样的句子只包含一个Θ-函项，而“都”就被视为与这个Θ相关的全称量化算子。但是如果句子中出现了多个Θ-函项，那么“都”会导致不同的Θ-函项之间存在复杂的量化依存关系。

现在考虑如何基于 $\mathscr{L}_{\mathrm{MEM}}$，给出恰当的Θ-算子，使得这样的量化依存关系得到恰当的处理。

（一）DOU-算子

现有的语言学文献对“都”有很多讨论。有些语言学文献认为“都”是一种全称量化算子，如“同学们都来了”中的“都”就是对论域中的“同学们”做全称量化（蒋严，1998；潘海华，2006）。本章第三节对“同学们都来了”的分析就是将“都”视为全称量化算子。

此外，有些文献认为“都”的语义贡献之一是用作事件加合算子（Huang，1998；袁毓林，2005b，2012），或者是最大化算子（Xiang，2008）。依据最大化算子理论，假设有 e_1 = “张三来了”和 e_2 = “马丽来了”，则“张三和马丽都来了”，可以分析成：$e = e_1 \oplus_{\Theta} e_2$。还有一些学者将“都”看成是分配算子（Lin，1998）。

这里从分配算子的角度考虑。以（4.31）为例，其中两个句子的唯一差异就是（4.31）b 中多了一个“都”。

（4.31）a. 张三和马丽发表了四篇论文。
　　　　b. 张三和马丽都发表了四篇论文。

如前文的分析，（4.31）a 存在“合作关系”和“非合作关系”的歧义。“合作关系”是指“张三和马丽一起合作发表了四篇论文”，而“非合作关系”是指“张三和马丽各自发表了四篇论文”。所谓的“合作关系”实际上就是分配解。对比（4.31）a 和（4.31）b，显然（4.31）b 中的“都”使得“发表了四篇论文”的性质分配到“张三和马丽”的每一个人身上。从这个角度看，“都”对其约束的 NP，起到了性质的分配作用。

现在的问题是，出现在宾语位置上的“四篇论文”并不是“张三和马丽”发表论文的全部。也就是说，（4.31）b 的逻辑语义式不是（4.31′）。

（4.31′）$\exists ex.$**发表**$(e) \wedge \mathrm{Agent}(e) =$ **张三**$\oplus_d$**马丽** $\wedge \mathrm{Theme}(e) = x \wedge$ **四篇论文**(x)

如果把**张三**$\oplus_d$**马丽**看成是 e 的 Agent，那么 e 的 Theme 就应该是八篇论文，而不是四篇，这就是（4.31′）的问题。为了解决这样的问题，需要从构体论的视角，把“都”看成是分配算子，即有如下分析。

“都”的分配解分析。

若（4.31）b 为真，则必然存在一个事件 e 满足：e 的施事是**张三**$\oplus_d$**马丽**，且对于**张三**$\oplus_d$**马丽**的任意一个原子构体 x，e 都有Θ_{Agent}-原子构体 e′使得 Agent(e′) = x，而 Theme(e′) = “四篇论文”，且 e′是一个“发表”事件。

据此，可以将“都”处理成特殊的Θ-算子，记作 DOU-算子。依据前文的分析，这里可以给出两种 DOU-算子。前文在分析“同学们都来了”中的“都”被处理成全称量化的$^{\forall}$DOU-算子，这里具有分配性质的“都”则处理成分配的^{D}DOU-算子，具体规定如下。

定义 4.12（DOU-算子的逻辑语义式）。

a. $^{\forall}$DOU-算子（$^{\forall}\Theta_{\theta}$-算子）: $\Rightarrow \lambda P\lambda^{*}\wp\lambda ewii_r i_u \exists x.^{*}\wp(ewii_r i_u) \wedge P(x) \wedge {}^{\forall n}\theta(e, x, {}^{\vee}\boldsymbol{m}_c)$。

b. ^{D}DOU-算子: $\Rightarrow \lambda P\lambda^{*}\wp\lambda e'wii_r i_u \exists ex.\theta^{\text{都}}(e) = x \wedge P(x) \wedge \forall x'[{}^{d}IsPart_{\text{同质}}(x', x) \wedge {}^{\vee}\boldsymbol{m}_c(x') = n_c \rightarrow {}^{*}\wp(e'wii_r i_u) \wedge {}^{e}IsPart_{\theta\text{-}AT}(e', e) \wedge \theta^{\text{都}}(e') = x']$。

在定义 4.12b 中，$\theta^{\text{都}}$是直接受到“都”约束的Θ-函项，而 θ′是受到“都”影响的Θ-函项。另外，定义 4.12a 中的$^{\forall}$DOU-算子实际上等同于$^{\forall}\Theta_{\theta}$-算子，也是前文分析“同学们都来了”时用到的。^{D}DOU-算子与$^{\forall}$DOU-算子的不同之处在于：^{D}DOU-算子只涉及一个Θ-函项的量化关系，而^{D}DOU-算子虽然在约束一个Θ-函项时不改变另一个Θ-函项的量化关系，但毕竟涉及两个Θ-函项。

（二）“都”的实例分析

下面以“张三和马丽都发表了四篇论文”为例，说明^{D}DOU-算子的作用。其句法的范畴推演过程见图 4.5，语义的λ-演算过程见图 4.6。

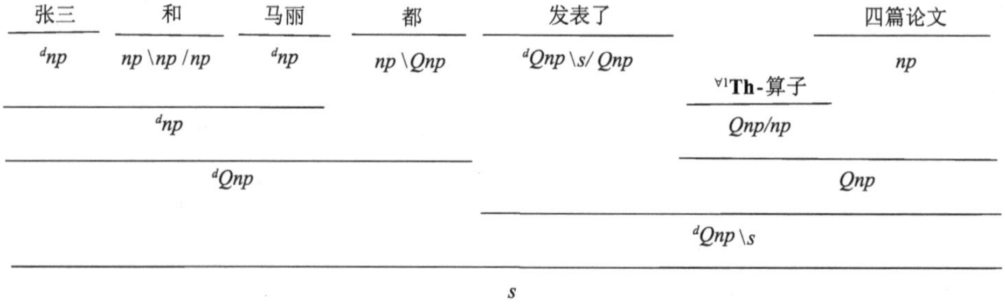
张三
和
马丽
都
发表了
四篇论文
dnp
np \np /np
dnp
np \Qnp
dQnp \s/ Qnp
np
∀1Th-算子
Qnp/np
dnp
dQnp
Qnp
dQnp \s
s

图 4.5 “张三和马丽都发表了四篇论文”句法的范畴推演过程

本质上，“都”就是一个特殊的Θ-算子，作用就是对 NP 进行题元角色量化，因此^{D}DOU-算子的范畴与Θ-算子相似。同时，因为“都”具有左向语义约束的特征，所以范畴为 *Qnp\np*。

1. $\lambda ewii_ri_u.{}^{*}\textbf{发表了}(ewii_ri_u)$　【发表 $_{Qnp\backslash s/Qnp}$】

　a. $\lambda P\lambda^{*}\wp\lambda ewii_ri_u\exists x.{}^{*}\wp(ewii_ri_u) \wedge P(x) \wedge {}^{\forall>1}\textbf{Th}\,(e,\ x,\ {}^{篇}\boldsymbol{m})$　【Θ_{Theme}-算子 $_{Qnp/np}$】

　$\lambda x.\textbf{四篇论文}(x)$　【四篇论文 $_{np}$】

　b. $\lambda^{*}\wp\lambda ewii_ri_u\exists x.{}^{*}\wp(ewii_ri_u) \wedge \textbf{四篇论文}(x) \wedge {}^{\forall>1}\textbf{Th}\,(e,\ x,\ {}^{篇}\boldsymbol{m})$　【四篇论文 $_{Qnp}$】

2. $\lambda ewii_ri_u\exists x.{}^{*}\textbf{发表了}(ewii_ri_u) \wedge \textbf{四篇论文}(x) \wedge {}^{\forall>1}\textbf{Th}\,(e,\ x,\ {}^{篇}\boldsymbol{m})$　【发表了四篇论文 $_{Qnp\backslash s}$】

　a. $\lambda P\lambda^{*}\wp\lambda e'wii_ri_u\exists ex.Agent(e) = x \wedge P(x) \wedge \forall x'[{}^{d}IsPart_{同质}(x',\ x) \wedge {}^{位}\boldsymbol{m}(x') = 1 \rightarrow {}^{*}\wp(e'wii_ri_u) \wedge {}^{e}IsPart_{Agent\text{-}AT}(e',\ e) \wedge Agent(e') = x']$　【^{D}DOU-算子 $_{np\backslash Qnp}$】

　$\lambda x.\ x = \textbf{张三}\oplus_d\textbf{马丽}$　【张三和马丽 $_{np}$】

　b. $\lambda^{*}\wp\lambda e'wii_ri_u\exists e.Agent(e) = \textbf{张三}\oplus_d\textbf{马丽} \wedge \forall x'[{}^{d}IsPart_{同质}(x',\textbf{张三}\oplus_d\textbf{马丽}) \wedge {}^{位}\boldsymbol{m}(x') = 1 \rightarrow {}^{*}\wp(e'wii_ri_u) \wedge {}^{e}IsPart_{Agent\text{-}AT}(e',\ e) \wedge Agent(e') = x']$　【张三和马丽 $_{Qnp}$】

3. $\lambda e'wii_ri_u\exists e.Agent(e) = \textbf{张三}\oplus_d\textbf{马丽} \wedge \forall x'[{}^{d}IsPart_{同质}(x',\ \textbf{张三}\oplus_d\textbf{马丽}) \wedge {}^{位}\boldsymbol{m}(x') = 1 \rightarrow \exists x[{}^{*}\textbf{发表了}(e'wii_ri_u) \wedge \textbf{四篇论文}(x) \wedge {}^{\forall>1}\textbf{Th}\,(e',\ x,\ {}^{篇}\boldsymbol{m})] \wedge {}^{e}IsPart_{Agent\text{-}AT}(e',\ e) \wedge Agent(e') = x']$　【张三和马丽都发表了四篇论文 $_{s}$】

图 4.6　“张三和马丽都发表了四篇论文”语义的λ-演算过程

（4.32）b 就是图 4.6 中最后得到的逻辑表达式。因为还没有对范畴为 s 的句子进行时和体的运算，所以其类型还不是$\langle t\rangle$的逻辑语义式。这里进行简单的存在封闭，就得到（4.32）c。

（4.32）a. 张三和马丽都发表了四篇论文。

b. $\lambda e'wii_ri_u\exists e.Agent(e) = \textbf{张三}\oplus_d\textbf{马丽} \wedge \forall x'[{}^{d}IsPart_{同质}(x',\ \textbf{张三}\oplus_d\textbf{马丽}) \wedge {}^{位}\boldsymbol{m}(x') = 1 \rightarrow \exists x[{}^{*}\textbf{发表了}(e'wii_ri_u) \wedge \textbf{四篇论文}(x) \wedge {}^{\forall\geq 1}\textbf{Th}\,(e',\ x,\ {}^{篇}\boldsymbol{m})] \wedge {}^{e}IsPart_{Agent\text{-}AT}(e',\ e) \wedge Agent(e') = x']$

c. $\exists e'wii_ri_u ex.Agent(e) = \textbf{张三}\oplus_d\textbf{马丽} \wedge \forall x'[{}^{d}IsPart_{同质}(x',\ \textbf{张三}\oplus_d\textbf{马丽}) \wedge {}^{位}\boldsymbol{m}(x') = 1 \rightarrow \exists x[{}^{*}\textbf{发表了}(e'wii_ri_u) \wedge \textbf{四篇论文}(x) \wedge {}^{\forall\geq 1}\textbf{Th}\,(e',\ x,\ {}^{篇}\boldsymbol{m})] \wedge {}^{e}IsPart_{Agent\text{-}AT}(e',\ e) \wedge Agent(e') = x']$

d. $\exists ewi'i_ri_u\exists x.{}^{*}\textbf{发表了}(ewi'i_ri_u) \wedge Agent(e) = \textbf{张三}\oplus_d\textbf{马丽} \wedge Theme(e) = x \wedge \textbf{论文} \wedge {}^{篇}\boldsymbol{m}(x') = 8 \wedge \forall x'[{}^{d}IsPart_{同质}(x',\ \textbf{张三}\oplus_d\textbf{马丽}) \wedge {}^{位}\boldsymbol{m}(x') = 1 \rightarrow \exists e'[{}^{e}IsPart_{Agent\text{-}AT}(e',\ e) \wedge \exists x''[{}^{d}IsPart(x'',\ x) \wedge \textbf{四篇论文}(x'') \wedge Theme(e') = x'']]]$

依据 Θ-关系元变元的定义（定义 4.3a），从（4.32）c 中的“**四篇论文**$(x) \wedge$

$^{\forall\geq 1}\mathbf{Th}(e', x, {}^{\text{篇}}\boldsymbol{m})$”可知：e′是“发表了四篇论文”的事件，而 Agent(e′)是**张三**$\oplus_d$**马丽**的任意构体 x′，且${}^{\text{位}}\boldsymbol{m}(x') = 1$。显然这样的 e′只有两个，而 e 是这两个 e′的同质加合。依据事件的其他元性质中的向上留驻性（定义 3.18），则 e 必然也是“发表论文”性质的事件，且依据事件区间的定义（定义 2.7），e 的事件区间 i′是两个 e′事件区间的最大加合区间。再依据 Θ-累积性的定义（定义 4.5），则必然有 Theme(e)是具有“八篇论文”性质的个体。据此，从（4.32）c 可以推导出（4.32）d。

第五章　时和体的逻辑语义表征

引　　言

按照一般的文献，时和体共同构成了自然语言中事件的时间语义。Reichenbach（1947）采用“三时制”来说明时和体的关系，用 S 表示说话时刻（point of speech），E 表示事件时刻（point of event），R 表示参照时刻（point of reference）。时旨在说明 R 和 S 的关系，如以 i_u 为参照点的过去时、现在时或将来时等。与时不同，体旨在说明 E 和 R 的关系。按照 Comrie（1976）的经典定义：体指某一情景内部的时间构成，如情景的起始阶段、中继阶段或终结阶段等。

不过从形式语义学的角度看，视点体和时更为接近，情状体则比较特殊。因为视点体侧重说明事件区间 i 和 i_r 之间的关系，与侧重说明 i_r 与 i_u 关系的时结合在一起，就可以在时轴对事件进行定位。依据这种区间关系，还可以进一步确定事件存续的可能世界。相反，情状体本身不涉及事件的时轴定位，而只是说明事件内部（即事件 T-构体）的情状性质。

正因为如此，在 CCG_{MEM} 的框架下，在句法层面，有时有视点体的句法结构算子，却没有情状体的句法结构算子。除此之外，在下文的讨论中，因为采用的是形式语义学的视角，因此对体的分类（尤其是视点体的分类）并没有完全遵循一般文献中的做法。在下文的讨论中，视点体被分为两个层级，即**基本视点体**和**基本视点体的子类**。前者包括已然体、未然体和完整体，而子类仅以完整体的子类为例，包括终结体、未终结体、起始体、进行体和惯常体五类。区分不同基本视点体的依据是事件区间 i 与 i_r 的关系，而基本视点体的子类则介于视点体和情状体之间，如区分上述五个子类的依据就是 i_r 之内的事件情状。

本章讨论的核心是解决进行体和惯常体的难题。虽然进行体和惯常体有着明显的不同，但是依据现有的文献研究，要在形式语义层面做区分，并不是一件容易的事情。例如，“上半年我见到约翰时，他正在学习汉语”和“9 点半左右我见到约翰时，他正在学习汉语”都可以看成是进行体，但是这两个句子又有很大的不同。如果前一句为真，那么“我见到约翰时，他正在学习民乐”不一定为假。但是如果后一句为真，则“9 点半左右我见到约翰时，他正在学习民乐”为假。究其原因，前一个句子表示在相当长的一个区间上存在多个“约翰学习汉语”事件，而后一个句子表示在一个较短的区间上存在一个“约翰学习汉语”事件。可是在构体论的视角下，多个“约翰学习汉语”事件可以合并为一个“大”的事件，而一个“约翰学习汉语”也可以分解成更加“细小”的事件。由此，两个在语感上有着明显差异的句子，在真值条件上却不好区分。在多维构体论以及时体交互语义的视角下，本章提出刻画进行体和惯常体逻辑语义的新方案。

另请注意，在讨论时和体时，默认 i_r 和 i_u 为连续区间。

第一节　时和体的研究综述

无论是依据 Reichenbach（1947）还是 Comrie（1976），时都是指 i_u 与 i_r 的关系，而体是 i_r 与事件区间 i 的关系。这里需要说明的是，按照一般的理解，i_u 应该被理解成一个瞬间性区间。但是在 $\mathscr{L}_{\text{MEM}}$ 中，除非因特殊情况，否则 i_u 被认为是一个非瞬间性区间。事实上，如瞬间性的定义（定义 3.19a），在自然语言语义中，瞬间并不是一个物理概念，而是一个认知概念。从认知的角度看，如果某个区间被认为不再具有内部结构，则该区间就是一个瞬间性区间，但是如果需要对该区间做内部结构分析，则即便该区间的时长很短暂，也可以视为一个非瞬间性区间。

在时体系统中，时的主要功能是通过与视点体组合，从而以 i_r 和 i_u 为参照点给事件进行时轴定位。例如，在英文中，*John sang* 和 *John was singing* 有着不同的体语义，前者表示一个“约翰唱歌”的完整事件 e，而后者表示的是 e 的中间阶段。但是二者的时语义是相同的，即在时轴上都定位在早于 i_u 的时间里。再如，汉语中的“马丽昨天写完毕业论文”，“昨天”是时标记词，而“写完”中的“完”是终结体的体标记词。二者结合生成的时体标记表明，“写完毕业论文”事件是发生在早于 i_u 的且具有性质“一天”的区间里。

一、时语义推理与可能世界

依据 Hewson（2012），体表征的是事件所包含的时间，而时表征的是限制事件的时间。理解句子的时语义对理解句子的蕴涵关系十分重要，如在下面英语例句中（Steedman，2010），同样都是动词 *lose*，但是在（5.1）a 中与 find 是不相容的，而在（5.1）b 中与 find 是相容的。

（5.1）a. *I have lost my watch* (**but I have found it again*).

b. *Yesterday, I lost my watch* [*but I* (*have*) *found it again*].

（5.1）a 是完成时，如果 *I have lost my watch*（我把手表丢了）为真，则“手表丢了”应该是延续到说话区间为止都存在的状态，因此必然与 *I have found my watch*（我已经找到了手表）产生矛盾。但是（5.1）b 是过去时，*I lost my watch* 是“昨天”的某个子区间发生的事件，不涉及该子区间之后的区间，因此与 *I* (*have*) *found my watch* 没有矛盾。再如，Burgess（1984）对下面这段对话的分析。

（5.2）a. *Smith*: *Have you heard? Jones is going to Albania!*（你听说了吗？琼斯要去阿尔巴尼亚！）

b. *Smythe*: *He won't get in without an extra-special visa. Has he remembered to apply for one?*（如果没有特别签证，他不可能去的。他记得申请签证了吗？）

c. *Smith*: *Not yet, so far as I know.*（就我所知，还没有。）

d. *Smythe*: *Then he'll have to do so soon.*（那他将不得不很快去做了。）

从时语义的角度，Burgess（1984）对（5.2）中的对话做如下分析。

（5.3）a. 在晚于现在的时间，“*Jones* 访问阿尔巴尼亚”。

b. 在晚于现在的任意时间，如果“*Jones* 访问阿尔巴尼亚”，则需要在较早一点的时间，“*Jones* 申请签证”。

c. 在早于或等于现在的任意时间，“*Jones* 申请签证”都不为真。

d. 所以“*Jones* 申请签证”是晚于现在的时间。

据此，用 c 表示说话时间，u 和 t 表示任意时间，P 和 Q 分别表示“*Jones* 访问阿尔巴尼亚”和“*Jones* 申请签证”，Burgess（1984）给出如下形式表征。

（5.4）$\exists t(c < t \wedge P(t))$

$\forall t(c < t \wedge P(t) \rightarrow \exists u(u < t \wedge Q(u)))$

$\neg\exists t((t < c \vee t = c) \wedge Q(t))$

?$\exists t(c < t) \wedge Q(t)$

在逻辑学领域，时态逻辑一直是一个重要的研究领域，先后出现了多种不同的刻画时态的逻辑系统，如 van Benthem（1991）、Rini 和 Cresswell（2012）等，其中最为常用的有两种方式：一是采用模态算子的方式；二是在传统谓词逻辑的基础上，引入时间论元。例如，Burgess（1984）用 F 和 P 作为时算子，前者表示一个命题在将来要成真，即“*it will be the case that ...*”，后者表示一个命题在过去成真，即“*it was the case that ...*”。这样（5.4）就变成了（5.5），其中的 p 和 q 分别表示命题“*Jones* 访问阿尔巴尼亚”和“*Jones* 申请签证”。

（5.5）Fp

$\neg F(p \wedge \neg Pq)$

$\neg Pq \wedge \neg q$

?Fq

另一种方式则是引入时间论元。这种方式的优势在于更符合组合性原则，因为依据这样的方式，可以通过 λ-词项直接给出表示时语义成分的逻辑语义。如英语动词的曲折形式和一些时语义的词汇等，都可以得到相应的 λ-词项作为自己的逻辑语义式。以 Grønn 和 von Stechow（2016）为例，不含时语义的命题类型为 $\langle i, t\rangle$，而时被解释成一个时间和命题有序对的集合，如（5.6）所示。

（5.6）a. *Mary called.*（马丽叫道。）

b. $\exists$t[t *is before now* $\wedge$ *Mary call*(t)]

There is a time t before now, such that Mary calls at t.

c. $[\![\mathrm{P}]\!] = \lambda t.\lambda Q_{it}.(\exists t')[t' \text{is before } t \wedge Q(t')]$

英文中表示过去时的-ed 等词缀就可以被视为一种过去时函项 P，从而得到（5.6）c 中的 λ-词项作为自己的逻辑语义式，而该词项可以直接与命题做 λ-还原演算。由于这种优势，类似的处理方式在形式语义学中更受欢迎。

无论是采用模态算子的方式还是引入时间论元，都意味着一个命题的真值不是取决于说话区间时的情境，而是以说话区间为参照的另一个参照区间的情境（Portner & Kuhn, 2002）。例如，依据蒙太格语法的风格，有如下的解释（Grønn & von Stechow，2016）。

（5.7）$[\![\mathrm{H}\alpha]\!]^{\mathrm{i}} = 1$ 当且仅当 $(\exists \mathrm{i}'<\mathrm{i})[\![\alpha]\!]^{\mathrm{i}'} = 1$

再如在邹崇理（2000）中，用 t 表示时间的个体变项，用 n 表示个体常项（通常表示说话时间），则有：

（5.8）$[\![\mathrm{n}]\!]_{\mathfrak{U},\mathrm{i},\mathrm{g}} = \mathrm{i}$；

$[\![\mathrm{PAST(t)}]\!]_{\mathfrak{U},\mathrm{i},\mathrm{g}} = 1$ 当且仅当 $[\![\mathrm{t}]\!]_{\mathfrak{U},\mathrm{i},\mathrm{g}} < \mathrm{i}$；

$[\![\mathrm{FUT(t)}]\!]_{\mathfrak{U},\mathrm{i},\mathrm{g}} = 1$ 当且仅当 $\mathrm{i} < [\![\mathrm{t}]\!]_{\mathfrak{U},\mathrm{i},\mathrm{g}}$；

$[\![AT(t，\varphi)]\!]_{\mathfrak{U},i,g}=1$ 当且仅当 $[\![\varphi]\!]_{\mathfrak{U},i',g}=1$，$i'=[\![t]\!]_{\mathfrak{U},i,g}$；

……

依据邹崇理（2000），（5.9）a 的逻辑语义式是（5.9）b。

（5.9）a. 至此，李四已经回答了全部的问题。

b. $\exists t.t\subseteq \mathbf{zhici}\ \&\ n\subseteq_{fi}\mathbf{zhici}\ \&\ AT(t,\forall x[\mathbf{wenti}(x)\rightarrow Perf\mathbf{huida}(\mathbf{l},x)])$

（5.9）b 中的 **zhici** 代表“至此”所表示的区间，**huida** 是与“回答”对应的谓词，**l** 是与“李四”对应的常元，Perf 是完成体算子。直观地理解，（5.9）b 表明：在“至此”所表示的区间之内存在一个区间 t 满足：说话区间 n 是“至此”所表示的区间的终结区间，且在区间 t 上，命题$\forall x[\mathbf{wenti}(x)\rightarrow Perf\mathbf{huida}(\mathbf{l}，x)]$为真。类似的处理在 Lin（2005）中也可以见到，例如，按照 Lin（2005），（5.10）的逻辑语义式是（5.11）。

（5.10）a. 张三打破一个花瓶。

b. 他带我去台北。

（5.11）a. $\lambda t_{Top}\exists t\exists x[t\subseteq t_{Top}\wedge vase'(x)\wedge break'(Zhangsan')(x)(t)]$

b. $\lambda t_{Top}\exists t[t\subseteq t_{Top}\wedge take'(me')(to\text{-}Taipei')(he')(t)]$

这里的 t_{Top} 表示说话时间，break′是与“打破”对应的谓词常元，而 take′是与“带……去”对应的谓词常元。

虽然从逻辑学的角度看，这种方式无可厚非，但是作为自然语言的语义，时语义与体语义甚至情态意义都是密切联系的。因此在应用层面，将时间逻辑和模态逻辑交织在一起的逻辑系统更具有实践意义，如英国逻辑学家加贝（D. M. Gabbay，1976）中的二维时逻辑等。

时语义与事件的确定性密切相关。依据 Thomason（1984）的历史必然性（historical necessity），过去的事情已经确定，只有未来的事情存在分支的可能性（opening to branching）。从事件语义学的视角看，如第三章的图 3.19 所示，若 e 早于说话区间，则 e 的存续世界通常就是说话者世界；但如果 e 迟于说话区间，则未必如此。这里特别要强调“通常”二字，因为事件的确定性还需要考虑参照区间。

为了能解决上述问题，最简单的方式就是 Thomason（2002）所说的 T×W 的方式。T 是时间的集合，集合中存在线性序列关系$\prec$，W 是世界的集合。假设 F 是将来时算子，则有 $w\in W$，$t\in T$，$F\varphi$ 在$\langle w，t\rangle$为真 当且仅当 φ 在$\langle w'，t'\rangle$为真，其中 $t\prec t'$，$w'\in W$。例如，Condoravdi（2002）在刻画模态（或情态）意义在时

间上的变化，引入了如下概念。

a. 区间的集合 T_I 定义基本等同于 $\boldsymbol{D}_i$。

b. W_O、E_V 和 S_T 分别是世界、事件和状态的集合；时间轨迹函项 τ：$(E_V \cup S_T) \times W_O \rightarrow (T_I \cup \{\varnothing\})$。如果一个事件或状态 e 存在 w 中，则有 $\tau(e, w) \in T_I \cup \{\varnothing\}$；若 e 没有在 w 中实现，则 $\tau(e, w) = \varnothing$。

CCG_{MEM} 采用的就是第二种方式，而且为了能在统一的框架下，实现时与体的语义组合生成，将事件论元 e、可能世界论元 w、事件区间论元 i、参照区间论元 i_r 和说话区间 i_u 同时作为事件的五元关系谓词$^*\wp$ 的论元。

二、体的分类和转换

本小节主要对体的语言学研究稍作梳理，以便更好地理解后文从形式语义学的角度讨论体。Smith（1997）将体分为视点体和情状体，前者主要依据 VP 的语义成分中包含了对事件描述的视角而对 VP 进行归类，后者主要依据 VP 的语义成分中包含了事件的情状特征而对动词或 VP 进行归类。

依据 Smith（1997），视点体主要有三种，而情状体有五种。

Smith（1997）给出的视点体：①完整体（perfective viewpoint）：聚焦在情境的整体上，包含了起始点和终结点。②未然体（imperfective viewpoint）：聚焦情境的某个部分，不包括起始点和终结点。③中性体（neutral viewpoint）：具有一定的灵活性，包括情境的起始点和至少一部分中继阶段。

Smith（1997）给出的情状体：①状态：如 *know the answer*（知道答案），*love Mary*（爱马丽）。②活动：如 *laugh*（笑），*stroll in the park*（在公园散步）。③完结：如 *build a house*（建造一所房子），*walk to school*（走向学校），*learn Greek*（学习希腊语）。④单次体（semelfactives）：如 *tap*（轻敲）、*knock*（敲）。⑤达成：如 *win a race*（赢得竞速比赛），*reach the top*（到达顶峰）。

按照 Smith（1997）的分析：情状体主要是由动词性词汇决定的，因此也称为词汇体；视点体主要通过语法手段进行表述，因此也称为语法体。除了单次体之外，Smith（1997）中的情状体直接采用了 Vendler（1967）的分类。实际上，很多文献都讨论过这些情状体的差异（Vendler，1967；Smith，1997；Rothstein，2004，2008a，2008b；Thompson，2005；Robering，2014；Hovav et al.，2010）。而且随着研究的深入，学者对情状体的分类越来越细，种类也变得越来越多。其中尤以 Dölling（2014）做的分类最为典型，具体见图 5.1。

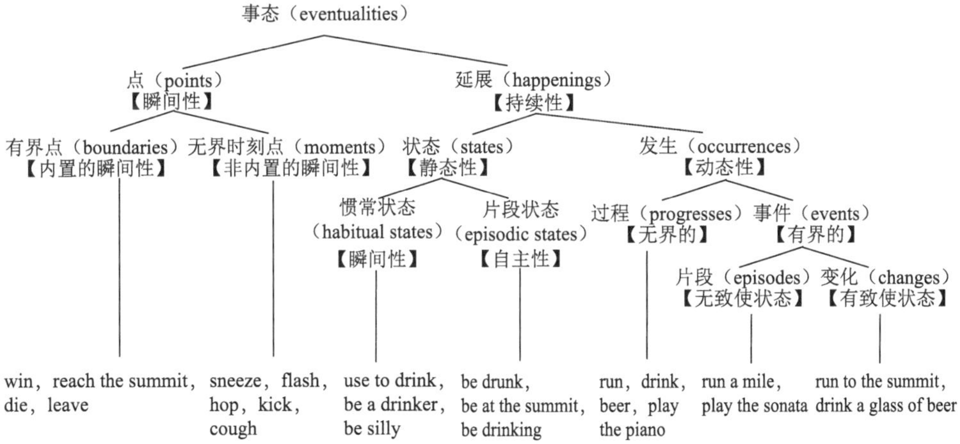

图 5.1　Dölling 对体的分类

以事态为例，Dölling（2014）依据是否有延续性将事态分为点和延展[①]，其中点又依据是否有界，分为有界点和无界时刻点，后者就是 Smith（1997）中的单次情状体，而前者是 Vendler（1967）中的达成体（减去单次体）。同时，状态也被进一步区分为惯常状态和片段状态。按照 Dölling（2014）自己的解释，前者是一种习惯性、倾向性或一种能力，而后者则指在某个方面具有自主性和自持性的状态。二者的区别实际上类似于阶段层面谓词（stage-level predicate）和个体层面谓词（individual-level predicate）在表示状态时的区别[②]。例如，*be silly*（是愚蠢的），*use to drink*（习惯喝酒）是惯常状态，而 *be drunk*（喝醉了）是片段状态。在 Dölling（2014）所用的术语中，"事件"只是与状态对应的发生之下的、与过程对应的一个类。在事件之下，又按照是否有致使状态而分为片段和变化两个类，前者如"跑了 1000 米"，后者如"跑到山顶"。

尽管理论上，体在不同层次上可以分成不同类别，例如 Smith（1997）等分为两个层次，Dik（1997）分成三个层次，陈前瑞（2005）则分为四个层次。但是毫无疑问，情状体并不是原子概念，这意味着不同层次上不同类的体存在各种关联和转换关系（Dowty，1979；Rothstein，2004，2008b；Verkuyl，1972，1993；Robering，2014），如图 5.2 所示[③]。

① 依据原文，这里的 happenings 与 points 对立，区别在于前者有持续性而后者有瞬间性，因此将 happenings 译成"延展"。

② Kratzer（1995）在 Carlson（1980）和 Milsark（1977，1979）的基础上区分了两类谓词。

③ 引自 Steedman（2010：931），但原图出自 Moens 和 Steedman（1988）。

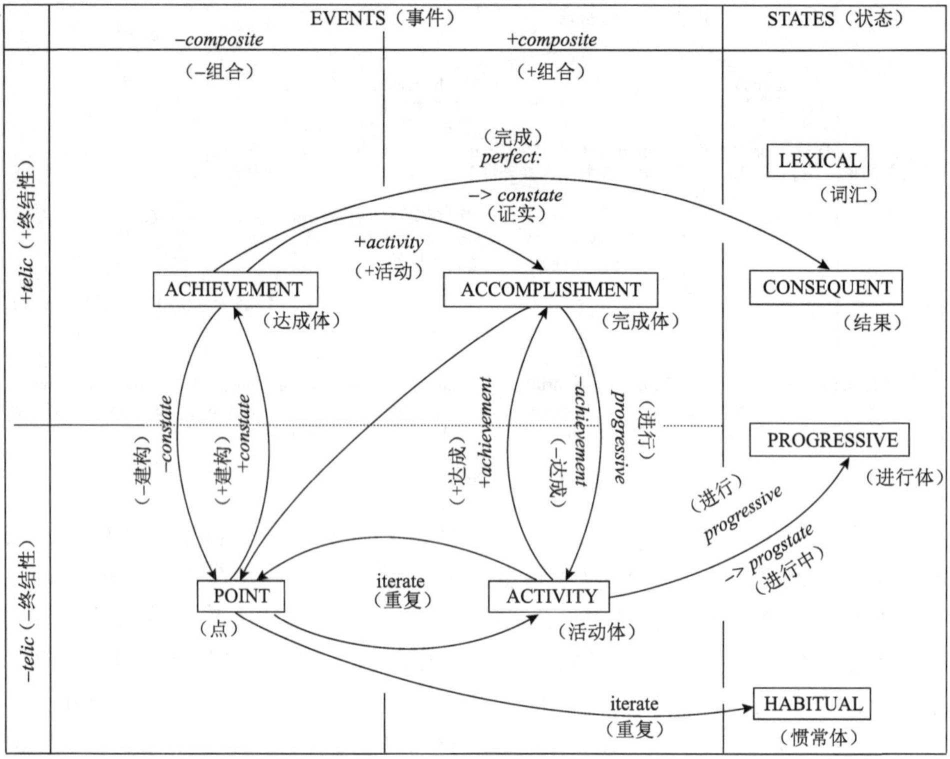

图 5.2　体的类型转换图

Steedman（2010）将事件与状态区分开，事件中的达成体是有界的，可以直接实现为已然体，并进而直接实现为状态中的结果；无界的活动体可以直接实现成进行体；但是有界的已然体要实现为进行体，必须将动词的完整体分解成“活动+达成”，然后减去达成体部分（即事件的终结点），这样可以得到活动体，并进而实现为进行体。

依据图 5.1，Dölling（2014）也给出了不同体之间的如下关联，其中的“:”表示不相容析取（exclusive disjunction）。

a. $\forall e[\text{EVENTUALITY}(e) \leftrightarrow \text{POINT}(e) : \text{HAPPENING}(e)]$。

b. $\forall e[\text{POINT}(e) \leftrightarrow \text{BOUNDARY}(e) : \text{MOMENT}(e)]$。

c. $\forall e[\text{HAPPENING}(e) \leftrightarrow \text{STATE}(e) : \text{OCCURRENCE}(e)]$。

d. $\forall e[\text{STATE}(e) \leftrightarrow \text{HABITUAL\_STATE}(e) : \text{EPISODIC\_STATE}(e)]$。

e. $\forall e[\text{OCCURRENCE}(e) \leftrightarrow \text{PROCESS}(e) : \text{EVENT}(e)]$。

f. $\forall e[\text{EVENT}(e) \leftrightarrow \text{EPISODE}(e) : \text{CHANGE}(e)]$。

再如，Pustejovsky（1991）把状态、过程和转换（transition）作为事件的三种基本类型，其中的过程和转换相当于 Vendler（1967）中的活动体和达成体，而完结体则是由这三种体合成的（Pustejovsky，1991），如图 5.3 所示。

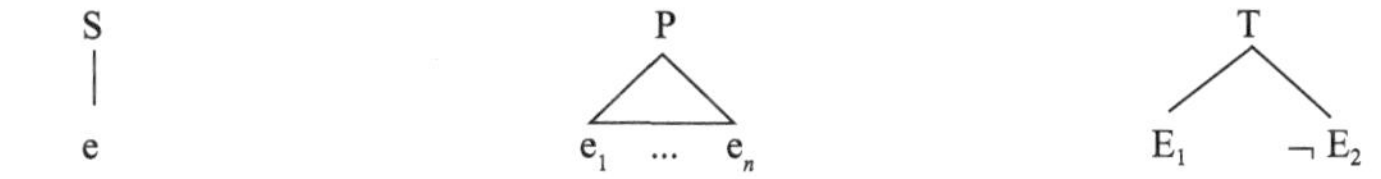

(a) 状态　　(b) 过程　　(c) 转换

图 5.3　状态、过程和转换的关系

图 5.3（a）中的 S 表示状态，状态被认为是一种在时间进程中无凸显变化的单一事件 e，如 *be sick*、*love*、*know* 等。图 5.3（b）中的 P 表示过程，而过程是由一系列有着相同语义内容的事件构成的，如 *run*、*push* 等。图 5.3（c）中的 T 表示转换，转换也是一个单一事件，是通过与其对立事件而凸显的单一事件。以完结和达成为例，可以做如图 5.4 的分析。

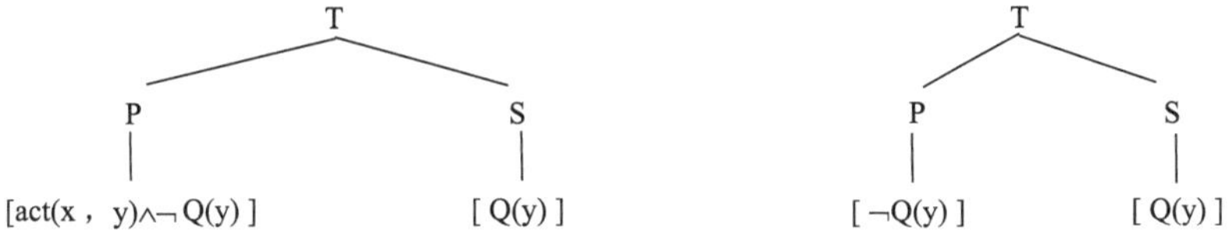

(a) 完结体　　(b) 达成体

图 5.4　体的分解

依据图 5.4，完结体和达成体都被分析成转换，即从一种过程转换到一种状态。二者的不同之处在于完结体中的过程包含了活动，即 act(x，y)，而达成体只是从一种持续的否定状态(即过程)变成一种肯定的状态。依据图 5.4，*Mary built a house* 和 *Mary died* 可做如图 5.5 的分析。

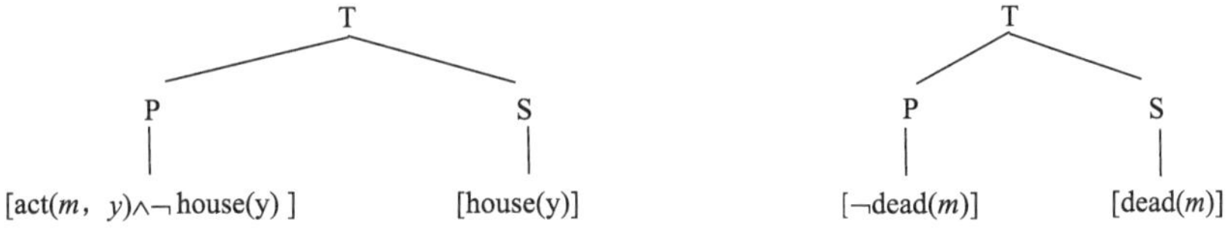

(a) 完结体实例　　(b) 达成体实例

图 5.5　体的分解实例

Dowty（1979）也采取分解的策略对情状体之间的关系做了系统的研究，并提出了体演算的方案。

第二节　情状的逻辑语义：以 Vendler（1967）为例

本小节以经典的 Vendler（1967）的情状体为例，利用第四章所讨论的情状性质，刻画语言学文献中所说的情状体语义。主要的方法包括逻辑蕴涵、语义公设和简单枚举。如前所述，这种做法的优势之一是可以从原子性的角度直接界定事件的情状，从而使得事件的情状可以从句子的逻辑语义式中直接推导出来，而无须考虑其组合性问题。

一、Vendler（1967）的情状体

前一小节引用的 Vendler（1967）、Pustejovsky（1991）、Steedman（2010）、Dölling（2014）等学者的研究都表明，情状体实际上就是若干原子特征的不同组合。这里只以 Vendler（1967）的分类为例，讨论情状体的逻辑语义问题。虽然这里只讨论四种情状体，但依据同样的思路，其他的情状体也可以得到相应的形式语义刻画。

按照现有文献的分析，四种情状体实际上就是三组对立特征的不同组合，如下所示。

状态体 =[–有界；–瞬间；–动态]
活动体 =[–有界；–瞬间；+动态]
完结体 =[+有界；–瞬间；+动态]
达成体 =[+有界；+瞬间；+动态]

从形式语义学的角度分析，刻画这四种情状体的逻辑语义，并不一定需要这三组对立特征。依据第四章对同质性和静态性的讨论，四种情状体与同质性和有界性有关。前文对现有文献的综述也表明，四种情状体本身存在一定的关联，如完结体本身可以看成是“活动体+终结有界性”。据此，四种情状体可做如下分析。

状态体 = 强同质性 + 无终结有界性
活动体 = 同质性（不含强同质性）+ 无终结有界性
完结体 = 同质性（不含强同质性） + 终结有界性
达成体 = 瞬间性 + 前后事件具有不同的性质

在第三章第三节的“静态-动态性”中，已经证明了若 $\wp$ 是强同质性，则 $\wp$ 是静态性的；若 $\wp$ 是同质性但不是强同质性的，则 $\wp$ 是动态性的。同时依据强同质性的定义，对于任意性质 $\wp$ 和事件 e，若 $\wp$ 是强同质性的且 $\wp$(e)为真，则 e 必然是持续性的，且 e 的所有 T-构体 e′都与 e 有着相同的性质，如果再加上没有终结有界性的限制，则正好符合状态体的定义，即[–有界]、[–瞬间]和[+静态]。所以状态体基本等同于“强同质性+无终结有界性”。同理，活动体则基本等同于“同质性（不含强同质性）+无终结有界性”。

实际上，对于任意事件 e，如果 e 是一种状态，则 e 的任意 T-构体都有且只有 e 所具有的本体性质，这必然表明 e 的本体性质具有强同质性；反之，若 e 是一种活动，则表明 e 的任意 T-构体 e′都有性质 $\wp$，且 e′可能有 e 所没有的额外性

质，这表明 e 的本体性质只是具有同质性，但不具有强同质性。但是这里要注意，依据定义 3.12，因为强同质性是同质性的特例，所以状态体也就变成了活动体的特例。这一点也符合一般的认知，即活动可以看成是一种动态的状态。

注意，在现有文献中，典型的状态主要指“思念、相信、拥有、知道”这样的抽象状态，而类似于“躺（在沙发上）、坐（在主席台上）”等则很少作为状态的例子。但是按照这里的界定，这些动词都属于状态动词，其共同的特征是在时间进程中，事件情状无须做任何改变就可以使得这类事件持续下去，因此都符合[+静态；+持续；+无界]特征。这也符合 Comrie（1976）的界定，即对于状态而言，除非发生某事使得状态改变，则状态就会持续下去，这一点既适用于矗立在……之上（*standing*）也适用于知道（*knowing*）。

至于完结体等于“活动体+终结有界性”，在 Dowty（1979）、Steedman（2010）、Robering（2014）等文献中已经有很多讨论。唯一需要做进一步解释的是达成体，一个事件 e 如果是达成体，则 e 不仅仅是瞬间的，e 与之前和之后的事件在性质上还应该存在变化。正是这一点使得达成体与单次情状体区别开，这也是 Dölling（2014）中的有界点和无界点的差异。

二、情状体的逻辑语义

用 State、Act、Ach 和 Acc 表示事件 e 作为性质为 $\wp$ 的事件所具有的四种相对情状体性质：状态体性质、活动体性质、完结体性质和达成体性质。

定义 5.1（事件的相对情状体性质）。

a. $\text{State}(e,\ \wp) =_{def} \wp(e) \wedge {}^{Str}\text{Homo}(\wp)$

【e 作为本体性质为 $\wp$ 的事件具有状态体性质　当且仅当　e 有性质 $\wp$ 且 $\wp$ 有强同质性。】

b. $\text{Act}(e,\ \wp) =_{def} \wp(e) \wedge \text{Homo}(\wp) \wedge \neg{}^{Str}\text{Homo}(\wp)$

【e 作为本体性质为 $\wp$ 的事件具有活动体性质　当且仅当　e 有性质 $\wp$ 且 $\wp$ 有同质性但不具有强同质性。】

c. $\text{Acc}(e,\ \wp) =_{def} \wp(e) \wedge {}^{终}\text{TELIC}(e,\ \wp)$

$=_{def} \wp(e) \wedge \exists e'.\text{End}_e(e',\ e,\ \wp)$

【e 作为本体性质为 $\wp$ 的事件具有完结体性质　当且仅当　e 有性质 $\wp$ 且 e 相对于 $\wp$ 具有终结有界性。】

d. $\text{Ach}(e,\ \wp) =_{def} \wp(e) \wedge \text{INSTANT}(\wp) \wedge \exists e'e''\wp'.\text{Time}(e') <_t \text{Time}(e) <_t \text{Time}(e'') \wedge \text{End}_e(e,\ e'\oplus_T e,\ \wp') \wedge \neg\wp'(e'')$

【e 作为性质为 $\wp$ 的事件具有达成体性质　当且仅当　e 有性质 $\wp$ 且 $\wp$ 具有瞬间性，且至少存在两个事件 e′和 e″满足：e 的存续区间在 e′

和 e″之间，且至少存在一个性质 ℘′使得 $e'\oplus_T e$ 相对于 ℘′是终结有界性的且 e″没有性质 ℘′。】

依据定义 5.1，Acc(e，℘)和^{终}TELIC(e，℘)是等同的。实际上，若^{终}TELIC(e，℘)成立，则至少存在一个 e′满足 End_e(e′, e，℘)；再依据 End_e 的定义（定义 3.23），必然表明 e 是一个持续性的事件，且有一个终结 T-构体。因为 e 也必然是完结体的，所以 ℘ 必然具有完结性质；反之也是如此。因此有 Acc(e，℘) ↔ ^{终}TELIC(e，℘)。

定义 5.1d 的特殊之处在于：达成体性质不能直接从其他性质中推导出来。若 e 作为本体性质 ℘ 的事件具有达成体性质，则在 e 之前的事件 e′必须满足，e 是 $e'\oplus_T$ e 相对于某个性质 ℘′的终结 T-构体，而在 e 之后的事件 e″满足，e″不具有性质 ℘′，如图 5.6 所示。

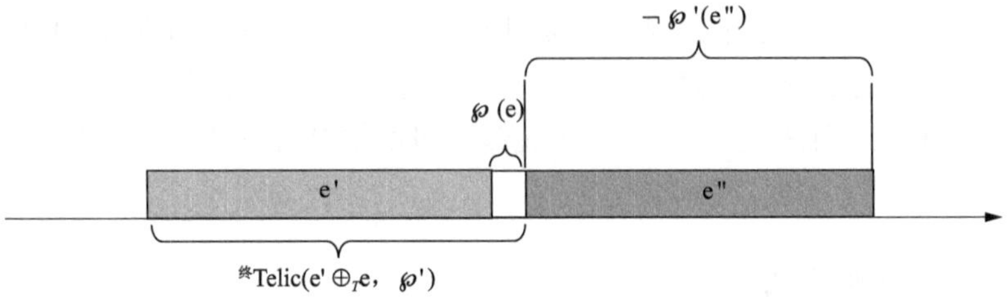

图 5.6 T-构体关系中的有界性

例如，假设图 5.6 中的 e′是“张三跑 5000 米”事件，e 是“张三到达终点”，而 e″是“张三缓步走动”事件，则 $e'\oplus_e e$ 具有性质“跑 5000 米”，但是 e″没有“跑 5000 米”的性质。另外注意，定义 5.1d 并没有要求 e′和 e″不具有 e 的性质 ℘，这是因为既然 ℘ 是瞬间性的，依据瞬间性的定义（定义 3.19a），无论是 $e \oplus_e e'$还是 $e \oplus_e e''$都不具有强同质性，这已经排除了 e′和 e″有性质 ℘ 的可能性。

用大写的 STATE、ACT、ACH 和 ACC 表示事件本体性质的元情状体性质：状态元性质、活动元性质、达成元性质和完结元性质，具体规定如下。

定义 5.2（事件本体性质的元情状体性质）。

a. STATE(℘) $=_{def}$ ∀e. ℘(e) → State(e，℘)

【任意性质 ℘ 具有状态性质 当且仅当 对于任意 e，若 e 有性质 ℘，State(e，℘)成立。】

b. ACT(℘) $=_{def}$ ∀e. ℘(e) → Act(e，℘)

【任意性质 ℘ 具有活动性质 当且仅当 对于任意 e，若 e 有性质 ℘，Act(e，℘)成立。】

c. ACH(℘) $=_{def}$ ∀e. ℘(e) → Ach(e，℘)

【任意性质 $\wp$ 具有达成性质 当且仅当 对于任意 e，若 e 有性质 $\wp$，Ach(e， $\wp$)成立。】

d. $ACC(\wp) =_{def} \forall e.\wp(e) \rightarrow Acc(e, \wp)$

【任意性质 $\wp$ 具有完结性质 当且仅当 对于任意 e，若 e 有性质 $\wp$，Acc(e， $\wp$)成立。】

注意，在 $\wp(e)$为真的情况下，若 $\wp$ 具有某种情状元性质，则 e 必然也具有相应的情状体性质；但是若 $\wp$ 不具有某种情状元性质，并不代表 e 必然不具有相应的情状体性质。例如，虽然**吃苹果**作为本体性质不具有完结情状，但是如果 e = “马丽吃了一个苹果”，则 Acc(e，**吃苹果**)是成立的。这与^{终}Telic(e， $\wp$)的定义（定义 3.24）是一样的。

三、情状性质的简单枚举和语义公设

在定义 5.2 中，其他的性质都能从别的性质中推导出来，只有达成性质除了要满足瞬间性之外，还要满足额外的条件，因此不能直接从别的性质中推导出来。但是具有达成元性质的本体性质是可以通过枚举的方式穷尽的，因为从语言学的角度看，达成元性质主要通过核心动词表示，据此有如下语义公设。

语义公设 5.1（达成元性质的语义公设）。

{**骑上**，**达到**，**发现**，**逮捕**，**见到**，**办成**，**叫醒**，…} $\subseteq [\![ACH]\!]$

【通过枚举的方式穷尽具有达成元性质的本体性质】

依据定义 5.1 和定义 5.2，显然有下面的事实。

事实 5.1。

a. $\forall e\wp.\wp(e') \wedge State(e) \leftrightarrow \forall e'[{}^{e}IsPart(e', e) \wedge e' \neq e \rightarrow \forall \wp'[\wp'(e') \rightarrow \wp'(e)]]$。

b. $\forall e\wp.\wp(e') \wedge Act(e) \leftrightarrow \forall e'[{}^{e}IsPart(e', e) \wedge e' \neq e \rightarrow \exists \wp'[\wp'(e') \wedge \wp'(e)]]$。

c. $\forall e\wp.\wp(e') \wedge Acc(e) \leftrightarrow \exists e'[End_{e}(e', e, \wp)]$。

据此，事件的状态体、活动体、完结体和达成体都可以通过语义公设的方式得到。以（5.12）为例，显然（5.12）a 事件是活动体，（5.12）b 事件是完结体，相应的逻辑语义式在（5.12′）中。

（5.12）a. 马丽吃苹果。

b. 马丽吃一个苹果。

（5.12′）a. $\exists ewii_r i_u x.{}^{*}$**吃**$(ewii_r i_u) \wedge Agent(e) =$ **马丽** $\wedge Theme(e) = x \wedge$ $Def(x,$ **苹果**$)$

b. $\exists ewii_r i_u x.{}^{*}$**吃**$(ewii_r i_u) \wedge Agent(e) =$ **马丽** $\wedge Theme(e) = x \wedge$ $Def(x,$ **苹果**$) \wedge {}^{\uparrow}\boldsymbol{m}(x) = 1$

在(5.12′)a 中，依据$^{*}\wp$ 的定义和本体性质的定义，从“***吃**$(ewii_r i_u) \wedge Theme(e) = x \wedge Def(x,$ **苹果**$)$”中，可以得出“**吃**$(e) \wedge Theme(e) = x \wedge$ **苹果**(x)”，这意味着 e 的本体性质是“吃苹果”，即“**吃苹果**$(e) =$ **吃**$(e) \wedge Theme(e) = x \wedge$ **苹果**(x)”。依据情状性质的语义公设（语义公设 3.1），因为**吃苹果**属于单一性质，且不在$[\![{}^{Str}Homo]\!]$和$[\![{}^{Iter}Homo]\!]$之中，所以**吃苹果**具有活动元性质，（5.12′）a 蕴涵（5.12″）a。

（5.12″）a. $\exists ewii_r i_u x.{}^{*}$**吃**$(ewii_r i_u) \wedge Agent(e) =$ **马丽** $\wedge Theme(e) = x \wedge$ $Def(x,$ **苹果**$) \wedge Act(e,$ **吃苹果**$)$

b. $\exists ewii_r i_u x.{}^{*}$**吃**$(ewii_r i_u) \wedge Agent(e) =$ **马丽** $\wedge Theme(e) = x \wedge$ $Def(x,$ **苹果**$) \wedge {}^{\uparrow}\boldsymbol{m}(x) = 1 \wedge Acc(e,$ **吃苹果**$)$

但是在(5.12′)b 中，同样可以得到 e 的本体性质是**吃苹果**，但是因为有“$Def(x,$ **苹果**$) \wedge {}^{\uparrow}\boldsymbol{m}(x) = 1$”，可以得到“$^{始\text{-}终}Telic(e, \wp)$”为真，这必然意味着“$^{终}Telic(e, \wp)$”为真。依据定义 5.2c，（5.12′）b 蕴涵（5.12″）b。

第三节 视点体的逻辑语义

按照一般的理解，视点体主要指事件的参照区间与事件之间的关系。在引入构体论之后，视点体变得更为复杂，因为不仅包括了参照区间与事件的区间关系，还包括参照区间与事件的 T-构体之间的区间关系。

在第六章中，把汉语中能表达视点体语义的词语视为视点体标记词，在句法-语义推演中，这些词语起到了句法结构算子的作用。典型的视点体标记词如“已经、刚刚、马上、就要”等，都是句法结构算子的表现形式。如果句子中没有这些显性的标记词，则认为句法结构算子是以∅-形式存在的。在这种情况下，需要通过借助语义公设对事件的情状性质进行推理，让$^{\varnothing}$算子参与句法-语义的并行推演。为此目的，本节将给出视点体算子的逻辑语义式，并且重点讨论惯常体的逻辑语义难题，给出相应的逻辑语义式。

一、事件与参照区间的关系：基本视点体

依据事件与参照区间的关系，视点体首先可以分为三个基本的类：①事件区间早于参照区间的已然体；②参照区间迟于事件区间的未然体；③事件区间被包含在参照区间之内的完整体，如图 5.7 所示。

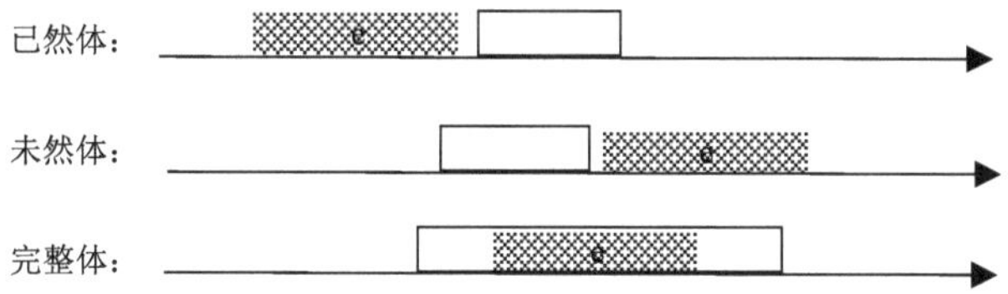

图 5.7　视点体示意图

图 5.7 中的空白矩形框表示参照区间，方格阴影表示事件。三种视点表示事件作为一个整体，其起始界和（或）终结界与参照区间的位置关系。由于区间的位置关系不同，不同的视点体中，事件与参照世界也有着不同的关系。若 i_r 在事件区间 i 之后，则 e 的存续世界 w 就是 w_r，e 相对于 w_r 而言是确定的。但是若 i_r 在事件区间 i 之后，则至少存在一个与 w_r 有可及关系的世界 w 使得 w 是 e 的存续世界，这意味着 e 相对于 w_r 而言是不确定的。

例如，在（5.13）中的三个句子，i_r 都是过去，但是视点体并不同，这意味着不仅 i_r 与事件区间 i 的关系不同，相对于 w_r 而言，e 也有着不同的确定性。

（5.13）a. 去年这个时候张三已经毕业了。
b. 去年这个时候张三快要毕业了。
c. 在我离开的那一小会儿，张三跑完了 5000 米。

（5.13）a 属于已然体，表示"张三毕业"事件早于 i_r（即"去年这个时候"），这也意味着该事件的存续世界是 w_r。（5.13）b 属于未然体，表示"张三毕业"事件发生在 i_r 之后。同时，对于 w_r，"张三毕业"事件成了不确定的事件。也就是说，这个事件在 w_r 中是可取消的。例如，"去年这个时候，张三快要毕业了，却因为严重违反校纪，被学校开除了"，在这种情况下，"张三毕业"事件就不是 w_r（$=w_u$）中的事件，而只能是在与 w_r 有可及关系的可能世界中。

完整体与已然体不同[①]，前者表示事件区间整体位于 i_r 之内，后者表示事件区

① 国内文献似乎对"完整体"和"完成体"不做区分，但这里将二者区分开来，其中完整体对应 perfective viewpoint，而完成体就是已然体。如 Smith（1997）所说，完整体的句子（sentences with perfective viewpoint）是将一个情状作为一个整体呈现出来。也就是说，若 e 是完整体 VP 描述的事件，则 e 的事件区间被包含在 i_r 之内。

间早于 i_r。例如，在（5.13）c 中，“张三跑完了 5000 米”事件的整体区间位于时间状语“在我离开的那一小会儿”所表示的区间之内。

注意，（5.13）c 的完整体是相对于性质“张三跑完 5000 米”而言的，而不是相对于性质“张三跑 5000 米”。也就是说，在“张三跑 5000 米”的大部分时间，我都在场，只是在他最后完成 5000 米时，恰巧我离开了。假设 e′是性质为“张三跑 5000 米”的事件，而 e 是性质为“张三跑完 5000 米”的事件，显然 e 是 e′的终结 T-构体。依据第三章的讨论，e 和 e′有着相同的本体性质，即“跑 5000 米”。实际上，如果把构体关系包含在内，则完整体还可以分为多种情况，这就是下一小节要讨论的完整体的子类。

据此，已然体、未然体和完整体可以做如下分析。

a. 已然体：若e是一个已然体事件，则e的事件区间i早于i_r，e的存续世界是w_r。
b. 未然体：若e是一个未然体事件，则e的事件区间i迟于i_r，且至少存在一个世界w是e的存续世界（w可能是但不一定是w_r）。
c. 完整体：若e是一个完整体事件，则e的事件区间i被包含在i_r之内，e的存续世界是w_r。

综上所述，一个 e 作为本体性质 $\wp$ 的事件具有某种基本视点体，实际上就是表明 e 的事件区间 i 与 i_r 的关系。用 ViewPoint 带上汉语词的右下标表示不同的基本视点体，则有如下规定。

定义 5.3（视点体关系）。
a. $\text{ViewPoint}_{已然}(e,\ \wp) =_{\text{def}} \exists ewii_r i_u.^{*}\wp(ewii_r i_u) \wedge i <_t i_r$。
b. $\text{ViewPoint}_{未然}(e,\ \wp) =_{\text{def}} \exists ewii_r i_u.^{*}\wp(ewii_r i_u) \wedge i_r <_t i$。
c. $\text{ViewPoint}_{完整}(e,\ \wp) =_{\text{def}} \exists ewii_r i_u.^{*}\wp(ewii_r i_u) \wedge i \subseteq_t i_r$。

依据定义 3.27 中区间与世界的对应关系，从定义 5.3a 和 5.3c 中的“$i <_t i_r$”和“$i \subseteq_t i_r$”，必然可以得出存在一个 w_r 满足：$w = w_r$。从定义 5.3b 中的“$i_r <_t i$”，必然可以得出 e 的存续世界 w 是与 w_r 有可及关系的可能世界，因为可及关系的普遍性，所以不排除 $w = w_r$ 的可能性。

在现代汉语中，视点体可以被一些词语表达出来，如“已经、刚刚、马上、即将、开始、……（时间）之前、……（时间）之后”等，这些词语都可以看成是视点体标记词。在 $\mathcal{L}_{\text{MEM}}$ 中，这些视点体标记词被翻译成句法结构算子——视点体算子，并且依据这些词语所表示的事件区间 i 和 i_r 的关系，给出相应的逻辑语义式。关于这点，请参见第六章的实例分析部分。另外，在没有显性视点体标记词的情况下，且语境中又没有相反作用的因素，情状体可以投射成默认的视点体

（竟成，1996；Bohnemeyer et al.，2007；Steedman，2010；李可胜，2016），这时就需要借助以∅-形式存在的视点体算子，具体定义如下。

定义 5.4（体算子的逻辑语义 I）。

a. $^{\varnothing}$体$_{已然}$-算子 $=_{def} \lambda \boldsymbol{S}\lambda^{*}\wp\exists ewii_r i_u.^{*}\wp(ewii_r i_u) \wedge i_r <_t i \wedge \boldsymbol{S}(i_r, i_u)$。

b. $^{\varnothing}$体$_{未然}$-算子 $=_{def} \lambda \boldsymbol{S}\lambda^{*}\wp\exists ewii_r i_u.^{*}\wp(ewii_r i_u) \wedge i <_t i_r \wedge \boldsymbol{S}(i_r, i_u)$。

c. $^{\varnothing}$体$_{完整}$-算子 $=_{def} \lambda \boldsymbol{S}\lambda^{*}\wp\exists ewii_r i_u.^{*}\wp(ewii_r i_u) \wedge i \subseteq_t i_r \wedge \boldsymbol{S}(i_r, i_u)$。

d. $^{\varnothing}$体$_{中性}$-算子 $=_{def} \lambda \boldsymbol{S}\lambda^{*}\wp\exists ewii_r i_u.^{*}\wp(ewii_r i_u) \wedge \boldsymbol{S}(i_r, i_u)$。

注意，时体逻辑语义式中的 i_r 和 i_u 都被默认为连续区间。这里的 $\boldsymbol{S}$ 是区间关系谓词变元。除了前面介绍的三种视点体关系之外，这里还增加了一个体$_{中性}$-算子，该算子并没有规定事件区间和参照区间的关系，因此事件区间与参照区间的位置存在不确定的情况。这在自然语言中也是很常见的现象。第六章在讨论 CCG_{MEM} 对包含“现在”的时间词的处理时，就需要借助体$_{中性}$-算子处理时体歧义。

二、参照区间内的情状体：终结体、未终结体、起始体和进行体

在现有文献中，起始体和进行体等一般都被归为视点体范畴（李临定，1990；陈前瑞，2005[①]）。但是从形式语义学的角度看，这些视点体实际上可以看成是完整体的子类。因为这些体的共同特征是事件的整体被包含在参照区间之内，但是因为事件的情状不同，因此呈现出不同的特征。更为重要的是，这些视点体的子类，其区别性特征不是区间关系，而是事件的情状体。基于 $\mathscr{L}_{MEM}$，这些子类的逻辑语义一部分是依靠词语的语义获得的，还有一些则是通过推理的方式得到的。

本小节将从形式语义学的角度，将完整体的子类分为终结体、未终结体、起始体、进行体和惯常体五类。当然理论上，还可以分出更多的子类，这里只是以这五类为例。在这五个子类中，前三个都是基于有界性的，而进行体和惯常体则比较特殊，尤其是惯常体。此外，与基本视点体不同，这些完整体的子类并不存在相应的体算子（惯常体例外），也就是说，这些子类的逻辑语义只能从句子成分的组合中推理而得到，本身不能参与到句子的语义组合中。

（一）基于有界性的视点情状体

从形式语义学的角度看，终结体、未终结体和起始体有着一个共同特征，即它们的逻辑语义都与有界性有关。

先以终结体和未终结体为例，二者都与终结有界性有关。对于任意 e 而言，

① 这里使用的术语稍有不同。

若存在一个性质 $\wp$ 使得 $\wp$(e)为真且在 i_r 之内，e 存在一个相对于性质 $\wp$ 的终结 T-构体，则 e 就是一个终结体的事件；相反，如果 e 不存在一个相对于性质 $\wp$ 的终结 T-构体，则 e 就是一个未终结体的事件。例如，（5.14）a 和（5.14）b 所描述的事件都发生在参照区间“昨天”之内，但前者是终结体的，后者是未终结体的。

（5.14）a. 昨天张三写完了毕业论文。

b. 昨天张三写了毕业论文，（但是没有写完。）

假设用常元 *a* 表示张三所写的那篇毕业论文。若（5.14）a 为真，在参照区间“昨天”之内必然存在一个“张三写 *a*”的事件 e，且在参照区间之后不会存在另一个“张三写 *a*”事件。因此，（5.14）a 是终结体。但是在（5.14）b 中则不同，虽然在“昨天”也存在一个“张三写 *a*”的事件 e，但是却没有说明 *a* 是否被写完了，因而不能保证在参照区间之后，不会存在另一个“张三写 *a*”事件。因此，（5.14）b 是未终结体。显然，（5.14）a 的终结体性质源自 e 有一个相对于性质**写论文**的终结 T-构体，而（5.14）b 的未终结体源自 e 不存在这样的一个终结 T-构体。

除了终结有界性之外，若 $\wp$ 有达成体性质，也会直接导致终结体。如若（5.15）a 为真，则在参照区间之后不会存在另一个“张三离开北京”事件，因而（5.15）a 也是终结体。但是按照前文对有界性的定义，**离开北京**不是有界性的[①]，而是具有达成元性质的。因此，若 e 相对于性质 $\wp$ 是终结体，则 $\wp$ 必须是终结有界的或者具有达成元性质。

（5.15）a. 昨天张三离开了北京。

b. 昨天张三开始写毕业论文。

与（5.15）a 的终结体相反，（5.15）b 的起始体表明：若（5.15）b 为真，则在参照区间“昨天”之内必然存在一个“张三写 *a*”的事件 e，且在参照区间之前，不会存在另一个“张三写 *a*”的事件。（5.15）b 的起始体显然源自 e 有一个相对于性质**写毕业论文**的起始 T-构体。

据此，终结体、未终结体和起始体有如下分析。

a. e 是终结体事件 当且仅当 至少存在一个本体性质 $\wp$ 满足：e 的事件区间 i 被包含在参照区间 i_r 之内，且^{终}Telic(e, $\wp$)为真或者 Ach(e, $\wp$)为真。

---

① 这与现有文献对有界性的看法并不一致（Smith，1997；Dölling，2014）。依据有界性的定义（定义 3.25），对于任意 $\wp$ 和 e，若 $\wp$(e)为真且 $\wp$ 是有界性的，则意味着 e 有一个具有性质 $\wp$ 的终结 T-构体；但是若 $\wp$ 有瞬间性，则 e 的任意 T-构体都不具有任何性质。因此有界性与瞬间性是相互矛盾的。

b. e是未终结体事件 当且仅当 至少存在一个本体性质 ℘ 满足：e的事件区间 i 被包含在参照区间 i_r 之内，且^{终}Telic(e，℘)和 Ach(e，℘)均为假。

c. e是起始体事件 当且仅当 至少存在一个本体性质 ℘ 满足：e的事件区间 i 被包含在参照区间 i_r 之内，且^{始}Telic(e，℘)为真。

依据上述分析，在完整体的基础上，可进一步定义上述三种子类，具体定义如下。

定义 5.5（完整体子类关系 I）。

a. $\text{ViewPoint}_{终结}(e, \wp) =_{def} \exists ewii_r i_u.{}^{*}\wp(ewii_r i_u) \wedge i \subseteq_t i_r \wedge [{}^{终}\text{Telic}(e, \wp) \vee \text{Ach}(e, \wp)]$。

b. $\text{ViewPoint}_{未终结}(e, \wp) =_{def} \exists ewii_r i_u.{}^{*}\wp(ewii_r i_u) \wedge i \subseteq_t i_r \wedge \neg{}^{终}\text{Telic}(e, \wp) \wedge \neg\text{Ach}(e, \wp)$。

c. $\text{ViewPoint}_{起始}(e, \wp) =_{def} \exists ewii_r i_u.{}^{*}\wp(ewii_r i_u) \wedge i \subseteq_t i_r \wedge {}^{始}\text{Telic}(e, \wp)$。

由于定义 5.5 中的视点体都是完整体的子类，所以都有“$i \subseteq_t i_r$”，这也意味着事件的存续世界必然就是参照世界。与基本视点体不同，作为完整体的子类，终结体、未终结体和起始体以及后面将要讨论的进行体，在句法层面都不存在对应的体算子，因此无须像基本视点体那样，给出相应的体算子的逻辑语义式。这也意味着这些子类的逻辑语义都是从词汇的逻辑语义中推理而来的，具体见第六章的应用分析。

最后需要提醒的是：注意区分已然体与终结体的差异。已然体是与完整体并列的基本视点体，而终结体则是完整体的子类。已然体表明事件早于 i_r 终结，而终结体表示事件区间在 i_r 之内，其终结界也在 i_r 之内。

（二）进行体与未完整体悖论

与前一小节所讨论的三种视点情状体相比，进行体不能仅仅依赖于有界性进行定义。虽然大多数文献都将进行体定义为参照区间在事件区间之内（Bennett & Partee，1972；Lin，2005；Wulf，2009；Hallman，2009；邹崇理，2000）。例如，邹崇理（2000）将进行体处理成时体算子 PROG，并规定：PROGφ 在区间 i 为真当且仅当 存在一个区间 i′满足：i 是 i′的子区间且 i 不是 i′的起始区间也不是 i′的终结区间，并使得 φ 在 i′为真，如图 5.8 所示。

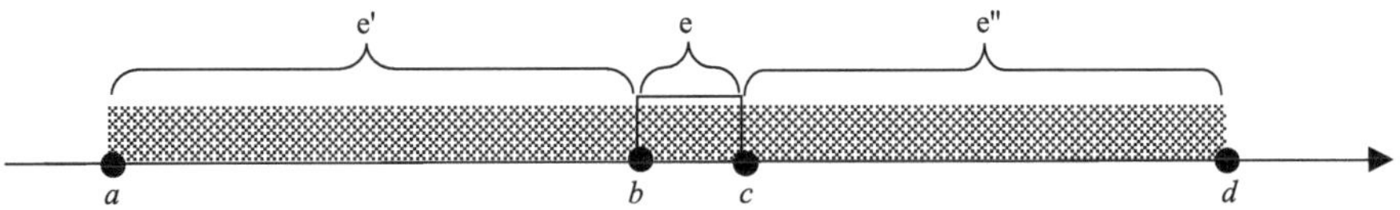

图 5.8　进行体示意图

按照通常的做法，$b \sim c$ 是参照区间，$a \sim d$ 是事件区间，依据图 5.8，$e' \oplus_T e \oplus_T e''$就是一个进行体事件。这种处理方法独立地看并没有问题，但是如果将事件的确定性考虑其中，就会产生 Dowty（1979）中的未完整体悖论（imperfective paradox），如（5.16）～（5.17）所示（Dowty，1979）。

（5.16）a. *John was pushing a cart.*（约翰正在推一辆手推车。）
b. *John pushed a cart.*（约翰推过一辆手推车。）

（5.17）a. *John was drawing a circle.*（约翰正在画一个圆。）
b. *John drew a circle.*（约翰画了一个圆。）

虽然（5.16）a 和（5.17）a 都是进行体，但是（5.16）a 蕴含（5.16）b，而（5.17）a 却并不蕴涵（5.17）b。因为约翰正在画一个圆并不表示这个圆就会存在，完全有可能因某种原因约翰中途终止了画圆的行为。

仍然参照图 5.8，如果把 $e' \oplus_T e \oplus_T e''$看成是（5.17）a 所描述的事件，那么 $e' \oplus_T e$ 对于 w_r 而言是确定的，而 e″对 w_r 是不确定的，即在 w_r 中 e″是可以被取消的。例如，刚才我见到约翰时，他正在画一个圆圈，见到我之后，就没有再画了。在这种语境下，w_r 中不存在 e″。这也就意味着，在 $a \sim d$ 区间上，并不存在一个圆，相应地，也就不可能存在一个“约翰画一个圆圈”的事件。这与在 $b \sim c$ 区间上存在一个“约翰画一个圆圈”事件形成矛盾。

但是如果把 $b \sim c$ 区间而不是 $a \sim d$ 区间看成是（5.17）a 的事件区间，也就是将（5.17）a 的事件区间等同于参照区间，就可以规避这样的问题。如将进行体做如下分析。

> e 作为性质 $\wp$ 的事件是进行体　当且仅当　e 的事件区间 i 等于参照区间 i_r，且 e 的任意 T-构体 e′，若 e′是有定义的，则 e′既不是 e 相对于性质 $\wp$ 的起始 T-构体也不是终结 T-构体。

在上述分析中，进行体的事件区间 i 等同于 i_r。注意，虽然进行体的 i_r 通常会是一个短暂的区间，特别是以说话区间为参照区间时，如（5.16）a 和（5.17）a。若进行体的事件区间等同于 i_r，则进行体事件往往就被看成是一个非常短暂的事件，但是依据图 5.8，进行体事件可以与其前和（或）其后的事件生成同质事件加合，所以进行体事件不符合瞬间性事件的定义（即定义 3.19a）①。据此，即便进行体事件的事件区间很短暂，但仍然应该被看成是非瞬间事件。

---

① 依据本书对瞬间性的定义（定义 3.19a），对达成体事件进行切分，所得到的 T-构体都是未定义的。对于一个状态体或活动体事件进行切分而得到的任意 T-构体，无论这个 T-构体多么细小，永远都是可定义的事件。

用 ViewPoint 进行(e，℘)表示 e 作为本体性质为 ℘ 的事件具有进行体性质，正式定义如下。

定义 5.5′（完整体子类关系Ⅱ）。

ViewPoint 进行(e，℘) $=_{def}$ $\exists ewii_r i_u.{}^{*}\wp(ewii_r i_u) \wedge i = i_r \wedge \forall e'[{}^{e}IsPart_T(e', e) \rightarrow \neg(End_e(e', e, \wp) \vee First_e(e', e, \wp))]$。

由于有 $i = i_r$，所以依据定义 3.27，必然也有 $w = w_r$。依据定义 5.5′，（5.16）a 和（5.17）a 所描述的事件是图 5.8 中 i_r（即 *b*～*c* 区间）的 e，而不是 $e' \oplus_T e \oplus_T e''$。因为依据定义，进行体的事件区间等同于 i_r（必然有 $w = w_r$），故不涉及 i_r 之前的 e′和 i_r 之后的 e″，从而规避事件的确定性问题。但是因为 e 不存在相对于性质 ℘ 的终结 T 构体和起始 T-构体，因此在 i_r 之外，不排除存在着与 e 有相同性质的事件。

据此，（5.16）a 和（5.17）a 的逻辑语义表征式分别如（5.18）a 和（5.18）b。

（5.18）a. $\exists ewii_r i_u x.{}^{*}\mathbf{Push}(ewii_r i_u) \wedge Agent(e) = John \wedge Theme(e) = x \wedge \boldsymbol{Cart}(x) \wedge {}^{辆}\boldsymbol{m}(x) = 1 \wedge i = i_r <_t i_u$

b. $\exists ewii_r i_u x.{}^{*}\mathbf{Draw}(ewii_r i_u) \wedge Agent(e) = John \wedge Theme(e) = x \wedge \boldsymbol{Circle}(x) \wedge {}^{\uparrow}\boldsymbol{m}(x) < 1 \wedge i = i_r <_t i_u$

在（5.18）b 中，$\boldsymbol{Circle}(x) \wedge {}^{\uparrow}\boldsymbol{m}(x) < 1$ 表明 x 是一个“圆圈”的一部分。

三、参照区间内的情状体：惯常体

惯常体是一个非常特殊的体。按照 Comrie（1976）的界定，惯常体表达式描述的是一个延长时段的特征情境，该情境被延长以至于不再被视为是时刻的偶然特性而是整个时段的特征。从形式语义学的角度分析，这意味着惯常体表示某段时间内，某类事件多次反复出现。例如，“去年上半年，约翰在北京学习汉语”，并不表示“去年上半年”整个时段内，有一个持续不断的“约翰学习汉语”事件，而是指存在多个“约翰学习汉语”的事件离散地分布在“去年上半年”这段时间内。如果说其他的体都只涉及单事件（即后文的格式塔事件），那么惯常体则涉及多个事件。

（一）惯常体悖论

这里所说的惯常体悖论，是指惯常体表示事件的多次反复，因此其参照区间必然有一定时长，不可能是时间点的概念。但是在自然语言中，却常常可以看到惯常体与时间点搭配，比如（5.19）中的例子。

（5.19）a. 去年上半年，约翰在北京学习汉语。

b. 去年上半年我见到约翰时，他在北京学习汉语。

按照一般的理解，（5.19）a 中的参照区间是“去年上半年”，这是一个有一定时长的区间，在这个区间之内，必然存在多个“约翰学习汉语”事件。但是在（5.19）b 中，参照区间似乎变成了时间点的概念，即“我见到约翰”时，但是这并不表示在我见到约翰时，存在一个具体的“约翰学习汉语”事件。假设见面时，约翰在做其他事情，比如在购物，但是只要在那段时间约翰有学习汉语的状态，则（5.19）b 都是恰当的。因此在（5.19）b 中，假定“我见到约翰”的时间记作 i′，则（5.19）b 的参照区间不是 i′，而是以 i′为核心的一段合理长度是区间 i″。（5.19）b 为真　当且仅当　在 i″上存在多个“约翰学习汉语”事件。

比较（5.20）中的两个句子，这种解读就更明显了。

（5.20）a. 我见到约翰时，他正在北京学习汉语。

b. 我见到约翰时，他正在教室学习汉语。

表面看来，（5.20）a 和（5.20）b 的参照区间都是“我见到约翰时”。如果这样分析的话，两个句子完全一样，都可以看成是进行体，即在“我见到约翰”时，“他学习汉语”的事件正在进行，但是这样的分析并不恰当。例如，若（5.20）b 为真，则一般可以判断（5.21）b 为假；但是若（5.20）a 为真，并不意味着（5.21）a 为假。所以（5.20）a 和（5.20）b 存在重大差异。

（5.21）a. 约翰正在北京学习中国民乐。

b. 约翰正在教室学习中国民乐。

通常情况下，（5.20）b 被理解成：在“我见到约翰”时，正有一个“约翰学习汉语”的事件发生，而本体性质**学汉语**和**学民乐**是相互排斥关系，即¬**Coexistent**（**学汉语**，**学民乐**），所以在“我见到约翰”时，就不可能有一个“约翰学习中国民乐”事件。（5.20）a 则并不表示“我见到约翰”时，有一个“约翰学习汉语”的事件正在发生，而是被理解成：以“我见到约翰”的时刻为核心的一个合理时间段内，已经发生了多个“约翰学习汉语”事件，并且预期该事件还有可能继续发生。因此，即便（5.20）a 为真，仍然有可能在这段时间里存在“约翰学习中国民乐”事件。

据此可见，（5.20）a 中的参照区间并不是“我见到约翰”的事件区间，而是以“我见到约翰”的时间为核心的一个合理时长的区间内，（5.20）b 中的参照区间才是“我见到约翰”的事件区间，如图 5.9 所示。

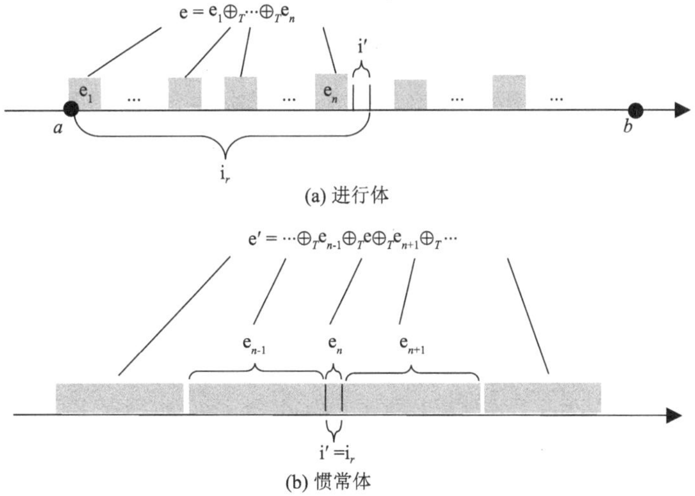

图 5.9　进行体和惯常体的离散性

图 5.9 中的 i′是“我见到约翰”的事件区间。在图 5.9（a）中，i_r是以 i′为终结子区间的区间，但是在图 5.9（b）中有 i′= i_r。

假设“约翰学习汉语”实际上持续了半年，但是“我见到约翰”时，可能才持续三个月。那么在图 5.9（a）中，事件 e 的完整事件区间应该是 *a*～*b* 区间。但是当人们说出（5.20）a 时，只有前三个月的“约翰学习汉语”事件对于参照世界是确定的，所以对于说话者而言，参照区间并不是整个“半年”的时间，而是以“我见到约翰”的事件区间为终结子区间的一段合理时长的区间，即图中的 i_r。i_r中的“约翰学习汉语”事件才是说话者实际表述的事件，而对于 i′之后的“约翰学习汉语”事件，应该归为（5.20）a 的话语隐含（implicature），说话者并不保证其真实性。

以图 5.9（a）中的 i_r为参照区间，就可以保证惯常体事件的确定性问题。据此，作为惯常体句子的（5.20）a，其真值条件是：若（5.20）a 为真，则在以参照区间（即“去年上半年我见到约翰时”）为终结子区间的一个合理时长的区间内，存在多个“约翰学习汉语”事件。

表面看来，离散性似乎是惯常体的特征，但实际并非如此。对比图 5.9（a）和图 5.9（b），惯常体和进行体都有离散性的特征。在图 5.9（a）中，分布在 i_r区间上的多个“约翰学习汉语”事件可以生成一个加合事件 e，而这个 e 就是（5.20）a 中所说的“约翰学习汉语”事件。同时，图 5.9（b）中的 e′通常被视为一个事件，但是按照构体论，也可以分解成不同的 T-构体。因为从构体论的角度分析，除了“手术后，他又活了五年”这样的事件相对于状态性质“活着”具有严格意义的延展性之外，其他的事件分布一般都具有离散性。如图 5.9（b）所示，即便是（5.20）b 中的“约翰学习汉语”事件，虽然在时轴上的分布相对比较集中，也会存在一些间隙。例如，在“他在教室学习汉语”的过程中，也可能与其他同学闲聊几句，或稍微闭目养神几分钟，因此也具有离散分布的特点。

据此，进行体和惯常体在离散性上的表现几乎是一样的，这也是导致（5.20）a 和（5.20）b 非常相似的原因。由此而带来的问题是，惯常体无法简单地通过离散性或最大连续 T-构体进行定义。因为任意一些在时轴上呈离散分布的事件都可以通过加合操作而生成一个更大的加合事件，而任意一个非瞬间性的事件都可以切分成若干个在时轴上呈离散分布的 T-构体。假设，e_1 是某天上午的“约翰学习汉语”事件，那么在整个学习过程中，约翰完全可以多次休息而中断了“学习汉语”的时间进程，但是这不影响 e_1 是一个完整的“约翰在某天上午学习汉语”事件。这是惯常体的逻辑语义难题之一。

（二）格式塔事件

为了能刻画惯常体的逻辑语义，首先需要区分出图 5.9（a）和图 5.9（b）中的两类事件。如前文的分析，从构体论的角度看，图 5.9（a）中的 e 和图 5.9（b）中的 e′没有实质性差异，都可以看成是由多个构体生成的加合事件。但是从直觉上看，二者还是存在明显区别的。按照一般的理解，（5.22）a 表示一个具体的事件，而（5.22）b 则表示由多个同类型的事件构成的事态。这里借用格式塔心理学的术语，姑且将（5.22）a 的事件称为**格式塔事件**。从认知心理学的角度，如果把某段情境看成是某类事件的一个具体的实例，那么这段情境就是一个格式塔事件。如果能从形式语义学的角度，对格式塔事件做一个清晰的界定，那么惯常体就可以定义为在参照区间存在多个格式塔事件。

（5.22）a. 9 点到 10 点之间，约翰在教室学习汉语。
b. 1 月到 6 月之间，约翰在北京学习汉语。

格式塔事件最明显的特征是事件在时轴上分布的高密度。若 e 的事件区间是 i，那么 e 的有效存续区间占据了 i 的大部分区间，这样的事件在认知上常常被识别为一个格式塔事件。

毫无疑问，依据（5.22）a，在 9 点至 10 点的一个小时之内，大部分时间都应该有“约翰学习汉语”的事件，否则“约翰学习汉语”的说法就不能成立[①]。但是依据（5.22）b，在 1～6 月，大多数时间里都不存在“约翰学习汉语”的事件。毕竟在这六个月中，约翰需要睡觉、吃饭、聊天以及其他与学习汉语无关的各种

① 假设，在这一个小时之内，约翰大部分时间都在与同学聊天，那么就可以说，“他根本就不在学习汉语，他是在教室聊天”。

活动。据此，可以将格式塔事件定义为：若 e 是一个格式塔事件，则 e 有效存续区间的时长与 e 事件区间总时长之比不能低于一定的比例。

这里所说的有效存续区间，就是第二章第二节中 WorkTime 的概念。此外还需要利用该小节所界定的区间 $\oplus_i$ 算子、$\oplus_{\mathrm{Max}t}$ 算子和外延度量函项 $^{\mathrm{v}}\boldsymbol{m}_c$。为了便于对照，这里将相关的定义重写成定义 2.6′、定义 2.7′和定义 2.8′。

定义 2.6′（区间加合运算）。

a. $\oplus_i$ 表示两个区间的加合运算，满足自返性、反对称性和传递性。任意两个区间 i_1 和 i_2, $\mathrm{i}_1 \oplus_t \mathrm{i}_2 = \mathrm{i}$　当且仅当 $[\![\mathrm{i}']\!] \in \boldsymbol{D}_i$, $[\![\mathrm{i}'']\!] \in \boldsymbol{D}_i$，且$[\![\alpha]\!] \cup [\![\beta]\!] \in \boldsymbol{D}_i$。

b. $\oplus_{\mathrm{Max}t}$ 表示两个区间的最大合并运算，对于任意两个区间 i_1 和 i_2 且 $\mathrm{i}_1 \leqslant_t \mathrm{i}_2$, $\mathrm{i}_1 \oplus_{\mathrm{Max}t} \mathrm{i}_2 = \mathrm{i}$　当且仅当　$\mathrm{i}_1 \subseteq_{t\text{-}in} \mathrm{i}$, $\mathrm{i}_2 \subseteq_{t\text{-}fi} \mathrm{i}$，且任意 i′，若 $\mathrm{i}_1 \leqslant_t \mathrm{i}' \leqslant_t \mathrm{i}_2$，则 $\mathrm{i}' \subseteq_t \mathrm{i}$。

定义 2.7′（事件区间和事件有效存续区间）。

a. Time(e) = i　当且仅当　若 e′是 e 的初始构体，e″是 e 的终结构体，则 $\mathrm{i} = \mathrm{Time(e')} \oplus_{\mathrm{Max}t} \mathrm{Time(e'')}$。

b. $\mathrm{WorkTime(e)} = \mathrm{i}$　当且仅当　$\mathrm{i} \subseteq_t \mathrm{Time(e)} \wedge \forall \mathrm{i}'[\mathrm{i}' \subseteq \mathrm{i} \rightarrow \exists \mathrm{e}'[{}^{e}\mathrm{IsPart}_T(\mathrm{e}', \mathrm{e}) \wedge \mathrm{Time(e')} = \mathrm{i}']]$。

定义 2.8′（区间外延度量函项 $^{\mathrm{v}}\boldsymbol{m}_c$）。

$^{\mathrm{v}}\boldsymbol{m}_c$是一个由语境决定的区间外延度量函项，其映射规则为：

a. 若 i 是一个连续区间，则 $^{\mathrm{v}}\boldsymbol{m}_c(\mathrm{i})$是一个自然数；

b. 若 i′和 i″都是区间且有 $\mathrm{i} = \mathrm{i}' \oplus_i \mathrm{i}''$，则 $^{\mathrm{v}}\boldsymbol{m}_c(\mathrm{i}) = {}^{\mathrm{v}}\boldsymbol{m}_c(\mathrm{i}') + {}^{\mathrm{v}}\boldsymbol{m}_c(\mathrm{i}'')$是一个自然数。

依据上述定义，对于任意一个事件 e 而言，都有 $\mathrm{WorkTime(e)} \subseteq_i \mathrm{Time(e)}$①，这也意味着，对于任意一个时间单位 v 而言，$^{\mathrm{v}}\boldsymbol{m}_c$(WorkTime(e))的数值都不会大于$^{\mathrm{v}}\boldsymbol{m}_c$(Time(e))的数值。

从认知心理学的角度看，若 $^{\mathrm{v}}\boldsymbol{m}_c$(WorkTime(e))与 $^{\mathrm{v}}\boldsymbol{m}_c$(Time(e))的数值比达到一定程度时，即事件的有效持续区间在事件区间的占比达到一定程度，则人们偏向将 e 识别成一个格式塔事件。

仍然以（5.22）为例。按照一般的理解，在 9 点到 10 点之间的这一个小时内，大部分时间都存在“约翰学习汉语”的事件，$^{\mathrm{v}}\boldsymbol{m}_c$(WorkTime(e))与 $^{\mathrm{v}}\boldsymbol{m}_c$(Time(e))的比例必然比较高。与之对照的是（5.22）b 中的“约翰学习汉语”事件 e。按照一般的理解，在 1 月到 6 月之间的半年里，大多数时间里，都不存在“约翰学习汉

① 注意，$\subseteq_i$ 和 $\subseteq_t$ 的区别，详见第二章第二节的“区间结构”。

语”的事件，因此 ${}^{v}\boldsymbol{m}_c$(WorkTime(e))与 ${}^{v}\boldsymbol{m}_c$(Time(e))的比例就要小很多。所以，（5.22）a 的“约翰学习汉语”被识别为一个格式塔事件，而（5.22）b 中的则被识别为由多个格式塔事件构成的事态。

据此，从形式语义学的角度，可以通过 ${}^{v}\boldsymbol{m}_c$(WorkTime(e))与 ${}^{v}\boldsymbol{m}_c$(Time(e))的数值比来刻画惯常体的逻辑语义。用 Gestalt(e)表示 e 是一个格式塔事件，则有如下定义。

定义 5.6（格式塔事件）。

a. Gestalt(e) $=_{def}$ ${}^{v}\boldsymbol{m}_c$(WorkTime(e))/${}^{v}\boldsymbol{m}_c$(Time(e)) $\geqslant$ n_c。

b. Typical_g(e，$\wp$) $=_{def}$ e 是一个具有性质 $\wp$ 的，且持续时间属于平均值的格式塔事件。

c. Max_g(e，$\wp$) $=_{def}$ e 是一个具有性质 $\wp$ 的，且持续时间属于最大值的格式塔事件。

${}^{v}\boldsymbol{m}_c$(i′)/${}^{v}\boldsymbol{m}_c$(i)表示在以 ν 为外延度量单位的情况下，i′与 i 的比例。若一个事件 e 是一个格式塔事件，则该事件的 ${}^{v}\boldsymbol{m}_c$(WorkTime(e))与 ${}^{v}\boldsymbol{m}_c$(Time(e))的数值比不能低于一个由语境决定的数值 n_c。定义 5.6 还定义了两个相对概念，Typical_g(e，$\wp$)表示 e 是一个的格式塔事件，且在所有具有性质 $\wp$ 的格式塔事件中，e 的事件区间的时长属于中等水平。Max_g(e，$\wp$)表示 e 是一个的格式塔事件，且在所有具有性质 $\wp$ 的格式塔事件中，e 的事件区间的时长属于最高值。

基于定义 5.6，就可以用 TotalPart_θ函项对格式塔事件进行计数。TotalPart_g(e)表示 e 中所有被视为格式塔事件的 T-构体的总数，具体定义如下。

定义 5.7（事件的格式塔构体的总数）。

TotalPart_g(e) = n　当且仅当 Card(X) = n 且 X 满足：任意 e′∈ X，都有 ${}^{e}\text{IsPart}_T$(e′，e) ∧ Gestalt(e′)。

依据上述对格式塔事件的讨论，现在可以对惯常体进行定义了。

（三）惯常体的逻辑语义

总体上看，惯常体本身应该是一个概率的概念。例如，当人们说出“张三经常跑步”时，是指在特定的参照区间内，存在“张三跑步”事件的天数与总天数之间的比例达到了一定的数值。假设以一个月为参照区间，其中有 n 天存在“张三跑步”的事件，若 $n \geqslant 20$ 天，则“张三几乎天天跑步”为真；若 $10 \leqslant n \leqslant 19$ 天，则“张三经常跑步”为真；若 $5 \leqslant n \leqslant 9$，则“张三有时跑步”为真；若 $1 \leqslant n \leqslant 4$，则“张三偶尔跑步”为真。

当然，概率是一个相对的数值。例如，在（5.23）a 中，参照区间是“一周”，所以如果张三跑步的次数多于三次，就可以认为（5.23）a 为真。但是在（5.23）b 中，参照区间变成了“月”，则次数达到三次就很难说“经常跑步”了。

（5.23）a. 张三上周经常跑步。
　　　　b. 张三上个月经常跑步。

据此，可以对惯常体做如下分析：若 i_r 是 e 的参照区间，在 i_r 之内存在一些子区间 i′满足：i′具有某个区间性质 ***I*** 且 i′上至少存在一个 e 的格式塔 T-构体。那么由这样的 i′构成的一个区间（大多数情况下，这是一个非连续区间）记作 i，则若 i 与 i_r 的比值不低于某个由语境经验确定的数值 n_c，那么 e 就是相对于本体性质 $\wp$ 的惯常体事件。

这里的所谓的某个区间性质 ***I*** 是指如 **Month**、**Week**、**Year** 等区间性质。仍然以（5.23）a 为例，假设在过去的一周，张三跑了四次步，则有如图 5.10 所示的情境。

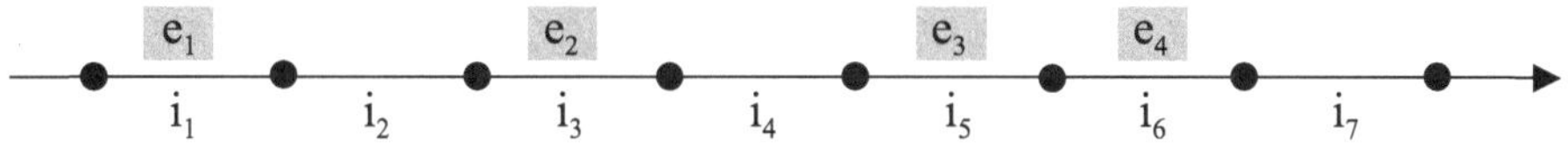

图 5.10　T-构体关系中的惯常体

图 5.10 中相邻两个小黑点之间的区间具有 **Day** 的性质（即任意两个小黑点之间的区间都是“一天”），而有“张三跑步”格式塔事件的区间共有四个，即 i_1、i_3、i_5 和 i_6。依据图 5.10，有下列各项。

a. $i_r = i_1 \oplus_e i_2 \oplus_e i_3 \oplus_e i_4 \oplus_e i_5 \oplus_e i_6 \oplus_e i_7$；

b. $e = e_1 \oplus_e e_2 \oplus_e e_3 \oplus_e e_4$；

c. $i = i_1 \oplus_i i_3 \oplus_i i_5 \oplus_i i_6$；

d. $^{day}\mathbf{m}(i) / ^{day}\mathbf{m}(i_r) = 4/7 \geqslant 1/3$。

这里的 i 是通过 $\oplus_i$ 运算而得到的区间，显然 i 是一个非连续区间且满足：i 的任意子区间 i′，若 i′有性质 **Day**，则在 i′上必然有一个“张三跑步”的格式塔事件。然后以 **Day** 为单位分别计算 i 和 i_r 的总天数，比例大于 1/3，因此可以认为“张三上周经常跑步”是成立的。

注意，**Day** 是区间性质谓词，与 $^{day}\mathbf{m}(i)$的上标 *day* 是不一样的。*day* 表示区间长度单位。任意一个 i，若 **Day**(i)为真，则说明 i 是完整的一天，即 i 具有“00:00:00-23:59:59”的性质。若 i 的起始时刻是中午 12:00:00，终结时刻是次日 11:59:59，虽然 $^{day}\mathbf{m}(i) = 1$，但 **Day**(i)为假。类似地，**Month**、**Week**、**Year** 等都是区间性质谓词。

用 $\text{ViewPoint}_{\text{惯常}}(e, \wp)$表示事件 e 作为本体性质 $\wp$ 的事件具有惯常体性质，

则有如下逻辑语义式。

$$\text{ViewPoint}_{惯常}(e, \wp) =_{def} \wp(e) \wedge \text{Time}(e) \subseteq i_r \wedge \exists i.i \subseteq_t i_r \wedge {}^{\vee}\boldsymbol{m}_c(i) / {}^{\vee}\boldsymbol{m}_c(i_r) \geqslant n_c \wedge \forall i'\exists \boldsymbol{I}_c[i' \subseteq_t i \wedge \boldsymbol{I}_c(i') \rightarrow \exists e'[{}^{e}\text{IsPart}_T(e', e) \wedge \text{Time}(e') \subseteq_t i' \wedge \text{Gestalt}(e')]]$$

这里给出的还不是惯常体的正式定义，其中的 $\boldsymbol{I}_c$ 表示区间性质 $\boldsymbol{I}$ 是由语境确定的某种性质，n_c 表示由语境和经验确定的数值。例如，在（5.23）a 和（5.23）b 中，这个区间性质应该是 **Day**，即按照“天”来计算某个事件的经常性。依据定义 5.5′，（5.23）a 和（5.23）b 的逻辑语义式就是（5.23′）a 和（5.23′）b。

（5.23′）a. $\exists ewii_r i_u.{}^{*}\textbf{张三跑步}(ewii_r i_u) \wedge i \subseteq i_r \wedge \textbf{LastWeek}(i_r, i_u) \wedge \exists i'[i' \subseteq_t i_r \wedge {}^{day}\mathbf{m}(i) / {}^{day}\mathbf{m}(i_r) \geqslant 1/3 \wedge \forall i''[i'' \subseteq_t i' \wedge \textbf{Day}(i'') \rightarrow \exists e'[{}^{e}\text{IsPart}_T(e', e) \wedge \text{Time}(e') \subseteq_t i'' \wedge \text{Gestalt}(e')]]]$

b. $\exists ewii_r i_u.{}^{*}\textbf{张三跑步}(ewii_r i_u) \wedge i \subseteq i_r \wedge \textbf{LastMonth}(i_r, i_u) \wedge \exists i'[i' \subseteq_t i_r \wedge {}^{month}\mathbf{m}(i) / {}^{month}\mathbf{m}(i_r) \geqslant 1/3 \wedge \forall i''[i'' \subseteq_t i' \wedge \textbf{Month}(i'') \rightarrow \exists e'[{}^{e}\text{IsPart}_T(e', e) \wedge \text{Time}(e') \subseteq_t i'' \wedge \text{Gestalt}(e')]]]$

惯常体除了通过“经常、常常、很多次、时不时地”等不规律性频度副词表示高频率事件之外，还可以通过“每天、天天、每隔三天”等规律性频度副词表示。这类语义都可以通过改变 $\boldsymbol{I}$、${}^{\vee}\boldsymbol{m}_c$ 和 n_c 而得到相应地刻画，如（5.24）中的两个句子，其逻辑语义式是（5.24′）。

（5.24）a. 张三上周天天跑步。

b. 张三上个月隔两天跑一次步。

（5.24′）a. $\exists ewii_r i_u.{}^{*}\textbf{张三跑步}(ewii_r i_u) \wedge i \subseteq i_r \wedge \textbf{LastWeek}(i_r, i_u) \wedge \exists i'[i' \subseteq_t i_r \wedge {}^{day}\mathbf{m}(i) / {}^{day}\mathbf{m}(i_r) = 1 \wedge \forall i''[i'' \subseteq_t i' \wedge \textbf{Day}(i'') \rightarrow \exists e'[{}^{e}\text{IsPart}_T(e', e) \wedge \text{Time}(e') \subseteq_t i'' \wedge \text{Gestalt}(e')]]]$

b. $\exists ewii_r i_u.{}^{*}\textbf{张三跑步}(ewii_r i_u) \wedge i \subseteq i_r \wedge \textbf{LastWeek}(i_r, i_u) \wedge \exists i'[i' \subseteq_t i_r \wedge {}^{day}\mathbf{m}(i) / {}^{day}\mathbf{m}(i_r) = 1/3 \wedge \forall i''[i'' \subseteq_t i' \wedge \textbf{3Day}(i'') \rightarrow \exists e'[{}^{e}\text{IsPart}_T(e', e) \wedge \text{Time}(e') \subseteq_t i'' \wedge \text{Gestalt}(e')]]]$

与（5.23′）相比，（5.24′）a 中的 ${}^{day}\mathbf{m}(i) / {}^{day}\mathbf{m}(i_r) = 1$，这表明“上周”的每一天都有一个“张三跑步”的格式塔事件，（5.24′）b 中的 ${}^{day}\mathbf{m}(i) / {}^{day}\mathbf{m}(i_r) = 1/3$，同时区间的性质变成了 **3Day**。

惯常体的特殊之处还在于其对 i_r 非常敏感。因为惯常体表示同类事件的多次反复，因此 i_r 必须是远超过一个格式塔事件时长的区间，否则就不能解读为惯常体。例如，“上半年我见到约翰时，他在学习汉语”中的 i_r 是“上半年”，这个区间的长度远超过一个“学习汉语”格式塔事件，因此“约翰学习汉语”是惯常体。但是在“今天上午我见到约翰时，他在学习汉语”中，i_r 成了“上午”，这个区间的长度并不比一个最大长度的“学习汉语”格式塔事件长多少，因此“约翰学习汉语”就不可能是惯常体。此外，前文规定现在时的时关系是 $i_u= i_r$，但是 i_u 通常被认为是一个很短的区间，因此依据前文对惯常体的界定，惯常体就不可能与现在时结合，但是这显然是不合理的。解决的方式，就是让惯常体的参照区间与句子所提供的参照区间分离。据此，就有了如下的正式定义。

定义 5.5″（完整体子类关系Ⅲ）。

$\text{ViewPoint}_{惯常}(e, \wp) =_{def} \exists i'\boldsymbol{S}.\wp(e) \wedge \boldsymbol{S}(i', i_r) \wedge \text{Time}(e) \subseteq i' \wedge \exists i[i \subseteq_t i' \wedge {}^{v}\boldsymbol{m}_c(i) / {}^{v}\boldsymbol{m}_c(i') \geqslant n_c \wedge \forall i''\exists \boldsymbol{I}_c[i'' \subseteq_t i \wedge \boldsymbol{I}_c(i'') \to \exists e'[{}^{e}\text{IsPart}_T(e', e) \wedge \text{Time}(e') \subseteq_t i'' \wedge \text{Gestalt}(e')]]]$。

在定义 5.5″中，惯常体的参照区间实际上变成了 i′，而不是句子提供的 i_r，其中 $\boldsymbol{S}(i', i_r)$表示 i′和 i_r 存在某种区间关系。在具体的语境中，这种关系依据下面的定义得到确定。

定义 5.4′（体算子的逻辑语义Ⅱ）。

$^{\varnothing}$体$_{惯常}$-算子 $=_{def} \lambda^{*}\wp \exists ewii_ri_u.{}^{*}\wp(eiwi_ri_u) \wedge \textbf{Habtual}(e, i_r, \boldsymbol{I}_c) \wedge S(i_r, i_u)$

若对于任意 e、e′、w、i、i_r 和 i_u，都有 $\text{Max}_g(e', \wp)$，则：

a. 若 ${}^{v}\boldsymbol{m}_c(i_r)$的数值远远超过 ${}^{v}\boldsymbol{m}_c(\text{Time}(e'))$的数值，则：

$\textbf{Habtual}(e, i_r, \boldsymbol{I}_c) =_{def} \text{Time}(e) \subseteq i_r \wedge \exists i'.i' \subseteq_t i_r \wedge {}^{v}\boldsymbol{m}_c(i') / {}^{v}\boldsymbol{m}_c(i_r) \geqslant n_c \wedge \forall i''\exists \boldsymbol{I}_c[i'' \subseteq_t i' \wedge \boldsymbol{I}_c(i'') \to \exists e'[{}^{e}\text{IsPart}_T(e', e) \wedge \text{Time}(e') \subseteq_t i'' \wedge \text{Gestalt}(e')]]$。

b. 否则，则有：

$\textbf{Habtual}(e, i_r, \boldsymbol{I}_c) =_{def} \exists i'.\wp(e) \wedge i_r \subseteq_{t\text{-}fi} i' \wedge \text{Time}(e) \subseteq i' \wedge \exists i[i \subseteq_t i' \wedge {}^{v}\boldsymbol{m}_c(i) / {}^{v}\boldsymbol{m}_c(i') \geqslant n_c \wedge \forall i''\exists \boldsymbol{I}_c[i'' \subseteq_t i \wedge \boldsymbol{I}_c(i'') \to \exists e'[{}^{e}\text{IsPart}_T(e', e) \wedge \text{Time}(e') \subseteq_t i'' \wedge \text{Gestalt}(e')]]]$。

定义 5.4′中用元谓词 $\textbf{Habtual}(e, i_r, \boldsymbol{I}_c)$表示事件 e、事件区间 i 和参照区间 i_r 之间的关系，并规定，若句子提供的参照区间 i_r 的时长远远大于最大格式塔事件的事件区间长度，则惯常体事件 e 的参照区间就是 i_r，即定义 5.5″中的 $i'= i_r$；否则 $i_r \subseteq_t i'$，而 e 的参照区间是 i′。

在现代汉语中，“经常、常常、偶尔、有时”等词语都可以翻译成体$_{惯常}$-算子，例如，可以有如下翻译规则。

翻译规则 5.1。

a. 经常:⇒ $体_{经常}$-算子 $=_{def} \lambda^* \wp \exists ewii_r i_u .^* \wp(eiwi_r i_u) \wedge {}^{经常}\mathbf{Habtual}(e, i_r, \boldsymbol{I}_c) \wedge \boldsymbol{S}(i_r, i_u)$。

b. 偶尔:⇒ $体_{偶尔}$-算子 $=_{def} \lambda^* \wp \exists ewii_r i_u .^* \wp(eiwi_r i_u) \wedge {}^{偶尔}\mathbf{Habtual}(e, i_r, \boldsymbol{I}_c) \wedge \boldsymbol{S}(i_r, i_u)$。

c. 每天:⇒ $体_{每天}$-算子 $=_{def} \lambda^* \wp \exists ewii_r i_u .^* \wp(eiwi_r i_u) \wedge {}^{每天}\mathbf{Habtual}(e, i_r, \boldsymbol{I}_c) \wedge \boldsymbol{S}(i_r, i_u)$。

然后依据 **Habtual** 的左上标、e 的事件性质、参照区间的长度以及其他的语境因素，设定 ${}^{\varepsilon}\mathbf{Habtual}$ 定义中的 n_c 的数值并给出特定的区间性质 $\boldsymbol{I}_c$。例如，对于（5.24）b 中的“跑步”事件，且参照区间是“一个月”，则可以设定区间性质 $\boldsymbol{I}$ 为 **Day**，相应地，${}^{\nu}\boldsymbol{m}_c$ 中的 ν 也是 **Day**。若ε是“经常”，则 n_c 可以设定为≥70%；若ε是“偶尔”，则 n_c 可以设定为≤10%；若ε是“每天”，则意味着 n_c 是 100%。

四、视点体子类的互补和相容关系

按照前文对不同基本视点体以及完整体子类的定义，完整体子类之间的关系与四种基本视点体之间的关系不同。四种基本视点体除了惯常体比较特殊之外，其他三者之间都是互补关系，即有如下事实。

事实 5.2。

a. $\forall e \wp .\mathrm{ViewPoint}_{已然}(e, \wp) \leftrightarrow \neg[\mathrm{ViewPoint}_{未然}(e, \wp) \vee \mathrm{ViewPoint}_{完整}(e, \wp)]$。

b. $\forall e \wp .\mathrm{ViewPoint}_{未然}(e, \wp) \leftrightarrow \neg[\mathrm{ViewPoint}_{已然}(e, \wp) \vee \mathrm{ViewPoint}_{完整}(e, \wp)]$。

c. $\forall e \wp .\mathrm{ViewPoint}_{完整}(e, \wp) \leftrightarrow \neg[\mathrm{ViewPoint}_{已然}(e, \wp) \vee \mathrm{ViewPoint}_{未然}(e, \wp)]$。

基本视点体之间的这种互补关系可以从它们的定义（定义 5.3）中直接推出，因为在已然体、未然体和完整体的逻辑语义式中，参照区间与事件区间的关系分别是 $i <_t i_r$、$i_r <_t i$ 和 $i \subseteq_t i_r$。

但是依据定义 5.5 和定义 5.5′，完整体子类之间却存在某些相容关系，即一个事件可以同时具备多个完整体子类。为了能更好地比较，现将定义 5.5 和定义 5.5′ 汇总如下。

定义 5.5‴（完整体子类关系）。

a. $\text{ViewPoint}_{\text{终结}}(e, \wp) =_{def} \exists ewii_r i_u.{}^{*}\wp(ewii_r i_u) \wedge i \subseteq_t i_r \wedge [{}^{\text{终}}\text{Telic}(e, \wp) \vee \text{Ach}(e, \wp)]$。

b. $\text{ViewPoint}_{\text{未终结}}(e, \wp) =_{def} \exists ewii_r i_u.{}^{*}\wp(ewii_r i_u) \wedge i \subseteq_t i_r \wedge \neg\,{}^{\text{终}}\text{Telic}(e, \wp) \wedge \neg \text{Ach}(e, \wp)$。

c. $\text{ViewPoint}_{\text{起始}}(e, \wp) =_{def} \exists ewii_r i_{u\,r}.{}^{*}\wp(ewii_r i_u) \wedge i \subseteq_t i_r \wedge {}^{\text{始}}\text{Telic}(e, \wp)$。

d. $\text{ViewPoint}_{\text{进行}}(e, \wp) =_{def} \exists ewii_r i_u.{}^{*}\wp(ewii_r i_u) \wedge i = i_r \wedge \forall e'[{}^{e}\text{IsPart}_T(e', e) \rightarrow \neg[\text{End}_e(e', e, \wp) \vee \text{First}_e(e', e, \wp)]]$。

显然，从定义 5.5″中可以得到如下事实。

事实 5.3。

a. $\forall e\wp.\text{ViewPoint}_{\text{终结}}(e, \wp) \leftrightarrow \neg \text{ViewPoint}_{\text{未终结}}(e, \wp)$。

b. $\forall e\wp.\text{ViewPoint}_{\text{进行}}(e, \wp) \rightarrow \neg[\text{ViewPoint}_{\text{起始}}(e, \wp) \vee \text{ViewPoint}_{\text{终结}}(e, \wp)]$。

c. $\forall e\wp.[\text{ViewPoint}_{\text{惯常}}(e, \wp) \vee \text{ViewPoint}_{\text{进行}}(e, \wp)] \rightarrow \text{ViewPoint}_{\text{未终结}}(e, \wp)$。

d. $\exists e\wp.\text{ViewPoint}_{\text{惯常}}(e, \wp) \wedge \text{ViewPoint}_{\text{进行}}(e, \wp) \wedge \text{ViewPoint}_{\text{未终结}}(e, \wp)$。

这些事实都在定义 5.5″中得到反映。从事实 5.3 中可以看到，终结体与未终结体存在互补性，而进行体要求事件 e 是无界的，因此与起始体和终结体形成互补关系。进行体和惯常体可以看成是对未终结体进一步的限定而得到的。

从上面的讨论中，可以得出结论，进行体和惯常体存在重叠部分，这也反映了两种体的语言学表现，如（5.25）所示。

（5.25）a. 去年上半年，约翰在学习汉语。

b. 刚才我见到约翰时，约翰在学习汉语。

c. 我在学习英语，约翰在学习汉语。

（5.25）a 可算是典型的惯常体，因为 i_r 是“去年上半年”，而“约翰学习汉语”的事件区间被包含在 i_r 之内，且在 i_r 之内存在多个“约翰学习汉语”的格式塔事件。但是在（5.25）b 中，i_r 是“刚才我见到约翰时”，因为 i_r 是一个时刻，“约翰学习汉语”事件变成了进行体。（5.25）c 则存在两种解读歧义。

第四节　时和体的交互逻辑语义

与体语义不同，时是通过说明 i_r 与 i_u 之间的关系，从而在时轴上对事件进行定位。整体上看，与体相比较，时不直接涉及事件，而是通过 i_r 间接涉及事件，因此所牵涉的关系相对单纯一些。

吕叔湘（1990）将时间词分为**实指性**和**称代性**，前者指“晋太远中、弘治元年二月十一日”等，后者指“今年、大前天、这个月、有一天、有时候、天天、年年”等。称代性的时间词还可以进一步分为**有定指称性**的和**无定指称性**的，如“今年、大前天、这个月”等属于有定指称性的，而“有一天、有时候”等属于无定指称性的。

这里主要考虑有定指称性的称代性时间词和实指性时间词。前者表示 i_u 和 i_r 之间的关系，因此可以被处理成时标记词，其逻辑语义式中可以直接写入 i_r 和 i_u 的关系。从形式语义学的角度分析，本书将这类时间词称为**区间关系时间词**（简称**关系时间词**）。实指性时间词表示区间的性质，本身并不表示区间关系，只有通过与时间介词组合，或者与体语义组合，才能为句子提供时信息。本书将这类时间词称为**区间定位时间词**（简称**定位时间词**），即依据这些词，虽然不能确定 i_r 和 i_u 之间的关系，但是可以在时轴上进行定位。此外，状语从句也可以通过从句事件的事件区间 i 为主句事件提供一个 i_r 进行定位，因此也直接决定了汉语句子的时关系。在下文中，将有定指称性的时间词以及时间介词和引导时间状语从句的连接词都称为**时标记词**。

但问题是，现代汉语并没有一套完整的时形态系统（李临定，1990；Lin，2005；顾阳，2007）。时的表达一方面依靠时标记词（包括各类表示时间的词语），另一方面则依靠与体的交互作用。这种交互作用体现在三个方面：一是体语义在特定情形下可以投射成时语义，这点在第六章的第三节还会详细讨论；二是时标记词本身还会影响到体语义的解读，这点将在本节第二小节讨论；三是体标记词在句子中还存在冗余现象。

在这种情况下，如果依据 CCG 的常规做法，将时语义和体语义分开处理，对汉语来说难度太大。为了解决汉语中时体语义交互作用的问题，CCG_{MEM} 的时体范畴是可移位范畴，同时还增加了可删除范畴以解决体标记词的冗余问题。

一、三种时关系

如果采用 Reichenbach（1947）的“三时制”来说明时，时表示 i_u 与 i_r 之间的关系。依据 i_u 与 i_r 之间的关系，基本的时关系有三种：过去时、现在时和将来时。以此为基础，还可以组成更复杂的时关系，如过去将来时等。不过下文只以三种基本的时关系为例，讨论汉语中时和体的交互逻辑语义。

（一）过去时、现在时和将来时

用小黑点表示 i_u，用矩形框表示 i_r，则 i_u 和 i_r 存在三种不同的关系，如图 5.11 所示。

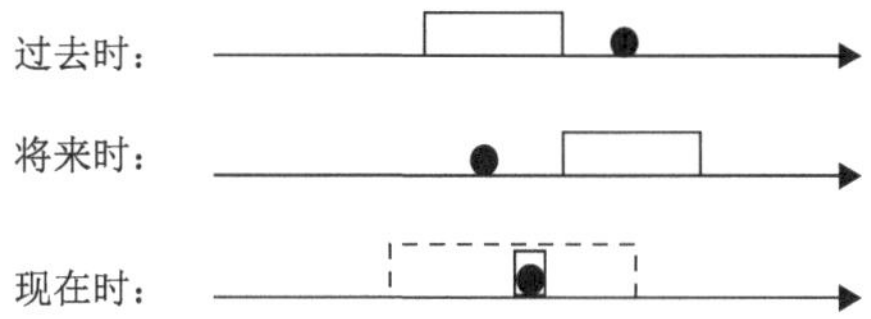

图 5.11　三种时关系

按照图 5.11，过去时表示 $i_r \leqslant_t i_u$，将来时表示 $i_u \leqslant_t i_r$，这与一般文献的处理没有区别。需要解释的是现在时，按照常规的做法，现在时的时关系是 $i_u \subseteq_t i_r$，即 i_r 包含了 i_u。例如，在（5.26）的例子中，（5.26）a 中的 i_r 在 i_u 之前，属于过去时；（5.26）b 中的 i_r 在 i_u 之后，属于将来时；（5.26）c 中的“张三每天跑步”事件的 i_r 似乎应该是“这个月”，并且包含了 i_u。

（5.26）a. 张三去年已经毕业了。
　　　　b. 张三明年毕业。
　　　　c. 张三这个月每天跑步。

但实际上，把“这个月”看成是“张三每天跑步”的参照区间，并不合理。假设说话时间是“这个月 15 号”，如果在 15 号前，张三每天都跑步，则（5.26）c 是恰当的。但是假设在 15 号之后，张三就没有跑步了。在这种情况下，把“这个月”看出是“张三每天跑步”的参照区间就不合适了，因为在“这个月”的后半段，“张三每天跑步”是假的。所以准确地说，现在时应该是 $i_u \subseteq_{t\text{-}fi} i_r$，即 i_r 是以 i_u 为终结子区间的、一段合理时长的区间。如（5.26）c 的准确理解是：在 i_u 之前的“这个月”，每天都有一个“张三跑步”事件，至于 i_u 之后的“这个月”里的“张三跑步”事件则属于话语隐含，说话者并不保证其确定性。

尽管如此，这里仍然将现在时的时关系定义为 $i_u = i_r$。主要目的还是因为汉语中时和体的交互作用，相互影响。$i_u = i_r$ 有利于体标记词更好地与时算子毗连组合，得到恰当的时体的逻辑语义式。关于这点，详见后两节的讨论。

依据图 3.19 所示的事件确定性问题，三种时可以做如下分析（其中 w_r 和 w_u 分别表示参照世界和说话者世界）。

若 e 是句子 S 描述的事件，则有：

a. 过去时：因为 $i_r \leqslant_t i_u$，所以 e 的 $w_r = w_u$。

b. 现在时：因为 $i_r = i_u$，所以 e 的 $w_r = w_u$。

c. 将来时：因为 $i_u \leqslant_t i_r$，所以 e 的 w_r 与 w_u 不一定是同一个世界。

因为世界关系可以从区间关系中推导出来，因此可以简单地将时视为区间二元关系，即 i_r 和 i_u 之间的关系。用二元关系谓词 Tense 并通过右下标 p、f 和 n 区分过去时、将来时和现在时所表示的二元关系[①]，具体规定如下。

定义 5.8（时的区间关系）。

a. $\text{Tense}_p(i_r,\ i_u) =_{\text{def}} i_r <_t i_u$。

b. $\text{Tense}_n(i_r,\ i_u) =_{\text{def}} i_u = i_r$。

c. $\text{Tense}_f(i_r,\ i_u) =_{\text{def}} i_u <_t i_r$。

比较第三节给出的视点体的逻辑语义，时语义体现了 i_r 与 i_u 的关系，视点体的逻辑语义体现了事件区间 i 与 i_r 的关系。另外，注意，按照定义 3.27，若 $i_r <_t i_u$ 和 $i_u \subseteq_{t\text{-}fi} i_r$，则必然有 $w_r = w_u$；反之，则未必有 $w_r = w_u$。

与英语不同，现代汉语时语义的表达一方面依靠时标记词，如表示时间区间关系的“昨天、去年、下一周”等；另一方面依靠情状体的语义投射作用。例如，在没有显性时标记的情况下，且语境中没有相反作用的因素，则事件的终结有界性可以直接投射为过去时（Lin，2005；李可胜，2016）。在这种情况下，就需要以∅-形式存在的时算子参与逻辑语义的组合运算。具体的应用实例参见第六章。

依据定义 5.8，可以给出四种时-算子的逻辑语义式，具体规定如下。

定义 5.9（时-算子的逻辑语义式）。

a. $^{\varnothing}$时$_{\text{过去}}$-算子 $=_{\text{def}} \lambda i_r i_u . i_r <_t i_u$。

b. $^{\varnothing}$时$_{\text{现在}}$-算子 $=_{\text{def}} \lambda i_r i_u .\ i_u = i_r$。

c. $^{\varnothing}$时$_{\text{将来}}$-算子 $=_{\text{def}} \lambda i_r i_u . i_u <_t i$。

d. $^{\varnothing}$时$_{\text{未定}}$-算子 $=_{\text{def}} \lambda i_r i_u \exists \boldsymbol{I}.\boldsymbol{I}(i, i_u)$。

在汉语中，某些时间词起到了时标记的作用。基于 $\mathscr{L}_{\text{MEM}}$，这类时间词被翻译成不同的时算子，具体参见“时间介词短语和时间状语从句”中的讨论。另外，这里除了“过去、现在、将来”三个时算子之外，还增加了一个未定时算子。这是因为汉语缺少完整的时形态标记系统，在很多情况下，有些句子一旦脱离了语境，就无法确定其 i_r 和 i_u 之间的关系，因此在句子层面，就不能给出具体的时语义，这时就需要未定时算子对句子的逻辑语义起到时体语义临时封闭作用，从而

① p、f 和 n 分别是 past、future 和 now 的首字母。

留待语境提供信息来进一步明确 i_r 和 i_u 的关系。具体的应用见第六章第二～四节。

（二）时与体的小结

在继续讨论时和体交互语义之前，依据本章前几小节对时体逻辑语义的讨论，这里稍作一个小结。

当三种时与三种基本的视点体（即已然体、未然体和完整体）进行组合时，就会得到九种不同的时体逻辑语义组合。用 $Temp_{\varepsilon}(e, \wp)$表示 e 作为本体性质为 $\wp$ 的事件具有类型为 ε 的时与视点体的组合关系。

定义 5.10（时与视点体的逻辑语义组合 I）。

a. $Temp_{p\text{-已然}}(e, \wp) =_{def} \exists ewii_ri_u.^* \wp(ewii_ri_u) \wedge i <_t i_r <_t i_u$。

b. $Temp_{p\text{-完整}}(e, \wp) =_{def} \exists ewii_ri_u.^* \wp(ewii_ri_u) \wedge i \subseteq_t i_r <_t i_u$。

c. $Temp_{p\text{-未然}}(e, \wp) =_{def} \exists ewii_ri_u.^* \wp(ewii_ri_u) \wedge i_r <_t i <_t i_u$。

d. $Temp_{n\text{-已然}}(e, \wp) =_{def} \exists ewii_ri_u.^* \wp(ewii_ri_u) \wedge i <_t i_r = i_u$。

e. $Temp_{n\text{-完整}}(e, \wp) =_{def} \exists ewii_ri_u.^* \wp(ewii_ri_u) \wedge i \subseteq_t i_r = i_u$。

f. $Temp_{n\text{-未然}}(e, \wp) =_{def} \exists ewii_ri_u.^* \wp(ewii_ri_u) \wedge i_r <_t i \wedge i_r = i_u$。

g. $Temp_{f\text{-已然}}(e, \wp) =_{def} \exists ewii_ri_u.^* \wp(ewii_ri_u) \wedge i <_t i_r \wedge i_u <_t i_r$。

h. $Temp_{f\text{-完整}}(e, \wp) =_{def} \exists ewii_ri_u.^* \wp(ewii_ri_u) \wedge i \subseteq_t i_r \wedge i_u <_t i_r$。

i. $Temp_{f\text{-未然}}(e, \wp) =_{def} \exists ewii_ri_u.^* \wp(ewii_ri_u) \wedge i_u <_t i_r <_t i$。

依据定义 5.10 中时与视点体的逻辑语义组合，就可以对 e 进行时轴定位，同时依据定义 3.27，可以从事件与区间的关系中，确定 e 所在的可能世界。

例如，在定义 5.10a 中，由于 $Tense_p$ 的 $i_r <_t i_u$ 和 $ViewPoint_{\text{完成}}$的 $i <_t i_r$，可以得到 $i <_t i_r <_t i_u$。因此，若 e 作为性质为 $\wp$ 的事件具有过去完成的关系，则有 $i <_t i_r <_t i_u$，同时依据定义 3.27，必然有 $w = w_r = w_u$。

再如，依据定义 5.10f，若 e 作为性质为 $\wp$ 的事件具有现在未然体的关系，则 e 的事件区间 i 晚于 i_r，而 i_r 与 i_u 同步结束，这意味着事件区间 i 必然也晚于 i_u，所以 e 是一个还未发生的事件。依据定义 3.27，其事件存续的世界不是 w_u，而是与 w_r 存在可及关系的可能世界 w。同时又因为 $i_u \subseteq_{t\text{-}fi} i_r$，所以有 $w_r = w_u$，则 w 实际上就是与 w_u 存在可及关系的世界。

又如依据定义 5.10h，如 e 作为性质为 $\wp$ 的事件具有将来完整体的关系，则 e 的事件区间 i 被包含在 i_r 中，而 i_r 晚于 i_u，这也意味着 e 是一个还未发生的事件。依据定义 3.27，其存续的世界只能是一个与 w_u（等同于 w_r）有可及关系的世界 w 中。

但是依据第五章第三节的讨论，完整体还可以至少区分出五个子类，即终结体、未终结体、起始体、进行体和惯常体，这些视点体子类再与三种时组合，就可以得到更多不同的时体逻辑语义组合。这里仅以 $\text{Temp}_{p\text{-完整}}$为例，具体定义如下。

定义 5.10′（时与视点体的逻辑语义组合Ⅱ）。

a. $\text{Temp}_{p\text{-完整终结}}(e，\wp) =_{\text{def}} \exists ewii_r i_u.^{*}\wp(ewii_r i_u) \wedge i \subseteq_t i_r <_t i_u \wedge [^{终}\text{Telic}(e，\wp) \vee \text{Ach}(e，\wp)]$。

b. $\text{Temp}_{p\text{-完整未终结}}(e，\wp) =_{\text{def}} \exists ewii_r i_u.^{*}\wp(ewii_r i_u) \wedge i \subseteq_t i_r <_t i_u \wedge \neg {}^{终}\text{Telic}(e，\wp) \wedge \neg\text{Ach}(e，\wp)$。

c. $\text{Temp}_{p\text{-完整起始}}(e，\wp) =_{\text{def}} \exists ewii_r i_u.^{*}\wp(ewii_r i_u) \wedge i \subseteq_t i_r <_t i_u \wedge {}^{始}\text{Telic}(e，\wp)$。

d. $\text{Temp}_{p\text{-完整进行体}}(e，\wp) =_{\text{def}} \exists ewii_r i_u.^{*}\wp(ewii_r i_u) \wedge i \subseteq_t i_r \wedge i_u \subseteq_{t\text{-}fi} i_r \wedge [^{终}\text{Telic}(e，\wp) \vee \text{Ach}(e，\wp)]$。

e. $\text{Temp}_{p\text{-完整惯常体}}(e，\wp) =_{\text{def}} \exists ewii_r i_u.^{*}\wp(ewii_r i_u) \wedge i \subseteq_t i_r \wedge i_u <_t i_r \wedge \mathbf{Habtual}(e，i_r，\boldsymbol{I_c})$。

$\text{Temp}_{n\text{-完整}}$和 $\text{Temp}_{f\text{-完整}}$的情况与 $\text{Temp}_{p\text{-完整}}$类似，这里就不再一一列举。时、情状体和视点体之间的关系如图 5.12 所示。

二、时体标记词的交互作用

这里所说的时标记词主要指吕叔湘（1990）中所说的有定指称性的称代性时间词。这些词表示区间关系，因此可以为句子提供时信息，典型的例子如“去年、明年、十年前、五个月之后”以及“本周、本月、今天、今年”等。

现在的问题是：因为时表示 i_u和 i_r之间的关系，而体说明了 i_r与事件区间的关系，因此 i_r就成了时和体的衔接。但是在现代汉语中，时标记词中的 i_r和体标记词所表示的 i_r有时并不一致，在这种情况下，时和体之间就有了交互作用，共同确定事件的时轴定位。

（一）时体标记词的语言学分析

按照常规，“已经”被认为是典型的已然体标记，而“将要”被认为是典型的未然体标记，但是（5.27）中的例子却表明事情并非如此简单。

（5.27）a. 张三已经写完毕业论文。

b. （我见到张三时，）张三已经写完毕业论文。

c. 张三上周已经写完毕业论文。

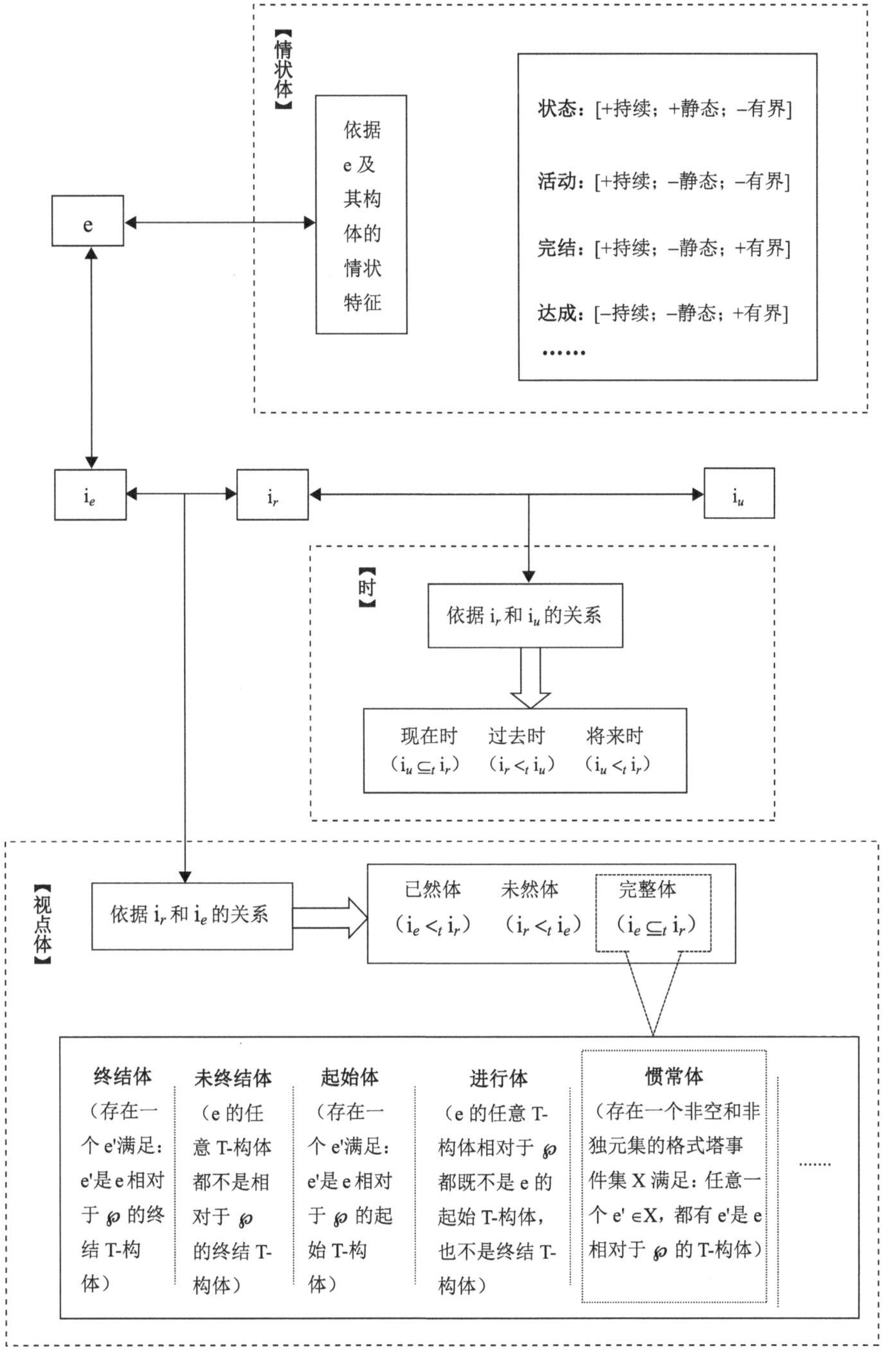

图 5.12　时、情状体和视点体之间的关系

（5.27）a 和（5.27）b 都支持“已经”是已然体标记词的判断。假设 e = “张三写完毕业论文”，在（5.27）a 中，因为没有时标记词，默认 i_r 就是 i_u，显然有 $Time(e) <_t i_r$，所以 e 是早于 $i_u = i_r$ 的已然事件。同样，（5.27）b 中的 i_r 是“我见到张三”的时候，显然也有 $Time(e) <_t i_r$，e 也是早于“我见到张三”区间上的事件，因此也是已然事件。

但是（5.27）c 却不支持“已经”是已然体标记词的说法。在（5.27）c 中，i_r 是“上周”，如果仍然把“已经”看成是已然体标记词，则意味着 $Time(e) <_t i_r$，即以“上周”为参照，e 是已然事件。这意味着“张三写完毕业论文”是在“上周”之前发生的，显然这种理解有悖于一般人的语感。通常情况下，（5.27）c 的正确理解应该是“张三写完毕业论文”是在参照区间“上周”之内发生的，而非“上周”之前，因此属于完整体。

“将要”也有类似的情况。“将要”一般被视为典型的未然体标记词，（5.28）a 和（5.28）b 都支持这种说法，但是（5.28）c 不支持。

（5.28）a. 张三将要写完毕业论文了。
b. （等我见到张三时，）张三将要写完毕业论文。
c. 张三下周将要写完毕业论文。

（5.28）a 和（5.28）b 都表明“张三写完毕业论文”是迟于 i_r 的事件，但是在（5.28）c 中，是 i_r 之内的事件。

如果 i_r 包含了 i_u，也会出现歧义，如（5.29）中的两个句子都包括了参照区间“这个月”，却有着不同的理解。

（5.29）a. 张三这个月迟到五次。
b. 张三这个月已经迟到了五次。
c. ?张三这个月将要迟到五次。

（5.30）a. 张三这个月写完毕业论文。
b. ?张三这个月已经写完了毕业论文。
c. 张三这个月将要写完毕业论文。

按照一般的语感，（5.29）a 更倾向于理解成（5.29）b，即这个月到说话时候为止，张三已经迟到了五次。这意味着，这五个“张三迟到”的事件相对于说话者世界 w_u（= w_r）是确定的。但是（5.30）a 更倾向于理解成（5.30）c，即最迟到这个月的月底，也就是在说话区间之后，张三将写完毕业论文。这意味着，“张三写完毕业论文”是迟于说话区间的事件，所以该事件相对于说话者世界 w_u 是不确定的。如果要将（5.29）a 理解成（5.29）c 或是将（5.30）a 理解成（5.30）

b，则需要语境提供充足的信息。

这种歧义只有在视点体或其他语境因素的进一步限定下，才得以排歧。如在（5.29）a 和（5.30）a 中增加“已经”或“将要”，则相关的歧义就会消失。据此可见，当 i_r 是包含现在时的“这个月、本周”等时间词时，i_r 并不能帮助事件以说话区间为参照进行时轴定位。

对于上述问题，总体上有两种处理方法。一种方法认为 i_r 是一个不变的概念，而“已经”和“将要”会随着语境的改变而改变。例如，在（5.28）a 和（5.28）b 中，“将要”是未然体标记词；在（5.28）c 中，则是完整体标记词。另一种方法则是让“已经”和“将要”不变，而 i_r 随着语境而变化。

（二）时体交互的逻辑语义

从句法-语义并行推演的组合性角度考虑，更优的选择是尽量保证同一个词语有着相同的逻辑语义式，所以采用第二种方式，相关的翻译规则如下。

翻译规则 5.2。

a. 若 α 是一个体标记词，则 α 的范畴是$^{\leftharpoondown}((ATs/s)\backslash T)$，其语义是一个体 $_{\alpha}$-算子，即：

$\alpha{:}\Rightarrow$ 体 $_{\alpha}$-算子 $=_{\mathrm{def}}\lambda \boldsymbol{S}\lambda^{*}\wp\exists \mathrm{ewiii}_r\mathrm{i}_u.^{*}\wp(\mathrm{ewii}_r\mathrm{i}_u)\wedge\alpha(\mathrm{i},\ \mathrm{i}_r)\wedge\boldsymbol{S}(\mathrm{i}_r,\ \mathrm{i}_u)$

其中 α ∈ {**已经**，**开始**，**马上**，**将要**，…}。

b. 若 α 是一个有定指称的称代性时间词，则 α 的范畴是$^{\leftharpoondown}T$，其语义是一个时 $_{\alpha}$-算子，即：

$\alpha{:}\Rightarrow$ 时 $_{\alpha}$-算子 $=_{\mathrm{def}}\lambda \mathrm{i}_r\mathrm{i}_u.\alpha(\mathrm{i}_r,\ \mathrm{i}_u)$

其中 α ∈ {**LastWeek**，**NextWeek**，**10YearAgo**，**After5Month**，…}。

这里的 α 和 $\boldsymbol{S}$ 都是区间关系谓词。通过对 $\boldsymbol{S}$ 的 λ-还原，就可以与时算子的逻辑语义式贴合得到时体的逻辑语义式。但是如上文所讨论的，时标记词提供的 i_r 与这里体标记词提供的 i_r 可能不一致，因此需要采用语义公设的方式解决。同时翻译规则 5.2b 中的 α 也需要进一步定义，才能确定 i_r 和 i_u 的关系。

若 α ∈ {**已经**，**开始**，**马上**，**将要**，…}，则有如下语义公设。

语义公设 5.2。

a. 若 α ∈ {**已经**，**刚刚**，…}，则有：

➢ $\forall \mathrm{ii}_r\mathrm{i}_u.\alpha(\mathrm{i},\ \mathrm{i}_r)\wedge \mathrm{i}_u=\mathrm{i}_r\rightarrow \mathrm{i}<_t \mathrm{i}_r$；

➢ $\forall \mathrm{ii}_r\mathrm{i}_u.\alpha(\mathrm{i},\ \mathrm{i}_r)\wedge \mathrm{i}_u\subseteq \mathrm{i}_r\rightarrow \mathrm{i}<_t \mathrm{i}_u\wedge \mathrm{i}\subseteq \mathrm{i}_r$；

➢ $\forall \mathrm{ii}_r\mathrm{i}_u.\alpha(\mathrm{i},\ \mathrm{i}_r)\wedge\neg[\mathrm{i}_u=\mathrm{i}_r\wedge \mathrm{i}_u\subseteq \mathrm{i}_r]\rightarrow \mathrm{i}\subseteq_t \mathrm{i}_r$。

b. 若 $\alpha \in$ {**马上**，**就要**，**将要**，…}，则有：

➢ $\forall i i_r i_u.\alpha(i, i_r) \wedge i_u = i_r \rightarrow i_r <_t i$；

➢ $\forall i i_r i_u.\alpha(i, i_r) \wedge i_u \subseteq i_r \rightarrow i_u <_t i \subseteq i_r$；

➢ $\forall i i_r i_u.\alpha(i, i_r) \wedge \neg[i_u = i_r \wedge i_u \subseteq i_r] \rightarrow i \subseteq_t i_r$。

若 $\alpha \in$ {**ThisWeek**，**LastWeek**，**NextWeek**，**After10Year**，**6MonthAgo**，…}，则有如下定义。

定义 5.11。

a. **ThisWeek**$(i_r, i_u) =_{def} i_u \subseteq_t i_r \wedge$ **Week**(i_r)。

b. **LastWeek**$(i_r, i_u) =_{def} \exists i.i_u \subseteq_t i \wedge$ **Week**$(i) \wedge$ **Week**$(i_r) \wedge i_r \propto_t i$。

c. **NextWeek**$(i_r, i_u) =_{def} \exists i.i_u \subseteq_t i \wedge$ **Week**$(i) \wedge$ **Week**$(i_r) \wedge i \propto_t i_r$。

d. **After10Year**$(i_r, i_u) =_{def} \exists i i'.i_u \subseteq_t i \wedge$ **Year**$(i) \wedge$ **Year**$(i_r) \wedge {}^{\mathbf{Year}}\mathbf{m}_i(i') = 9 \wedge i_r <_t i' <_t i$。

e. **6MonthAgo**$(i_r, i_u) =_{def} \exists i i'.i_u \subseteq_t i \wedge$ **Month**$(i) \wedge$ **Month**$(i_r) \wedge {}^{\mathbf{Month}}\mathbf{m}_i(i') = 5 \wedge i' <_t i$。

以上所有的区间论元都限定为连续区间。在定义 5.11 中，以 a 和 b 为例。**ThisWeek**(i_r, i_u)表示 i_r 是包含了 i_u 在内的，且 i_r 的区间性质是 **Week**。**LastWeek**(i_r, i_u)并非表示 i_r 是以 i_u 为参照的“上周”，而是以 i_u 所在的那一周为参照的“上周”，其中的 $i_r \propto_t i$ 表示 i_r 与 i 是居前毗连的关系，如图 5.13 所示。

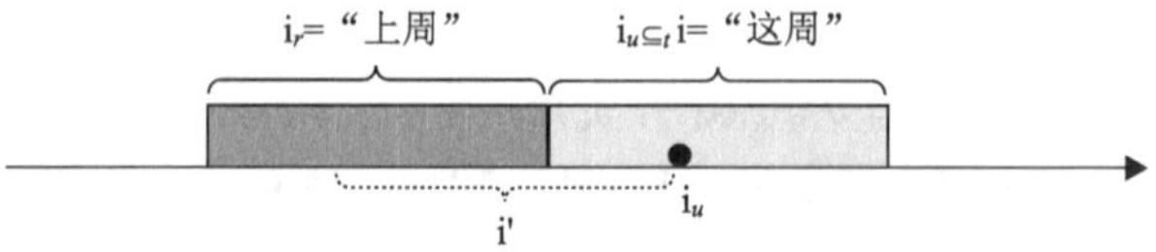

图 5.13　**LastWeek** 语义示意图

图 5.13 中的小黑点表示 i_u，**LastWeek**(i_r, i_u)表示 i_r 是在 i 之前的前一个七天的区间，而不是在 i_u 之前的七天区间，即不是图中的 i′所指的区间。同时，依据相关定义，**Year**(i)和 ${}^{\mathbf{Year}}\mathbf{m}_i(i) = 1$ 是完全不同的概念，区别如下。

a. **Year**(i)为真　当且仅当　区间 i 是一个整年度的连续区间，即从 1 月 1 日到同年度的 12 月 31 日。

b. ${}^{\mathbf{Year}}\mathbf{m}_i(i) = 1$ 为真　当且仅当　区间 i 的时长单位是一年。例如，若 i 是从去年的 6 月到今年的 6 月，则 ${}^{\mathbf{Year}}\mathbf{m}_i(i) = 1$，但 **Year**(i)并不为真。

据此，定义 5.11e 中的 **6MonthAgo**(i, i′)表示 i′和 i 是相隔五个月的两个区间，且 i′和 i 都有区间性质 **Month**。

依据以上定义和规则，“已经、就要”等体标记词在语义上成了体-算子，而“上个月、这周”等时标记词则成了时-算子。这里注意，因为“上个月、这周”等是时标记词，因此其范畴就不再是一般的 *np*，而是时范畴 $\overleftarrow{T}$。

按照翻译规则 5.2，有如下翻译示例。

a. 已经：⇒ 体$_{已经}$-算子 $=_{def} \lambda \boldsymbol{S}\lambda^{*}\wp\exists ewii_r i_u.^{*}\wp(ewii_r i_u) \wedge$ **已经**$(i, i_r) \wedge \boldsymbol{S}(i_r, i_u)$

b. 将要：⇒ 体$_{将要}$-算子 $=_{def} \lambda \boldsymbol{S}\lambda^{*}\wp\exists eiwi_r w_r.^{*}\wp(ewii_r i_u) \wedge$ **将要**$(i, i_r) \wedge \boldsymbol{S}(i_r, i_u)$

c. 本周：⇒ 时$_{本周}$-算子 $=_{def} \lambda i_r i_u.$**ThisWeek**(i_r, i_u)

d. 上周：⇒ 时$_{上周}$-算子 $=_{def} \lambda i_r i_u.$**LastWeek**(i_r, i_u)

将这些逻辑语义式带入（5.31）各例的语义组合中，就可以得到所期望的逻辑语义式。这里用常元 *a* 指代“毕业论文”，（5.31）各例的逻辑语义式是（5.31′）。具体的范畴推演过程和 λ-演算过程见第六章的相关内容。

（5.31）a. 张三上周已经写完毕业论文。

b. 张三本周已经写完毕业论文。

c. 张三本周将要写完毕业论文。

d. 张三本周写完毕业论文。

（5.31′）a. $\exists ewii_r i_u i'.^{*}$**写完**$(ewii_r i_u) \wedge Theme(e) = a \wedge Agent(e) =$ **张三** $\wedge$ **已经**$(i, i_r) \wedge$ **LastWeek**(i_r, i_u)

b. $\exists ewii_r i_u i'.$**写完**$(ewii_r i_u) \wedge Theme(e) = a \wedge Agent(e) =$ **张三** $\wedge$ **已经**$(i, i_r) \wedge$ **ThisWeek**(i_r, i_u)

c. $\exists ewii_r i_u i'.$**写完**$(ewii_r i_u) \wedge Theme(e) = a \wedge Agent(e) =$ **张三** $\wedge$ **将要**$(i, i_r) \wedge$ **ThisWeek**(i_r, i_u)

d. $\exists ewii_r i_u i'.$**写完**$(ewii_r i_u) \wedge Theme(e) = a \wedge Agent(e) =$ **张三** $\wedge$ $i \subseteq_t i_r \wedge$ **ThisWeek**(i_r, i_u)

依据定义 5.11，由（5.31′）a 中的“**LastWeek**(i_r, i_u)”可以得到 $i_r \propto_t i_u$，这意味着“$\neg[i_u = i_r \wedge i_u \subseteq i_r]$”。再据语义公设 5.2，可以直接得到“$i \subseteq_t i_r$”，所以（5.31′）a 表示：“张三写完毕业论文”是被包含在“上周”之内的事件。

在（5.31′）b 中，由“**ThisWeek**(i_r, i_u)”可以得到“$i_u \subseteq i_r$”，再据语义公设 5.2，可以直接得到“$i <_t i_u \wedge i \subseteq_t i_u$”，所以（5.31′）b 表示：“张三写完毕业论文”是被包含在“本周”之内但在 i_u 之前的事件。同理，（5.31′）c 表示：“张三写完毕业论文”是被包含在“本周”之内但在 i_u 之后的事件。

需要做进一步解释的是（5.31′）d。因为缺少显性体标记词，依据第六章的CCG推演特别规则6.2，因为“**写完** ∈ ⟦^{终}TELIC⟧”，因此必须让$^{\varnothing}$体$_{完整}$-算子与时标记词组合，所以最终的逻辑语义式中有“$i \subseteq_t i_r$”，这表明：“张三写完毕业论文”被包含在“本周”之内的事件，但是并没有指明事件与 i_u 的关系，而这正是我们所希望的，因为保留了原句中的歧义。

表面看来，依据语义公设5.2，可以解决（5.27）a和（5.28）a的问题，却似乎没有解决（5.27）b和（5.28）b的问题。实际并非如此，（5.27）b的问题与时间状语从句相关，对于时间状语从句而言，其提供的参照区间并不是从句事件的事件区间，而是从句事件的参照区间，如（5.32）所示。

（5.32）a. 我见到张三时，张三已经写完毕业论文。
　　　　b. 我下周见到张三时，张三已经写完毕业论文。

在（5.32）a中，“张三写完毕业论文”的参照区间并不是“我见到张三”的事件区间，而存在一个参照区间 i_r，从句事件“我见到张三”和主句事件“张三写完毕业论文”都以这个 i_r 为参照区间。这在（5.32）b中更明显，当“我见到张三”的 i_r（即“下周”）出现时，显然“张三写完毕业论文”也是以“下周”为自己的 i_r 的。对于这种情况，后文在讨论时间状语从句的时候会重点讨论。

（三）“了”的部分逻辑语义

与“已经、刚刚”这样的体标记词相比，“了”被认为有着更复杂的语言学表现。这里只考虑动词后的“了”与现在时和过去时搭配的用法，至于“了”与将来时的搭配，以及句末“了”的用法，都有待以后进一步的讨论。先考虑（5.33）中的例子。

（5.33）a. 马丽写了一封信。
　　　　b. 昨天马丽写了一封信。
　　　　c. 昨天马丽写了一封信，（但是信没有写完就去睡觉了。）

按照一般的语感，（5.33）a表示在早于 i_r（等同于 i_u）的区间上，存在一个“马丽写一封信”事件，且该事件具有终结有界性。（5.33）b也是如此，只是 i_r 不等于 i_u 而已。但是（5.33）c却不支持“马丽写一封信”的终结有界性，因为后半句否定“信写完了”，却没有导致逻辑矛盾。

总体上看，（5.33）a中的“马丽写一封信”事件是“现在时+已然体+终结有界性”；在（5.33）b中是“过去时+已然体+终结有界性”；在（5.33）c中只有“过去时+已然体+终结有界性”。基于这些考虑，从形式语义学的角度，可以对“了”做如下分析。

a. 在缺省状态下，“了”被定位为已然体标记。

b. 当参照区间 i_r 为过去的时间，“了”存在已然体和未然体的歧义。

c. 如果本体性质不具有终结有界性，且语境没有提供任何相反的信息，则“了”作为一个体标记词会反向触发终结有界性的理解。

这里主要考虑前两点，有如下的翻译规则和语义公设。

翻译规则 5.3。

动词后“了”是体标记词，范畴是$^{\leftarrow}((ATs/s)\backslash T)$，其语义是一个体$_{了}$-算子，即：

了：⇒ 体$_{了}$-算子 $=_{def} \lambda \boldsymbol{S} \lambda^{*} \wp \exists ewii_r i_u. {}^{*}\wp(ewii_r i_u) \wedge$ **了**$(i, i_r) \wedge \boldsymbol{S}(i_r, i_u)$。

再通过语义公设的方式，规定不同语境中“了”的不同逻辑语义。

语义公设 5.3。

a. $\forall ii'i_u.$**了**$(i，i_r) \wedge i_u = i_r \rightarrow i <_t i_r$。

b. $\forall ii'i_u.$**了**$(i，i_r) \wedge i_r <_t i_u \rightarrow i <_t i_r \vee i_r <_t i$。

另外一个值得注意的现象是“了”的冗余性。在缺省状态下，“了”被定位为已然体标记词，但是如果句子中已经出现已然体标记词，如“已经、刚刚”等，则“了”就成了语义冗余性成分，如（5.34）中的例子所示。

（5.34）a. 马丽这个月[已经]$_{\text{v-asp}}$迟到[了]$_{\text{v-asp}}$五次。

b. 马丽这个月[已经]$_{\text{v-asp}}$迟到五次。

c. 马丽这个月迟到[了]$_{\text{v-asp}}$五次。

d. 马丽这个月[迟到]$_{\text{s-asp}}$五次。

在（5.34）中，v-asp 表示视点体成分，s-asp 表示情状体成分。（5.34）b 中只有“已经”没有“了”，（5.34）c 中只有“了”没有“已经”。但是与（5.34）a 相比，其意义并没有任何变化。在（5.34）d 中，“已经”和“了”都没有出现，而意义依然与（5.34）a 一样。这是因为“迟到”是有界性的，在没有其他体标记的情况下，有界性可以投射为已然体（竟成，1996；Bohnemeyer & Swift，2004；李可胜和满海霞，2013；李可胜，2016）。关于这点的详细讨论见第六章第三节。对于这种可能出现冗余情况的体标记词，CCG_{MEM} 在其范畴前添加可删除标记*，带有*标记的范畴也就是可删除范畴。

范畴定义 5.1（可删除范畴）。

令 α 和 β 都是范畴为$^{\leftarrow}((ATs/s)\backslash T)$体标记词，若 α 是无歧义的体标记词，β 是有歧义的体标记词，且当 α 和 β 在同一个句子中共现时，β 对句

子体语义的贡献与 α 相同，则 β 前添加标记*，即 $\overset{\leftarrow *}{}((ATs/s)\backslash T)$。

相应地，有如下删除规则。

CCG$_{MEM}$ 特别规则 5.1（删除规则）。

令 A 为任意范畴，规定：A *A（或 *A A） $\Rightarrow$ A。

为句子中的冗余成分添加可删除标记需要在有充分语言学理据的支持下才能实行。与现有 CCG 对冗余成分的处理方法相比（Zou et al., 2011），这种处理方法比较简便，但应用范围需要严格限定，如范畴定义 5.1 对"了"的删除条件做出了严格地限定，其应用实例见第六章第四节的"（二）实例分析：张三已经写完了毕业论文"。这里先以"马丽吃了那个苹果"为例，说明把"了"作为体标记词的作用。该句子的语义的 λ-演算过程和句法的范畴推演过程分别见图 5.14 和图 5.15。在图 5.14 中，最终得到的逻辑语义式是（5.35）b。

1. $\lambda ewii_r i_u.\,^*$吃$(ewii_r i_u)$ 【吃 $_{Qnp\backslash s/Qnp}$】
   a. $\lambda P \exists x \forall y. P(y) \rightarrow [x = y \vee\, ^d IsPart_{同质}(y,\ x)]$ 【那个(NP$_{有定}$-算子)$_{np/np}$】
   λx 苹果(x) 【苹果$_{np}$】
   b. $\exists x \forall y.$苹果$(y) \rightarrow [x = y \vee\, ^d IsPart_{同质}(y,\ x)]$ 【那个苹果$_{np}$】
   c. $\lambda x. Def(x,\ 苹果)$
   $\lambda P \lambda^* \wp \lambda ewii_r i_u \exists x.\,^* \wp(ewii_r i_u) \wedge P(x) \wedge^{\forall>0} Th(e,\ x,\ \uparrow m)$ 【Th-算子$_{Qnp/np}$】
   d. $\lambda^* \wp \lambda ewii_r i_u \exists x.\,^* \wp(ewii_r i_u) \wedge Def(x,\ 苹果) \wedge^{\forall>0} Th(e,\ x,\ \uparrow m)$ 【那个苹果$_{Qnp}$】
2. $\lambda ewii_r i_u \exists x.\,^*$吃$(ewii_r i_u) \wedge Def(x,\ 苹果) \wedge^{\forall>0} Th(e,\ x,\ \uparrow m)$ 【吃那个苹果$_{Qnp\backslash s}$】
   a. $\lambda P \lambda^* \wp \lambda eiwi_r i_u \exists x.\,^* \wp(ewii_r i_u) \wedge P(x) \wedge\,^1 Ag(e,\ x,\ ^位 m)$ 【^{1}Ag-算子$_{Qnp/np}$】
   $\lambda x.$马丽(x) 【马丽$_{np}$】
   b. $\lambda^* \wp \lambda eiwi_r i_u \exists x.\,^* \wp(ewii_r i_u) \wedge$ 马丽 $= x \wedge\,^1 Ag(e,\ x,\ ^位 m)$
   c. $\lambda^* \wp \lambda eiwi_r i_u.\,^* \wp(ewii_r i_u) \wedge Agent(e) =$ 马丽 【马丽$_{Qnp}$】
3. $\lambda ewii_r i_u \exists x.\,^*$吃$(ewii_r i_u) \wedge Def(x,\ 苹果) \wedge^{\forall>0} Th(e,\ x,\ \uparrow m) \wedge Agent(e) =$ 马丽
   【马丽吃那个苹果$_s$】
   a. $\lambda i, i_u. i_u = i_r$ 【时$_{现在}$-算子$_{\leftarrow T}$】
   $\lambda S \lambda^* \wp \exists ewii_r i_u.\,^* \wp(ewii_r i_u) \wedge$ 了$(i,\ i_r) \wedge S(i_r,\ i_u)$
   【体$_T$-算子$_{\leftarrow T(ATs/s)}$】
   b. $\lambda^* \wp \exists ewii_r i_u.\,^* \wp(ewii_r i_u) \wedge$ 了$(i,\ i_r) \wedge i_u = i_r$ 【ATs/s】
4. $\exists ewii_r i_u x.$吃$(ewii_r i_u) \wedge Def(x,\ 苹果) \wedge^{\forall>0} Th(e,\ x,\ \uparrow m) \wedge Agent(e) =$ 马丽 $\wedge$ 了$(i, i_r) \wedge i_u = i_r$
   【马丽吃了那个苹果$_{ATs}$】

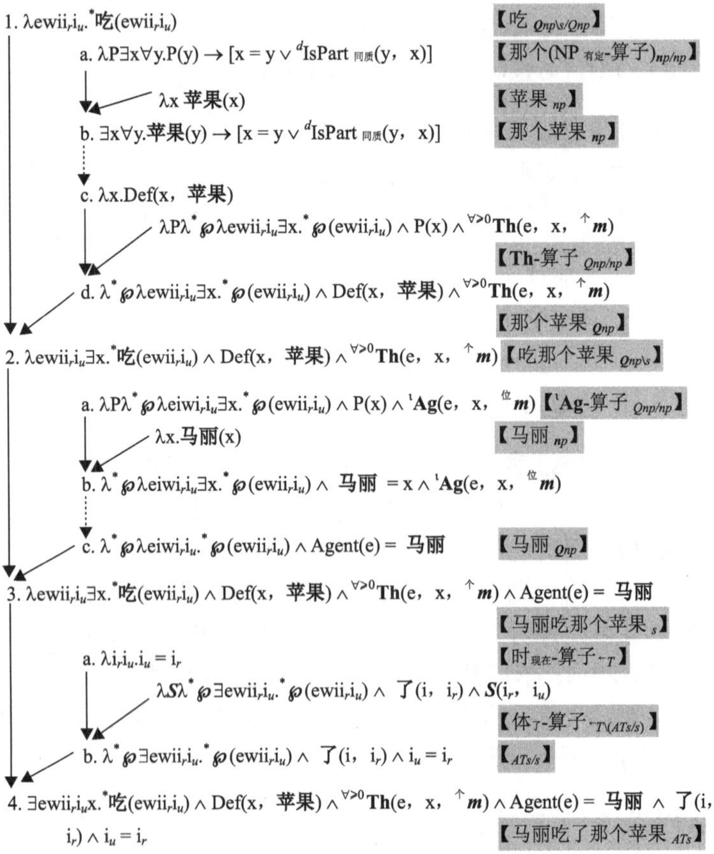

图 5.14 "马丽吃了那个苹果"语义的 λ-演算过程

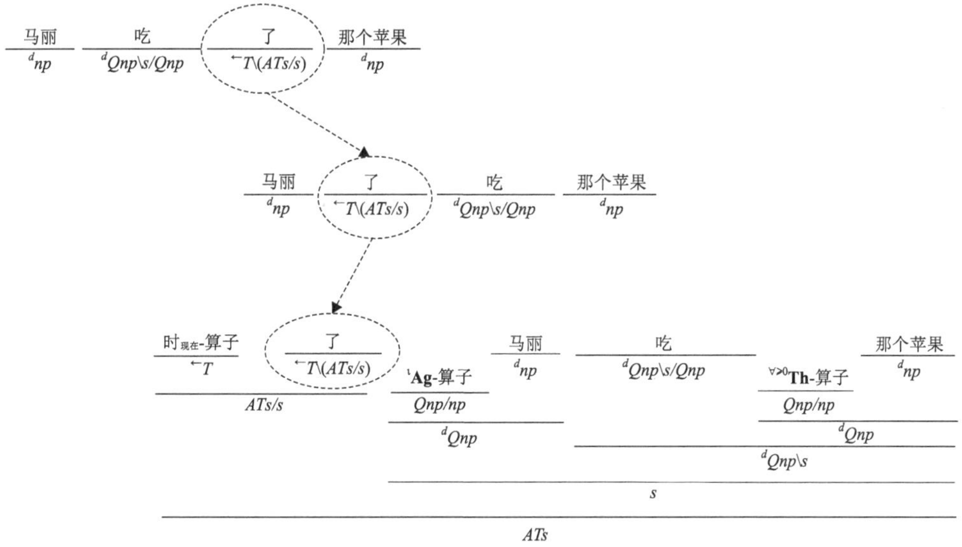

图 5.15　“马丽吃了那个苹果”句法的范畴推演过程

（5.35）a. 马丽吃了那个苹果。

b. $\exists eiwi_r i_u x.{}^{*}$**吃**$(eiwi_r i_u) \wedge \mathrm{Def}(x,$ **苹果**$) \wedge {}^{\forall\geq 0}\mathbf{Th}(e, x, {}^{\uparrow}\boldsymbol{m}) \wedge$ Agent(e) = **马丽** $\wedge$ **了**$(i, i_r) \wedge i_u = i_r$

c. $\exists eiwi_r i_u x.{}^{*}$**吃**$(eiwi_r i_u) \wedge \mathrm{Def}(x,$ **苹果**$) \wedge {}^{\forall\geq 0}\mathbf{Th}(e, x, {}^{\uparrow}\boldsymbol{m}) \wedge$ Agent(e) = **马丽** $\wedge\ i <_t i_r = i_u$

依据语义公设 5.3a，因为有**了**$(i, i_r) \wedge i_u = i_r$，所以有 $i <_t i_r$，据此（5.35）b 蕴含（5.35）c。（5.35）c 表示：“马丽吃苹果”的事件区间早于 i_r（等同于 i_u），而 Def(x，**苹果**)表明 x 是一个特指苹果，${}^{\forall\geq 0}\mathbf{Th}(e, x, {}^{\uparrow}\boldsymbol{m})$则表明该苹果的任意一个构体 x′，即便 x′只是 x 的一部分（因为有∀≥0），x′也是“马丽吃苹果”事件的客体①。显然，这正是希望得到的逻辑语义式。

三、时间介词短语和时间状语从句

时间介词短语是指“介词+定位时间词”的结构。从形式语义学的角度看，定位时间词本身不表示区间关系，只能处理成区间性质谓词。只有通过时间介词的 ^{T}介词-算子的作用，这些时间词指称的时间才能构成句子的时信息。时间状语从句是一个独立的句子，本身也不能给主句提供时信息，但是通过引导状语从句的连接词，如“在……的时候”，就可以让主句事件通过从句事件而得到时轴定位。

① 当然，这里的“苹果”应该指作为食物的个体，所以其任意构体 x′也应该理解成苹果的可食用部分。

基于 $\mathcal{L}_{MEM}$，这些介词和从句连接词被翻译成句法结构算子，即 ^{T}介词-算子和 ^{T}状语-算子。在汉语中，这些算子可以以显性的词语方式出现，也可以以∅-形式出现。

先考虑定位时间词。这些时间词，如“1999 年、弘治元年”等，本身并不表示区间关系，因此不能被视为时标记。但是因为这些时间词表示了绝对时间概念，因此会话者可以通过其世界知识进行推理，依据这些时间词指称的绝对时间概念，对事件进行时轴定位。从这个角度看，这些时间词又能起到时标记词的作用。以（5.36）a 为例，其逻辑语义式是（5.36）b。

（5.36）a. 马丽 2008 年中秋节出生。

b. $\exists ewii_r i_u \boldsymbol{S}.{}^{*}$**出生**$(ewii_r i_u) \wedge \text{Agent}(e) =$ **马丽** $\wedge$ **2008 年中秋节**$(i_r) \wedge i \subseteq_t i_r \wedge \boldsymbol{S}(i_r,\ i_u)$

（5.36）b 中的 **2008 中秋节**就是与“2008 年中秋节”对应的区间性质。假设说话区间是 2020 年 1 月 1 日，依据世界知识，显然有$\forall ii'\exists i_u.$**2008 中秋节**$(i) \wedge$ **2020-01-01**$(i') \wedge i_u \subseteq_t i \rightarrow i \leqslant_t i'$。据此，对于（5.36）b 中的 e 而言，必然有 $i \subseteq_t i_r <_t i_u$；再依据区间与可能世界关系的定义（定义 3.27），必然有 $w = w_r = w_u$。所以（5.36）b 中的 e 满足：***出生**$(eiwi_r i_u) \wedge i \subseteq_t i_r <_t i_u \wedge w = w_r = w_u$，这意味着 $\text{Temp}_{p\text{-完整}}(e,$ **出生**$)$成立。

定位时间词及其组合必须通过与介词毗连组合后，才能为句子提供时信息。在后文的 CCG_{MEM} 中，定位时间词要先与时间介词毗连组合（可以是∅-形式的），然后才能与体标记毗连组合生成时体标记。基于 $\mathcal{L}_{MEM}$，有如下翻译规则。

翻译规则 5.4。

a. 若 α 是一个定位时间词，即 $\alpha \in \{$中秋节，2008 年，…$\}$，则：

$\alpha{:}\Rightarrow \lambda i.\boldsymbol{\alpha}(i)$，其中的 **α** 是与 α 对应的逻辑谓词。

b. 若 α 是一个时间介词，则：

(i) $^{T}\alpha{:}\Rightarrow \lambda \boldsymbol{I}\lambda i_r \exists i.\boldsymbol{I}(i) \wedge i_r \subseteq_t i$，其中 α 是类似于“在（……的时候）”的时间介词（α 可以是∅-形式）；

(ii) $^{T}\alpha{:}\Rightarrow \lambda \boldsymbol{I}\lambda i_r \exists i.\boldsymbol{I}(i) \wedge i <_t i_r$，其中 α 是类似于“（在……）之前”的时间介词；

(iii) $^{T}\alpha{:}\Rightarrow \lambda \boldsymbol{I}\lambda i_r \exists i.\boldsymbol{I}(i) \wedge i_r <_t i$，其中 α 是类似于“（在……）之后”的时间介词。

翻译规则 5.4b 中用上标 T 表示 α 是时间介词。一般而言，若句子中的定位时间词的左侧没有介词，则默认其左侧位置有一个∅-形式的时间介词，且∅介词缺省理解为“在（……之内）”。例如，在“马丽 2008 年中秋节出生”中，“2008

年"的范畴为 Tn，与其左右两侧表达式的范畴都不匹配，则可以认为其左侧存在一个∅-形式的时间介词，即"马丽在 2008 年中秋节出生"。

由于定位时间词本身可以是一个由多个定位时间词组成的复合结构，因此也就被赋予了两个范畴。CCG_{MEM} 中的时体范畴规定如下。

范畴定义 5.2（时体范畴）。

  a. $\overleftarrow{Tn}$ 和 Tn/Tn 定位时间词范畴
  b. $\overleftarrow{Tnp}/Tn$ 时间介词范畴
  c. Tnp 时间副词短语范畴
  d. $\overleftarrow{T}$ 时标记范畴
  e. $\overleftarrow{T}\backslash(ATs/s)$ 和 $\overleftarrow{(ATs/s)}\backslash Tnp$ 体标记范畴
  f. ATs/s 时体标记范畴

在范畴定义 5.2 中，定位时间词、时标记、体标记以及时间介词的范畴都带有可移位的上标←，其中定位时间词有两个范畴，作为范畴为 Tn 的表达式可以直接与其左侧的时间介词毗连组合生成时间副词短语。如果其左侧仍然是一个定位时间词，则其范畴为 Tn/Tn，这样可以与其左侧的定位时间词毗连组合，生成一个复合定位时间短语，然后在与时间介词毗连组合生成时间副词短语。时间介词与一般的介词是不一样的，前者的范畴是 $\overleftarrow{Tnp}/Tn$，而其他介词的范畴是 $(^dQnp\backslash s)/(^dQnp\backslash s)/Qnp$"。时间副词短语是指"时间介词+定位时间词"的毗连组合，其范畴是 Tnp。体标记也有两个范畴，一个是可以直接与时标记范畴毗连组合的 $\overleftarrow{T}\backslash(ATs/s)$，另外一个是与时间副词短语毗连组合的范畴 $\overleftarrow{(ATs/s)}\backslash Tnp$。无论是与 Tnp 毗连组合还是与 T 毗连组合，最后都能得到时体标记范畴 ATs/s。

以"在 2008 年中秋节……"为例，其语义的 λ-演算过程如图 5.16 所示。

1. $\lambda i.中秋节(i)$ 【中秋节 $_{Tn}$】
2. $\lambda I\exists i'.中秋节(i) \wedge I(i') \wedge i \subset_t i'$ 【中秋节 $_{Tn/Tn}$】
   $\lambda i.2008(i)$ 【2008 年 $_{Tn}$】
3. $\lambda i\exists i'.中秋节(i) \wedge 2008(i') \wedge i \subset_t i'$ 【2008 年中秋节 $_{Tn}$】
4. $\lambda i.2008年中秋节(i)$ 【2008 年中秋节 $_{Tn}$】
   $\lambda I\lambda i_r\exists i.I(i) \wedge i_r \subseteq_t i$ 【^{T} 在 $_{-Tnp/Tn}$】
5. $\lambda i_r\exists i.2008年中秋节(i) \wedge i_r \subseteq_t i$ 【2008 年中秋节 $_{-Tnp}$】

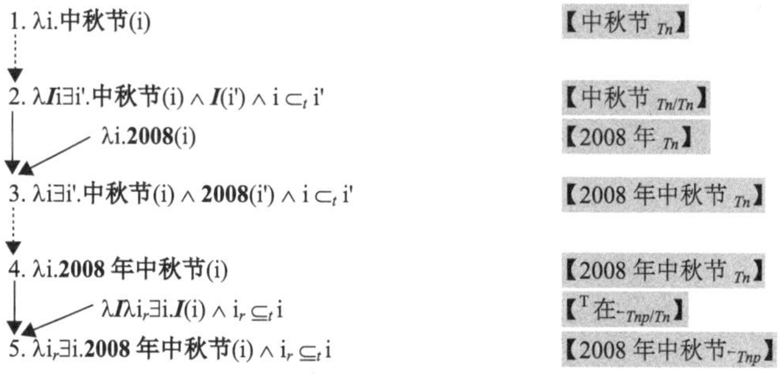

图 5.16 "在 2008 年中秋节"语义的 λ-演算过程

为了简洁，图 5.16 中第 3 步的逻辑语义式可以直接写成第 4 步的公式。经过这样的 λ-演算，最后得到的逻辑语义式表明，"在 2008 年中秋节"提供了一个参照区间，且参照区间是在“2008 年中秋节”的一个子区间。第六章第四节第三小节将以“马丽 2008 年中秋节出生”和“马丽出生于 2008 年中秋节”为例，说明“时间介词+定位时间词”在 CCG_{MEM} 中的应用。

再考虑时间状语。时间状语是通过 ^{T}状语-算子为主句提供时信息。在汉语中，^{T}状语-算子的存在形式可以是“当……的时候”这样的词语，也可以是∅-形式的。例如，在“我刚刚见到约翰，他正在学习汉语”中，就可以认为在“我刚刚见到约翰”的前面存在一个$^{\varnothing T}$状语-算子，具体的处理示例见第六章第三节。

从形式语义学的角度看，状语从句的作用就是通过一个从句事件为主句事件提供一个参照区间定位 i'_r。依据两个事件的不同区间关系，就存在不同的 ^{T}状语-算子。

定义 5.12。

a. ^{T}状语$_{=}$-算子:⇒

$\lambda^{*}\wp\lambda i'_r i_u \exists ewii_r.{}^{*}\wp_1(ewii_r i_u) \wedge i = i'_r$。

b. ^{T}状语$_{\ll}$-算子:⇒

$\lambda^{*}\wp\lambda i'_r i_u \exists ewii_r.{}^{*}\wp_1(ewii_r i_u) \wedge i' \subseteq_{t\text{-}in} i_r$。

c. ^{T}状语$_{<}$-算子:⇒

$\lambda^{*}\wp\lambda i'_r i_u \exists ewii_r.{}^{*}\wp_1(ewii_r i_u) \wedge i <_t i'_r$。

d. ^{T}状语$_{>}$-算子:⇒

$\lambda^{*}\wp\lambda i'_r i_u \exists ewii_r.{}^{*}\wp_1(ewii_r i_u) \wedge i'_r <_t i$。

^{T}状语-算子的范畴是$^{\leftharpoonup}$*T/ATs*，下标=、⊆等符号代表着事件区间 i 与参照区间的关系。^{T}状语-算子的语义作用是确定了两个事件的区间关系，这两个事件有着相同的存续世界和说话区间，但是参照区间不同。

第六章　CCG 框架下的时体形式语义处理

汉语是一种意合型语言，形式句法标记贫乏，句法-语义不对称的现象比比皆是。实际上，汉语句法结构“更多地反映了汉语的语用结构，而不是语义结构的直接反映”（张伯江，2011：3）。因此，在大多数情况下，句法推演不是仅仅由句法标记和语序决定的，词汇本身所携带的语义信息对句法推演起到了很大的支配作用。理论上，这与 CCG 的“大词库+小句法”思想应该是非常契合的。但是就目前的研究现状而言，CCG 在句法推演上的进展比较大，在语义和句法结合上的进展严重滞后，这也是本书构建 MEM 以及基于 MEM 的形式语言 $\mathscr{L}_{MEM}$ 的动因。在下文中用 CCG_{MEM} 代表以 $\mathscr{L}_{MEM}$ 作为形式语义的 CCG，即作为 CCG 的语义推演的 λ-演算是基于 $\mathscr{L}_{MEM}$ 公式的。

为了能说明 MEM 在 CCG 框架下处理自然语言的优势，本章第一节对 CCG 的基本情况和目前面临的困境稍做梳理，然后以部分时体现象为例，讨论在 CCG 框架下，如何得到时与视点体交互作用下的逻辑语义式，重点是说明 $\mathscr{L}_{MEM}$ 在刻画时体逻辑语义方面的优势。

汉语缺少系统化的时体形态标记，而且时体的界限也不是泾渭分明的。这使得汉语的时体信息主要通过两种手段表达出来，第一种手段是通过带有时间信息的基本词汇表达，最典型的是一些时间词语（如“昨天、下周、后来”等），以及与时间密切相关的体标记（如“以及、马上、了”等）。对于这一种情况，需要采用组合方法处理。汉语表达时体信息的第二种手段是基于基本词汇的情状特征，结合语境推导出相应的时体信息。例如，一个终结有界性的 VP，如果没有相反语境因素制约，则会触发已然体的理解。

相应地，在 CCG_{MEM} 中，存在两种方法可以获得时和视点体的逻辑语义：组合方法和推理方法。组合方法是将一些时体标记词看成句法结构算子。在语义层面，直接将时体信息写入到基本词汇的逻辑语义式中；在句法范畴层面，对这些时体标记词赋予一些特殊的范畴，使其在句法的毗连组合中，可以得到某种特殊的处理。这也正是 CCG“大词库+小句法”思想的具体体现。

推理方法是针对已经推演出来的逻辑语义式，借助语义公设直接推导出时体的逻辑语义式，或者依据推导出来的逻辑语义信息，通过语义公设的方式让$^{\varnothing}$时体-算子参与进一步的句法-语义推演进程。

此外，针对汉语时和体不是界限分明且相互影响的情况，在具体的处理方式上，CCG_{MEM}还采取时体一体化的处理思路。这一点也不同于现有文献的研究。

第一节 CCG

CCG 是因为范畴类型逻辑在 NLU 中的应用而发展起来的，这是范畴类型逻辑最具代表性的发展方向之一。CCG 继承了范畴类型逻辑的核心思想，将句子的句法结构和语义结构的生成分贝视为范畴的毗连组合过程和 λ-演算的过程，二者都可以刻画成公式的推演，据此实现自然语言句法-语义并行推演。在获得自然语言句子的句法结构时，也获得了相应的类型语义。这种句法-语义并行推演与 NLU 的要求非常吻合。作为计算机科学领域与人工智能领域中的一个重要方向，NLU 研究能实现人与计算机之间用自然语言进行有效通信的各种理论和方法，目标是通过自然语言的各种句法和语义解析程序，使计算机能够在句法-语义层面上，对输入的自然语言结构进行解析，实现自然语言的机器理解。CCG 把自然语言句子的句法和语义生成过程都表述成公式的运算和推演，这正是实现句法-语义生成算法化设计的前提，因此 CCG 的研究也就成了 NLU 的先导性工作。正因为如此，自 Ades 和 Steedman（1982）提出 CCG 以来，CCG 已经成为最直接面向 NLU 的逻辑理论。

但是在发展过程中，CCG 也面临着语义的巨大挑战。CCG 直接针对自然语言的表层结构运算，不考虑句法的深层构造。众所周知，在自然语言中，句法-语义结构并不是一一对应关系，尤其是在汉语这种意合型语言中，这种不对应现象更为严重。更重要的是，自然语言的句法结构与词汇语义是一种交互影响的关系。有时如果不考虑表达式的语义结构，仅凭其句法功能，往往无法判断其语义类型。例如，同样都是动词词组 VP 的并列，“骑车跑步”和“骑车上班”形成了完全不同的语义结构。如果不考虑语言的模糊性，“他每天骑车跑步”表示“他每天都要做两件事情，骑车和跑步”，但是“他每天骑车上班”表示“他每天都要做的事情是骑着车去上班”，“骑车”和“上班”二者合一，是一个事件。再如，“花浇了水”和“水浇了花”都是合格的汉语句子，但是语序完全不同，虽然句子的焦点不同，但真值条件语义差别不大。若两个句子为真，则“花”和“水”存在“浇”的关系。正是由于这些现象的存在，导致在当前的自然语言研究中，句法-语义界面（syntax-semantics interface）的研究成为热点之一。在汉语这样的意合型语言中，句法结构与语义结构难以截然分开，句法-语义的界面研究愈发重要。相应地，在对自然语言做形式化解析时，句法-语义互动推演也应该成为 CCG 需要考虑的问题。

虽然近年来，针对非连续结构、照应和省略、长距离依存以及寄生语缺等现象，CCG 的研究获得了长足进步，但是付出的代价却是句法和语义的脱节。具体表现为同一个词项赋予的范畴越来越多，有的更是达上百个。理论上，如果不受语义的约束，那么通过增加词项的范畴类型以及添加算子和规则，实现句法范畴的推演相对要容易很多，但是这样的句法范畴对于自然语言语义的获取带来的帮助却有限。毕竟对句子做句法分析的最终目的是获取语义，如果不能做到这点，那么最多只能做句法匹配，这距离真正的 NLU 显然还是很遥远的。

一、CCG 的历史嬗变

从历史的传承来看，CCG 大致经历了四个发展阶段：弗雷格（Gottlob Frege）的谓词演算思想阶段、经典范畴语法阶段、范畴类型逻辑阶段和 CCG 的发展阶段。

范畴语法最早可追溯到 20 世纪初弗雷格的谓词演算思想。在弗雷格的谓词演算中，已经体现出比较清晰的范畴类型思想，即从句法上看，一个句子构成成分在句法上具有不同的范畴，在语义上具有不同的类型，因而使得句子的句法-语义结构都是从其构成成分的句法-语义结构中生成的。这就是著名的弗雷格组合性原则（邹崇理，2008a）。在弗雷格之后，经过爱裘凯维茨（Kazimierz Ajdukiewicz）和巴-希勒尔（Yehoshua Bar-Hillel）等人的完善发展，直到 1958 年兰贝克（Joachim Lambek）提出了兰贝克演算，确立了经典范畴语法（满海霞和李可胜，2010；姚从军，2012，2015；姚从军和邹崇理，2014）。

经典范畴语法关注的是自然语言的句法组合生成，也就是一种“纯”的范畴语法。但是随着戴维森纲领以及蒙太格语法的出现，学者重新从类型的角度关注自然语言的语义。在 20 世纪 70 年代的蒙太格语法中，每一个句法范畴都对应一个高阶逻辑的类型（即用 λ-词项表示的英语表达式的语义值），类型变成了语义计算的基础和载体，从而确立了句法范畴和语义类型的并行推演原则。将这样的做法引入到兰贝克演算中，就形成了句法-语义并行推演的范畴类型逻辑（categorial type logics，CTL）。范·本瑟姆（Johan van Benthem）从逻辑的视角，证明兰贝克演算作为子结构逻辑，体现了柯里-霍华德对应（Curry-Howard correspondence）（van Benthem，1983）。柯里-霍华德对应定理说明在标注类型的λ-演算与子结构逻辑中，不同系统中的内定理推导之间存在一一对应关系。正是因为存在柯里-霍华德对应，采用标注类型的λ-演算并达到句法-语义并行推演也就有了保障。据此，在范畴语法的框架内，用逻辑类型论语言中的 λ-词项及 λ-词项间的运算来解释语义，为范畴语法建立了语义解释机制，赋予其一个非常自然的句法-语义接口，在自然语言形式语义学的研究中，正式确立了类型在范畴语法中的地位。20 世纪 80～90 年代，在英国逻辑学家加贝为子结构逻辑的证明过程提供了加标演绎系统（labeled deductive system，LDS）的一般模式时，范畴语法也借助这一模式，可在树模式生成图上真正表现出范畴-类型并行推演，标志着范畴类型逻辑在理论上的成熟（邹崇理，2008b；姚从军，2015；李可胜和邹崇理，2013b）。

随着对自然语言研究的不断深入，应用 CTL 的范畴-类型并行推演实现自然语言的句法-语义并行推演变得越来越困难。自然语言句法-语义的复杂关系远远超出了经典范畴语法（categorial grammar，CG）和 CTL 的处理能力。例如，兰贝克演算对句子采用上下文无关语法的视角，因而对自然语言中大量存在的非连续现象、长距离依存、灵活词序现象、多动词毗连以及寄生语缺等结构都束手无策（Steedman，1987；Steedman，1990）。在这种情况下，就需要对 CG 进行扩充，使之能够刻画自然语言词类所携带的丰富的句法信息以及句法生成的细微之处，从而可以将更多类型的自然语言特殊结构纳入到 CTL 的处理框架下。这就是 CCG 的发展阶段。

Steedman 等学者通过扩张 CG 的规则，使 CG 成为一种具有更充分推理能力的逻辑体系，形成了 CCG 理论。例如，原子范畴的加标多样化设计以及确立不同斜线算子范畴的多样组合规则。按照邹崇理等（2018）的介绍，CCG 出现的最重要的特征是在 CG 系统中增加了不同的组合算子。引入这些新算子，必然导致了新规则的引入，而所有的规则都要服从 Steedman（2000）所述的类型透明原则（principle of type transparency）。

类型透明原则：

所有的句法组合规则都是有限范围内的函项上简单语义运算的类型透明版本。

与传统的逻辑学研究有所不同，CCG 以“认知=计算；语法=逻辑；分析=演绎”（Moortgat，1999）为核心思想。因此，CCG 通过引入这些算子和规则来扩张经典 CG 是基于语言学的实际需求，而非出于逻辑性质的考虑。这是一种以问题为导向的扩张，即规则的扩张主要是以找出适于计算机处理自然语言的实际办法为目标。正是这种实用主义导向使得 CCG 成为与 NLU 结合最为紧密的一种逻辑理论。

近年来，CCG 更是进一步向多模态方向发展（Steedman，2000；Baldridge，2002）。

二、CCG 的优势

相比较于经典 CG，CCG 的优势在于处理自然语言的句法-语义不匹配现象。这种优势主要体现在两个方面：一是 CCG 继承范畴类型逻辑的“大词库+小语法”的思想，将大量的句法结构信息转换成词库中的范畴信息；二是采用问题为导向的策略，大大提升了范畴对自然语言句法处理的能力。

（一）词汇主义

整体上看，目前解决句法-语义不匹配大致可以分为两条路线：一是句法主义路线，即通过句法学手段描述句子的不同句法结构，然后在语义层面给出对应的逻辑表达式。这意味着，先获得句法构造，然后匹配上相应的语义。如帕蒂、基耶尔基亚（Gennaro Chierchia）等人的研究就是遵循这类路线(Partee，1986；Chierchia，2013)。二是词汇主义路线，也就是 CCG 所采取的路线，通过为词汇指派相应的范畴类型，据此决定不同的句法解析路径，从而一步到位地得到句子的表层结构和相应的语义表征。也就是说，同一个词语可能具有不同的范畴，而不同的范畴参与句法运算，就会产生不同的句法结构，同时也获得了对应的语义结构。

两条路线实际上殊途同归。与前一条路线相比，后一条路线的特征是将丰富的句法组合信息编码到词条信息中。以经典的量词辖域歧义句 *Every man loves a woman*（每个男子爱一个女人）为例，该句子存在两种解读。

（6.1）a. $\forall x.\text{man}(x)\rightarrow \exists y(\textbf{woman}(y) \wedge \text{love}(y)(x))$

b. $\exists y.\textbf{woman}(y) \wedge \forall x(\text{man}(x)\rightarrow \text{love}(y)(x))$

（6.1）a 表示：每个男人都爱一个女人，但是爱的女人可能各不相同。（6.1）b 表示：存在一个特定的女人，每个男人都爱她。按照句法主义路线，两种解读源于两种不同的句法结构，如图 6.1 所示。

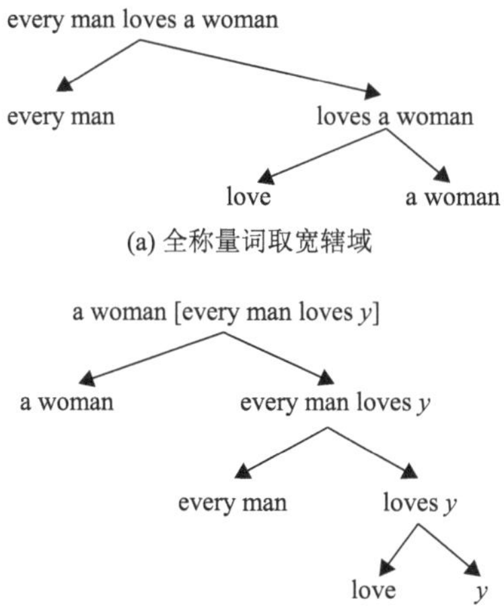

图 6.1　句法主义的分析示例

按照句法主义路线，*Every man loves a woman* 的句法结构并不相同。在图 6.1

（a）中，与不定冠词 *a* 对应的存在量词，其辖域包含在与 *every* 对应的全称量词辖域之中，从而得到第一种解读，即全称量词取宽辖域的解读；在图 6.1（b）中，在句法层面存在一个存在量词提升的现象，即将 *a woman* 的位置提升，使得与 *every* 对应的全称量词辖域包含在与 *a* 对应的存在量词辖域之中，从而得到第二种解读中，即存在量词取宽辖域的解读。

CCG 采用的是范畴-类型同步推演，最后在得到范畴为 S 的句子同时，一步到位地得到了相应的语义解读，如图 6.2 所示[①]。

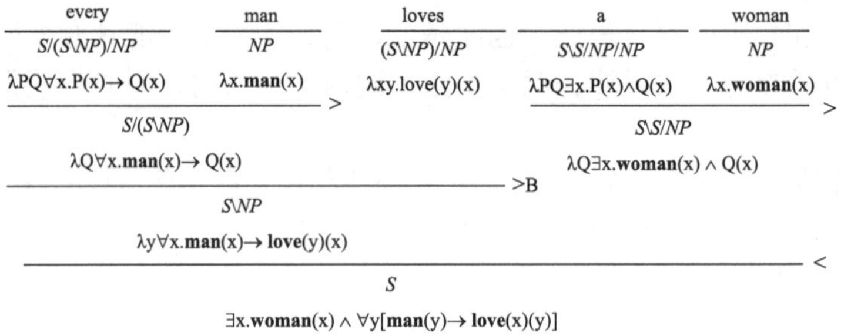

$$\text{every} \quad \text{man} \quad \text{loves} \quad \text{a} \quad \text{woman}$$
$$S/(S\backslash NP)/NP \quad NP \quad (S\backslash NP)/NP \quad S\backslash S/NP/NP \quad NP$$
$$\lambda PQ\forall x.P(x)\to Q(x) \quad \lambda x.\mathbf{man}(x) \quad \lambda xy.\mathbf{love}(y)(x) \quad \lambda PQ\exists x.P(x)\land Q(x) \quad \lambda x.\mathbf{woman}(x)$$

$$S/(S\backslash NP) \qquad\qquad S\backslash S/NP$$
$$\lambda Q\forall x.\mathbf{man}(x)\to Q(x) \qquad \lambda Q\exists x.\mathbf{woman}(x)\land Q(x)$$

$$>B$$
$$S\backslash NP$$
$$\lambda y\forall x.\mathbf{man}(x)\to \mathbf{love}(y)(x)$$

$$S$$
$$\exists x.\mathbf{woman}(x)\land \forall y[\mathbf{man}(y)\to \mathbf{love}(x)(y)]$$

(a) 全称量词取宽辖域

$$\text{every} \quad \text{man} \quad \text{loves} \quad \text{a} \quad \text{woman}$$
$$S/(S\backslash NP)/NP \quad NP \quad (S\backslash NP)/NP \quad NP/NP \quad NP$$
$$\lambda PQ\forall x.P(x)\to Q(x) \quad \lambda x.\mathbf{man}(x) \quad \lambda xy.\mathbf{love}(y)(x) \quad \lambda P.P(x) \quad \lambda x.\mathbf{woman}(x)$$

$$S/(S\backslash NP) \qquad\qquad NP$$
$$\lambda Q\forall x.\mathbf{man}(x)\to Q(x) \qquad \exists x.\mathbf{woman}(x)$$

$$>B$$
$$S\backslash NP$$
$$\lambda y\forall x.\mathbf{man}(x)\to \mathbf{love}(y)(x)$$

$$S$$
$$\forall x.\mathbf{man}(x)\to \exists y[\mathbf{woman}(y)\land \mathbf{love}(x)(y)]$$

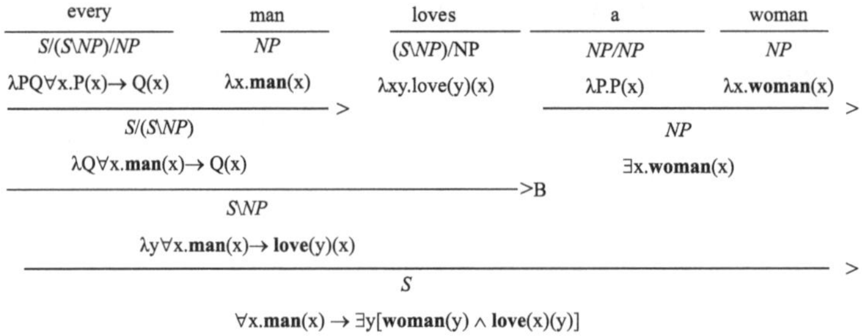

(b) 存在量词取宽辖域

图 6.2 词汇主义的分析示例

从词汇参入句法解析的顺序来看，图 6.2（a）和 6.2（b）没有差异，唯一的不同是不定冠词 *a* 参入句法运算的范畴不同，相应地，运算规则就不同，类型语义也不同。与图 6.1（a）和图 6.1（b）对比，解析的最终结果并没有差异，差别主要在于解析的过程。但是采用词汇主义路线的 CCG 是词汇驱动的解析，即歧义的源泉在于词条本身就具有多重范畴和类型的属性。句法主义路线则是整体驱动的解析，即在理解了句子存在歧义的基础上，在句法解析过程中引入量词辖域提升策略，从而得到不同的句法结构及相应的语义。

[①] 此处的 CCG 的范畴和类型只是作为示例，与后文 CCG$_{\text{MEM}}$ 中的范畴和类型并不完全相同。

CCG 将丰富的组合信息编码到词条信息中，从而省略了转换生成句法学中复杂的句法操作，直接将句子的表层结构作为句法生成过程的描述对象。据此得到的自然语言形式化过程更易于算法化，也就更利于计算机实现。

（二）问题为导向策略

与一般的逻辑理论不同，CCG 对自然语言的处理是以问题为导向的。以社科中文 CCG 语料库为例，为了解决如（6.2）a 中的数词省略问题，增加了（6.2）b 中的规则。

（6.2）a. 我在网上买了（一）本书。

b. $M \rightarrow NP/NP$

通常情况下，汉语数量短语中的单位词范畴是原子范畴 *M*，修饰单位词的数词则是衍生范畴(*NP*/*NP*)/*M*。这样“一本书”就有如图 6.3 的解析结果。

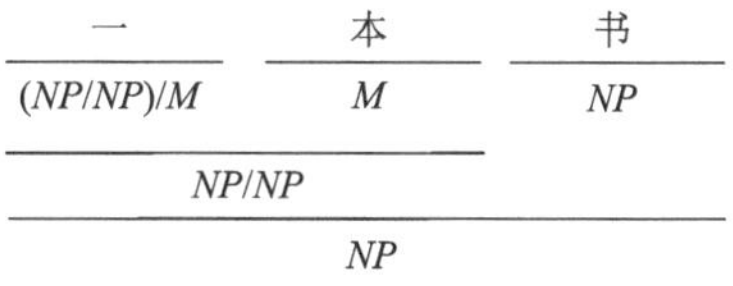
一
本
书
(NP/NP)/M
M
NP
NP/NP
NP

图 6.3　“一本书”的 CCG 解析示例

但是当“一”被省略时，则出现图 6.4 中的问题，即“本”的范畴 *M* 和“书”的范畴 *NP* 无法毗连组合成合格的新范畴。

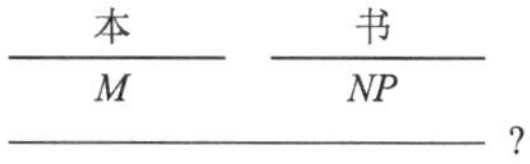
本
书
M
NP
?

图 6.4　非法 CCG 解析示例

在这种情况下，引入（6.2）b 中的规则，即将单位词的范畴提升为 *NP*/*NP*，则可以有效地完成句法解析，如图 6.5 所示。

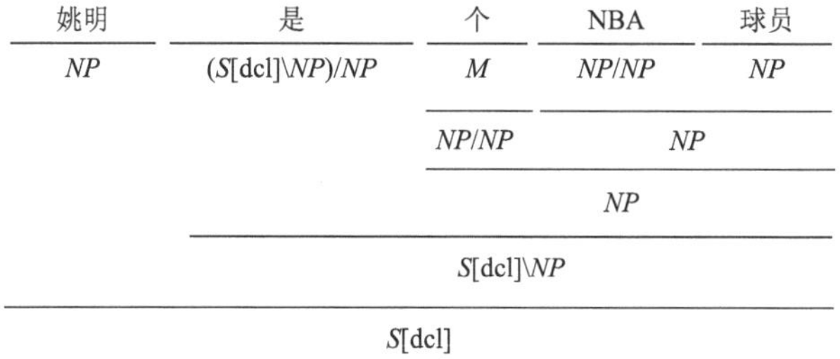
姚明
是
个
NBA
球员
NP
(S[dcl]\NP)/NP
M
NP/NP
NP
NP/NP
NP
NP
S[dcl]\NP
S[dcl]

图 6.5　“姚明是个 NBA 球员”的 CCG 解析示例

再以清华中文树库对“的”字的处理为例（宋彦等，2012）。虽然都是同样的“X 的 Y”结构，但是在（6.3）a 中，“积极性”在“参加”的题元结构中并不充当任何成分，而在（6.3）b 中，“问题”本身在“关心”的题元结构中充当受事论元。

（6.3）a. 委员参加的积极性

b. 代表们关心的问题

针对这一情况，宋彦等（2012）采用了不同的处理方式。如图 6.6 所示[①]，如果 Y 不在 X 的动词题元结构中充当论元，“X 的”直接作为 Y 的附加语。

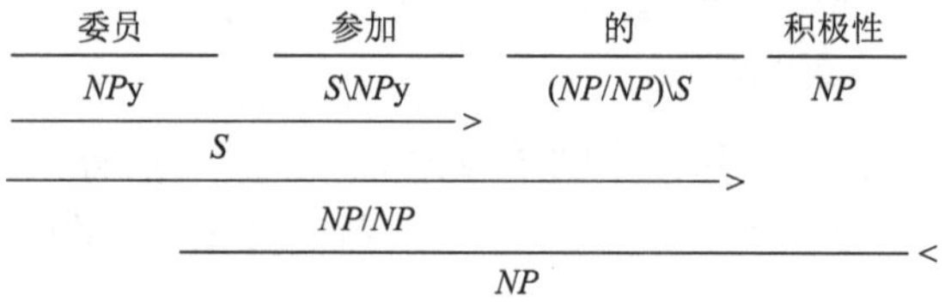

图 6.6　“X 的 Y”结构的解析结果一

反之，如果 Y 在 X 的动词题元结构中充当论元，则将“X 的 Y”中的“X 的”看作是一个定语语块，“的”是该语块的中心词，Y 是“X 的 Y”的中心语，被定语语块“X 的”修饰。如果 Y 在 X 的动词题元结构中充当一个论元，则给“的”指派范畴(NP/NP)\(S/NP)，并对在题元结构中充当主语论元的名词短语进行类型提升，将其范畴由 NP 提升为 S/(S/NP)，以便使其能与 X 中的动词先组合，然后这个 X 就变成了一个需要寻求宾语的范畴，解析结果如图 6.7 所示。

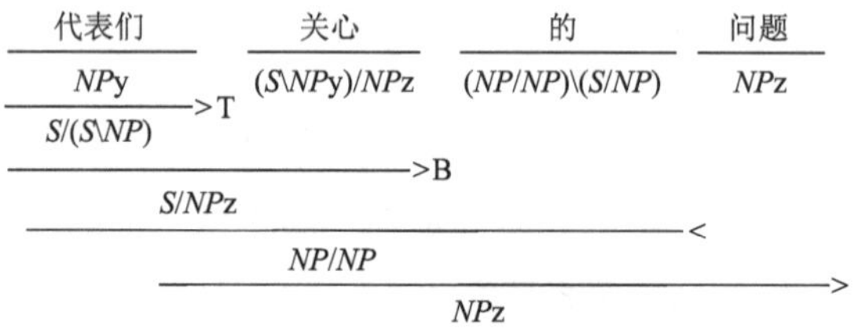

图 6.7　“X 的 Y”结构的解析结果二

对比图 6.6 和图 6.7，通过下标指示对应的论元，用于区分句子中动词与论元之间的关系。如图 6.7 中的“问题”具有范畴 *NP*，同时被下标标注成 *z*，而在前面“关心”的范畴中，NP 也有着相同的下标。通过这样的一套下标指示系统，动词与其论元之间的依存关系，就得到了充分地描述。

① 图 6.6 和图 6.7 引自宋彦等（2012），其中前向应用符>和后向应用符<的使用与本书其他地方不同。

三、语义对 CCG 的挑战

CCG 所面临的最大挑战还是源自语义的形式化难题。如前所述，CCG 直接针对自然语言的表层结构运算，不考虑句法的深层构造，而表层句法结构与语义结构之间又不存在一一对应关系。这为 CCG 的句法-语义并行推演带来了极大的挑战。

（一）句法-语义脱节的现状

CCG 的优势在于存在一个句法-语义的透明接口，从而可以实现自然语言的句法-语义并行推演。但是从现状来看，句法推演获得较大进步的同时，也存在与语义脱节的现象。最为明显的例子是，现有的 CCG 树库很多都没有匹配语义，如清华中文 CCG 树库。有一些 CCG 树库虽然匹配了语义，但是语义的描写过于粗线条，如 EasySRL。从现有文献来看，一些 CCG 研究完全不考虑语义问题（王庆江和张琳，2020；周强，2016）。这一状况也是可以理解的，因为相对于语义的复杂性，句法的复杂性要低很多，所以不受语义约束的句法推演实现起来要容易很多。

例如，假设按照通常的做法，α 和 β 是自然语言的两个表达式，若在语言实际中，α 和 β 的毗连组合（假设用 α+β 表示）构成了一个合格的表达式，但是在原有的范畴-类型体系中，α+β 的范畴却不能直接从 α 和 β 的范畴中得到，依据 CCG 的指导思想，至少存在以下三种策略。

a. 为 CCG 增加新的原子范畴并指派给 α，β 或 α+β。
b. 为 α，β 或 α+β 指派它们原本所没有的衍生范畴。
c. 增加新的算子及相关推演规则。

如前文所示的清华中文 CCG 树库和社科中文 CCG 树库的例子，这些做法本身并没有问题，一定程度上在句法生成方面可以达到预期的效果。例如，依据宋彦等（2012）的统计，在对 TCT 树库中的 32 737 个句子的 CCG 转换中，句子覆盖率达到 99.9%，只剩下 33 个句子因特殊标记和非正常句型结构而没有转换。社科中文 CCG 树库在解析特殊句式中也有突出的表现。

但是不受语义约束的 CCG 也存在着明显的问题，即与语义距离越来越远，从而脱离了 CCG 的句法-语义并行推演的初衷。以社科中文 CCG 树库中的“说起壮老，最先为人们所忆起而津津乐道的是壮老嗜酒的逸闻趣事”为例，其解析图如图 6.8 所示。

在这个句子中，“说起壮老”是一个动宾词组，但是在句法上起到状语的作用，修饰后面的主句“最先为人们所忆起而津津乐道的是……趣事”。这层修饰关系，在 CCG 句法解析树中，通过某种规则可以很容易地引入一个范畴为

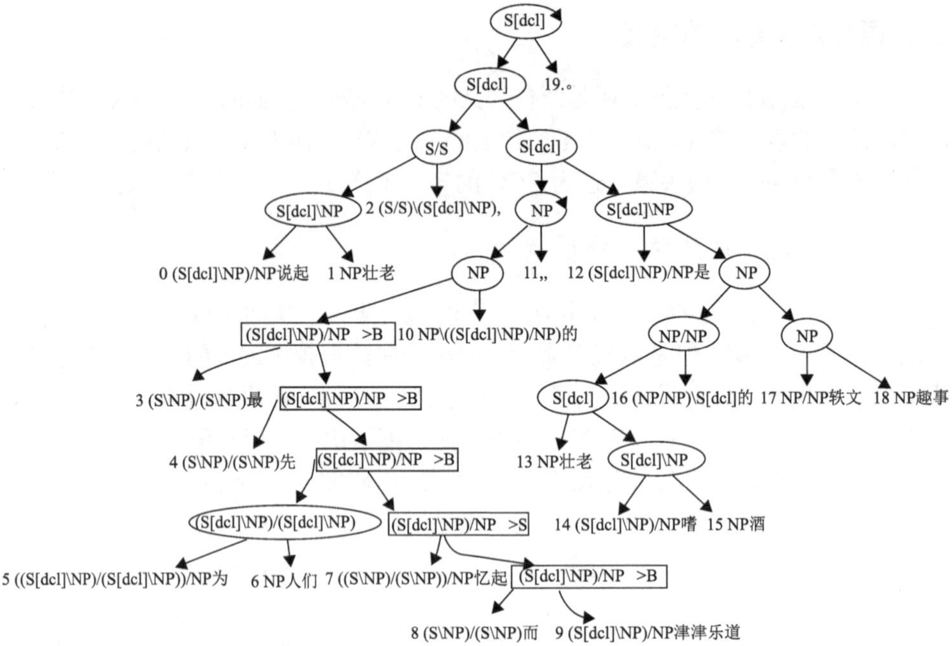

图 6.8　CCG 解析结果图

(S/S)\(S[dcl]\NP)的空语类，就可以将其转换为范畴为 S/S 的表达式，进而与后面的主句进一步毗连组合。但是在语义层面就不那么简单了。“说起壮老”的完整形式应该是“当人们说起壮老的时候”，除了“当……时候”之外，被省略还有主语“人们”，最重要的是，“人们”在后面还出现了，也就是说，“说起壮老”的主语和“最先为人们所忆起……”还存在特定的共指关系。按照图 6.8 的解析，如果配上语义，则这样的共指关系只能在范畴为(S/S)\(S[dcl]\NP)的空语类上对应，但这既没有合理性，也很不具有可操作性。

再如在图 6.8 中，“为”与“人们”先毗连组合，再与“忆起而津津乐道”毗连组合，然后再依次与“先”和“最”毗连组合。这样的组合顺序，虽然最后得到的是合格的句子，但是显然与语义的顺序不匹配。从语义的层面看，“最”和“先”应该构成一个词组，表示“最初、最开始的时候”，这里却将二者分开依次与其他成分组合。这使得原本并不存在句法-语义不匹配的语言结构反而出现了不匹配的问题。

同样的问题也出在“为”的组合上，这里将“为”与“人们”毗连组合生成新的成分。与此形成对照的是图 6.9。在处理某个长句中的小句“将店内的手机洗劫一空”时，把“将”的组合对象处理成“店内的手机洗劫一空”。从语义层面上看，“为人们津津乐道”和“将店内的手机洗劫一空”显然是同一类型的，却被处理成不同的范畴。

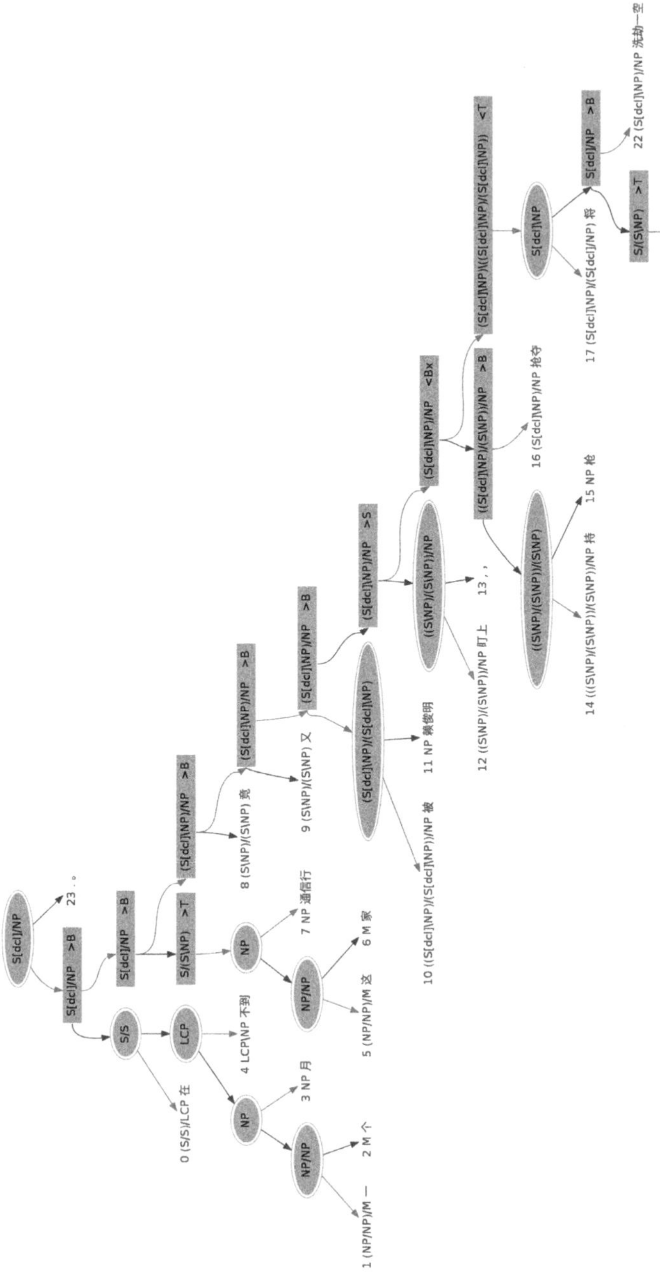

图6.9 CCG解析结果图

如（6.4）和（6.5）所示，在 S+V+O 的结构中，“为”的作用是将 S+V 的句法地位降格，从而使得 O 成为句子的焦点，其管辖的范围是 S+V；“将”的作用是突出 O 的句法地位，直接使其成为句子的焦点，其管辖的范围是 O。

（6.4）a. 人们津津乐道壮老的趣事。

b. [壮老的趣事]$_{focus}$为人们津津乐道。

（6.5）a. （歹徒）抢走了店里的手机。

b. [（歹徒）将店里的手机]$_{focus}$抢走了。

因此按照图 6.8 和图 6.9 的处理，不仅缺少语言学依据，同时也为原本就很困难的语义匹配制造了更大的困难。

（二）CCG 语义匹配的难题

语义解析（semantic parsing）一直是 NLP 中的一个难点和热点问题。一个自然语言句子，依据特定的句法解析程序，被分析成特定的逻辑表达式，据此可以实现逻辑和知识操作，构建相应的顶层应用，如自动问答系统和知识推理系统等。相比较于其他的句法分析，CCG 的优势在于句法-语义并行推演。一般认为，这种优势一方面体现在 CCG 能够与一些统计、学习的方法结合，例如，通过类似概率 CCG 的模型解决歧义问题。另一方面句法-语义透明接口也非常有助于语义学习，典型的例子如泽特尔莫耶（Luke S. Zettlemoyer）和柯林斯（Michael Collins）基于 CCG 开发的语义分析框架（Zettlemoyer & Collins，2005）。

但是就现阶段而言，自然语言处理仅仅利用了 CCG 的句法范畴进行标注和推演，对语义的标注和推演则严重滞后。出现这种情况也是发展中的必然，因为就自然语言而言，语义的复杂性远非句法的复杂性可以相比的。因此，尽管 CCG 一直以可实现自然语言句法-语义并行推演为特色，但是面对棘手的语义问题，也不得不有所放手，优先实现句法的解析。就当前的研究现状来看，国内清华中文 CCG 树库和社科中文 CCG 树库都没有配备语义；国外也只是刚刚开始出现配备语义的 CCG 树库，但其语义描述处于粗线条描述状态，整体上还处于开发探索阶段。

以华盛顿大学自然语言处理中心开发的 EasySRL 为例，这是目前少有的在 CCG 框架下配备语义的系统。EasySRL 在 CCG 的框架下引入了事件语义学和斯科伦函项（Skolem function），大大提高了语义刻画的灵活性。但是其作为一种尝试，还存在很多问题。以 *Every woman loves one man* 为例，EasySRL 的解析结果如图 6.10 所示。

Every	woman	loves	one	man
NP/N	N	(S$_{dcl}$\NP)/NP	N/N	N
$\lambda p.sk_{\lambda x.p(x)}$	$\lambda x.woman(x)$	$\lambda x\lambda y\lambda e.love(e)\wedge A_0(y,e)\wedge A_1(x,e)$	$\lambda p\lambda x.p(x)\wedge eq(size(x),one)$	$\lambda x.man(x)$

NP: $sk_{\lambda x.woman(x)}$

N: $\lambda x.man(x)\wedge eq(size(x),one)$

(S$_{dcl}$\NP): $\lambda x\lambda e.love(e)\wedge A_0(x,e)\wedge A_1(sk_{\lambda y.man(y)\wedge eq(size(y),one)},e)$

S$_{dcl}$: $\lambda e.love(e)\wedge A_0(Sk_{\lambda x.woman(x)},e)\wedge A_1(Sk_{\lambda y.man(y)\wedge eq(size(y),one)},e)$

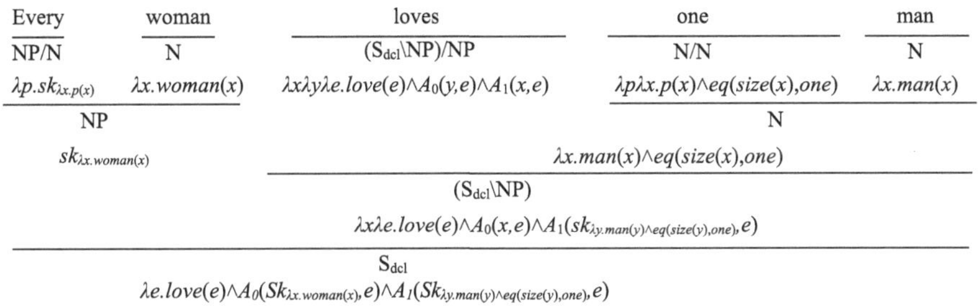

图 6.10 EasySRL 的解析结果图

在图 6.10 中，最终得到的逻辑语义式为：$\lambda e.love(e) \wedge A_0(Sk_{\lambda x.woman(x)}, e) \wedge A_1(Sk_{\lambda y.man(y)\wedge eq(size(y),one)}, e)$。这里的 e 表示一个事件，与图 6.4 和图 6.5 相比，图 6.10 没有表现出量词辖域歧义问题。依据这个逻辑语义式，*Every woman loves one man* 被解释为一个事件集 **E** 满足：**E** 中的任意一个事件个体，都与两个斯科伦函项存在 A_0 和 A_1 的关系。按照斯科伦函项的定义，对于 **E** 中的任意一个事件个体 e，都至少存在一个个体 x ∈ 〚*man*〛（x 可以是多个男子构成的复数个体）使得 x 与 e 存在 A_0 表示的施事关系，同时存在一个个体 y ∈ 〚*woman*〛（y 只能是单数个体）使得 y 与 e 存在 A_1 表示的受事关系。显然这只是表现了 *every* 取宽域的解读，而没有 *every* 取窄域的解读。

再如，在 EasySRL 中，除了时间词如 *yesterday*，被简单地表示成 TMP 成分，时体的逻辑语义都没有得到恰当的表述。例如，EasySRL 给 *will* 配的逻辑语义式标注是：$\lambda p\lambda x\lambda e.p(x, e)$。这实际上等于说 *will* 对句子语义没有贡献，如图 6.11 所示。

will give him a book
$\lambda x\lambda e.give(e) \wedge A_0(x, e) \wedge A_1(Sk_{\lambda y.book(y)}, e) \wedge A_2(he, e)$

will: $\lambda p\lambda x\lambda e.p(x, e)$

give him a book: $\lambda x\lambda e.give(e) \wedge A_0(x, e) \wedge A_1(Sk_{\lambda y.book(y)}, e) \wedge A_2(he, e)$

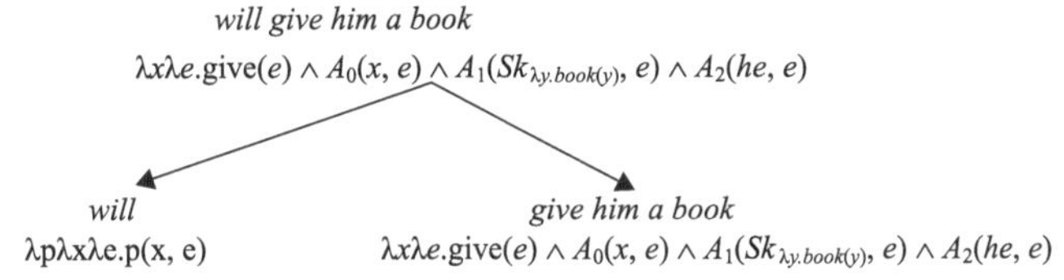

图 6.11 *will* 的语义问题

在图 6.11 中，*will* 参入毗连组合后，语义没有发生任何改变。但实际上，*will* 在英文中意义丰富，不仅表示时间语义，还表示情态语义。但是 EasySRL 做了最简单的处理，这也从一个侧面表明要在 CCG 中实现句法-语义并行推演的难度之大。

忽视语义类型的标注和推演，使得 CCG 的句法解析也遭遇到"天花板效应"，即在语言生成达到 90% 以上之后，指标难以再提高。通往其余 10% 的钥匙，就在被忽略的语义之中。尤其汉语这样的语言，在句法上缺少严格的形态标记，语序灵活，对上下文依赖度高，更加依赖汉语的"意合特性"去弥补句法的不足。怎样从 CCG 的角度描述汉语的意合型特征，怎样在 CCG 的规则设置上揭示汉语语义对句法的弥补，从而把握汉语独特的句法语义对应规律，都是以往 CCG 研究不足的地方。

四、CCG_{MEM}的改进

在 CCG 的句法-语义并行推演的基础上，CCG_{MEM}针对汉语的实际表现，增加了平行推演中的句法-语义互动机制，从而将句法-语义并行推演变成了句法-语义互动的并行推演。具体表现在一些句法结构算子在参入并行推演时，其规则既包括范畴推演规则，也包括语义公设和推导规则。这使得语义在CCG_{MEM}中从句法范畴推演的“仆从者”，变成了一个积极的“推动者”。这种互动推演的基础包括语义组合和语义推导相结合、句法结构算子和事件五元关系谓词。

（一）句法-语义互动的并行推演

弗雷格组合性原则，即复合表达式的意义是其直接构成成分的意义函项，是形式语义学的核心（邹崇理，2008a）。但是在自然语言中，语义的编码和解码是一个非常复杂的过程。一个词语所携带的语义信息是非常丰富的，这些语义信息不仅仅包括了说话者希望陈述的内容，还包括了句法的结构信息。后一类信息往往并不是说话者用显性方式陈述的，但是因为句法的结构信息是会话者双方共同的语言知识，后一类信息往往就成了双方默认的、可以推导出来的语义信息。这也就意味着，有一部分自然语言的语义是通过组合性方式得到显性表达的，而有一部分却一直隐藏词语中，需要时通过推导的方式可以得到。

这里仅以有界性为例，如（6.6）中的句子。

（6.6）a. 张三打破一个花瓶。
　　　b. 马丽吃苹果。

如果按照正常的组合性方式进行推演，那么得到的逻辑语义式大致如下。

（6.6′）a. ∃ex.**打破**(e) ∧ Agent(e) = **张三** ∧ Theme(e) = x ∧ **一个花瓶**(x)[①]
　　　b. ∃ex.**吃**(e) ∧ Agent(e) = **马丽** ∧ Theme(e) = x ∧ **苹果**(x)

但是这并没有充分地给出两个句子的语义。虽然两个句子都没有显性时标记

① 这里的逻辑语义式都是一种简化的分析，后文还要做更复杂的分析，详见后文的相关讨论。

词和体标记词，但是按照正常的语感，若（6.6）a 为真，则在说话区间之前，必定存在一个“张三打破一个花瓶”的事件。但是（6.6）b 为真，并不表示说话时间之前存在一个“马丽吃苹果”的事件，因为（6.6）b 可能仅仅表示马丽的一种偏好，如“马丽吃苹果，不吃梨子”。

一方面，因为句子中没有显性时标记词和体标记词，所以这种时体信息就不可能通过组合方式从词语中组合出来。但是另一方面，这种语义差异又确实是从词语的语义差异中产生的。（6.6）a 之所以被认为表示一个已发生的事件，是因为“打破”是终结有界的，在缺省状态下，被默认为是说话时间之前发生的事件，而“吃”是无界的，所以没有这种默认语义。

更重要的是，有界性不仅仅要参与句子的时体语义组合或生成，有时还决定着句子的其他语义运算。以汉语连动式为例，（6.7）的逻辑语义式大致如（6.7′）。

（6.7）a. 张三鼓掌欢迎马丽。
　　　b. 张三推开门走出去。

（6.7′）a. $\exists e.$**鼓掌**$(e) \wedge$ **欢迎马丽**$(e) \wedge Agent(e) =$ **张三**
　　　b. $\exists\, e_1 e_2.$**推开门**$(e_1) \wedge$ **走出去**$(e_2) \wedge Agent(e_1) = Agent(e_2) =$**张三**$\wedge$ $\mathbf{Time}(e_1) <_t \mathbf{Time}(e_1)$

简单地说，（6.7）a 中两个 VP 表示同一个事件，而（6.7）b 中的两个 VP 表示两个毗连的事件。产生这种差异的根源，正是 VP_1 是否具有有界性。“推开门”是有界的，因此（6.7）b 构成了毗连连动式；“鼓掌”是无界的，因此（6.7）a 不能形成毗连连动式（李可胜和满海霞，2013；李可胜，2020）。关于这方面的内容，详细讨论见本章最后一节。

据此可见，有界性这类语义信息应该得到充分地刻画，并写入词库中词条所携带的信息中。在需要这类语义来完成句子的时体语义推演时，能从词语信息中推导出来，使其能参与到句子的句法-语义互动的并行推演中。

（二）句法结构算子和事件的五元关系谓词

为了能实现句法-语义互动的并行推演，CCG_{MEM} 引入了大量的句法结构算子。如上文所述，即便是汉语中的实词，其所携带的语义信息也不仅仅包括指称，还包括一些句法信息。在 CCG_{MEM} 中，这些词语就被视为句法结构标记词，并处理成句法结构算子。这就意味着，在句法-语义的推演过程中，这些词语不仅仅为句子的逻辑语义式贡献其指称意义，还起到一定程度的句法结构作用。

例如，在第五章的讨论中，关系时间词如“明天、下周、本月”等不仅仅给出了事件的时间信息，而且在句法上也是构成句子时系统的重要组成部分。因此

这些词语在 CCG_{MEM} 中被翻译成时算子，有着与普通名词完全不同的范畴。再如，像“合作”这样的动词，表面看来与普通动词没有区别。但是“合作”对句子不同题元角色之间的量化关系起到调节作用，因此在第四章中也被处理成一种句法结构算子——HZ-算子，其范畴也就变成了 s/s，而不是通常的不及物动词范畴。此外，第四章还引入了Θ-算子和有定-算子，第五章引入了体-算子，后面还将引入时间介词算子和时间状语算子等。不过这些都只是做为示例，实际上，还可以根据语言学的研究成果，依据相同的思路设定更多的句法算子。

这些算子的逻辑语义式中被写入了相关的句法-语义信息，是句法-语义互动并行推演的重要推手。在具体的操作过程中，这些算子可以是汉语中某类词语的翻译，也可以是隐形成分的翻译。通过这些算子的作用，保证句法-语义并行推演的顺利进行。

CCG_{MEM} 还在语义中引入了事件五元关系谓词，将事件、事件存续的可能世界、事件区间、参照区间和说话区间都纳入到一个量化域中，从而保证句子的逻辑语义推演可以在时和体甚至模态框架内进行。此外，句法范畴中还引入了可移位范畴和可删除范畴，从而保证可以更加灵活地对时和体进行一体化处理。这种做法的动因是解决两个问题：一是汉语时体标记词位置多变的问题；二是在很多情况下，汉语中时和体相互影响。例如前面提到的终结有界性，本身是体的概念，但是在（6.6）a 这样的句子中，却对时产生重要影响。

CCG_{MEM} 就是基于以上措施而设计的一个自然语言语义形式化方案，目标是使自然语言事件语义的蕴涵关系以一种形式化的方式表现出来。更重要的是，CCG_{MEM} 能很好地嵌入到 CCG 中。

第二节　时体一体化处理：CCG_{MEM} 框架下的时与体

所谓的时体一体化处理，是指让句子中的时标记词（或$^{\varnothing}$时-算子）与体标记词（或$^{\varnothing}$体-算子）先进行毗连组合，生成时体算子，然后再与不带时体信息的句子毗连组合，生成最终带有时体信息的句子。

这种处理方式与通常的做法不同。按照常规，体被看成是 VP 层面的语义运算，而时是句子层面的语义运算。也就是说，当句子的谓语部分完成了除主语之外的毗连组合之后，必须先与体-算子进行毗连组合，得到的 VP 是带有体语义的表达式，然后再与主语 NP 进行毗连组合，最后再与时算子毗连组合（Verkuyl, 2005）。

但是在汉语中，因为时与体在很多情况下会互相影响，这导致时与体对句子交错产生作用，因此从 CCG 句法-语义并行推演的角度，将时和体单独进行毗连组合，然后再与无时体信息的句子进行毗连组合，这样更容易贯彻组合性原则。这种方式在处理时标记成分或体标记成分残缺时，尤其具有优势，具体见本章第四节的实例分析。

据此，CCG_{MEM} 的时体范畴运算过程大致如图 6.12 所示。

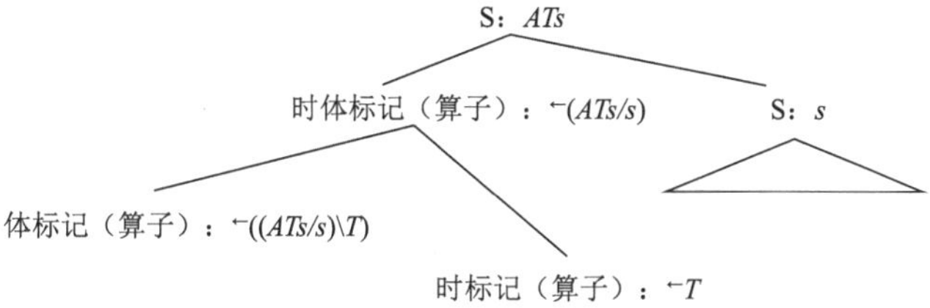

图 6.12　时体范畴运算过程示意图

CCG_{MEM} 范畴除了前文已经介绍过的之外，还有其他一些与时体相关的范畴，这里汇总在范畴定义 6.1 中。除此之外，CCG_{MEM} 的其他范畴规定如常（Wood，1993；Carpenter，1997；张秋成，2007；邹崇理，2008b；满海霞，2014）。

范畴定义 6.1。

a. *np*	不带有量化语义的 NP 范畴
b. *Qnp*	带有量化语义的 NP 范畴
c. $^{d}Qnp\backslash s$	不及物动词范畴
d. $^{d}Qnp\backslash s/Qnp$	及物动词范畴
e. $^{\leftarrow}Tn$ 和 Tn/Tn	定位时间词范畴
f. $^{\leftarrow}Tnp/Tn$	时间介词范畴
g. *Tnp*	时间副词短语范畴
h. $^{\leftarrow}T$	时标记范畴（包括称关系时间词）
i. $^{\leftarrow}T\backslash(ATs/s)\backslash T$ 和 $^{\leftarrow}(ATs/s)\backslash Tnp$	体标记范畴
j. *ATs/s*	时体标记范畴
k. *s*	不带时体语义的句子范畴
l. *ATs*	带有时语义和体语义的句子范畴
m. *num*	数字范畴

这里的 *np* 表示 NP 的范畴，而 *Qnp* 表示经过量化 NP（即 QNP）的范畴，*Tnp* 表示时间副词短语的范畴，其中的 *T* 表示时间。另外用上标 *d* 表示增配标记，一个 *np* 或 *Qnp* 前若有上标 *d*，则表明是有定的 NP 或有定的 QNP 的范畴。

如前文所述，由于汉语句法标记贫乏，句子中的时信息主要通过时标记词表示，但是时标记词分为两类：关系时间词和定位时间词。前者直接说明了 i_r 和 i_u 之间的关系，如“本周、上个月”等。这些词在 CCG_{MEM} 中被直接翻译成时标记，可以与体标记词毗连组合生成时体标记。但定位时间词并没有说明 i_r 和 i_u 的关系，如“2008 年、中秋节”等，这些词不能直接处理成时标记。

定位时间词被赋予两个范畴，作为范畴为 *Tnp* 的表达式可以直接与其左侧的时间介词毗连组合生成时间副词短语。如果其左侧也是一个定位时间词，则其范畴为 *Tnp/Tnp*，这样可以与定位时间词毗连组合，生成一个复合的定位时间短语，然后再与时间介词毗连组合生成时间副词短语。时间副词短语在与时算子毗连组合生成时标记之后，才能与体算子毗连组合，生成可以与不带时体语义的句子进行毗连组合的时体标记。

另一个需要解释的是**左向移位算子**←，带有移位算子的范畴称为可移位范畴。←算子可以将一个普通的范畴变成可移位范畴，规定如下。

CCG_{MEM} 特别规则 6.1。

令 A、B、C 和 ζ 为任意范畴，则有：

a. 若 ζ＝B，则 $^{\leftarrow}A/B \quad \zeta \quad \Rightarrow A$；$\zeta \quad ^{\leftarrow}A\backslash B \quad \Rightarrow B$；

b. 若 ζ≠B，则 $C \quad ^{\leftarrow}A/B \quad \zeta \quad \Rightarrow {}^{\leftarrow}(A/B) \quad C \quad \zeta$；$\zeta \quad ^{\leftarrow}A\backslash B \quad C \quad \Rightarrow {}^{\leftarrow}A/B \quad \zeta \quad C$。

特别规则 6.1 的实质就是当 A/B 在其两侧没有合适的范畴进行毗连组合时，向左侧移位去寻找合适的范畴。特别规则 6.1 可以递归应用。若特别规则 6.1a 中的条件得不到满足，则用特别规则 6.1b，即 $^{\leftarrow}A/B$ 向其左侧移动一位，使得原本与 $^{\leftarrow}A/B$ 左边毗连的范畴与原本在其右边的范畴有机会进行毗连组合，得到的一个新范畴；若新范畴满足了特别规则 6.1a，则 $^{\leftarrow}(A/B)$ 与新范畴毗连组合，得到 A；若仍然满足不了特别规则 6.1a 中的条件，则仍然应用特别规则 6.1b 的规则，直到特别规则 6.1a 中的条件得到满足。若特别规则 6.1 在句子中得不到满足，则 CCG_{MEM} 的句法推演失败。

可移位范畴的一个重要应用是使得 CCG_{MEM} 生成句子的时体标记。在 CCG_{MEM} 的处理方式中，汉语中的一些词语被处理成体标记词和时标记词。例如，“已经”这类词语是体标记词，而“上周”这类词语则被处理成时标记词（具体见本章第四节的实例讨论部分）。现在面临的问题是，依据图 6.12，体标记词和时标记词都有可能不在原位与前后词语毗连组合，因此需要进行移位。例如，“上周张三已经写完毕业论文”中的“上周”是时标记，“已经”是体标记，二者并不毗连，因此需要移位，如图 6.13 所示。

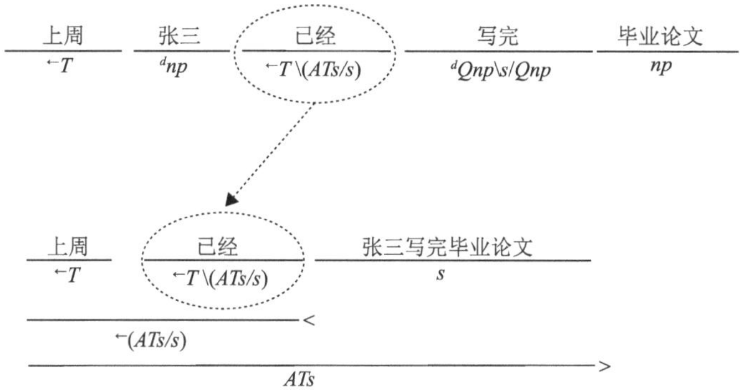

图 6.13 “上周张三已经写完毕业论文”句法的范畴推演过程

在图 6.13 中，“已经”在原位无法进行毗连组合，因此向左侧移位寻找范畴为←*T* 的时标记。二者毗邻组合得到范畴为←(*ATs/s*)的时体标记“上周已经”，然后才能与“张三写完毕业论文”毗连组合生成带有时体语义的句子。注意，在图 6.13 中，“张三写完毕业论文”没有做内部分析，详细过程参见本章第四节图 6.19 和图 6.21。

第三节 隐性时体信息的逻辑语义处理：以有界性为例

汉语作为一种典型的意合性语言，缺少系统的时体形态标记（徐通锵，1997；顾阳，2007），这使得时体信息在汉语中的表达更多的是依靠词汇的方式，即词汇中的某些语义成分被直接理解成句子的时语义或体语义（Lin，2005；李志龄，2012）。这些时体标记词不仅仅包括那些直接表示时间的时间词语，还包括一些表面看来与时间无关的词语。最为典型的例子是词汇所包含的情状体信息，如果句子没有显性的时间信息，这些情状体信息会直接影响句子的时和体。

正是由于这类信息的存在，使得通过组合性的方法去得到句子的时体信息存在很大的局限性。限于篇幅，本节将以有界性为例，说明在 CCG_{MEM} 框架下，在对句法-语义的推演过程中，如何借助语义公设的方式，通过逻辑蕴涵的推理，得到所需要的时体逻辑语义式。

一、有界性的处理

整体上，VP 的有界性可以通过两种方式获得，一种是通过结果补语或体标记词获得，另一种则是通过宾语获得（马庆株，1992；沈家煊，1995；陈前瑞，2005；李可胜和满海霞，2013）。第一种是封闭的类，是可以通过枚举的方式穷尽其数量的，而第二类是开放的类，无法通过枚举的方式穷尽其数量。

（一）有界性的简单枚举

一个 VP 是有界的还是无界的，不仅仅取决于核心动词本身，在更多情况下取决于动词修饰语。首先 VP 如果包含一些体标记词或者做结果补语的动词，则该 VP 必然是有界的。体标记词主要包括完成体、完整体以及开始持续体或起始体等的标记词（李临定，1990；陈前瑞，2005）。例如，“唱完（歌），洗过（澡），做好（饭）”中的“完、过、好”等使得 VP 具有终结界；再如，“跳起来”中的“起来”使得 VP 具有起始界。另外按照马庆株（1992）的分类，如果一个 VP 是“动词+结果补语”结构，则该 VP 就不能出现“着”，因而属于有界的 VP。在这类 VP 中，动词表示事件的过程，结果补语表示事件的结果，因而有着明显的有界性特征（杨国文，2011）。典型的例子如“砍伤（手），推开（门），敲碎（窗户玻璃）”中的“伤、开、碎”等都使得相应的 VP 获得有界性。

同时，依据相关文献（李临定，1990；陈前瑞，2005；Xiao & McEnery，2004），在现代汉语中，起始有界性主要通过一些动词和体标记词表示。例如，“开始+V”和体标记“V+起来”都是最为典型的起始体表达式。此外，类似于“正、正在”等词语则可以看成是无界体标记词。

“动词+体标记词”结构在汉语中仍然可以视为动词范畴，是一个封闭的类，因而可以通过枚举的方式将这类 VP 都标注上[+有界]特征。也就是说，在 $_{\mathrm{MEM}}$中，可以通过词汇标注的方式刻画有界性。例如，“到达，唱完，跳起来，砍伤，推开”等都可以直接处理为一个词条，并通过语义公设的方式使其带有[+有界]信息。例如，有如下的语义公设。

语义公设 6.1。

a. {**写完，切开，解开，出生，迟到**，…} $\subseteq [\![^{终}\mathrm{TELIC}]\!]$。

b. $\{\wp \mid \wp$ 的基础性质是 $^{b}\wp$，且满足：$\wp = {}^{b}\wp \otimes \wp'$，其中 $\wp' \in$ {**完，好**，…}} $\subseteq [\![^{终}\mathrm{TELIC}]\!]$。

c. $\{\wp \mid \wp$ 的基础性质是 $^{b}\wp$，且满足：$\wp = {}^{b}\wp \otimes \wp'$，其中 $\wp' \in$ {**起来**，…}} $\subseteq [\![^{始}\mathrm{TELIC}]\!]$。

d. $\{\wp \mid \wp$ 的基础性质是 $^{b}\wp$，且满足：$\wp = \wp' \otimes {}^{b}\wp$，其中 $\wp' \in$ {**开始**，…}} $\subseteq [\![^{始}\mathrm{TELIC}]\!]$。

e. $\{\wp \mid \wp$ 的基础性质是 $^{b}\wp$，且满足：$\wp = \wp' \otimes {}^{b}\wp$，其中 $\wp' \in$ {**正，正在**，…}} $\subseteq [\![^{无}\mathrm{TELIC}]\!]$。

f. 若 $^{b}\wp \in [\![^{终}\mathrm{TELIC}]\!]$且 $\wp$ 是通过对 $^{b}\wp$ 进行限定而获得的本体性质，则 $\wp \in [\![^{终}\mathrm{TELIC}]\!]$。

语义公设 6.1 中的基础性质 $^b\wp$ 是指“修、写、跳”等动词所表示的性质，所所以语义公设 6.1b 中的 $\wp$ 指“修好，写完”这类动词所表示的性质，而语义公设 6.1c 中的 $\wp$ 指“跳起来”等动词所表示的性质，其余以此类推。

（二）有界性的组合

除了核心动词本身能表示有界性之外，VP 还可能通过组合的方式获得有界性。这包括几种情况。一是无界动词与数量化 NP 或者特指 NP 组合而得到有界的 VP（沈家煊，1995；王媛，2013），典型的例子如“跳三下，追偷我钱包的人”等。如沈家煊（1995：373）所说：“宾语如果是专有名词、这/那+（量）+名、数量+名，整个结构表示‘事件’。”沈先生所说的“事件”就是这里所说的有界的事件。

以“马丽吃苹果”和“马丽吃两个苹果”为例。前者表示“无界”的事件，即若事件区间 i 上有一个“马丽吃苹果”事件 e，则在 i 的任意子区间 i′上，都存在一个 e 的事件构体 e′满足：e′是“马丽吃苹果”事件。“马丽吃两个苹果”表示“有界”的事件，即在事件区间 i 上有一个“马丽吃两个苹果”事件，在 i 的任意子区间 i′上，都没有“马丽吃两个苹果”事件，只有“马丽吃苹果”事件。

再如，如果 VP 是“趋向动词+宾语”结构，则该 VP 也是有界的。因为趋向动词描述位移事件，而宾语则是位移目标，位移目标的实现就是位移事件的终结，所以这类 VP 也是有界的（李可胜和满海霞，2013），典型的例子如“跑向终点，倒向地面，去上海”等。

显然通过组合的方式获得有界性的 VP 是一个开放的类，其成员的数量是不确定的，无法通过枚举的方式处理，只能采用组合性方式。下面以 Verkuyl（1972，1993，2005）等对有界性的组合研究为例，说明多维事件构体理论在刻画事件情状语义中的应用。

Verkuyl（1972，1993，2005）界定了与时间相关的两种语义特征：[±ADD TO]和[±SQA]。前者是动词的语义特征，后者是名词的语义特征，如下所示。

语义特征[±ADD TO]和[±SQA]。

a. [±ADD TO]：如果动词的语义构成中包含某些随着时间延展而逐步增量的成分，则该动词具有[+ADD TO]特征，否则有[−ADD TO]特征。

b. [±SQA]：如果 NP 的语义构成中包含界定清晰的量，则具有[+SQA]特征，否则有[−SQA]特征。

[+ADD TO]表示增量特征。例如，“画（线），跑步”都有[+ADD TO]特征。在一个“画线”性质事件中，随着时间进程的延展，所画的“线”的长度会随着

时间而不断变长。在“跑步”性质事件中，随着时间的增加，跑过的距离也不断增加。但是动词“思念，逮捕”则不同，没有随着时间进程而增加的量，因而具有[−ADD TO]特征。[±SQA]表示界定清晰的量（specified quantity），如“一个苹果”对苹果的量有着非常清晰的界定，而“一些苹果”或者光杆名词“苹果”没有对苹果的量做出清晰的界定，所以其特征是[−SQA]。

基于这两种语义特征，Verkuyl（1993）提出了 Plus-原则。

> Plus-原则：
>
> 在一个 VP 的内部组合中，如果满足条件[+ADD TO]+[+SQA]，那么该 VP 就是[+有界]的；否则是无界的。

例如，在（6.8）的三个例子中，只有（6.8）a 中的 VP 是有界的。

（6.8）a. 马丽吃那个苹果。
　　b. 马丽吃苹果。
　　c. 马丽看着那个苹果。

在（6.8）a 中，“吃”是[+ADD TO]，“那个苹果”是[+SQA]，二者组合得到了有界的 VP。（6.8）b 和（6.8）c 中的 VP 都是无界的，前者的组合是[+ADD TO]+[−SQA]，后者是[−ADD TO]+[+SQA]，所以都是无界的 VP。注意，这里的[+SQA]是指 NP 中因为动词所表示的行为动作本身而产生的增量现象。例如，在“马丽吃苹果”中，“苹果”会随着“吃”的行为而产生增量现象；但是在“张三骑自行车”中，“自行车”不会随着“骑”的行为而增量，因此“骑自行车”仍然是无界的。

现在将[+ADD TO]特征看成是事件本体性质 $\wp$ 的一种性质，并用 AddTo($\wp$) 表示 $\wp$ 有增量性质。另外借鉴 Verkuyl（1972，1993，2005）的思路，用 GoTo($\wp$) 表示 $\wp$ 有趋向性质，现在可以给出关于终结有界性的如下语义公设。

语义公设 6.2。

a. $\forall \wp ex.\mathrm{AddTo}(\wp) \wedge \wp(e) \wedge \mathrm{Theme}(e) = x \wedge \mathrm{Def}(x,\ \mathbf{P}) \rightarrow {}^{终}\mathrm{Telic}(e,\ \wp)$

【任意本体性质 $\wp$、事件 e 和个体 x，若 AddTo($\wp$)为真且有 $\wp(e) \wedge \mathrm{Theme}(e) = x \wedge \mathrm{Def}(x,\ \mathbf{P})$，则必然有 e 作为性质 $\wp$ 的事件具有终结有界性。】

b. $\forall \wp ex.\mathrm{GoTo}(\wp) \wedge \wp(e) \wedge \mathrm{Goal}(e) = x \rightarrow {}^{终}\mathrm{Telic}(e,\ \wp)$

【任意本体性质 $\wp$、事件 e 和个体 x，若 GoTo($\wp$)为真且有 $\wp(e) \wedge \mathrm{Goal}(e) = x$，则必然有 e 作为性质 $\wp$ 的事件具有终结有界性。】

c. $\forall \wp e.{}^{终}\mathrm{TELIC}({}^{\Theta}\wp) \rightarrow {}^{终}\mathrm{Telic}(e,\ {}^{\Theta}\wp)$

上述公式中的 Def(x，**P**)表示个体 x 相对于个体的本体性质 **P** 是有定的。

二、有界性对时体的贡献

与英语不同，汉语没有系统的显性时标记（李临定，1990；Lin，2005；顾阳，2007），但是这并不是说，汉语句子不表达时的语义信息。总体上看，汉语的时语义主要通过两种方式表达，一种是显性表达，即通过词汇的方式。如（6.9）中的“昨天”和“明天”都可以看成是具有时的句法功能，因为它们本身就表达了 i_u 与 i_r 的关系。关于这一点，下一节再具体讨论。这里考虑另外一种方式，即时语义的隐性表达方式。

（6.9）a. 马丽是昨天到北京的。
　　　b. 会议明天结束了。

（6.10）a. G262 次高铁已经到北京。
　　　　b. G262 次高铁马上到北京。

（6.10）a 中的“已经”是终结体标记词，表示事件在 i_r 内已经终结，而（6.10）b 中的“马上”是未然体标记词，表示事件区间在 i_r 之后。两个句子中都没有显性时标记词，在这种情况下，句子被默认是现在时，即 i_r 会被缺省设置为以 i_u 为终结子区间的一段合理时长的区间，即 $i_r \subseteq_{t\text{-}fi} i_u$，如图 6.14 所示。

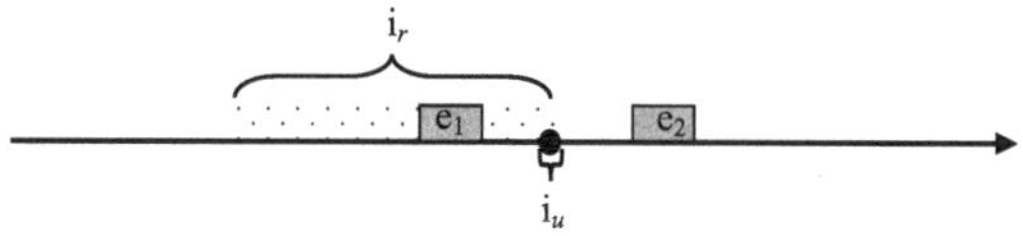

图 6.14　终结有界性的参照区间

假设（6.10）a 中“G262 次高铁到北京”的事件是 e_1，其事件区间被包含在 i_r 之内，则必然在 i_u 之前。依据定义 5.3，该事件属于现在完整体。另假设（6.10）b 中“G262 次高铁到北京”的事件是 e_2，由于其事件区间在 i_r 之后，因此必然在 i_u 之后，故产生了将来时的解读。

视点体与时的这种关系也符合语言学文献中的一般看法。如依据龚千炎（1995）以及竟成（1996）等文献，时间是句子得以自足的必要条件之一。因汉语中缺少明确的时标记（顾阳，2007；Lin，2005；戴耀晶，1997），如果句子中没有显性时标记词，也没有其他的语境因素对参照区间进行时轴定位，则直接将说话区间作为参照区间定位的时点，也就是吕叔湘（1990）所说的绝对基点。

（6.11）的例子（龚千炎，1995）更为特殊，不仅没有时标记词，也没有视点体标记词，但仍然能表达完整的时体信息。

（6.11）a. 张老师教错一个汉字。
　　　b. 张老师在美国教汉语。

按照汉语母语者的语感，（6.11）a 表示在 i_u 之前发生的事件，而（6.11）b 表示的事件区间则包含 i_u。两个句子的真值条件分析如（6.11′）所示。

（6.11′）a.（6.11）a 为真 当且仅当 至少存在一个事件 e = “张老师教错汉字”满足：e 是一个终结体事件且 $\text{Time}(e) \leqslant_t i_u$。
　　　b.（6.11）b 为真 当且仅当 至少存在一个事件 e = “张老师教汉语”满足：e 是一个惯常体事件且 $i_u \subseteq_t \text{Time}(e)$。

之所以会有这样的理解，与（6.11）a 和（6.11）b 的情状体有关。（6.11）a 中的“教错一个汉字”是终结有界的，而“教汉语”是无界的。在没有明确的体标记的情况下，“教错一个汉字”的终结界就被凸显了出来，因而被缺省理解为完整体中的终结体。如上文所说，如果句子没有时标记，则有 $i_u \subseteq_{t\text{-}fi} i_r$。这意味着“教错一个汉字”事件整体位于 i_u 终结时刻之前的 i_r 之内，故为现在完整体。无界的“教汉语”则缺省实现为未终结体，即在 i_r 之内，事件是未终结的。当 $i_r = i_u$ 时，则意味着事件在 i_u 是未终结的，所以能产生现在惯常体的解读。

终结有界性与完整体之间存在实现关系，如表 6.1 所示（Bohnemeyer & Swift, 2004）。

表 6.1　有界性与视点体的关系

视点	谓词	
	无界性	有界性
未然体	Ø	显性标记
完整体	显性标记	Ø

表 6.1 中的谓词指形式逻辑意义上的事件谓词，等同于表示事件的 VP，谓词的有界性对应视点体中的完整体，无界性对应未然体，Ø 表示无显性标记。有界谓词要在视点体上实现为完整体，无须显性完整体标记的帮助；但要实现成未然体，则需要借助显性标记。李可胜和满海霞（2013）从认知的角度解释这种现象。有界 VP 凸显事件的个体，这意味着事件的整体进入了说话者视野；无界 VP 凸显事件的性质，通常不被解读为特定的事件个体，因此没有一个具体的事件进入说话者视野。Comrie（1976）从另一个角度也注意到这一现象：“如果用非完成意义形式（如英语进行时）表示情状的一个句子蕴含着用完成意义

形式（如英语完成式）表示同样情状的一个句子，那么该情状就是非完成的，反之则完成的。”

此外，李可胜（2015）还专门论证：在汉语中，大多数有界 VP 会被解读为过去时（即本书中的现在终结体），表示已成真的事件。但是部分由“趋向动词+宾语”构成的有界 VP 应该被解读为现在进行时，表示已开始尚未终结的事件，如（6.12）中的例子。

（6.12）a. 他连抽三根烟/他走到主席台就座。（过去时）
b. 他往地上倒去/他走向主席台就座。（现在进行时）

（6.12）a 是过去时，（6.12）b 是现在进行时。这种断定可以通过否定测试法测试，如（6.13）所示。

（6.13）a. *他连抽三根烟，但没有连抽三根烟。
b. *他连抽三根烟，但没有抽到第三根烟（就停下来了）。
c. *他往地上倒去，但没有往地上倒去。
d. 他往地上倒去，但没有倒在地上（就被人扶住了）。

上述各例中，只有（6.13）d 没有产生逻辑矛盾。这说明在说话区间，“他往地上倒去”的事件已经有了起始界，但是还没有终结界，因此（6.13）c 否定起始界会引发逻辑矛盾，但（6.13）d 否定终结界却没有出现逻辑矛盾。相比较而言，（6.13）a 和（6.13）b 表明，无论是否定“他连抽三根烟”的起始界还是否定终结界，都产生了逻辑矛盾。这说明“他连抽三根烟”的起始界和终结界都在说话区间之前，因而不可否定。

此外，通过对现代汉语语料的观察，还可以发现一个现象。通过动补结构或体标记词获得的终结有界性，在句子缺少时标记词时，可以很自然地通过实现为完整体而获得过去时的解读。但是通过 AddTo 的组合性方式获得的终结有界性，并不能实现为完整体而获得过去时的解读，句子要想表达过去时，需要借助其他体标记表达完整体语义，如（6.13）所示。

（6.14）a. ?马丽吃一个苹果。
b. 马丽吃了一个苹果。
c. 马丽切开一个苹果。

如果说把（6.11）a 中的“教错一个汉字”理解成说话区间之前的事件，显得很自然，那么把（6.14）a 中的“吃一个苹果”理解成说话区间之前的事件，则显得很牵强。与之相比，把（6.14）b 和（6.14）c 理解成说话区间之前的事件，则自然很多。

有界性与情状体、视点体和时语义的关系如图 6.15 所示，其中粗虚线表示实现关系。有界性一方面是情状体的重要内容，决定着情状体，另一方面也直接影响着视点体和时。因此在句子的逻辑语义组合中，有界性是不可忽视的语义内容。

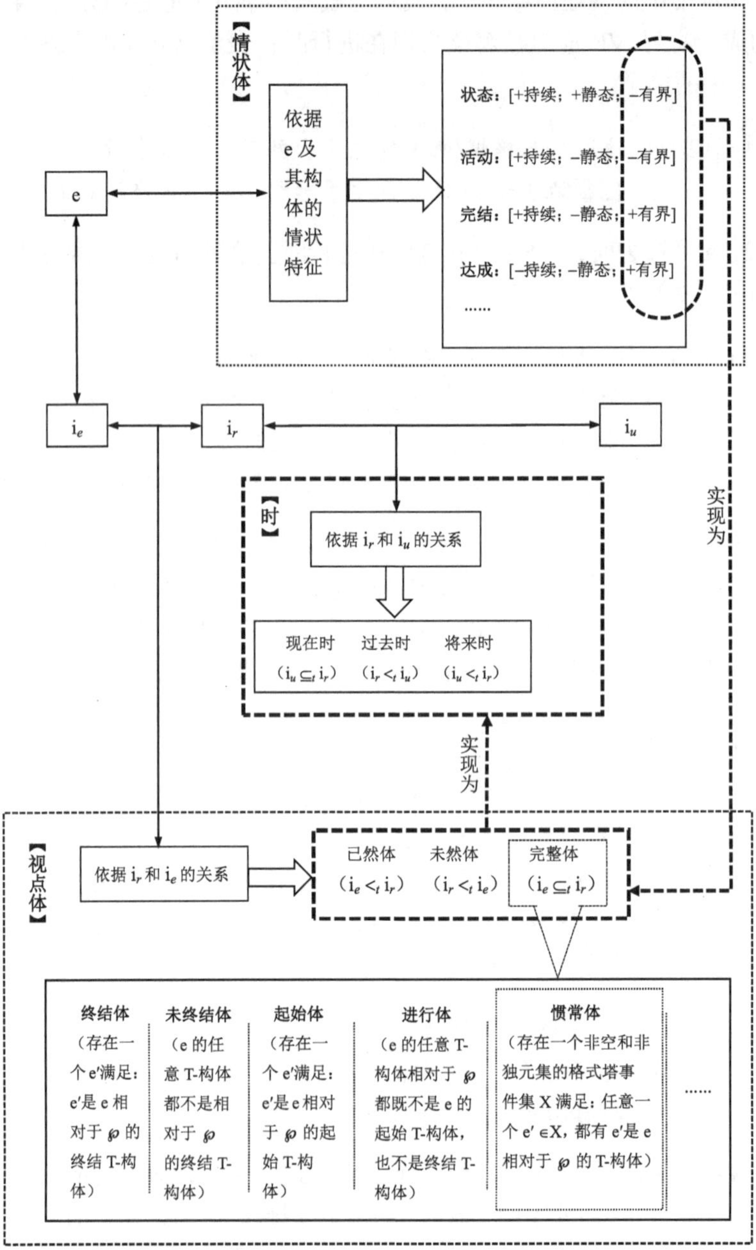

图 6.15　有界性与情状体、视点体和时语义的关系

为了能充分刻画有界性的这些语义贡献，在 CCG_{MEM} 框架下，若 S 为任意一个句子，e 是 S 所描述的事件，$\wp$ 是 e 的本体性质，$^{\Theta}\wp$ 是 e 的限定事件性质，则可以采取如下 CCG_{MEM} 句法-语义互动的并行推演特别规则。

CCG_{MEM} 特别规则 6.2[①]。

a. S 不含有任何显性体标记词但是含有时标记词，且语境中也没有提供体信息，则：

（i）若 $\wp \in [\![^{\text{终}}\text{TELIC}]\!] \cup [\![\text{GoTo}]\!]$，则默认用体$_{\text{完整}}$-算子与时标记词进行毗连组合。

（ii）……。

b. 若 S 不含显性时标记词，且语境中也没有提供相关时信息，则默认用时$_{\text{现在}}$-算子与相关的体标记词进行毗连组合。

（i）若 s 中有显性体标记词，则有：默认用时$_{\text{现在}}$-算子与相关的体标记词进行毗连组合。

（ii）若 s 中没有任何显性体标记词，则有：

◆ 若$^{\Theta}\wp \in [\![^{\text{始}}\text{TELIC}]\!] \cup [\![^{\text{无}}\text{TELIC}]\!]$，则默认用体$_{\text{进行}}$-算子与时$_{\text{现在}}$-算子进行毗连组合。

◆ 若$^{\Theta}\wp \in [\![^{\text{终}}\text{TELIC}]\!]$，则默认用体$_{\text{完整体}}$-算子与时$_{\text{将来}}$-算子进行毗连组合。

◆ 若 $\wp \in [\![^{\text{终}}\text{TELIC}]\!] \cup [\![\text{GoTo}]\!]$，则默认用体$_{\text{已然}}$-算子与时$_{\text{现在}}$-算子进行毗连组合。

◆ 若 $\wp \in [\![^{\text{无}}\text{TELIC}]\!]$，则默认用体$_{\text{惯常}}$-算子与时$_{\text{现在}}$-算子进行毗连组合。

◆ ……

在特别规则 6.2 中，无论是 $\wp \in [\![^{\text{始}}\text{TELIC}]\!] \cup [\![^{\text{无}}\text{TELIC}]\!]$，还是 $\wp \in [\![^{\text{终}}\text{TELIC}]\!] \cup [\![\text{GoTo}]\!]$，相关的时标记词（或对应的$^{\varnothing}$时-算子）都是与基本视点体的完整体算子进行毗连组合，而无须与其子类进行毗连组合。因为时与视点体毗连组合之后，就能确定事件区间、参照区间和说话区间的关系，从而在时轴上对事件进行定位。视点体的子类差异主要体现在情状特征上，与事件的时轴定位无关。

三、CCG_{MEM} 对有界性处理的示例

在本小节中，依据语义公设 6.1 和语义公设 6.2，考察现代汉语中有界性在语义组合中的作用。先以（6.15）a 为例，如果仅仅把（6.15）a 的表达式看成是范

① 这里给出的规则只是依据语言学的现有研究给出的示例。

畴为 s 的句子，即不带时体信息的句子，则其逻辑语义式是（6.15）b。

（6.15）a. 马丽切开那个苹果。

b. $\exists ewii_r i_u x.{}^{*}\textbf{切开}(ewii_r i_u) \wedge Def(x，\textbf{苹果}) \wedge {}^{\forall\geqslant 1}\textbf{Th}(e，x，{}^{个}\boldsymbol{m}) \wedge Agent(e) = \textbf{马丽}$

但是按照 CCG_{MEM} 的范畴运算规则，句法解析的终结节点并不是范畴为 s 的表达式，而是范畴为 ATs 的表达式。完整句子的句法的范畴推演过程见图 6.16，相应的语义的 λ-演算过程见图 6.17。

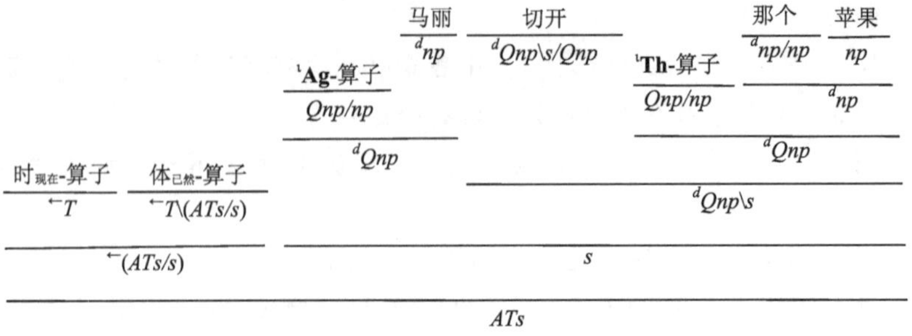

图 6.16　“马丽切开那个苹果”句法的范畴推演过程

在图 6.16 中，“那个”是有定标记词，与之对应的 NP $_{有定}$-算子的范畴是 $^{d}np/np$。此外，这个句子既没有显性时标记，也没有显性体标记，但因为“切开”所表示的事件性质**切开** $\in [\![^{终}TELIC]\!]$，依据语义公设 6.1，有**切开苹果** $\in [\![^{终}TELIC]\!]$。再依据特别规则 6.2（b），应该由范畴为 $^{\leftharpoonup}T\backslash(ATs/s)$ 的体$_{已然}$-算子与范畴为 $^{\leftharpoonup}T$ 的时$_{现在}$-算子进行毗连组合，得到范畴为 $^{\leftharpoonup}(ATs/s)$ 的时体标记。句子的语义的 λ-演算过程如图 6.17 所示。

图 6.17 中的第 3b 步是句子时体标记的逻辑语义式。

（6.15′）a. $\lambda^{*}\wp\exists ewii_r i_u.{}^{*}\wp(ewii_r i_u) \wedge i <_t i_r = i_u$

b. $\lambda ewii_r i_u x\forall y.{}^{*}\textbf{切开}(ewii_r i_u) \wedge \textbf{苹果}(y) \wedge {}^{\forall\geqslant 1}\textbf{Th}(e，y，{}^{个}\boldsymbol{m}) \rightarrow [x = y \vee {}^{d}IsPart_{同质}(y，x)] \wedge Agent(e) = \textbf{马丽} \wedge i <_t i_r = i_u$

c. $\exists ewii_r i_u x.{}^{*}\textbf{切开}(ewii_r i_u) \wedge Def(x，\textbf{苹果}) \wedge {}^{\forall\geqslant 1}\textbf{Th}(e，x，{}^{个}\boldsymbol{m}) \wedge Agent(e) = \textbf{马丽} \wedge Temp_{n\text{-}完整}(e，\textbf{切开苹果}) \wedge {}^{终}Telic(e，\textbf{切开苹果})$

（6.15′）a 与（6.15′）b 做 λ-还原演算，得到的（6.15′）c 就是“马丽切开那个苹果”的最终逻辑语义式。

依据定义 3.27 对区间和可能世界关系的界定，由“$i <_t i_r = i_u$”可以得到“$w = w_r = w_u$”。再依据定义 5.10（时与视点体的逻辑语义组合 I），结合（6.15′）b 中的“***切开**$(ewii_ri_u)$”和“$i <_t i_r = i_u$”可得到“$Temp_{n\text{-完整}}$(e，**切开苹果**)”为真，即 e 作为本体性质为**切开苹果**的事件具有现在完整体的性质。再由“**切开** ∈ ⟦^{终}TELIC⟧”，所以必然有“^{终}Telic(e，**切开苹果**)”，因此“$Temp_{n\text{-完整终结}}$(e，℘)”为真，即 e 作为本体性质为**切开苹果**的事件具有现在完整体中的终结体性质。据此，从（6.15′）b 可以得到（6.15′）c。

1. $\lambda ewii_ri_u.{}^{*}$**切开**$(ewii_ri_u)$ 【切开 $_{Qnp\backslash s/Qnp}$】
   a. $\lambda P\exists x\forall y.P(y) \rightarrow [x = y \vee {}^{d}IsPart_{\text{同质}}(y，x)]$ 【那个(NP $_{\text{有定}}$-算子)$_{np/np}$】
   λx **苹果**(x) 【苹果 $_{np}$】
   b. ∃x∀y.**苹果**(y) → [x = y ∨ ${}^{d}IsPart_{\text{同质}}$(y，x)] 【那个苹果 $_{np}$】
   c. λx.Def(x，**苹果**)
   $\lambda P\lambda{}^{*}\wp\lambda ewii_ri_u\exists x.{}^{*}\wp(ewii_ri_u) \wedge P(x) \wedge {}^{\forall\geq1}$**Th**(e，x，$^{\uparrow}$***m***) 【${}^{\iota}$**Th**-量化算子 $_{Qnp/np}$】
   d. $\lambda{}^{*}\wp\lambda ewii_ri_u\exists x.{}^{*}\wp(ewii_ri_u) \wedge$ Def(x，**苹果**) ∧ ${}^{\forall\geq1}$**Th**(e，x，$^{\uparrow}$***m***) 【苹果 $_{Qnp}$】
2. $\lambda ewii_ri_u\exists x.{}^{*}$**切开**$(ewii_ri_u) \wedge$ Def(x，**苹果**) ∧ ${}^{\forall\geq1}$**Th**(e，x，$^{\uparrow}$***m***) 【切开那个苹果 $_{Qnp\backslash s}$】
   a. $\lambda P\lambda{}^{*}\wp\lambda eiwi_ri_u\exists x.{}^{*}\wp(ewii_ri_u) \wedge P(x) \wedge {}^{\iota}$**Ag**(e，x，^{位}***m***) 【${}^{\iota}$**Ag**-量化算子 $_{Qnp/np}$】
   λx.**马丽**(x) 【马丽 $_{np}$】
   b. $\lambda{}^{*}\wp\lambda eiwi_ri_u\exists x.{}^{*}\wp(ewii_ri_u) \wedge$ **马丽** = x ∧ ${}^{\iota}$**Ag**(e，x，^{位}***m***)
   c. $\lambda{}^{*}\wp\lambda eiwi_ri_u.{}^{*}\wp(ewii_ri_u) \wedge$ Agent(e) = **马丽** 【马丽 $_{Qnp}$】
3. $\lambda ewii_ri_u\exists x.{}^{*}$**切开**$(ewii_ri_u) \wedge$ Def(x，**苹果**) ∧ ${}^{\forall\geq1}$**Th**(e，x，$^{\uparrow}$***m***) ∧ Agent(e) = **马丽** 【马丽切开那个苹果 $_{s}$】
   a. $\lambda i_ri_u.i_u = i_r$ 【时 $_{\text{现在}}$-算子 $_{\leftarrow T}$】
   $\lambda S\lambda{}^{*}\wp\exists ewii_ri_u.{}^{*}\wp(ewii_ri_u) \wedge i <_t i_r \wedge S(i_r，i_u)$ 【体 $_{\text{已然}}$-算子 $_{\leftarrow T\backslash(ATs/s)}$】
   b. $\lambda{}^{*}\wp\exists ewii_ri_u.{}^{*}\wp(ewii_ri_u) \wedge i <_t i_r \wedge i_u = i_r$ 【时体标记 $_{ATs/s}$】
4. $\exists ewii_ri_ux.{}^{*}$**切开**$(ewii_ri_u) \wedge$ Def(x，**苹果**) ∧ ${}^{\forall\geq1}$**Th**(e，x，$^{\uparrow}$***m***) ∧ Agent(e) = **马丽** ∧ $i <_t i_r = i_u$ 【马丽切开那个苹果 $_{ATs}$】

图 6.17　“马丽切开那个苹果”语义的 λ-演算过程

但是如果是（6.16）a，即将“切开”换成“吃”，会得到不同的结果。已知 AddTo(**吃**)是成立的。在（6.16）a 中，由“***吃**$(ewii_ri_u)$”可得到“**吃**(e)”为真，再依据定义 4.6（Θ-累积性），从“${}^{\forall\geq0}$**Th**(e，x，$^{\uparrow}$***m***$_c$)”可以得到“Theme(e) = x”，同时因为有“Def(x，**苹果**)”，因此依据语义公设 6.2（达成元性质的语义公设），必然可以得出**吃那个苹果** ∈ ⟦^{终}TELIC⟧。依据 CCG_{MEM} 特别规则 6.2b 的规定，只

能是时_{将来}-算子与体_{完整体}-算子进行毗连组合运算时体标记。最终得到的逻辑语义式是（6.16）b，其过程与图 6.16 和图 6.17 基本相同。

（6.16）a. 马丽吃那个苹果①。
   b. $\exists ewii, i_u x.\,^*$吃$(ewii, i_u) \wedge \text{Def}(x,\text{苹果}) \wedge \,^{\forall \geqslant 0}\text{Th}(e,\,x,\,\uparrow m) \wedge$ Agent$(e) = $ 马丽 $\wedge\ i_r = i_u <_t i$
   c. $\exists ewii, i_u x.\,^*$吃$(ewii, i_u) \wedge \text{Def}(x,\text{苹果}) \wedge \,^{\forall \geqslant 1}\text{Th}(e,\,x,\,\uparrow m) \wedge$ Agent$(e) = $ 马丽 $\wedge\ \text{Temp}_{f\text{-完整}}(e,\text{吃苹果}) \wedge \,^{\text{终}}\text{Telic}(e,\text{吃苹果})$

从（6.16）b 可以得到（6.16）c，即（6.16）a 所表示的事件 e 相对于性质**吃苹果**具有将来完整体的性质。

如果把（6.16）a 改成"马丽吃了那个苹果"，因为"了"是已然体的体标记，范畴为$^{\leftarrow}A$，依据特别规则 6.2，由时_{现在}-算子和体_了-算子毗连组合得到时体标记。具体的语义的 λ-演算过程如图 6.18 所示（因为前 2 步与图 6.17 相同，此处略）。

3. $\lambda ewii, i_u \exists x.\,^*$吃$(ewii, i_u) \wedge \text{Def}(x,\text{苹果}) \wedge \,^{\forall \geqslant 0}\text{Th}(e,\,x,\,\uparrow m) \wedge \text{Agent}(e) = $ 马丽
  【马丽吃那个苹果 ｡ 】
 a. $\lambda i_r, i_u.\ i_u = i_r$
  【时_{现在}-算子 $_{\leftarrow T}$】
  $\lambda S \lambda^* \wp \lambda ewii, i_u.\,^* \wp(ewii, i_u) \wedge$ 了$(i,\ i_r) \wedge S(i_r,\ i_u)$
  【体_了-算子 $_{\leftarrow T \backslash (AT s/s)}$】
 b. $\lambda^* \wp \exists ewii, i_u.\,^* \wp(ewii, i_u) \wedge$ 了$(i,\ i_r) \wedge i_u \subseteq_{t\text{-}fi} i_r$
4. $\exists ewii, i_u \exists x.\,^*$吃$(ewii, i_u) \wedge \text{Def}(x,\text{苹果}) \wedge \,^{\forall \geqslant 0}\text{Th}(e,\,x,\,\uparrow m) \wedge$ 了$(i,\ i_r) \wedge i_u = i_r$
  【马丽吃那个苹果 $_{AT s}$】

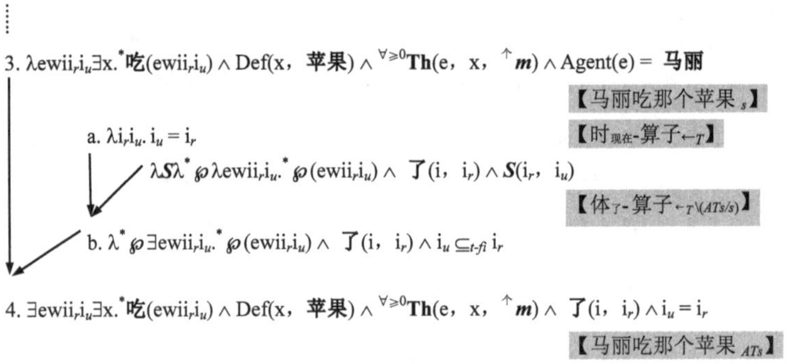

图 6.18 "马丽吃了那个苹果"语义的 λ-演算过程

"马丽吃了那个苹果"句法的范畴推演过程见图 5.14，对最终得到的逻辑语义式的分析见第五章的最后部分。

第四节 CCG$_{\text{MEM}}$ 对时体信息处理实例

如前文的分析，在 CCG$_{\text{MEM}}$ 中，类似"已经、马上"等词语被处理成体标记

---

① 这样的句子需要语境提供时体信息支持，否则很难独自成句。例如，单独听起来，"马丽吃那个苹果"显得不自然，但是放在具体的语境中就显得自然了，如"我吃这个苹果，马丽吃那个苹果"。

词，而“上周、三个月前”等词语则被处理成时标记词。在句子范畴的运算过程中，范畴为 s 的句子，其逻辑语义式的类型是 $\langle\langle e, w, i, i, i\rangle, t\rangle$，因此句子还没有真值，必须与时体标记毗连组合之后，才能获得类型为 t 的逻辑语义式，也就是范畴为 ATs 的句子的逻辑语义式。

但是问题在于，汉语中的体标记词和时标记词常常会空缺，而且句法-语义本身存在严重的不对称现象。因此，仅依靠句子表层的显现成分，很难使得句子的句法-语义推演有效地进行下去。通常情况下，CCG 的解决方案是增加词语的范畴种类，但 CCG_{MEM} 则采用不同的思路，即让句法结构算子参与句法的推演。这些句法结构算子在句法表层可以是显性的，也可以是以∅-形式存在的。它们参与句子句法-语义并行推演的规则既包括句法层面的范畴推演规则，也包括语义层面的语义公设和推导规则等。

一、时体的基本组合：非现在时和时间成分的残缺

在句子表层的结构中，如果既有时标记词也有体标记词，则整个句子就可以按部就班地进行句法-语义并行推演。但是如果时标记词或体标记词出现空缺，则需要让相关的 $^{\varnothing}$ 算子参与推演，以保证获得所期望的句法-语义推演结果。本小节将用实例说明 CCG_{MEM} 对这类典型问题的处理。

以（6.17）中的句子为例，其中的“上周”是典型的时标记词，而“已经”是典型的体标记词。（6.17）a 中既有时标记词，也有体标记词。（6.17）b 中只有体标记词，没有时标记词，而（6.17）c 中正好相反。

（6.17）a. 上周张三已经写完毕业论文。
　　　　b. 张三已经写完了毕业论文。
　　　　c. 张三上周写完毕业论文。

为了简洁，在后文的分析中，直接将“毕业论文”理解成特定的一篇论文，用常元 a 表示。已知词库中有如下词条。

a. 张三 $[{}^{d}np] :\Rightarrow$ **张三**

b. 毕业论文 $[np] :\Rightarrow a$

c. 写完 $[({}^{d}Qnp\backslash s)/Qnp] :\Rightarrow \lambda^{*}\wp\lambda \mathrm{ewii}_{r}\mathrm{i}_{u}.{}^{*}$**写完**$(\mathrm{ewii}_{r}\mathrm{i}_{u})$

d. 上周 $[{}^{\leftarrow}T] :\Rightarrow \lambda \mathrm{i}_{r}\mathrm{i}_{u}.$**LastWeek**$(\mathrm{i}_{r}, \mathrm{i}_{u})$

e. 已经 $[{}^{\leftarrow}((ATs/s)\backslash T)] :\Rightarrow \lambda \boldsymbol{S}\lambda^{*}\wp\lambda \mathrm{ewii}_{r}\mathrm{i}_{u}.{}^{*}\wp(\mathrm{ewii}_{r}\mathrm{i}_{u}) \wedge$ **已经**$(\mathrm{i}, \mathrm{i}_{r}) \wedge \boldsymbol{S}(\mathrm{i}_{r}, \mathrm{i}_{u})$

f. 就要 $[{}^{\leftarrow}((ATs/s)\backslash T)] :\Rightarrow \lambda \boldsymbol{S}\lambda^{*}\wp\lambda \mathrm{ewii}_{r}\mathrm{i}_{u}.{}^{*}\wp(\mathrm{ewii}_{r}\mathrm{i}_{u}) \wedge$ **就要**$(\mathrm{i}, \mathrm{i}_{r}) \wedge \boldsymbol{S}(\mathrm{i}_{r}, \mathrm{i}_{u})$

另有相关的时-算子的逻辑语义式如下（其中 $^1\Theta$-量化算子采用简单的形式）。

a. 时_{现在}-算子 $[\overleftarrow{T}] :\Rightarrow \lambda i_r i_u . i_u \subseteq_{t\text{-}fi} i_r$

b. $^1\Theta$-量化算子 $[Qnp/np] :\Rightarrow \lambda x \lambda^* \wp \exists e w i i_r i_u .^* \wp(e w i i_r i_u) \wedge \text{Theme}(e) = x$

（一）实例分析：上周张三已经写完毕业论文

图 6.13 给出了"上周张三已经写完毕业论文"时体部分的句法推演图，完整的句法的范畴推演过程见图 6.19，与之对应的语义的 λ-演算过程如图 6.20 所示。

$$\begin{array}{cccc}
\underline{\text{上周}} & \underline{\text{张三}} & \underline{\text{已经}} & \underline{\text{写完}} & \underline{\text{毕业论文}} \\
\overleftarrow{T} & {}^{d}Qnp & \overleftarrow{T}(ATs/s) & {}^{d}Qnp\backslash s/Qnp & Qnp \\
& & & \multicolumn{2}{c}{\underline{\qquad\qquad\qquad}} \\
& & & \multicolumn{2}{c}{s\backslash{}^{d}Qnp}
\end{array}$$

$$\begin{array}{cccc}
\underline{\text{上周}} & \underline{\text{已经}} & \underline{\text{张三}} & \underline{\text{写完毕业论文}} \\
\overleftarrow{T} & \overleftarrow{T}(ATs/s) & {}^{d}Qnp & {}^{d}Qnp\backslash s \\
\multicolumn{2}{c}{\underline{\qquad\qquad}} & \multicolumn{2}{c}{\underline{\qquad\qquad}} \\
\multicolumn{2}{c}{ATs/s} & \multicolumn{2}{c}{s} \\
\multicolumn{4}{c}{\underline{\qquad\qquad\qquad\qquad}} \\
\multicolumn{4}{c}{ATs}
\end{array}$$

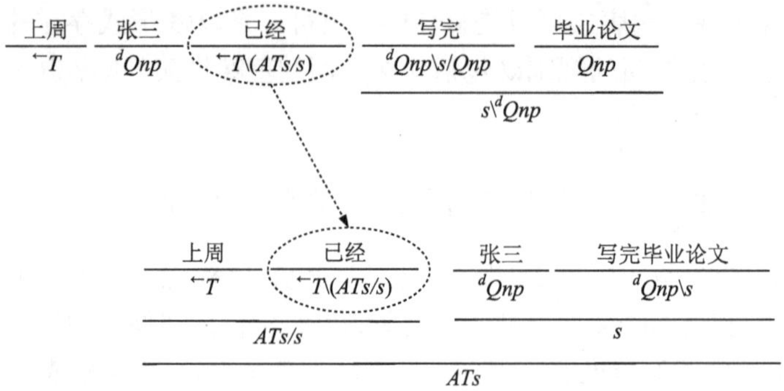

图 6.19 "上周张三已经写完毕业论文"句法的范畴推演过程

1. $\lambda e w i i_r i_u .^* \textbf{写完}(e w i i_r i_u)$ 【写完 $_{Qnp\backslash s/Qnp}$】

   a. $\lambda x \lambda^* \wp \lambda e w i i_r i_u .^* \wp(e w i i_r i_u) \wedge \text{Theme}(e) = x$ 【^{1}Th-量化算子 $_{Qnp/np}$】

   ↓ a 【毕业论文 $_{np}$】

   b. $\lambda^* \wp \lambda e w i i_r i_u .^* \wp(e w i i_r i_u) \wedge \text{Theme}(e) = a$ 【毕业论文 $_{Qnp}$】

2. $\lambda e w i i_r i_u .^* \textbf{写完}(e w i i_r i_u) \wedge \text{Theme}(e) = a$ 【写完毕业论文 $_{Qnp\backslash s}$】

   a. $\lambda x \lambda^* \wp \lambda e w i i_r i_u .^* \wp(e w i i_r i_u) \wedge \text{Agent}(e) = x$ 【^{1}Ag-量化算子 $_{Qnp/np}$】

   ↓ 张三 【张三 $_{np}$】

   b. $\lambda^* \wp \lambda e w i i_r i_u .^* \wp(e w i i_r i_u) \wedge \text{Agent}(e) = 张三$ 【张三 $_{Qnp}$】

3. $\lambda e w i i_r i_u .^* \textbf{写完}(e w i i_r i_u) \wedge \text{Theme}(e) = a \wedge \text{Agent}(e) = 张三$ 【张三写完毕业论文 $_s$】

   a. $\lambda S \lambda^* \wp \exists e w i i_r i_u .^* \wp(e w i i_r i_u) \wedge 已经(i, i_r) \wedge S(i, i_u)$ 【已经 $_{\overleftarrow{T}\backslash(ATs/s)}$】

   ↓ $\lambda i_r i_u . \textbf{LastWeek}(i_r, i_u)$ 【上周 $_{\overleftarrow{T}}$】

   b. $\lambda^* \wp \exists e w i i_r i_u .^* \wp(e w i i_r i_u) \wedge 已经(i, i_r) \wedge \textbf{LastWeek}(i_r, i_u)$

   【上周已经 $_{(ATs/s)}$】

4. $\exists e w i i_r i_u .^* \textbf{写完}(e w i i_r i_u) \wedge \text{Theme}(e) = a \wedge \text{Agent}(e) = 张三 \wedge 已经(i, i_r) \wedge \textbf{LastWeek}(i_r, i_u)$

   【张三已经写完毕业论文 $_{ATs}$】

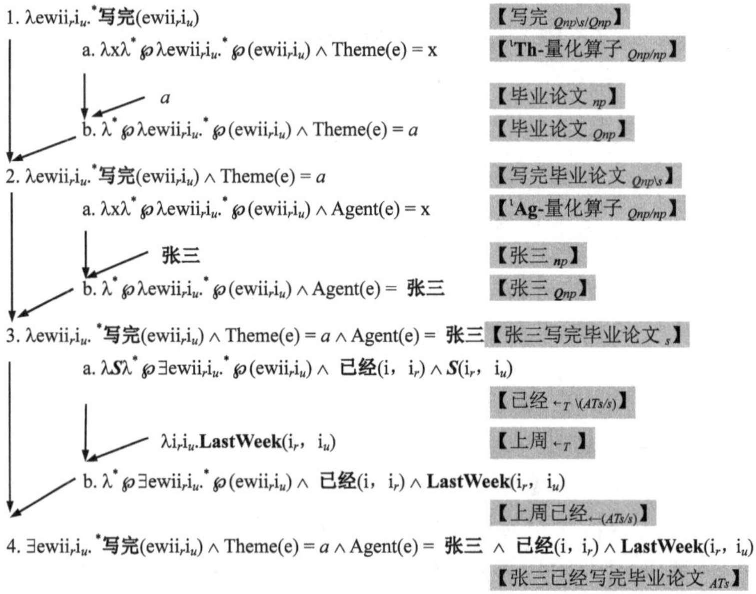

图 6.20 "上周张三已经写完毕业论文"语义的 λ-演算过程

因为"张三"是专名，本身就是有定 NP，因此与 ^{1}**Ag**-量化算子毗连组合之前，

无须与 NP $_{有定}$-算子毗连组合。最终得到的逻辑语义式就是（6.18）b。

（6.18）a. 上周张三已经写完毕业论文。

b. $\exists ewii_ri_u.^*$**写完**$(ewii_ri_u) \wedge Theme(e) = a \wedge Agent(e) =$ **张三** $\wedge$ **已经**$(i, i_r) \wedge$ **LastWeek**(i_r, i_u)

c. $\exists ewii_ri_u.^*$**写完**$(ewii_ri_u) \wedge Theme(e) = a \wedge Agent(e) =$ **张三** $\wedge$ $i \subseteq_t i_r <_t i_u \wedge$ **LastWeek**(i_r, i_u)

（6.18）b 是带有时体语义的句子（即范畴为 *ATs* 的表达式）的逻辑语义式。依据前文定义 5.11 对 **LastWeek** 的定义，由“**LastWeek**(i_r, i_u)”可以得到“$i_r \propto_t i_u$”，再由语义公设 5.2a 中，从“**已经**$(i, i_r) \wedge \neg[i_u = i_r \wedge i_u \subseteq i_r]$”中得出“$i \subseteq_t i_r$”。据此，（6.18）b 蕴含（6.18）c，即 i_r 是以 i_u 为本周的“上一周”，而“张三写完毕业论文”是 i_r 之内的事情。

再依据定义 3.27 对事件的区间和可能世界的关系，因为 $i \subseteq_t i_r <_t i_u$，必然有 $w = w_r = w_u$。据此，（6.18）b 蕴含（6.18′）a。

（6.18′）a. $\exists eiwi_ri_u.^*$**写完**$(ewii_ri_u) \wedge Theme(e) = a \wedge Agent(e) =$ **张三** $\wedge$ $i \leqslant_t i_r <_t i_u \wedge w = w_r = w_u$

b. $\exists eiwi_ri_u.^*$**写完**$(ewii_ri_u) \wedge Theme(e) = a \wedge Agent(e) =$ **张三** $\wedge Temp_{p\text{-已然}}(e,$ **写完**$)$

再依据定义 5.10（a）对时与视点体的逻辑语义组合的定义，从 $i \leqslant_t i_r <_t i_u \wedge w = w_r = w_u \wedge {}^*$**写完**$(ewii_ri_u)$可以得到 $Temp_{p\text{-已然}}(e,$ **写完**$)$，即 e 相对于性质**写完**是一个过去已然体事件。因此（6.18）b 也蕴含（6.18′）b。

（二）实例分析：张三已经写完了毕业论文

在“张三已经写完了毕业论文”中，没有时标记词，只有体标记词“已经”和“了”。按照第五章对可删除范畴的规定（范畴定义 5.1），“了”是冗余成分，在 CCG_{MEM} 中被赋予可移位、可删除的范畴$^{\leftharpoonup *}(ATs/s)\backslash T$。整个句子的 CCG_{MEM} 句法的范畴推演过程如图 6.21 所示。

因为句子中存在体标记词“已经”，“了”作为可移位、可删除范畴的体标记词，经过移位后因“已经”而被删除。同时范畴为$^{\leftharpoonup}T\backslash(ATs/s)$的“已经”没有范畴为$^{\leftharpoonup}T$ 的时标记词与之毗连组合，作为可移动范畴，只能向左移位。在其他词语毗连组合得到范畴为 *s* 的句子时，依据 CCG_{MEM} 特别规则 6.2，与$^{\varnothing}$时$_{现在}$-算子毗连组合，得到时体标记，再与范畴为 *s* 的句子毗连组合。另外，“张三”和“毕业论文”都直接作为Θ-量化短语出现，其内部分析参见图 6.13。

$$
\begin{array}{c}
\text{张三} \quad \text{已经} \quad \text{写完} \quad \text{了} \quad \text{毕业论文} \\
\overline{{}^dnp} \quad \overline{\leftarrow T(ATs/s)} \quad \overline{{}^dQnp\backslash s/Qnp} \quad \overline{\leftarrow {}^*T(ATs/s)} \quad \overline{Qnp}
\end{array}
$$

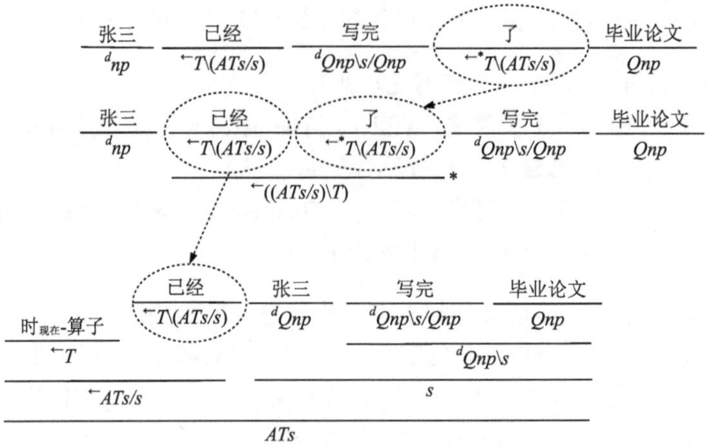

图 6.21　"张三已经写完了毕业论文"句法的范畴推演过程

CCG_{MEM} 特别规则 6.2 的理论依据是，在汉语中，如果句子没有显性时间成分提供时信息，且语境中又没有相反的因素，则默认现在时。

现在依据图 6.20 中的第 1~3 步，可以得到"张三写完毕业论文 s"的逻辑语义式。从第 4 步开始，其语义的 λ-演算过程如图 6.22 所示。

4. $\lambda ew_{ii}, i_u . {}^*$写完$(ew_{ii}, i_u) \wedge$ Theme$(e) = a \wedge$ Agent$(e) =$ 张三　【张三写完毕业论文 ${}_s$】

　a. $\lambda S \lambda \wp^* \exists ew_{ii}, i_u . {}^*\wp(ew_{ii}, i_u) \wedge$ 了$(i, i_r) \wedge S(i_r, i_u)$　【体 ${}_T$-算子 ${}_{\leftarrow {}^*(ATs/s)\backslash T}$】

　b. $\lambda S \lambda \wp^* \exists ew_{ii}, i_u . {}^*\wp(ew_{ii}, i_u) \wedge$ 已经$(i, i_r) \wedge S(i_r, i_u)$
　　　　　　　　　　　　　　　　　　　【已经 ${}_{\leftarrow (ATs/s)\backslash T}$】
　　　　　　　　　　　　　　　　　　　【∅时 ${}_{现在}$-算子 ${}_{\leftarrow T}$】
　　　　$\lambda i_r, i_u . i_u = i_r$

　c. $\lambda \wp^* \exists ew_{ii}, i_u . {}^*\wp(ew_{ii}, i_u) \wedge$ 已经$(i, i_r) \wedge i_u = i_r$　【（现在）已经 ${}_{\leftarrow (ATs/s)}$】

5. $\exists ew_{ii}, i_u . {}^*$写完$(ew_{ii}, i_u) \wedge$ Theme$(e) = a \wedge$ Agent$(e) =$ 张三 $\wedge$ 已经$(i, i_r) \wedge i_u = i_r$
　　　　　　　　　　　　　　　　　　　【张三已经写完了毕业论文 ${}_{ATs}$】

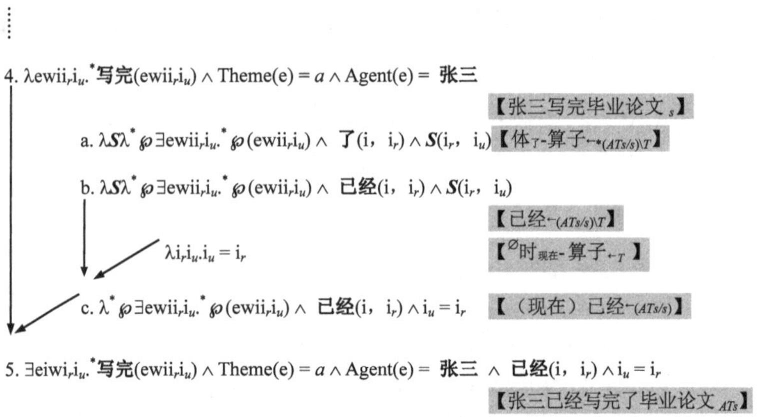

图 6.22　"张三已经写完了毕业论文"语义的 λ-演算过程

在图 6.22 中，4a 步是删除步骤，因为"了"在这个句子中是冗余成分，其逻辑语义式不参与语义的组合运算。最终得到逻辑语义式就是（6.19）b。因为"$i_u = i_r$"，据语义公设 5.2，从"已经$(i, i_r) \wedge i_u = i_r$"可以得到"$i <_t i_r = i_u$"。据此，（6.19）a 中的 e 是在 i_u 之前的事件。另据定义 3.27 对区间和可能世界关系的界定，必然有"$w = w_r = w_u$"，所以（6.19）b 蕴含（6.19）c。再据定义 5.10，可以得出"Temp${}_{n\text{-已然}}(e,$ **写完**$)$"，即 e 相对于性质**写完**是一个现在已然体事件，所以（6.19）b 也蕴含（6.19）d。

（6.19）a. 张三已经写完毕业论文。

b. $\exists eiwi_r i_u.$ ***写完**$(ewii_r i_u) \wedge \text{Theme}(e) = a \wedge \text{Agent}(e) =$ **张三** $\wedge$ **已经**$(i,\ i_r) \wedge i_u = i_r$

c. $\exists eiwi_r i_u.$ ***写完**$(ewii_r i_u) \wedge \text{Theme}(e) = a \wedge \text{Agent}(e) =$ **张三** $\wedge$ $i <_t i_r = i_u \wedge w = w_r = w_u$

d. $\exists ewii_r i_u.$ ***写完**$(ewii_r i_u) \wedge \text{Theme}(e) = a \wedge \text{Agent}(e) =$ **张三** $\wedge$ $\text{Temp}_{n\text{-已然}}$(e，**写完**)

（三）实例分析：张三上周写完毕业论文

现在考虑“张三上周写完毕业论文”句子，该句子只有时标记词，没有体标记词。依据 CCG_{MEM} 特别规则 6.2，需要让范畴为 $^{\leftarrow}((ATs/s)\backslash T)$ 的 $^{\varnothing}$体$_{完整}$-算子参与推演。依据是：在 CCG 的语义的 λ-演算过程中，在得到范畴为 $^{d}Qnp\backslash s$ 的“写完毕业论文”之后，因为**写完** ∈ ⟦^{终}TELIC⟧（语义公设 6.1），依据 CCG_{MEM} 特别规则 6.2，“上周”需要与 $^{\varnothing}$体$_{完整}$-算子的逻辑语义式做 λ-还原演算。

“张三上周写完毕业论文”句法的范畴推演过程见图 6.23（其中“张三”和“毕业论文”都直接分析成量化 NP），语义的 λ-演算过程见图 6.24。

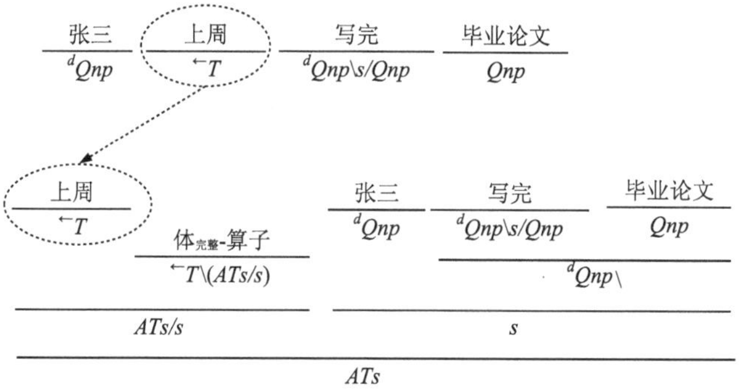

图 6.23　“张三上周写完毕业论文”句法的范畴推演过程

相应的 λ-演算过程见图 6.24，其中第 1 步与图 6.20 相同。

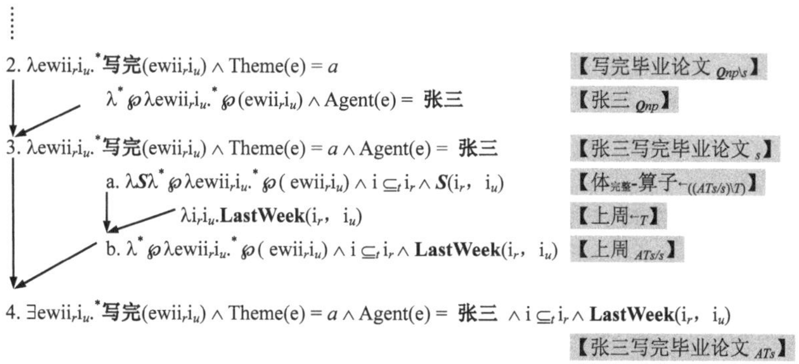

图 6.24　“张三上周写完毕业论文”语义的 λ-演算过程

最终得到的结果是（6.20）c。

（6.20）a. 张三上周写完毕业论文。

b. $\exists ewii_r i_u.{}^{*}$**写完**$(ewii_r i_u) \wedge Theme(e) = a \wedge i \subseteq_t i_r \wedge Agent(e) =$ **张三** $\wedge$ **LastWeek**$(i_r，i_u)$

c. $\exists ewii_r i_u.{}^{*}$**写完**$(ewii_r i_u) \wedge Theme(e) = a \wedge Agent(e) =$ **张三** $\wedge$ $i \subseteq_t i_r \wedge$ **LastWeek**$(i_r，i_u)$

d. $\exists ewii_r i_u.{}^{*}$**写完**$(ewii_r i_u) \wedge Theme(e) = a \wedge Agent(e) =$ **张三** $\wedge$ $Temp_{p\text{-完整}}(e，$**写完**$)$

依据 **LastWeek** 的定义，从（6.20）b 有（6.20）c，同时不难证明（6.20）c 蕴含（6.20）d，即“张三写完毕业论文”的事件区间是在 i_r 之内，而 i_r 具有“一周”的性质，且这一周在同样具有“一周”性质的区间 i′之前，而 i′是包含了说话区间且与 i′有居前毗连的关系。所以 i′就是以说话区间所在的那一个周的“上周”。显然这正是“张三上周写完毕业论文”所希望表达的语义。

二、时体的基本组合：现在时和时间成分的残缺

按照第五章第四节（二）的讨论，当句子的关系时间词α包含了说话区间时，事件在时轴上的定位所依据的参照区间就不能简单地看成是α所表示的区间。本小节以（6.21）和（6.22）为例，说明 CCG_{MEM} 对这类现象的处理。

（6.21）a. 张三这个月已经迟到 5 次。

b. 马丽这个月将要写完毕业论文。

（6.22）a. 张三这个月迟到 5 次。

b. 马丽这个月写完毕业论文。

（一）实例分析：张三这个月已经（将要）……

这里先考虑（6.21），两个句子分别包含了“已经”和“将要”，这表明“张三迟到”事件是在早于说话区间的“这个月”之内，“马丽写完毕业论文”事件是在迟于说话区间的“这个月”之内。现在考虑能否在 CCG_{MEM} 框架内，给出恰当的逻辑语义式。

现在已知词库中包含如下词条（将“毕业论文”看成是特指，直接用常元 a 表示）。

a. 这个月 $[^{\leftarrow}T] :\Rightarrow \lambda i_r i_u.$**ThisMonth**$(i_r，i_u)$

b. 迟到 $[^{d}Qnp\backslash s] :\Rightarrow \lambda ewii_r i_u.{}^{*}$**迟到**$(ewii_r i_u)$

c. 写完 $[{}^{d}Qnp\backslash s/Qnp] :\Rightarrow \lambda ewii_r i_u.{}^{*}$**写完**$(ewii_r i_u)$

d. 已经 $[{}^{\leftarrow}T\backslash(ATs/s)] :\Rightarrow \lambda^{*}\wp\lambda ewii_r i_u.{}^{*}\wp(ewii_r i_u) \wedge$ **已经**$(i，i_r)$

e. 将要 $[{}^{\leftarrow}T\backslash(ATs/s)] :\Rightarrow \lambda^{*}\wp\lambda ewii_r i_u.{}^{*}\wp(ewii_r i_u) \wedge$ **将要**$(i，i_r)$

f. 5 $[num] :\Rightarrow 5$

g. 次 $[(({}^{d}Qnp\backslash s)/({}^{d}Qnp\backslash s))\backslash num]:\Rightarrow \lambda n\lambda^{*}\wp\lambda ewii_r i_u.{}^{*}\wp(ewii_r i_u) \wedge$ $TotalPart_g(e) = n$

h. 毕业论文 $[np/np] :\Rightarrow a$

（6.21）a 中“张三这个月已经迟到 5 次”句法的范畴推演过程与前文“张三上周已经写完毕业论文”类似，此处略。相应的语义的 λ-演算过程见图 6.25。

1. $\lambda ewii_r i_u.{}^{*}$**迟到**$(ewii_r i_u)$　【迟到 $_{s/Qnp}$】

　a. $\lambda n\lambda^{*}\wp\lambda ewii_r i_u.{}^{*}\wp(ewii_r i_u) \wedge TotalPart_g(e) = n$　【次$_{((s/Qnp)\backslash(s/Qnp))\backslash num}$】

　　5　【5_{num}】

　b. $\lambda^{*}\wp\lambda ewii_r i_u.{}^{*}\wp(ewii_r i_u) \wedge TotalPart_g(e) = 5$　【5 次$_{(s/Qnp)\backslash(s/Qnp)}$】

2. $\lambda ewii_r i_u.{}^{*}$**迟到**$(ewii_r i_u) \wedge TotalPart_g(e) = 5$　【迟到 5 次 $_{s/Qnp}$】

　a. $\lambda x\lambda^{*}\wp\lambda ewii_r i_u.{}^{*}\wp(ewii_r i_u) \wedge Agent(e) = x$　【'Ag-量化算子 $_{Qnp/np}$】

　　张三　【张三 $_{np}$】

　b. $\lambda^{*}\wp\lambda ewii_r i_u.{}^{*}\wp(ewii_r i_u) \wedge Agent(e) =$ 张三　【张三 $_{Qnp}$】

3. $\lambda ewii_r i_u.{}^{*}$**迟到**$(ewii_r i_u) \wedge TotalPart_g(e) = 5 \wedge Agent(e) =$ 张三　【张三迟到 5 次 $_{s}$】

　a. $\lambda S\lambda^{*}\wp\exists eiwi_r i_u.{}^{*}\wp(ewii_r i_u) \wedge$ 已经$(i，i_r) \wedge S(i_r，i_u)$　【已经$_{\leftarrow(ATs/s)\backslash T}$】

　　$\lambda i_r i_u \exists i'.$**ThisMonth**$(i_u，i_r)$　【这个月$_{\leftarrow T}$】

　b. $\lambda^{*}\wp\exists ewii_r i_u i'.{}^{*}\wp(ewii_r i_u) \wedge$ 已经$(i，i_r) \wedge$ **ThisMonth**$(i_u，i_r)$

　【这个月已经 $_{ATs/s}$】

4. $\exists ewii_r i_u i'.{}^{*}$**迟到**$(ewii_r i_u) \wedge TotalPart_g(e) = 5 \wedge Agent(e) =$ **张三** $\wedge$ **已经**$(i，i_r) \wedge$ **ThisMonth**$(i_u，i_r)$　【张三这个月已经迟到 5 次 $_{ATs}$】

图 6.25　“张三这个月已经迟到 5 次”语义的 λ-演算过程

语义推演说明：在图 6.25 中，$TotalPart_g(e) = 5$ 表示 e 有五个可以被视为格式塔事件的 T-构体，具体见定义 5.6 和定义 5.7。最终得到的逻辑语义式是（6.23）a，并且蕴含（6.23）b。

（6.23）a. $\exists ewii_r i_u i'.{}^{*}$**迟到**$(ewii_r i_u) \wedge TotalPart_g(e) = 5 \wedge Agent(e) =$ **张三** $\wedge$ **已经**$(i，i_r) \wedge$ **ThisMonth**$(i_u，i_r)$

b. $\exists ewii'i_r i_u.{}^{*}$**迟到**$(ewii_r i_u) \wedge TotalPart_g(e) = 5 \wedge Agent(e) =$ **张三** $\wedge i <_t i_u \wedge i \subseteq_t i_r \wedge i_u \subseteq_t i_r \wedge$ **Month**(i_r)

依据定义 5.11，从“**ThisMonth**$(i_u，i_r)$”可以得到“$i_u \subseteq_t i_r$”；再依据语义公设 5.2，从“**已经**$(i, i_r) \wedge i_u \subseteq_t i_r$”中可推导出“$i <_t i_u \wedge i \subseteq_t i_r$”，且从“**ThisMonth**$(i_u,$

i_r)”中可以得到“**Month**(i_r)”，所以（6.23）a 蕴含（6.23）b，即 i_r 是“本月”之内，而五个“张三迟到”事件都在 i_r 之内、i_u 之前。

再考虑“马丽这个月将要写完毕业论文”。与“张三这个月已经迟到 5 次”相反，“马丽这个月将要写完毕业论文”表示“写完毕业论文”事件是在“这个月”的说话区间之后。最终的逻辑语义式是（6.24）a。依据与（6.23）类似的方法可以证明（6.24）a 蕴含（6.24）b。

（6.24）a. $\exists \mathrm{ewii}_r\mathrm{i}_u\mathrm{i}'.{}^{*}\textbf{写完}(\mathrm{ewii}_r\mathrm{i}_u) \wedge \mathrm{Theme(e)} = a \wedge \mathrm{Agent(e)} = \textbf{张三} \wedge \textbf{将要}(\mathrm{i},\ \mathrm{i}_r) \wedge \textbf{Now-Month}(\mathrm{i}_u,\ \mathrm{i}_r,\ \mathrm{i}')$

b. $\exists \mathrm{ewii}_r\mathrm{i}_u\mathrm{i}'.{}^{*}\textbf{写完}(\mathrm{ewii}_r\mathrm{i}_u) \wedge \mathrm{Theme(e)} = a \wedge \mathrm{Agent(e)} = \textbf{张三} \wedge \mathrm{i}_u <_t \mathrm{i} \subseteq_t \mathrm{i}_r \wedge \mathrm{i}_u \subseteq_t \mathrm{i}_r \wedge \textbf{Month}(\mathrm{i}_r)$

“马丽这个月将要写完毕业论文”句法的范畴推演过程和语义的λ-演算过程都与“张三这个月已经迟到 5 次”类似，此处略。

（二）实例分析：“已经”和“将要”的残缺

现在考虑（6.22）。与（6.21）相比，（6.22）既没有“已经”，也没有“将要”，但是显然这并不影响句子的意思。（6.22）a 仍然表示“张三迟到”是早于说话区间的“这个月”之内的事件，而（6.22）b 则是迟于说话区间的“这个月”之内的事件。这表明如果没有明确的体标记词，则现在时存在歧义。对于这种歧义，$\mathrm{CCG_{MEM}}$ 需要在所得到的逻辑语义式中保留这两个解读的可能性，然后通过其他排歧的方法解决。

这里仅以“张三这个月迟到 5 次”为例。虽然句子中没有范畴为 $^{\leftarrow}T\backslash(ATs/s)$ 的体标记词，但是**迟到**$\in [\![^{\text{终}}\mathrm{TELIC}]\!]$，依据 $\mathrm{CCG_{MEM}}$ 特别规则 6.2，需要让$^{\varnothing}$体$_{\text{完整}}$-算子与时标记词进行毗连组合，最终生成范畴为 *ATs* 的时体算子。

“张三这个月迟到 5 次”句法的范畴推演过程示意图略，语义的λ-演算过程见图 6.26，其中第 1 步与图 6.25 相同。

图 6.26　“张三这个月迟到 5 次”语义的λ-演算过程

语义推演说明：最终得到的逻辑语义式是（6.25）a。依据定义 5.11，从“$i \subseteq_t i_r \wedge$ **ThisMonth** (i_r, i_u)”中只能推导出“$i <_t i_u \wedge i \subseteq i_r \wedge$ **Month**(i_r)”，即（6.25）a 蕴含（6.25）b。（6.25）b 表明，事件区间 i 在 i′中，而 i′就是“这个月”，但是并没有规定 i 与 i_u（$=i_r$）之间的关系，因此（6.25）a 存在歧义性。

（6.25）a. $\exists e w i i_r i_u i'.{}^{*}$**迟到**$(e w i i_r i_u) \wedge TotalPart_g(e) = 5 \wedge Agent(e) =$ **张三** $\wedge\, i \subseteq_t i_r \wedge$ **ThisMonth** (i_r, i_u)

b. $\exists e w i i_r i_u \exists i'.{}^{*}$**迟到**$(e w i i_r i_u) \wedge TotalPart_g(e) = 5 \wedge Agent(e) =$ **张三** $\wedge\, i <_t i_u \wedge i \subseteq i_r \wedge$ **Month**(i_r)

依据同样方法得到“马丽这个月完成毕业论文”的逻辑语义式也同样存在这种歧义性。这恰恰是希望得到的，因为只有这样才能通过其他方式进行排歧。

三、时体的基本组合：定位时间词

依据吕叔湘（1990）的区分，“晋太远中、弘治元年二月十一日、1991 年、中秋节”等都属于实指性时间词，也就是本书所说的定位时间词。这样的时间词并不直接表示区间的关系，不能直接看成时标记词。在句子语义的 λ-演算中，这样的时间词被翻译成区间谓词，通过与时间介词毗连组合后，再与体算子毗连组合才能生成时体标记。

以（6.26）b 为例，其中介词“于”的范畴是$^{\leftarrow}Tnp/Tn$，与一个范畴为 np 的定位时间词毗连组合后得到一个时范畴的表达式。这就使得无论是（6.26）a 还是（6.26）b 都能获得同样的推演结果。

（6.26）a. 马丽 2008 年中秋节出生。

b. 马丽出生于 2008 年中秋节。

现在已知词库中有如下内容。

a. 马丽 $[{}^{d}np] :\Rightarrow$ **马丽**

b. 出生 $[{}^{d}Qnp\backslash s] :\Rightarrow \lambda e w i i_r i_u.{}^{*}$**出生**$(e w i i_r i_u)$

c. 于 $[{}^{\leftarrow}Tnp/Tn] :\Rightarrow \lambda \boldsymbol{I} \lambda i_r \exists i.\boldsymbol{I}(i_r) \wedge i \subseteq_t i_r$

d. $^{\varnothing}$体$_{完整}$-算子 $[{}^{\leftarrow}((ATs/s)\backslash T] =_{def} \lambda \boldsymbol{S} \lambda^{*} \wp \exists e w i i_r i_u.{}^{*}\wp(e w i i_r i_u) \wedge i \subseteq_t i_r \wedge \boldsymbol{S}(i_r, i_u)$

e. $^{\varnothing}$时$_{未定}$-算子 $[{}^{\leftarrow}T] =_{def} \lambda i_r i_u \exists \boldsymbol{I}.\boldsymbol{I}(i_u, i_r)$

$[{}^{\leftarrow}T/T] =_{def} \lambda \boldsymbol{I}' \lambda i_r i_u \exists \boldsymbol{I}.\boldsymbol{I}(i_u, i_r) \wedge \boldsymbol{I}'(i_r)$

f. 2008 年中秋节 $[Tn] :\Rightarrow \lambda i.$**2008 年中秋节**$(i)$

（6.26）缺少体标记词，但是依据语义公设 6.1，**出生** $\subseteq$ 〚^{终}TELIC〛，再依据特别规则 6.2，默认用体$_{完整}$-算子与时标记词进行毗连组合。在时语义方面，只有定位时间词“2008 年中秋节”，其范畴可以是 *Tn*，也可以是 *Tnp*，因此可以直接与范畴为$^{\leftarrow}T/Tn$ 的时间介词毗连组合生成时间副词短语，然后与时算子毗连组合生成时标记，再与体算子毗连组合生成时体标记。“2008 年中秋节”也可以直接作为 *Tnp* 范畴的时间副词短语与时算子和体算子先后毗连组合，生成时体标记。需要注意的是，因为定位时间词没有提供 i_u，因此时算子只能默认为是时$_{未定}$-算子。这也符合汉语的实际，因为汉语没有完整的时标记系统，很多句子只有放在具体的上下文中，依据更大语境所提供的信息才能确定 i_u 和 i_r 的关系。

（6.26）a 句法的范畴推演过程如图 6.27 所示，其语义的 λ-演算过程如图 6.29 所示。（6.26）b 句法的范畴推演和语义的 λ-演算过程分别见图 6.28 和图 6.30。

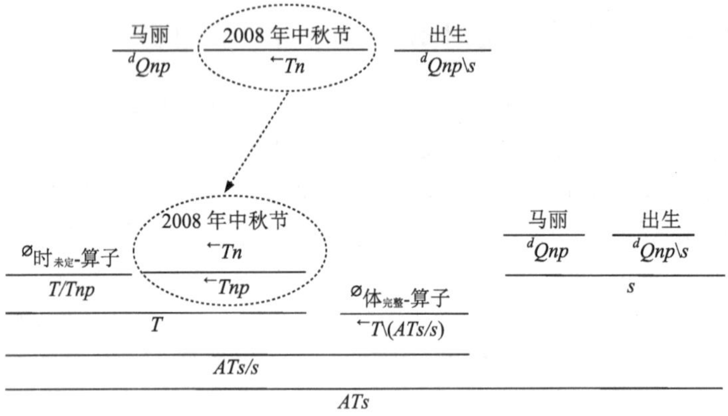

图 6.27　“马丽 2008 年中秋节出生”句法的范畴推演过程

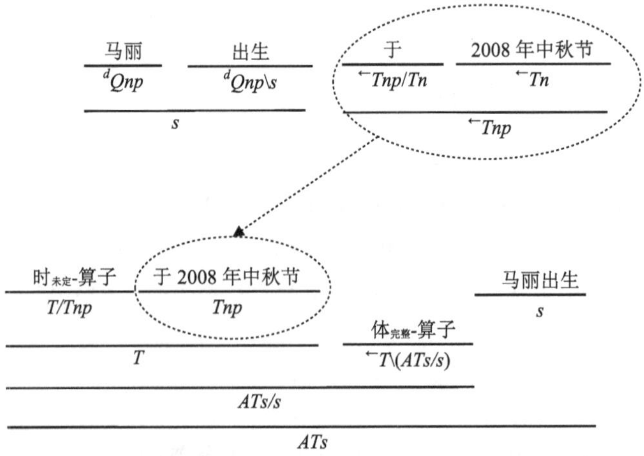

图 6.28　“马丽出生于 2008 年中秋节”句法的范畴推演过程

1. $\lambda ewii_ri_u.{}^*出生(ewii_ri_u)$ 【出生 $_{s/Qnp}$】
   $\lambda^*\wp\lambda ewii_ri_u.{}^*\wp(ewii_ri_u) \wedge Agent(e) = 马丽$ 【马丽 $_{Qnp}$】

2. $\lambda ewii_ri_u.{}^*出生(ewii_ri_u) \wedge Agent(e) = 马丽$ 【马丽出生 $_s$】

   a. $\lambda S\lambda^*\wp\exists ewii_ri_u.{}^*\wp(ewii_ri_u) \wedge i \subseteq_t i_r \wedge S(i_r, i_u)$ 【∅体_{完整}-算子-$_{((ATs/s)\backslash T)}$】

   ① $\lambda i.2008年中秋节(i)$ 【2008年中秋节 $_{Tn}$】
   ② $\lambda i.2008年中秋节(i)$ 【2008年中秋节 $_{Tnp}$】
   (a) $\lambda i_r i_u\exists I.I(i_r, i_u)$ 【∅时_{不定}-算子-$_T$】
   (b) $\lambda I'\lambda i_r i_u\exists I.I(i_r, i_u) \wedge I'(i_r)$ 【∅时_{现在}-算子-$_{T/Tnp}$】
   ③ $\lambda i_r i_u\exists I.I(i_r, i_u) \wedge 2008年中秋节(i_r)$ 【时标记-$_T$】

   b. $\lambda S\lambda^*\wp\exists ewii_ri_u.{}^*\wp(ewii_ri_u) \wedge i \subseteq_t i_r \wedge \exists I[I(i_r, i_u) \wedge 2008年中秋节(i_r)]$
   【时体标记 $_{ATs/s}$】

3. $\exists ewii_ri_u.{}^*出生(ewii_ri_u) \wedge Agent(e) = 马丽 \wedge i \subseteq_t i_r \wedge \exists I[I(i_r, i_u) \wedge 2008年中秋节(i_r)]$
   【马丽2008年中秋节出生 $_{ATs}$】

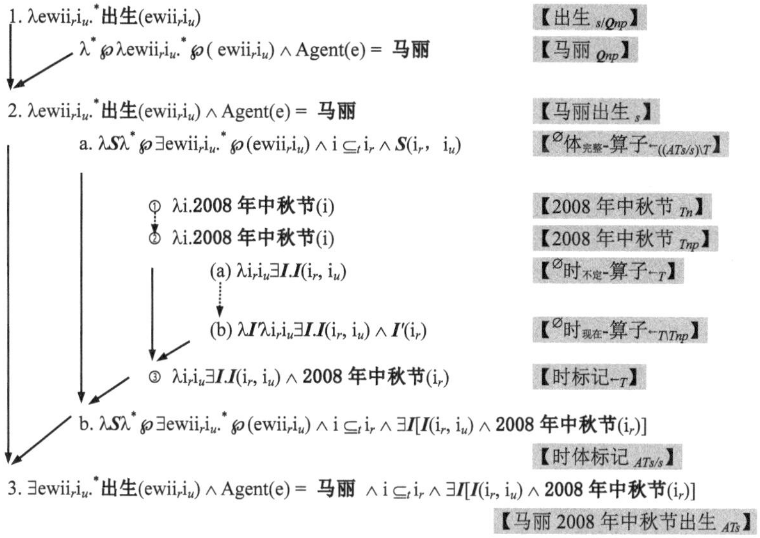

图 6.29 "马丽 2008 年中秋节出生"语义的 λ-演算过程

1. $\lambda ewii_ri_u.{}^*出生(ewii_ri_u)$ 【出生 $_{s/Qnp}$】
   $\lambda^*\wp\lambda ewii_ri_u.{}^*\wp(ewii_ri_u) \wedge Agent(e) = 马丽$ 【马丽 $_{Qnp}$】

2. $\lambda ewii_ri_u.{}^*出生(ewii_ri_u) \wedge Agent(e) = 马丽$ 【马丽出生 $_s$】

   a. $\lambda S\lambda^*\wp\exists ewii_ri_u.{}^*\wp(ewii_ri_u) \wedge i \subseteq_t i_r \wedge S(i_r, i_u)$ 【∅体_{完整}-算子-$_{((ATs/s)\backslash T)}$】

   ① $\lambda i_r i_u\exists I.I(i_r, i_u)$ 【∅时_{未定}-算子-$_T$】
   ② $\lambda I'\lambda i_r i_u\exists I.I(i_r, i_u) \wedge I'(i_r)$ 【∅时_{未定}-算子-$_{T/Tnp}$】
   (a) $\lambda I\lambda i_r\exists i.I(i) \wedge i_r \subseteq_t i$ 【于-$_{Tnp/Tn}$】
   $\lambda i.2008年中秋节(i)$ 【2008年中秋节 $_{Tn}$】
   (b) $\lambda i_r\exists i.2008年中秋节(i) \wedge i_r \subseteq_t i$ 【于2008年中秋节-$_{Tnp}$】
   ③ $\lambda i_r i_u\exists I.I(i_r, i_u) \wedge \exists i'[2008年中秋节(i') \wedge i_r \subseteq_t i']$
   【于2008年中秋节-$_T$】

   b. $\lambda^*\wp\exists ewii_ri_u.{}^*\wp(ewii_ri_u) \wedge i \subseteq_t i_r \wedge \exists I[I(i_r, i_u) \wedge \exists i'[2008年中秋节(i') \wedge i_r \subseteq_t i']]$
   【时体标记 $_{ATs/s}$】

3. $\exists ewii_ri_u.{}^*出生(ewii_ri_u) \wedge Agent(e) = 马丽 \wedge i \subseteq_t i_r \wedge \exists I[I(i_r, i_u) \wedge \exists i'[2008年中秋节(i') \wedge i_r \subseteq_t i']]$
   【马丽出生于2008年中秋节 $_{ATs}$】

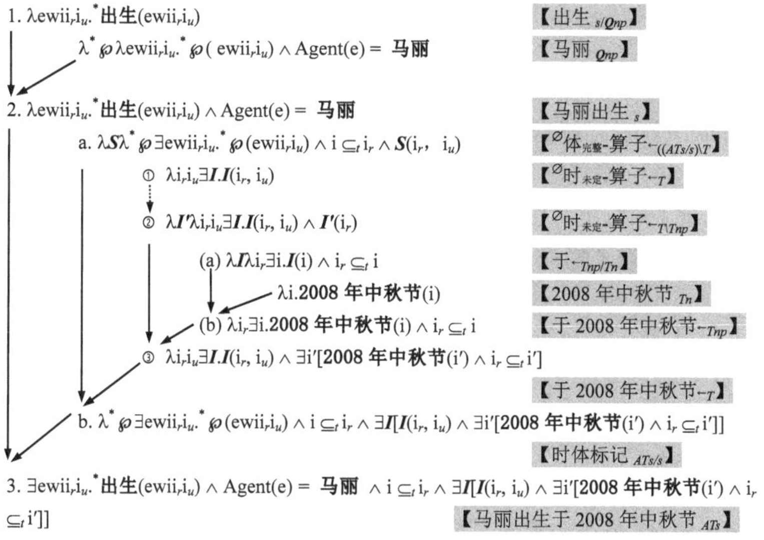

图 6.30 "马丽出生于 2008 年中秋节"语义的 λ-演算过程

语义推演说明：图 6.29 的最终逻辑语义式表明"马丽出生"的 i_r 是"2008年中秋节"，图 6.30 的最终逻辑语义式表明"马丽出生"的 i_r 是"2008年中秋节"的一个子区间，这种差异显然是符合语感的，属于可接受的程度范围之内。另外，两个逻辑语义式都没有说明 i_r 和 i_u 的关系，这也是可以接受的，因为只有给出具体的说话区间，才能说清楚"2008年中秋节"是一个过去的时间还是将来的时间。这正是汉语缺少完整时标记系统而导致的时歧义。

四、时体的复杂组合：惯常体悖论和时间从句问题

在第五章第三节中，曾提到惯常体悖论。也就是说，理论上，惯常体表示同类型事件的多次反复，因此其参照区间必然是有一定时长的区间，不可能是瞬间性区间。但是在自然语言的表达中，却常常看到惯常体的句子与时间点搭配。这种情况一般出现在参照区间是由时间状语提供的情况下。本小节将以“马丽半年前见到约翰时，约翰正在学习汉语”为例，说明 CCG_{MEM} 处理惯常体悖论和时间从句的方法。

（一）惯常体的语言学分析

惯常体表示多个格式塔事件离散分布在有一定时长的区间内，但是惯常体的句子却常常可以被表示瞬间性区间的时间词修饰。仍然用前文已经讨论过的例子，这里重写成（6.27）a 和（6.27）b。

（6.27）a. 马丽半小时前见到约翰时，约翰在学习汉语。
b. 马丽半年前见到约翰时，约翰在学习汉语。

依据前文的分析，若将“马丽见到约翰”的区间记做 i′，显然有：若（6.27）a 为真，则存在一个“约翰学习汉语”的格式塔事件 e，且 e 是一个进行体事件。进行体的特征包括：事件区间等同于 i′，同时 e 在 i′上既无起始 T-构体，也无终结 T-构体。但是若（6.27）b 为真，则在 i′之前的区间内，存在多个“约翰学习汉语”的格式塔事件，但这不意味着在 i′上，正好存在一个“约翰学习汉语”的格式塔事件。

实际上，从语言学的角度看，惯常体悖论是不成立的。因为依据汉语的句法结构，状语从句只是表示主句事件的参照区间与从句事件区间存在某种时间关系，并不意味着从句事件区间一定是主句事件的参照区间。对比（6.28）中的句子，这一点就非常明显。

（6.28）a. 去年马丽见到约翰时，约翰在北京学习汉语。
b. 去年马丽在北京学习民乐时，约翰在北京学习汉语。
c. 马丽见到约翰时，约翰在北京学习汉语。
d. 马丽刚刚见到约翰时，约翰在教室里学习汉语。

如前文的分析，（6.28）表明时间状语从句以从句事件的参照区间为主句事件的参照区间。例如，在（6.28）a 和（6.28）b 中，从句存在显性时标记词“去年”，从句事件以“去年”为参照区间，同时主句事件“约翰学习汉语”的参照区间也是“去年”。在（6.28）c 中，从句中没有显性时标记词，其参照区间只能

缺省并理解为以“马丽见到约翰”的事件区间为终结子区间的区间，显然这也是主句事件的参照区间。

此外，对比（6.28）c 和（6.28）d，还可以发现一个不同点。（6.28）c 的主句事件是惯常体，而（6.28）d 的主句事件是进行体，其差异可总结如下。

假设主句事件的本体性质为 $\wp$，令 e 是一个具有典型性的、具有 $\wp$ 的格式塔事件，而 i 是 e 的事件区间，则有：

a. 若从句事件的参照区间 i'_r 远远超过 i 的时间长度，则表明主句事件就不可能是一个格式塔事件，因为 i'_r 的时长已经远远超过了主句事件作为本体性质为 $\wp$ 的格式塔事件的区间长度。因此主句事件只能是惯常体，且其参照区间 i_r 就是 i'_r。

b. 反之，主句事件就是一个格式塔事件（这意味着主句事件是一个进行体），而主句事件的参照区间就是从句的事件区间。

也就是说，如果主句事件是一个惯常体，则主句事件的 i_r 等同于从句事件的 i_r；如果主句事件是一个进行体，则主句事件的 i_r 是从句事件的事件区间。有了以上的分析，就可以让不同的 ^{T}状语-算子来处理（6.28）中的句子。

（二）实例分析：马丽半年前见到约翰，约翰正在学习汉语

这里仅以“马丽半年前见到约翰时，约翰正在学习汉语”为例，说明 CCG_{MEM} 对惯常体和时间从句的处理思路。已知词库中有如下内容。

a. 马丽/约翰$[^{d}np]$:⇒ **马丽/约翰**

b. 见到/学习 $[^{d}Qnp\backslash s/Qnp]$:⇒ $\lambda ewii_ri_u.^{*}$**见到**$(ewii_ri_u)$ / $\lambda ewii_ri_u.^{*}$**学习**$(eiwi_ri_u)$

c. 半年前 $[^{\leftarrow}T]$:⇒ $\lambda i_ri_u.\mathbf{6MonthAgo}(i_r,\ i_u)$

d. 在 $[(^{d}Qnp\backslash s/^{d}Qnp)/^{d}Qnp]$:⇒ $\lambda P\lambda^{*}\wp\exists ewii_ri_ui'.^{*}\wp(ewii_ri_u)\wedge \mathbf{In}(e)=x\wedge P(x)$

【这里的“在”是地点介词，不是时间介词。】

e. ^{T}介词-算子 $[Tp]$:⇒ $\lambda \boldsymbol{I}\lambda^{*}\wp\exists ewii_ri_u.^{*}\wp(ewii_ri_u)\wedge \mathbf{Day}(i_r)$

f. 体$_{完整}$-算子 $[^{\leftarrow}T\backslash(ATs/s)]$:⇒ $\lambda \boldsymbol{S}\lambda^{*}\wp\exists ewii_ri_u.^{*}\wp(ewii_ri_u)\wedge i\subseteq_t i_r\wedge \boldsymbol{S}(i_r,\ i_u)$

g. 体$_{惯常}$-算子 $[^{\leftarrow}T\backslash(ATs/s)]$:⇒ $\lambda \boldsymbol{S}\lambda^{*}\wp\exists ewii_ri_u.^{*}\wp(eiwi_ri_u)\wedge \mathbf{Habtual}(e,\ i_r,\ \boldsymbol{I}_c)$

【因惯常体是完整体的一个子类，所以相应算子的逻辑语义式也不一样。】

h. ^{T}状语$_{«}$-算子 $[^{\leftarrow}T/ATs] :\Rightarrow \lambda^{*}\wp\lambda i'_{r}i_{u}\exists ewii_{r}.{}^{*}\wp_{1}(ewii_{r}i_{u}) \wedge i \subseteq_{t\text{-}in} i'_{r}$

“马丽半年前见到约翰，约翰正在学习汉语”句法的范畴推演过程见图 6.31。

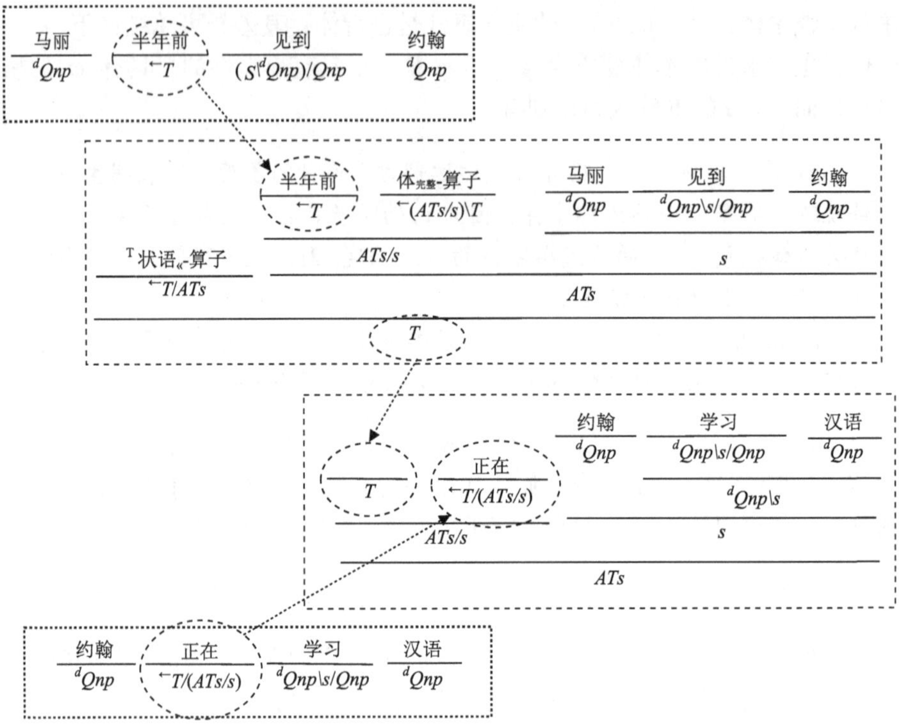

图 6.31　“马丽半年前见到约翰，约翰正在学习汉语”句法的范畴推演过程

在图 6.31 中，当从句“马丽半年前见到约翰”与^{T}状语$_{«}$-算子毗连组合后，得到的实际上就是一个时-算子，再与主句的体-算子毗连组合后，得到时体标记。时体标记再与无时体的主句“约翰正在学习汉语”毗连组合，得到有时体语义的句子。完整的语义的 λ-演算过程见图 6.32（第 2 步之前的运算可参照图 6.20 中的相关部分）。

（6.29）a 就是图 6.32 中最终的逻辑语义式。

（6.29）a. $\exists ee'ww'ii'i_{r}i'_{r}i_{u}.{}^{*}$**学习**$(ewii_{r}i_{u}) \wedge \text{Agent}(e) =$ **约翰** $\wedge$ **Habtual**$(e，i_{r}，$**Day**$) \wedge {}^{*}$**见到**$(e'w'i'i'_{r}i_{u}) \wedge \text{Theme}(e') =$ **约翰** $\wedge \text{Agent}(e') =$ **马丽** $\wedge i' \subseteq_{t} i'_{r} \wedge$ **6MonthAgo**$(i'_{r}，i_{u}) \wedge i' \subseteq_{t\text{-}in} i_{r}$

b. **学习**$(e) \wedge$ **见到**$(e') \wedge \text{Time}(e') \subseteq_{t} i'_{r} \wedge$ **6MonthAgo**$(i'_{r}, i_{u}) \wedge i' \subseteq_{t\text{-}in} i_{r} \wedge \text{Time}(e) \subseteq_{t} i_{r} \wedge$ **Habtual**$(e，i_{r}，$**Day**$) \wedge w = w'$

⋮

2. $\lambda ewii_ri_u.$ ***学习**$(ewii_ri_u) \wedge$ Theme(e) = **汉语**　【学习汉语 $_{Qnp\backslash s}$】

　$\lambda^* \wp \lambda ewii_ri_u.^* \wp(ewii_ri_u) \wedge$ Agent(e) = **约翰**　【约翰 $_{Qnp}$】

4. $\lambda ewii_ri_u.$ ***学习**$(ewii_ri_u) \wedge$ Agent(e) = **约翰**　【约翰学习汉语 $_s$】

　a. $\lambda \boldsymbol{S} \lambda^* \wp \exists ewii_ri_u.^* \wp(ewii_ri_u) \wedge$ **Habtual**(e，i_r，**Day**) $\wedge \boldsymbol{S}(i_r, i_u)$

　　【体$_{惯常}$-算子$^{\leftarrow}{}_{(ATs/s)\backslash T}$】

　　⋮

　　② $\lambda ewii_ri_u.$ ***见到**$(ewii_ri_u) \wedge$ Theme(e) = **约翰** $\wedge$ Agent(e) = **马丽**

　　【马丽见到约翰 $_s$】

　　　i. $\lambda \boldsymbol{S} \lambda^* \wp \exists ewii_ri_u.^* \wp(ewii_ri_u) \wedge i \subseteq_t i_r \wedge \boldsymbol{S}(i_r, i_u)$

　　　【体$_{完整}$-算子$^{\leftarrow}{}_{(ATs/s)\backslash T}$】

　　　$\lambda i_ri_u.$**6MonthAgo**(i_r, i_u)　【半年前$^{\leftarrow}{}_T$】

　　　ii. $\lambda^* \wp \exists ewii_ri_u.^* \wp(ewii_ri_u) \wedge i \subseteq_t i_r \wedge$ **6MonthAgo**(i_r, i_u)

　　　【时体标记 $_{ATs/s}$】

　　③ $\exists ewii_ri_u.$ ***见到**$(ewii_ri_u) \wedge$ Theme(e) = **约翰** $\wedge$ Agent(e) = **马丽** $\wedge i \subseteq_t i_r \wedge$ **6MonthAgo**(i_r, i_u)　【马丽半年前见到约翰 $_{ATs}$】

　　④ $\lambda ewii_ri_u.$ ***见到**$(ewii_ri_u) \wedge$ Theme(e) = **约翰** $\wedge$ Agent(e) = **马丽** $\wedge i \subseteq_t i_r \wedge$ **6MonthAgo**(i_r, i_u)

　　　$\lambda^* \wp \lambda i'_r i_u \exists ewii_r.^* \wp(ewii_ri_u) \wedge i \subseteq_{t\text{-}in} i'_r$　【^{T}状语$_{\ll}$-算子$^{\leftarrow}{}_{T/ATs}$】

　　⑤ $\lambda i'_r i_u \exists ewii_r.$ ***见到**$(ewii_ri_u) \wedge$ Theme(e) = **约翰** $\wedge$ Agent(e) = **马丽** $\wedge i \subseteq_t i_r \wedge$ **6MonthAgo**$(i_r, i_u) \wedge i' \subseteq_{t\text{-}in} i_r$　【时标记$^{\leftarrow}{}_T$】

　b. $\lambda^* \wp \exists ee'ww'ii'i_ri'_ri_u.^* \wp(ewii_ri_u) \wedge$ **Habtual**(e，i_r，**Day**) $\wedge$ ***见到**$(e'w'i'i'_ri_u) \wedge$ Theme(e') = **约翰** $\wedge$ Agent(e') = **马丽** $\wedge i' \subseteq_t i'_r \wedge$ **6MonthAgo**$(i'_r, i_u) \wedge i' \subseteq_{t\text{-}in} i_r$

　【（当）马丽半年前见到约翰（时）$_{ATs/s}$】

5. $\exists ee'ww'ii'i_ri'_ri_u.$ ***学习**$(ewii_ri_u) \wedge$ Agent(e) = **约翰** $\wedge$ **Habtual**(e，i_r，**Day**) $\wedge$ ***见到**$(e'w'i'i'_ri_u) \wedge$ Theme(e') = **约翰** $\wedge$ Agent(e') = **马丽** $\wedge i' \subseteq_t i'_r \wedge$ **6MonthAgo**$(i'_r, i_u) \wedge i' \subseteq_{t\text{-}in} i_r$

【马丽半年前见到约翰，约翰正在学习汉语 $_s$】

图 6.32　“马丽半年前见到约翰，约翰正在学习汉语”语义的 λ-演算过程

在（6.29）a 中，依据“**6MonthAgo**(i'_r, i_u)”的定义，参照区间 i'_r是以 i_u 为参照的“六个月之前的那个月”。“$i' \subseteq_t i'_r \wedge$ **6MonthAgo**(i_{1r}, i_u)”表明“马丽见到约翰”事件 e′被包含在参照区间 i'_r之内（即“六个月之前的那个月”），而“约翰学习汉语”事件 e 是惯常体，其参照区间是以 e′的事件区间为终结子区间的区间，这就意味着在早于“马丽半年前见到约翰之前”的时候，存在一个区间，该区间就是“约翰学习汉语”事件的参照区间 i_r。依据 **Habtual** 的定义（定义 5.4′），在参照区间 i_r 中有着多个“约翰学习汉语”的格式塔事件。同时因为无论是参照区间 i'_r还是参照区间 i_r，都在 i_u 之前，且 $i_1 \subseteq_t i'_r \wedge i \subseteq_t i_r$，依据定义 3.27 对区间和可能世界关系的界定，必然有 $w'_r = w_r = w_u = w' = w$，从（6.29）a 可以得到（6.29）b，而后者如图 6.33 所示。

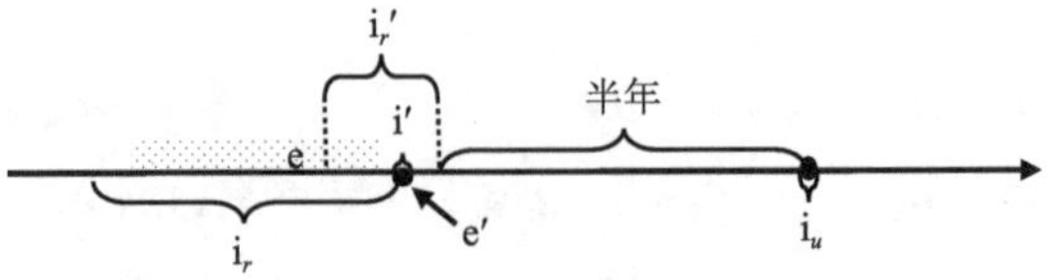

图 6.33　时体信息模式示意图

另外，依据语义公设 6.1，因为“**见到** ∈ ⟦ACH⟧”，所以有“Ach(e_1，**见到**)”，即 e_1 作为本体性质为**见到**的事件具有达成体性质，这也就意味着 e_1 是一个瞬间性事件。

但是如果是“马丽半小时前见到约翰时，约翰正在学习汉语”，其句法的范畴推演和语义的 λ-演算的过程基本不变，只需要把体$_{惯常}$-算子换成体$_{进行}$-算子，就可以得到所希望得到的逻辑语义表达式。

五、时体的复杂组合：连动式的组合事件语义

连动式并不是一种语言结构，而是一种结构框架，在相同的“VP…VP”表层结构之下，隐藏着多种语言结构（Paul，2008；Aikhenvald，2006；李亚非，2007；李可胜，2016，2020）。例如，“推开门走出去”中的两个 VP 表示两个不同事件的本体性质；“骑车锻炼身体”中的两个 VP 却表示同一个事件的两个不同本体性质。连动式这种同形多义的结构是 CCG 处理自然语言的难点之一。

本小节将在李可胜（2016，2020）对连动式的语言学研究的基础上，讨论如何利用 CCG_{MEM} 刻画连动式的组合事件语义问题。

（一）连动式的语言学分析

李可胜（2020）从事件语义学的视角，通过对连动式指称（即事件或事件集）的分析，提出连动式存在不同的语义生成范式，并进而将连动式分为三个大类，即合取连动式、析取连动式和笛卡儿连动式，而笛卡儿连动式又可以分为三个子类，即毗邻连动式、包含连动式和并行连动式，如图 6.34 所示（李可胜，2020，但有所修改）。

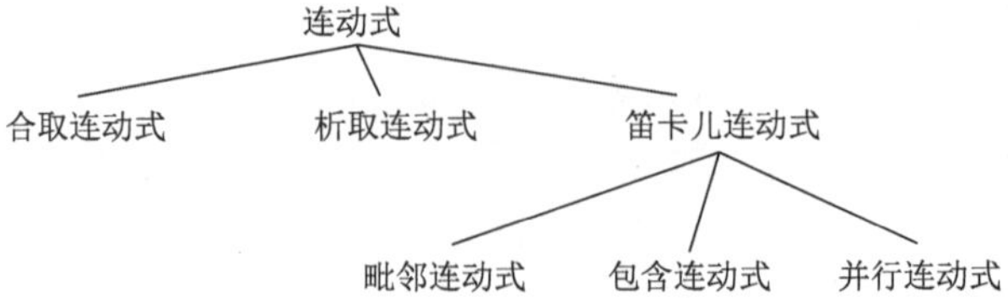

图 6.34　连动式的分类

参照李可胜和满海霞（2013）和李可胜（2016，2020）的分析，各类连动式的典型例子如下。

（6.30）a. 合取连动式：骑车锻炼身体/挥手告别/开出租挣钱
b. 析取连动式：唱歌跳舞/洗衣做饭/读书写字
c. 毗邻连动式：推开门走出去/打破窗户逃了出去
d. 包含连动式：散步碰到了马丽/出门遇见鬼/开车摔下山崖
e. 并行连动式：跑步听音乐/躺在沙发上看电视/值班睡觉

李可胜（2020）从事件语义学的角度，对这些连动式的指称给出如下分析，其中$[\![VP_1VP_2]\!]$表示连动式指称的事件集，而$[\![VP_1]\!]$和$[\![VP_2]\!]$分别表示 VP_1 和 VP_2 指称的事件集[1]。

a. 合取连动式：骑车锻炼身体/挥手告别/开出租挣钱

$[\![VP_1VP_2]\!] = \{e \mid e \in [\![VP_1]\!] \cap [\![VP_2]\!]\}$

b. 析取连动式：唱歌跳舞/洗衣做饭/读书写字

$[\![VP_1VP_2]\!] = \{X \mid X \subseteq [\![VP_1]\!] \cup [\![VP_2]\!]$，且满足 $X \cap [\![VP_1]\!] \neq \varnothing$，$X \cap [\![VP_2]\!] \neq \varnothing\}$

c. 毗邻连动式：推开门走出去/打破窗户逃了出去

$[\![VP_1VP_2]\!] = \{<e_1, e_2> \mid e_1 \in [\![VP_1]\!], e_2 \in [\![VP_2]\!]$，且 $Time(e_1) <_t Time(e_2)\}$

d. 包含连动式：散步碰到了马丽/出门遇见鬼/开车摔下山崖

$[\![VP_1VP_2]\!] = \{<e_1, e_2> \mid e_1 \in [\![VP_1]\!], e_2 \in [\![VP_2]\!]$，且 $Time(e_1) \subseteq_t Time(e_2)\}$

e. 并行连动式：跑步听音乐/躺在沙发上看电视/值班睡觉

$[\![VP_1VP_2]\!] = \{<e_1, e_2> \mid e_1 \in [\![VP_1]\!], e_2 \in [\![VP_2]\!]$，且 $Time(e_1) = Time(e_2)\}$

合取连动式是指在连动式描述的语境中，两个 VP 描述的是同一个事件。例如，在（6.30）a 的“骑车锻炼身体”中，只存在一个事件 e，e 既有“骑车”的性质也有“锻炼身体”的性质，因此“VP_1VP_2”指称的事件集就是$[\![VP_1]\!]$和$[\![VP_2]\!]$的交集。与之对应的是析取连动式，在这类连动式描述的语境中，存在两类不同性质的事件。在这样的语境中，任选一个事件 e，e 不是具有 VP_1 描述的事件性质，就是具有 VP_2 描述的事件性质。例如“妈妈每天回家都要洗衣做饭”表明，每天回家之后，都存在一个事件集 X，在 X 中任选一个事件 e，e 或者是“妈妈洗衣”事件，或者是“妈妈做饭”事件。

毗邻连动式、包含连动式和并行连动式都是笛卡儿连动式，因为这些连动式

① 其中的一些符号按照本书的统一风格做了调整。

指称的不是事件集，而是事件的有序对集。这种有序对集的实质是$[\![VP_1]\!] \times [\![VP_2]\!]$的子集，它们之间的区别仅仅在于 e_1 和 e_2 的时序不同。毗邻连动式表示 e_1 是在 e_2 之前的事件，如“推开门走出去”表示先推开门，后走出去。包含连动式表示 e_2 被包含在 e_1 事件区间之内，如“散步碰到了马丽”表示在散步的过程中，碰到了马丽。并行连动式表示 e_1 和 e_2 的事件区间是并行，如“跑步听音乐”表示一边跑步一边听音乐。

连动式的表层句法结构都是 VP_1VP_2，却能够形成不同的语义结构，其中的语言学规律参见李可胜（2016，2020）。这里稍作总结如下。

a. 若 VP_1 是有界的，无论是终结有界还是起始有界，VP_1VP_2 都会形成毗邻连动式。

b. 若 VP_1 是无界的，而 VP_2 是瞬间性的，则 VP_1VP_2 都会形成包含连动式。

c. 若 VP_1 是无界的，而$[\![VP_1]\!] \cap [\![VP_2]\!] \neq \varnothing$（即两个 VP 可以指称同一个事件）则 VP_1VP_2 都会形成合取连动式。

d. 若 VP_1 是无界的，而$[\![VP_1]\!] \cap [\![VP_2]\!] = \varnothing$，则 VP_1VP_2 都会形成析取连动式或者并行连动式。

有些连动式表面看来会违反这些语言学规律，但是都有特定的动因。另外，析取连动式和并行连动式存在一些模糊地带，这里不再详述，具体参见李可胜（2016，2020）。从形式语义学的角度看，连动式的两个 VP 的范畴都是 ${}^{d}Qnp\backslash s$，因此在毗连组合时，必须进行一些技术处理。更重要的是，这种技术处理还必须保证能生成不同类型的语义，这就是 CCG 在处理连动式时的难点。

（二）SVC-算子和连动式的逻辑语义

在应用 CCG_{MEM} 处理连动式时，为了能让范畴同为 ${}^{d}Qnp\backslash s$ 的 VP 生成连动式且能得到不同类型的语义，就需要构造一种∅-形式的句法结构算子，即**连动算子**，记作${}^{\varnothing}$SVC-算子[①]。SVC-算子的范畴为$(({}^{d}Qnp\backslash s)/({}^{d}Qnp\backslash s))/({}^{d}Qnp\backslash s)$。当两个范畴同为 ${}^{d}Qnp\backslash s$ 需要毗连组合时，必须先与 SVC-算子毗连组合，得到范畴为$({}^{d}Qnp\backslash s)/({}^{d}Qnp\backslash s)$的表达式，然后再与另一个 VP 毗连组合生成连动式。依据连动式的不同类型，SVC-算子也分为多种，规定如下。

① SVC 为 serial verb construction 的缩写。

定义 6.4（连动 SVC-算子）。

a. $^{\varnothing}SVC_{\wedge}$-算子:⇒ $\lambda^{*}\wp_1\lambda^{*}\wp_2\lambda ewii_ri_u\forall e'.^{e}IsPart_T(e', e)\rightarrow {}^{*}\wp_1(e'wii_ri_u)\wedge {}^{*}\wp_2(e'wii_ri_u)$。

b. $^{\varnothing}SVC_{\vee}$-算子:⇒ $\lambda^{*}\wp_1\lambda^{*}\wp_2\lambda ewii_ri_u\forall e'.^{e}IsPart(e', e)\rightarrow {}^{*}\wp_1(e'wii_ri_u)\vee {}^{*}\wp_2(e'wii_ri_u)$。

c. $^{\varnothing}SVC_{<}$-算子:⇒ $\lambda^{*}\wp_1\lambda^{*}\wp_2\lambda ewii_ri_u\exists e_1e_2i_1i_2\forall e'.^{e}IsPart_{Agent\text{-}AT}(e', e)\rightarrow e' = e_1 \oplus_T e_2 \wedge {}^{*}\wp_1(e_1wi_1i_ri_u)\wedge {}^{*}\wp_2(e_2wi_2i_ri_u)\wedge i_1 <_t i_2 \wedge i_1 \oplus_i i_2 \subseteq_t i = Time(e)$。

d. $^{\varnothing}SVC_{\subseteq}$-算子:⇒ $\lambda^{*}\wp_1\lambda^{*}\wp_2\lambda ewii_ri_u\exists e_1e_2i_1i_2\forall e'.^{e}IsPart_{Agent\text{-}AT}(e', e)\rightarrow e = e_1 \oplus_P e_2 \wedge {}^{*}\wp_1(e_1wi_1i_ri_u)\wedge {}^{*}\wp_2(e_2wi_2i_ri_u)\wedge i_1 \subseteq_t i_2 \subseteq_t i = Time(e)$。

e. $^{\varnothing}SVC_{=}$-算子:⇒ $\lambda^{*}\wp_1\lambda^{*}\wp_2\lambda ewii_ri_u\exists e_1e_2i_1i_2\forall e'.^{e}IsPart_{Agent\text{-}AT}(e', e)\rightarrow e = e_1 \oplus_P e_2 \wedge {}^{*}\wp_1(e_1wi_1i_ri_u)\wedge {}^{*}\wp_2(e_2wi_2i_ri_u)\wedge i_1 = i_2 = i = Time(e)$。

在定义 6.4 中，$\wp_1$ 和 $\wp_2$ 分别表示 VP_1 和 VP_2 所描述的事件本体性质，同时用右下标的合取符号∧和析取符号∨分别表示合取连动算子和析取连动算子，用右下标的<、⊆和=分别表示毗邻连动算子、包含连动算子和并行连动算子。虽然李可胜（2020）将连动式的指称分为多种类型，即有的指称事件集，有的指称事件有序对集，但是从构体论的角度看，可以将这些连动式的指称统一看成是事件集，而不同类型连动式的语义差异主要体现在事件的构体上，具体说明如下。

关于合取连动算子，第三章第二节在讨论事件性质的相交关系时，曾涉及这类连动式。定义 6.4a 将这类连动式指称的事件集定义为：任意事件 e，若 e 是 VP_1VP_2 指称的事件，则 e 的任意 T-构体 e′，都同时具有性质 $\wp_1$ 和 $\wp_2$。

析取连动式指称的事件集被定义为：任意事件 e，若 e 是“VP_1VP_2”指称的事件，则 e 的任意构体 e′（不仅仅局限于 T-构体），或者具有性质 $\wp_1$，或者具有性质 $\wp_2$。

需要特别说明的是笛卡儿连动式。按照李可胜（2020）的分析，这类连动式表示两个事件的有序对集。按照构体论，这类连动式表示由两个格式塔事件构成的加合事件，所以有（6.31）a 的分析。但是这样的分析只适合主语是单数个体的情况，若换成复数个体，则出现问题。例如，按照（6.31）a 的方式进行分析，则“孩子们都穿上衣服跳下床”的逻辑语义式就是（6.31）b。

（6.31）a. $\exists e.e = e_1 \oplus_T e_2 \wedge$ **推开门**$(e_1) \wedge$ **走出去**$(e_1) \wedge Time(e_1) <_t Time(e_2) \wedge Agent(e) =$ **张三**

b. $\exists e.e = e_1 \oplus_T e_2 \wedge$ **穿上衣服**$(e_1) \wedge$ **跳下床**$(e_1) \wedge Time(e_1) <_t Time(e_2) \wedge Agent(e) = x \wedge$ **孩子们**(x)

“孩子们都穿上衣服跳下床”表示，每一个孩子都穿上衣服跳下床。但他们的动作不可能是整齐划一的，可能有些孩子已经跳下床了，另一些孩子刚刚开始穿上衣服。这就意味着，有些“跳下床”事件在“穿上衣服”事件之前，所以 $Time(e_1) <_t Time(e_2)$是有问题的。为了避免这种情况，就需要对 e_1 和 e_2 进行限定，即只有 e_1 和 e_2 的施事是同一个原子个体，$Time(e_1) <_t Time(e_2)$才必然是成立的。出于这样的原因，定义 6.4c、定义 6.4d 对三种笛卡儿连动算子的定义中，都有 $\exists e \forall e'.{}^{e}IsPart_{Agent\text{-}AT}(e', e)$的内容。${}^{e}IsPart_{Agent\text{-}AT}(e', e)$表示 e′是 e 的施事原子构体，也就是依据施事个体对 e 进行切分而得到的构体 e′，且 e′的施事是原子个体（具体参见定义 2.10）。

这表明：若 e 是笛卡儿连动式所指称的事件，则 e 的任意Θ_{Agent}-原子构体 e′都满足 $e' = e_1 \oplus_T e_2 \wedge {}^{*}\wp_1(e_1wi_1i_ri_u) \wedge {}^{*}\wp_2(e_2wi_2i_ri_u) \wedge R(i_1, i_2)$。这里的 R 是<、⊆和=三种关系中的一种。此外，依据定义 6.4c 对毗邻连动算子的定义，若 e 的施事就是复数，则有 $i_1 \oplus_i i_2 \subseteq_t i = Time(e)$；若 e 的施事是单数，则必然有 $i_1 \oplus_i i_2 = Time(e)$。另外两个笛卡儿连动算子也做类似理解。

（三）实例分析：连动式

现在以（6.32）中的连动式为例，说明 CCG_{MEM} 对于连动式的处理。

（6.32）a. 张三每天骑车锻炼身体。
b. 孩子们都穿上衣服跳下床。
c. 马丽散步碰见张三。
d. 马丽每天洗衣做饭。
e. 张三上课睡觉。

这里主要以（6.32）a 和（6.32）b 为例，给出相应的λ-演算过程，已知词库中有如下内容。

a. 孩子们 $[^{d}np] :\Rightarrow \lambda x.$**孩子**$(x)$

b. 张三 $[^{d}np] :\Rightarrow$ **张三**

c. 衣服/床 $[np] :\Rightarrow \lambda x.$**衣服**$(x)$ /$\lambda x.$**床**(x)

d. 穿上/跳下 $[^{d}Qnp\backslash s/Qnp] : \Rightarrow \lambda ewii_ri_u.{}^{*}$**穿上**$(ewii_ri_u)$ /$\lambda ewii_ri_u.{}^{*}$**跳下**$(ewii_ri_u)$

e. 骑车/锻炼身体 $[^{d}Qnp\backslash s] : \Rightarrow \lambda ewii_ri_u.{}^{*}$**骑车**$(ewii_ri_u)$/$\lambda ewii_ri_u.{}^{*}$**锻炼**$(ewii_ri_u)$

f. 每天 $[^{\leftarrow}T\backslash(ATs/s)] : \Rightarrow \lambda^{*}\wp \exists ewii_ri_u.{}^{*}\wp(eiwi_ri_u) \wedge {}^{每天}$**Habtual**$(e, i_r,$ **Day**$)$

g. 体$_{完整}$-算子 $[^{\leftarrow}T\backslash(ATs/s)]$: $\Rightarrow \lambda \boldsymbol{S}\lambda^{*}\wp\exists ewii_r i_u.^{*}\wp(ewii_r i_u) \wedge i \subseteq_t i_r \wedge \boldsymbol{S}(i_r, i_u)$

h. 都（$^{\forall}$DOU-算子） $[Qnp/np]$

$:\Rightarrow \lambda P\lambda^{*}\wp\lambda ewii_r i_u \exists x.^{*}\wp(ewii_r i_u) \wedge P(x) \wedge {}^{\forall 1}\theta(e, x, {}^{位}\boldsymbol{m})$

为了简化，这里将“骑车/锻炼身体”都直接看成不及物动词，“孩子们”直接看成是有定 NP。“穿上衣服”和“跳下床”因为主语是复数，涉及Θ-函项的量化，因此仍然作为不及物动词处理。先看（6.32）a，具体的句法的范畴推演示意图略，语义的λ-演算过程见图 6.35。

1. $\lambda ewii_r i_u.^{*}$**骑车**$(ewii_r i_u)$ 【骑车 $_{s\backslash Qnp}$】

$\lambda^{*}\wp_1\lambda^{*}\wp_2\lambda ewii_r i_u \forall e'.^{e}IsPart_T(e', e) \rightarrow {}^{*}\wp_1(e'wii_r i_u) \wedge {}^{*}\wp_2(e'wii_r i_u)$ 【$^{\varnothing}$SVC$_{\wedge}$-算子$_{((s\backslash Qnp)/(s\backslash Qnp))/(s\backslash Qnp)}$】

2. $\lambda^{*}\wp_2\lambda ewii_r i_u \forall e'.^{e}IsPart_T(e', e) \rightarrow {}^{*}$**骑车**$(e'wii_r i_u) \wedge {}^{*}\wp_2(e'wii_r i_u)$ 【骑车$_{(s\backslash Qnp)/(s\backslash Qnp)}$】

$\lambda ewii_r i_u.^{*}$**锻炼**$(ewii_r i_u)$ 【锻炼身体 $_{s\backslash Qnp}$】

4. $\lambda ewii_r i_u \forall e'.^{e}IsPart_T(e', e) \rightarrow {}^{*}$**骑车**$(e'wii_r i_u) \wedge {}^{*}$**锻炼**$(e'wii_r i_u)$ 【骑车锻炼身体 $_{s\backslash Qnp}$】

$\lambda^{*}\wp\lambda ewii_r i_u.^{*}\wp(ewii_r i_u) \wedge Agent(e) =$ **张三** 【张三 $_{Qnp}$】

5. $\lambda ewii_r i_u \forall e'.^{e}IsPart_T(e', e) \rightarrow {}^{*}$**骑车**$(e'wii_r i_u) \wedge {}^{*}$**锻炼**$(e'wii_r i_u) \wedge Agent(e) =$ **张三**

【张三骑车锻炼身体 $_s$】

a. $\lambda \boldsymbol{S}\lambda^{*}\wp\exists ewii_r i_u.^{*}\wp(ewii_r i_u) \wedge {}^{每天}\textbf{Habtual}(e, i_r, \textbf{Day}) \wedge \boldsymbol{S}(i_r, i_u)$

【每天$_{\leftarrow(ATs/s)\backslash T}$】

$\lambda i_r i_u.\ i_u = i_r$ 【时$_{现在}$-算子$_{\leftarrow T}$】

b. $\lambda^{*}\wp\exists ewii_r i_u.^{*}\wp(ewii_r i_u) \wedge {}^{每天}\textbf{Habtual}(e, i_r, \textbf{Day}) \wedge i_u = i_r$

【时体标记 $_{ATs}$】

6. $\exists ewii_r i_u \forall e'.^{e}IsPart_T(e', e) \rightarrow {}^{*}$**骑车**$(e'wii_r i_u) \wedge {}^{*}$**锻炼**$(e'wii_r i_u) \wedge Agent(e) =$ **张三**

$\wedge\ {}^{每天}\textbf{Habtual}(e, i_r, \textbf{Day}) \wedge i_u = i_r$ 【张三每天骑车锻炼身体 $_{ATs}$】

图 6.35　“张三每天骑车锻炼身体”语义的λ-演算过程

语义推演说明：最终得到的逻辑语义式表明“张三每天骑车锻炼身体”是一个惯常体事件，依据 **Habtual** 的定义（定义 5.4′），因为“$i_u = i_r$”，显然 e 的参照区间就不是 i_r，而是存在一个区间 i′满足 $i_r \subseteq_t i'$，而 i′是 e 的参照区间。依据定义 5.4′，$^{每天}\textbf{Habtual}(e, i_r, \textbf{Day})$意味着，在 i′上，存在“张三骑车锻炼身体”事件的天数和参照区间内的所有天数之比是 100%，即到说话区间为止的 i_r 之内，“每天”都有一个事件 e，e 既是“张三骑车”事件，也是“张三锻炼身体”事件。

“孩子们都穿上衣服跳下床”句法的范畴推演示意图略，语义的λ-演算过程见图 6.36。

1. $\lambda ewii_r i_u.^{*}$**穿上**$(ewii_r i_u)$　【穿上 $_{Qnp\backslash s/Qnp}$】

　a. $\lambda P\lambda^{*}\wp\lambda ewii_r i_u\exists x.^{*}\wp(ewii_r i_u)\wedge P(x)\wedge{}^{\exists\geqslant 1}\mathbf{Th}(e，x，{}^{件}\boldsymbol{m})$　【Θ_{Th}-算子 $_{Qnp/np}$】

　$\lambda x.$**衣服**(x)　【衣服 $_{np}$】

　b. $\lambda^{*}\wp\lambda ewii_r i_u\exists x.^{*}\wp(ewii_r i_u)\wedge$ **衣服**$(x)\wedge{}^{\exists\geqslant 1}\mathbf{Th}(e，x，{}^{件}\boldsymbol{m})$　【衣服 $_{Qnp}$】

2. $\lambda ewii_r i_u\exists x.^{*}$**穿上**$(ewii_r i_u)\wedge$ **衣服**$(x)\wedge{}^{\exists\geqslant 1}\mathbf{Th}(e，x，{}^{件}\boldsymbol{m})$　【穿上衣服 $_{Qnp\backslash s}$】

　$\lambda^{*}\wp_1\lambda^{*}\wp_2\lambda ewii_r i_u\exists e_1e_2i_1i_2\forall e'.{}^{e}\mathrm{IsPart}_{Agent}(e'，e)\rightarrow e'=e_1\oplus_T e_2\wedge{}^{*}\wp_1(e_1wi_1i_ri_u)\wedge{}^{*}\wp_2(e_2wi_2i_ri_u)\wedge i_1<_t i_2\wedge i_1\oplus_i i_2\subseteq_t i=\mathrm{Time}(e)$

　【${}^{\varnothing}$SVC$_{<}$-算子 $_{((Qnp\backslash s)/(Qnp\backslash s))/(Qnp\backslash s)}$】

3. $\lambda^{*}\wp_2\lambda ewii_r i_u\exists e_1e_2i_1i_2x\forall e'.{}^{e}\mathrm{IsPart}_{Agent}(e'，e)\rightarrow e'=e_1\oplus_T e_2\wedge{}^{*}$**穿上**$(e_1wi_1i_ri_u)\wedge$ **衣服**$(x)\wedge{}^{\exists\geqslant 1}\mathbf{Th}(e_1，x，{}^{件}\boldsymbol{m})\wedge{}^{*}\wp_2(e_2wi_2i_ri_u)\wedge i_1<_t i_2\wedge i_1\oplus_i i_2\subseteq_t i=\mathrm{Time}(e)$

　【穿上衣服 $_{(Qnp\backslash s)/(Qnp\backslash s)}$】

　a. $\lambda ewii_r i_u.^{*}$**跳下**$(ewii_r i_u)$　【跳下 $_{(Qnp\backslash s)/Qnp}$】

　　①$\lambda P\lambda^{*}\wp\lambda ewii_r i_u\exists x.^{*}\wp(ewii_r i_u)\wedge P(x)\wedge{}^{\iota}\mathbf{Th}(e，x，{}^{张}\boldsymbol{m})$　【Θ_{Th}-算子 $_{Qnp/np}$】

　　$\lambda x.$**床**(x)　【床 $_{np}$】

　　②$\lambda^{*}\wp\lambda ewii_r i_u\exists x.^{*}\wp(ewii_r i_u)\wedge$ **床**$(x)\wedge{}^{\iota}\mathbf{Th}(e，x，{}^{张}\boldsymbol{m})$　【床 $_{Qnp}$】

　b. $\lambda ewii_r i_u\exists x.^{*}$**跳下**$(ewii_r i_u)\wedge$ **床**$(x)\wedge{}^{\iota}\mathbf{Th}(e，x，{}^{张}\boldsymbol{m})$　【跳下床 $_{Qnp\backslash s}$】

4. $\lambda ewii_r i_u\exists e_1e_2i_1i_2xx'\forall e'.{}^{e}\mathrm{IsPart}_{Agent}(e'，e)\rightarrow e'=e_1\oplus_T e_2\wedge{}^{*}$**穿上**$(e_1wi_1i_ri_u)\wedge$ **衣服**$(x)\wedge{}^{\exists\geqslant 1}\mathbf{Th}(e_1，x，{}^{件}\boldsymbol{m})\wedge{}^{*}$**跳下**$(e_2wi_2i_ri_u)\wedge$ **床**$(x')\wedge{}^{\iota}\mathbf{Th}(e_2，x'，{}^{张}\boldsymbol{m})\wedge i_1<_t i_2\wedge i_1\oplus_i i_2\subseteq_t i=\mathrm{Time}(e)$　【穿上衣服跳下床 $_{Qnp\backslash s}$】

　a. $\lambda P\lambda^{*}\wp\lambda ewii_r i_u x.^{*}\wp(ewii_r i_u)\wedge P(x)\wedge{}^{\forall\geqslant 1}\boldsymbol{\theta}(e，x，{}^{位}\boldsymbol{m})$　【都 $_{Qnp/np}$】

　$\lambda x.$**孩子**(x)　【孩子们 $_{np}$】

　b. $\lambda^{*}\wp\lambda ewii_r i_u\exists x.^{*}\wp(ewii_r i_u)\wedge$ **孩子**$(x)\wedge{}^{\forall\geqslant 1}\boldsymbol{\theta}(e，x，{}^{位}\boldsymbol{m})$　【孩子们都 $_{Qnp}$】

5. $\lambda ewii_r i_u\exists e_1e_2i_1i_2xx'\forall e'.{}^{e}\mathrm{IsPart}_{Agent}(e'，e)\rightarrow e'=e_1\oplus_T e_2\wedge{}^{*}$**穿上**$(e_1wi_1i_ri_u)\wedge$ **衣服**$(x)\wedge{}^{\exists\geqslant 1}\mathbf{Th}(e_1，x，{}^{件}\boldsymbol{m})\wedge{}^{*}$**跳下**$(e_2wi_2i_ri_u)\wedge$ **床**$(x')\wedge{}^{\iota}\mathbf{Th}(e_2，x'，{}^{张}\boldsymbol{m})\wedge i_1<_t i_2\wedge i_1\oplus_i i_2\subseteq_t i=\mathrm{Time}(e)\wedge$ **孩子**$(x)\wedge{}^{\forall\geqslant 1}\boldsymbol{\theta}(e，x，{}^{位}\boldsymbol{m})$　【孩子们都穿上衣服跳下床 $_{s}$】

　a. $\lambda\boldsymbol{S}\lambda^{*}\wp\exists ewii_r i_u.^{*}\wp(ewii_r i_u)\wedge i\subseteq_t i_r\wedge\boldsymbol{S}(i_r，i_u)$　【体$_{完整}$-算子 $_{\leftarrow T\backslash(ATs/s)}$】

　$\lambda i_r i_u.i_u=i_r$　【时$_{现在}$-算子 $_{\leftarrow T}$】

　b. $\lambda^{*}\wp\exists ewii_r i_u.^{*}\wp(ewii_r i_u)\wedge i\subseteq_t i_r\wedge i_u=i_r$　【$_{ATs/s}$】

6. $\exists ee_1e_2wii_1i_2i_ri_u\exists xx'\forall e'.{}^{e}\mathrm{IsPart}_{Agent}(e'，e)\rightarrow e'=e_1\oplus_T e_2\wedge{}^{*}$**穿上**$(e_1wi_1i_ri_u)\wedge$ **衣服**$(x)\wedge{}^{\exists\geqslant 1}\mathbf{Th}(e_1，x，{}^{件}\boldsymbol{m})\wedge{}^{*}$**跳下**$(e_2wi_2i_ri_u)\wedge$ **床**$(x')\wedge{}^{\iota}\mathbf{Th}(e_2，x'，{}^{张}\boldsymbol{m})\wedge i_1<_t i_2\wedge i_1\oplus_i i_2\subseteq_t i=\mathrm{Time}(e)\wedge$ **孩子**$(x)\wedge{}^{\forall\geqslant 1}\boldsymbol{\theta}(e，x，{}^{位}\boldsymbol{m})\wedge i\subseteq_t i_r\wedge i_u=i_r$

　【孩子们都穿上衣服跳下床 $_{ATs}$】

图 6.36　“孩子们都穿上衣服跳下床”语义的λ-演算过程

语义推演说明：图 6.36 中的第 4 步和第 5 步之间的演算步骤省略，具体可参照图 4.2 的演算步骤。第 6 行的逻辑语义式表明 e 是一个加合事件，从施事个体对 e 进行切分而得到的任意原子构体 e′都满足 $e'=e_1\oplus_T e_2\wedge$ **穿上**$(e_1)\wedge$ **跳下**$(e_1)\wedge$

$\text{Time}(e_1) <_t \text{Time}(e_2)$，且至少存在一个具有“衣服”性质的 x 是 e_1 的客体，存在一个原子性质的且具有“床”性质的个体 x′是 e_2 的客体，且 e 的事件区间 i 是所有孩子们的“穿上衣服”事件区间和“跳下床”事件区间的最大加合区间。同时因为有**孩子**(x) ∧ $^{\forall 1}\boldsymbol{\theta}$(e，x，$^{位}m$)，所以孩子中的任意一个原子个体，都必然有一个以该原子个体为施事的 e″使得 x 是 e″的施事，而这样的 e″必然满足前面 e′的所有条件。

依据同样的方式可以得到另外三类连动式的逻辑语义式。具体的句法的范畴推演和语义的 λ-演算略，这里只给出最终的结果。

（6.33）a. 马丽散步碰见张三。

b. $\exists ee_1e_2wii_1i_2i_ri_u\forall e'.^{e}\text{IsPart}_{\text{Agent-AT}}(e', e) \rightarrow e = e_1 \oplus_P e_2 \wedge {}^{*}$**散步**$(e_1wi_1i_ri_u) \wedge {}^{*}$**碰见**$(e_2wi_2i_ri_u) \wedge \text{Theme}(e_2) =$ **张三** $\wedge \text{Theme}(e) =$ **马丽** $\wedge i_1 \subseteq_t i_2 \subseteq_t i = \text{Time}(e) \wedge i \subseteq_t i_r \wedge i_u \subseteq_{t\text{-}fi} i_r$

（6.34）a. 马丽每天洗衣做饭。

b. $\exists ewii_ri_u\forall e'.^{e}\text{IsPart}(e', e) \rightarrow {}^{*}$**洗衣**$(e'wii_ri_u) \vee {}^{*}$**做饭**$(e'wii_ri_u)$

（6.35）a. 张三上课睡觉。

b. $\exists ewii_ri_u\exists e_1e_2i_1i_2\forall e'.^{e}\text{IsPart}_{\text{Agent-AT}}(e', e) \rightarrow e = e_1 \oplus_P e_2 \wedge {}^{*}$**上课**$(e_1wi_1i_ri_u) \wedge {}^{*}$**睡觉**$(e_2wi_2i_ri_u) \wedge i = i_1 = i_2 \subseteq_t i = \text{Time}(e)$

在（6.33）～（6.35）中，因为句子的主语是单数，因此相应的逻辑语义式中的 e′就是 e 本身。另补充说明，依据李可胜（2016，2020），“张三上课睡觉”这样的并行连动式，强调的是“上课”和“睡觉”并行区间的情境，而不是整个“上课”区间和“睡觉”区间，如图 6.37 所示。

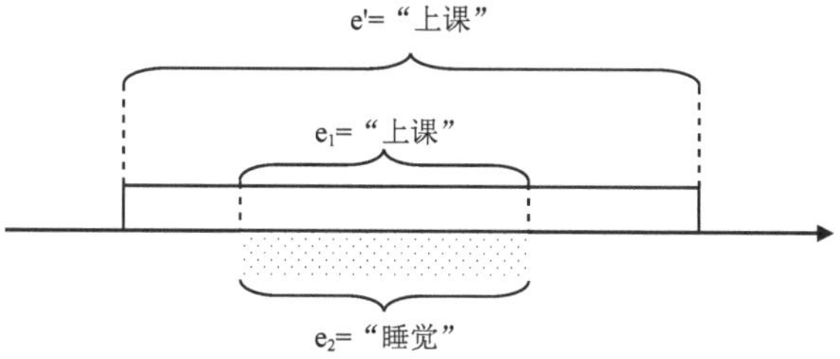

图 6.37　并行连动式的示例

若图 6.37 中的空白矩形表示“上课”事件，而带点矩形表示“睡觉”事件，则“张三上课睡觉”指的是 $e = e_1 \oplus_P e_2$，而不是 $e' \oplus_P e_2$。

参 考 文 献

陈鹏. 2016. 组合范畴语法(CCG)的计算语言学价值. 重庆理工大学学报(社会科学版),(8): 5-11.

陈平. 1988. 论现代汉语时间系统的三元结构. 中国语文,(6):401-422.

陈平. 2016. 汉语定指范畴和语法化问题. 当代修辞学,(4):1-13.

陈前瑞. 2005. 当代体貌理论与汉语四层级的体貌系统. 汉语学报,(3):20-27.

戴耀晶. 1997. 现代汉语时体系统研究. 杭州:浙江教育出版社.

邓湘君. 2018. 汉语空间表达与事件语义学. 北京:中国社会科学出版社.

方立. 2000. 逻辑语义学. 北京:北京语言文化大学出版社.

冯志伟. 2010. 自然语言处理的形式模型. 合肥:中国科技大学出版社.

高明乐. 2004. 题元角色的句法实现. 北京:中国社会科学出版社.

龚千炎. 1995. 汉语的时相时制时态. 北京:商务印书馆.

顾阳. 2007. 时态、时制理论与汉语时间参照. 语言科学,(4):22-38.

蒋严. 1998. 语用推理与“都”的句法/语义特征. 现代外语,(1):11-24.

竟成. 1996. 汉语的成句过程和时间概念的表述. 语文研究,(1):1-5.

李宝伦, 潘海华. 2005. 基于事件的语义学理论//刘丹青. 语言学前沿与汉语研究. 上海:上海教育出版社:123-142.

李可胜. 2011. 生成语言学的公理演绎思想. 中国社会科学院研究生院学报,(4):102-106.

李可胜. 2015. 连动式的时间模式和有界性的时体语义贡献. 语言教学与研究,(2):66-75.

李可胜. 2016. 连动式的结构机制: PTS、情状特征和 VP 的外延. 外国语,(1):23-31.

李可胜. 2020. 连动式的语义生成范式及其触发条件. 当代语言学,(1):49-70.

李可胜, 贾青. 2013. 连动式 VP 聚合语义的逻辑表述. 湖北大学学报(哲学社会科学版),(6): 36-41.

李可胜, 满海霞. 2013. VP 的有界性和连动式的事件结构. 现代外语,(2):127-134.

李可胜, 邹崇理. 2013a. 从自然语言的真值条件到模型论语义学. 中国社会科学院研究生院学报,(4):110-113.

李可胜, 邹崇理. 2013b. 基于句法和语义对应的汉语 CCG 研究. 浙江大学学报(人文社会科学版),(6):132-140.

李临定. 1990. 现代汉语动词. 北京:中国社会科学出版社.

李明晶. 2013. 现代汉语体貌系统的二元分析:动貌和视点体. 北京:北京大学出版社.

李亚非. 2007. 论连动式中的语序-时序对应. 语言科学,(6):3-10.

李志岭. 2012. 汉英语时间标记系统语法化对比研究. 北京:北京大学出版社.

刘楚群. 2012. 汉语动趋结构入句研究. 武汉:华中师范大学出版社.

吕叔湘. 1990. 吕叔湘文集(第一卷):中国文法要略. 北京:商务印书馆.

马洪锐. 2013. 莱布尼兹论“可能世界”——从其“共同可能”概念出发. 世界哲学,(4):63-71.
马庆株. 1992. 汉语动词和动词性结构. 北京:北京语言学院出版社.
满海霞. 2014. 汉语照应省略的类型逻辑研究. 北京:对外经济贸易大学出版社.
满海霞, 李可胜. 2010. 类型逻辑语法. 哲学动态,(10):103-106.
潘海华. 2006. 焦点, 三分结构与汉语“都”的语义解释//中国语文杂志社. 语法研究与探索(十三). 北京:商务印书馆:163-184.
尚新. 2009. 时体、事件与“V个VP”结构. 外国语,(5):28-37.
沈家煊. 1995. “有界”与“无界”. 中国语文,(5):367-380.
宋彦, 黄昌宁, 揭春雨. 2012. 中文CCG树库的构建. 中文信息学报,(3):3-8.
王媛. 2013. 事件测量和时量结构的语义. 语言教学与研究,(4):66-74.
王庆江, 张琳. 2020. 支持中文句法结构套叠的组合范畴语法. 中文信息学报,(1):17-22.
吴平. 2007. 试论事件语义学的研究方法. 外语与外语教学,(4):8-12.
吴平. 2009. 汉语特殊句式的事件语义分析与计算. 北京:中国社会科学出版社.
吴平, 郝向丽. 2017. 事件语义学引论. 北京:知识产权出版社.
徐通锵. 1997. 语言论——语义型语言的结构原理和研究方法. 长春:东北师范大学出版社.
杨国文. 2011. “动词+结果补语”和“动词重叠式”的非时态性质. 当代语言学,(3):217-225.
姚从军. 2012. 组合范畴语法研究述评. 哲学动态,(10):103-105.
姚从军. 2015. 组合范畴语法与范畴类型逻辑的分析与比较. 云南师范大学学报(哲学社会科学版),(1):75-81.
姚从军, 邹崇理. 2014. 组合范畴语法产生和发展的动因探析——从句法演算的视角看. 中国社会科学院研究生院学报,(1):40-44.
袁毓林. 2005a. “都”的语义功能和关联方向新解. 中国语文,(2):99-109.
袁毓林. 2005b. “都”的加合性语义功能及其分配性效应. 当代语言学, (4):289-304.
袁毓林. 2012. 汉语句子的焦点结构和语义解释. 北京:商务印书馆.
张伯江. 2011. 汉语的句法结构和语用结构. 汉语学习,(2):3-12.
张秋成. 2007. 类型-逻辑语法研究. 北京:中国人民大学出版社.
张谊生. 2003. 范围副词“都”的选择限制. 中国语文,(5):392-398.
周强. 2016. 汉语谓词组合范畴语法词库的自动构建研究. 中文信息学报, (3):196-203.
邹崇理. 2000. 自然语言逻辑研究. 北京:北京大学出版社.
邹崇理. 2008a. 组合原则. 逻辑学研究,(1):75-83.
邹崇理. 2008b. 范畴类型逻辑. 北京:中国社会科学出版社.
邹崇理等. 2018. 自然语言信息处理的逻辑语义学研究. 北京:科学出版社.
Ades, T. & Steedman, M. J. 1982. On the order of words. *Linguistics and Philosophy,* (4): 517-558.
Aikhenvald, A. Y. 2006. Serial verb constructions in typological perspective. In A. Y. Aikhenvald & R. M. W. Dixon (Eds.), *Serial Verb Constructions: A Cross-Linguistic Typology* (pp. 1-68). Oxford: Oxford University Press.
Arapinis, A. 2015. Whole-for-part metonymy, classification, and grounding. *Linguistics and Philosophy*, 38: 1-29.
Bach, E. 1986. The algebra of events. *Linguistics and Philosophy*, 9: 5-16.
Baker, M. C. 1988. *Incorporation: A Theory of Grammatical Functional Changing.* Chicago:

University of Chicago Press.

Baldridge, J. 2002. *Lexically Specified Derivational Control in Combinatory Categorial Grammar* (Unpublished doctoral dissertation). Edinburgh: University of Edinburgh.

Bayer, S. L. 1997. *Confessions of a Lapsed Neo-Davidsonian: Events and Arguments in Compositional Semantics*. New York: Routledge.

Bennett, M. & Partee, B. H. 2004. Toward the logic of tense and aspect in English. Reprinted in B. H. Partee (Ed.), *Compositionality in Formal Semantics: Selected Papers by Barbara H. Partee* (pp. 59-108). Oxford: Blackwell Publishing.

Bohnemeyer, J., Enfield, N. J., Essegbey, J., et al. 2007. Principles of event segmentation in language: The case of motion events. *Language*, (83): 495-532.

Bohnemeyer, J. & Swift, M. 2004. Event realization and default aspect. *Linguistics and Philosophy*, 27(3): 263-296.

Borer, H. 2005a. *In Name Only: Structuring Sense*. Oxford: Oxford University Press.

Borer, H. 2005b. *The Normal Course of Events: Structuring Sense*. Oxford: Oxford University Press.

Burgess, J. 1984. Basic tense logic. In D. M. Gabbay & F. Guenthner (Eds.), *Handbook of Philosophical Logic (Vol. 2)* (pp. 89-134). Dordrecht: D. Reidel.

Carlson, G. N. 1980. *Reference to Kinds in English.* New York: Garland Publishing.

Carpenter, B. 1997. *Type-Logical Semantics*. Cambridge: MIT Press.

Champollion, L. 2015. Stratified reference: The common core of distributivity, aspect, and measurement. *Theoretical Linguistics*, 41: 109-149.

Champollion, L. 2016a. Covert distributivity in algebraic event semantics. *Semantics and Pragmatics*, 9: 1-65.

Champollion, L. 2016b. Overt distributivity in algebraic event semantics. *Semantics and Pragmatics*, 9: 1-65.

Champollion, L. 2017. *Parts of a Whole: Distributivity as a Bridge Between Aspect and Measurement.* Oxford: Oxford University Press.

Champollion, L. & Krifka, M. 2016. Mereology. In M. Aloni & P. Dekker (Eds.), *The Cambridge Handbook of Formal Semantics* (pp. 369-388). Cambridge: Cambridge University Press.

Chierchia, G. 1989. Structured meanings. In G. Chierchia, et al. (Eds.), *Properties, Types and Meaning (Vol. II): Semantic Issues* (pp. 131-165). Dordrecht: Kluwer.

Chierchia, G. 2013. *Logic in Grammar*. Oxford: Oxford University Press.

Comrie, B. 1976. *Aspect*. Cambridge: Cambridge University Press.

Comrie, B. 1985. *Tense*. Cambridge: Cambridge University Press.

Condoravdi, C. 2002. Temporal interpretation of modals: Modals for the present and for the past. In D. Beaver, et al. (Eds.), *The Construction of Meaning* (pp. 59-88). Stanford: CSLI.

Davidson, D. 1984. *Inquiries into Truth and Interpretation*. Oxford: Oxford University Press.

Dik, S. 1997. *The Theory of Functional Grammar*. Berlin: Mouton de Gruyter.

Dowty, D. 1979. *Word Meanings and Montague Grammar*. Dordrecht: D. Reidel.

Dölling, J. 2014. Aspectual coercion and eventuality structure. In K. Robering (Ed.), *Events, Arguments, and Aspects: Topics in the Semantics of Verbs* (pp. 189-226). Amsterdam/Philadelphia:

John Benjamins.

Enfield, N. J. 2002. Cultural logic and syntactic productivity: Associated posture constructions in Lao. In N. J. Enfield (Ed.), *Ethnosyntax: Explorations in Grammar and Culture* (pp. 231-258). Oxford: Oxford University Press.

Enfield, N. J. 2007. *A Grammar of Lao*. Berlin: Mouton de Gruyter.

Fillmore, C. J. 1968. The case for case. In E. Bach & R. T. Harms (Eds.), *Universals in Linguistics Theory* (pp.1-88). New York: Holt, Rinehart, Winston.

Gabbay, D. M. 1976. *Investigations in Modal and Tense Logics with Applications to Problems in Philosophy and Linguistics*. Dordrecht: D. Reidel.

Gabbay, D. M. & Guenthner, F. 2002. *Handbook of Philosophical Logic* (*Vol. 7*). 2nd edn. Dordrecht: Kluwer.

Gabbay, D. M., Reynolds, M. A. & Finger. M. 2000. *Temporal Logic: Mathematical Foundations and Computational Aspects (vol. 2)*. New York: Oxford University Press.

Grønn, A. & von Stechow, A. 2016. Tense. In M. Aloni & P. Dekker (Eds.), *The Cambridge Handbook of Formal Semantics* (pp. 313-341). Cambridge: Cambridge University Press.

Hallman, P. 2009. Proportions in time: Interactions of quantification and aspect. *Natural Language Semantics*, 17: 29-61.

Hewson, J. 2012. Tense. In I. B. Robert (Ed.), *The Oxford Handbook of Tense and Aspect*. Oxford: Oxford University Press.

Heyde-Zybatow, T. 2008. What kind of events do achievements describe? In A. Steube (Ed.), *The Discourse Potential of Underspecified Structures* (pp.109-144). Berlin: Mouton de Gruyter.

Higginbotham, G. 2000. On events in linguistic semantics. In J. Higginbotham, F. Pianesi & A. C. Varzi (Eds.), *Speaking of Events*. New York: Oxford University Press.

Higginbotham, J. 1985. On semantics. *Linguistic Inquiry*, 16: 547-593.

Higginbotham, J., Pianesi, F. & Varzi, A. C. 2000. *Speaking of Events*. New York: Oxford University Press.

Hovav, M. R., Doron, E. & Sichel, I. 2010. *Lexical Semantics, Syntax, and Event Structure*. Oxford: Oxford University Press.

Huang, J. C. T. 1998. *Logical Relations in Chinese and the Theory of Grammar*. New York: Garland Publishing.

Jackendoff, R. 1990. *Semantic Structures*. Cambridge: MIT Press.

Jackendoff, R. 1991. Parts and boundaries. *Cognition*, 41: 9-45.

Jarkey, N. 1991. *Serial Verb Constructions in White Hmong*: *A Functional Approach* (Unpublished doctoral dissertation). Sydney: University of Sydney.

Jarkey, N. 2010. Cotemporal serial verb constructions in White Hmong. In M. Amberber, B. Baker & M. Harvey (Eds.), *Complex Predicates: Cross-Linguistic Perspectives on Event Structure* (pp. 110-134). Cambridge: Cambridge University Press.

Kratzer, A. 1995. Stage-level and individual-level predicates. In G. N. Carlson & F. J. Pelletier (Eds.), *The Generic Book* (pp. 125-175). Chicago: The University of Chicago Press.

Krifka, M. 1989. Nominal reference, temporal constitution and quantification in event semantics. In

R. Bartsch, J. van Benthem & P. van Emde Boas (Eds.), *Semantics and Contextual Expression* (PP. 75-116). Dordrecht: Foris.

Krifka, M. 1990. Four thousand ships passed through the lock: Object-induced measure functions on events. *Linguistics and Philosophy*, 13: 487-520.

Krifka, M. 1998. Origins of telicity. In S. Rothstein (Ed.), *Events and Grammar* (pp. 197-236). Dordrecht: Kluwer.

Landman, F. 1992. *Structures for Semantics*. Dordrecht: Kluwer.

Landman, F. 2000. *Events and Plurality*. Dordrecht: Springer.

Landman, F. & Rothstein, S. 2010. Incremental homogeneity and the semantics of aspectual for-phrases. In M. R. Hovav, E. Doron & I. Sichel (Eds), *Lexical Semantics, Syntax, and Event Structure* (pp. 229-251). Oxford: Oxford University Press.

Lepore, E. & Ludwig, K. 2005. *Donald Davidson: Meaning, Truth, Language, and Reality.* Oxford: Oxford University Press.

Lepore, E. & Ludwig, K. 2013. Truth in the theory of meaning. In E. Lepore & K. Ludwig (Eds.), *A Companion to Donald Davidson* (pp.175-190). Chichester: Wiley-Blackwell.

Lin, J. W. 1998. Distributivity in Chinese and its implications. *Natural Language Semantics*, 6: 201-243.

Lin, J. W. 2005. Time in a language without tense: The case of Chinese. *Journal of Semantics*, 23: 1-53.

Link, G. 1983. The logical analysis of plurals and mass term: A lattice-theoretical approach. In R. Bäuerle, C. Schwarze & A. von Stechow (Eds.), *Meaning, Use, and Interpretation of Language* (pp. 303-323). Berlin: Mouton de Gruyter.

Link, G. 1987. Natrual language and generalized quantifier theory. In P. Gärdenfors (Ed.), *Generalized Quantifier* (pp. 151-180). Dordrecht: D. Reidel.

Link, G. 1998. *Algebraic Semantics in Language and Philosophy*. Stanford: CSLI Publications.

Link, G. 2015. Stratified reference: A note on its logic. *Theoretical Linguistics*, 41: 177-183.

Maienborn, C. 2010. Event semantics. In C. Maienborn, K. von Heusinger & P. Portner (Eds.), *Semantics: An International Handbook of Natural Language Meaning* (*Vol.1*) (pp. 802-829). Berlin: Mouton de Gruyter.

Milsark, G. L. 1977. Toward an explanation of certain peculiarities of the existential construction in English. *Linguistic Analysis*, (3): 1-29.

Milsark, G. L. 1979. *Existential Sentences in English*. London: Routledge.

Mittwoch, A. 2010. Event measurement and containment. In M. R. Hovav, E. Doron & I. Sichel (Eds.), *Lexical Semantics, Syntax, and Event Structure* (pp.252-266). Oxford: Oxford University Press.

Moens, M. & Steedman, M . 1988. Temporal ontology and temporal reference. *Computational Linguistics*, 14: 15-28.

Moltmann, F. 1997. *Parts and Wholes in Semantics*. Oxford: Oxford University Press.

Montague, R. 1969. On the nature of certain philosophical entities. *The Monist*, 53: 159-194.

Montague, R. 1970a. Universal grammar. *Theoria*, 36: 373-398.

Montague, R. 1970b. English as a formal language. In B. Visentini, et al. (Eds), *Linguaggi nella Società e nella Tecnica*. Reprinted in R. H. Thomason (Ed.), 1974. *Formal Philosophy: Seleted Papers of Richard Montague* (PP. 188-221). New Haven: Yale University Press.

Moortgat, M. 1999. Constants of grammatical reasoning. In G. Bouma, E. Hinrichs, M. Kruijff, et al. (Eds.), *Constraints and Resources in Natural Language Syntax and Semantics* (pp.1-25). Stanford: CSLI Publications.

Oehl, P. 2014. Predicate classes: A study in compositional semantics. In K. Robering (Ed.), *Events, Arguments, and Aspects: Topics in the Semantics of Verbs* (pp.329-361). Amsterdam/Philadelphia: John Benjamins.

Oversteegen, L. 2005. Causality and tense-two temporal structure builders. *Journal of Semantics*, 22: 307-337.

Parsons, T. 1990. *Events in the Semantics of English: A Study in Subatomic Semantics.* Cambridge: MIT Press.

Partee, B. H. 1986. Noun phrase interpretation and type-shifting principles. In J. Groenendijk, D. de Jongh & M. Stokhof (Eds), *Studies in Discourse Representation Theory and the Theory of Generalized Quantifiers* (pp. 115-143). Berlin: Mouton de Gruyter.

Paul, W. 2008. The serial verb construction in Chinese: A tenacious myth and a Gordian knot. *The Linguistic Review*, 25: 367-411.

Pietroski, P. M. 2005. *Events and Semantic Architecture*. Oxford: Oxford University Press.

Piñón, C. 1995. *An Ontology for Event Semantics* (Unpublished doctoral dissertation). Lille: Université de Lille.

Piñón, C. 1997. Achievements in an event semantics. In A. Lawson & E. Cho (Eds.), *Proceedings of SALT VII* (pp. 276-293). Ithaca: CLC Publications.

Portner, P. & Kuhn, S. T . 2002. Tense and time. In D. M. Gabbay & F. Guenthner (Eds.), *Handbook of Philosophical Logic* (*Vol. 7*) (pp. 277-345). 2nd edn. Dordrecht: Kluwer.

Pustejovsky, J. 1991. The syntax of event structure. *Cognition*, 41: 47-81.

Quine, W. V. O. 1960. *Word and Object*. Cambridge: MIT Press.

Reichenbach, H. 1947. *Elements of Symbolic Logic*. New York: The Free Press.

Riccio, A. 2017. Serial verb constructions and event structure representations. In B. Nolan & E. Diedrichsen (Eds.), *Argument Realisation in Complex Predicates and Complex Events: Verb-Verb constructions at the syntax-Semantic interface* (pp. 79-115). Amsterdam/Philadelphia: John Benjamins.

Rini, A. A. & Cresswell, M. J . 2012. *Tense and Modality in Logic and Metaphysics*. Cambridge: Cambridge University Press.

Robering, K. 2014. *Events, Arguments, and Aspects: Topics in the Semantics of Verbs*. Amsterdam/ Philadelphia: John Benjamins.

Rose, F. 2009. The origin of serialization: The case of Emerillon. *Studies in Language*, 33: 644-684.

Rothstein, S. 2004. *Structuring Events: A Study in the Semantics of Aspect*. Oxford: Blackwell.

Rothstein, S. 2008a. Two puzzles for a theory of Lexical Aspect: The case of semelfactives and degree adverbials. In J. Dölling, T. Heyde-Zybatow & M. Schäfer (Eds.), *Event Structures in*

Linguistic Form and Interpretation (pp.175-198). Berlin: Mouton de Gruyter.

Rothstein, S. 2008b. Telicity, atomicity and the Vendler classification of verbs. In S. Rothstein (Ed.), *Theoretical and Crosslinguistic Approaches to the Semantics of Aspect* (pp 43-78). Amsterdam: John Benjamins.

Sharvy, R. 1980. A more general theory of definite descriptions. *Philosophical Review*, 89: 607-624.

Simons, P. 1987. *Parts: A Study in Ontology*. Oxford: Clarendon Press.

Smith, C. S. 1997. *The Parameter of Aspect*. Dordrecht: Kluwer.

Steedman, M. 1987. Combinatory grammars and parasitic gaps. *Natural Language and Linguistic Theory*, 5: 403-439.

Steedman, M. 1988. Combinators and grammars. In R. T. Oehrle, E. Bach & D. Wheeler (Eds.), *Categorial Grammars and Natural Language Structures* (pp 417-442). Dordrecht: Springer.

Steedman, M. 1990. Gapping as constituent coordination. *Linguistics and Philosophy*, 13: 207-263.

Steedman, M. 1997. Temporality. In J. van Benthem & A. ter Meulen (Eds.), *Handbook of Logic and Language* (pp. 895-938). Amsterdam: Elsevier.

Steedman, M. 2000. Information structure and the syntax-phonology interface. *Linguistic Inquiry*, 31: 649-689.

Steedman, M. 2010. Temporality. In J. van Benthem & A. ter Meulen (Eds.), *Handbook of Logic and Language* (pp. 925-969). London: Elsevier.

Steedman, M. 2018. The lost combinator. *Computational Linguistics*, 44: 613-629.

Suppes, P., Krantz, D. M., Luce, R. D., et al. 1971. *Foundations of Measurements*. New York: Academic Press.

Talmy, L. 2000. *Toward a Cognitive Semantics (Vol. 1): Concept Structuring Systems*. Cambridge: MIT Press.

Thepkanjana, K. 2008. Verb serialization as a means of expressing complex events in Thai. In B. Lewandowska-Tomaszczyk (Ed.), *Asymmetric Events*. Amsterdam: John Benjamins.

Thomason, R. H. 1974. *Formal Philosophy: Selected Papers of Richard Montague*. New Haven: Yale University Press.

Thomason, R.H. 2002. Combinations of tense and modality. In D. M. Gabbay & F. Guenthner (Eds.), *Handbook of Philosophical Logic* (*Vol. 2*) (pp. 205-234). Dordrecht: D. Reidel.

Thompson, E. 2005. *Time in Natural Language: Syntactic Interfaces with Semantics and Discourse.* Berlin: Mouton de Gruyter.

Thomsason, R. H. 2002. Combinations of tense and modality. In D. M. Gabbay & F. Guenthner (Eds.), *Handbook of Philosophical Logic (Vol. 2)* (pp. 205-234). Dordrecht: D. Reidel.

Thomsason, S. K. 1984. On constructing instants from events. *Journal of Philosophical Logic*, 13: 85-96.

van Benthem, J. 1983. *The Logic of Time: A Model-Theoretic Investigation into the Varieties of Temporal Ontology and Temporal Discourse*. Dordrecht: D. Reidel.

van Benthem, J. 1991. *The Logic of Time: A Model-Theoretic Investigation into the Varieties of Temporal Ontology and Temporal Discourse*. 2nd edn. Dordrecht: Kluwer.

van Benthem, J. & ter Meulen, A. 2011. *Handbook of Logic and Language*. 2nd edn. Amsterdam :

Elsevier.

van Lambalgen, M. & Hamm, F. 2005. *The Proper Treatment of Events*. Oxford: Blackwell Publishing.

Varzi, A. 2008. The extensionality of parthood and composition. *The Philosophical Quarterly*, 58: 108-133.

Varzi, A. 2010. On the boundary between material and formal ontology. In B. Smith, R. Mizoguchi & S. Nakagawa (Eds.), *Interdisciplinary Ontology, Vol. 3: Proceedings of the Third Interdisciplinary Ontology Meeting* (pp. 3-8). Tokyo: Keio University.

Varzi, A. 2014. Counting and countenancing. In D. L. M. Baxter & A. J. Cotnoir (Eds.), *Composition as Identity* (pp. 47-69). Oxford: Oxford University Press.

Vendler, Z. 1967. *Linguistics in Philosophy*. New York: Cornell University Press.

Verkuyl, H. J. 1972. *On the Compositional Nature of the Aspects*. Dordrecht: D. Reidel.

Verkuyl, H. J. 1993. *A Theory of Aspctuality: The Interaction between Temporal and Atemporal Structure*. Cambridge: Cambridge University Press.

Verkuyl, H. J. 2000. Event as dividuals: Aspectual composition and event semantics. In J. Higginbotham, F. Pianesi, A. C. Varzi (Eds.), *Speaking of Events* (pp. 169-206). New York: Oxford University Press.

Verkuyl, H. J. 2005. Aspectual composition: Surveying the ingredients. In H. J. Verkuyl, H. de Swart & A.van Hout (Eds.), *Perspectives on Aspect* (pp. 19-40). Dordrecht: Springer.

Whitehead, A. N. 1964. *The Concept of Nature*. Cambridge: Cambridge University Press.

Wood, M. M. 1993. *Categorial Grammars*. London: Routledge.

Wulf, D. J. 2009. Two new challenges for the modal account of the progressive. *Natural Language Semantics*, 17: 205-218.

Xiang, M. 2008. Plurality, maximality and scalar inferences: A case study of Mandarin *Dou*. *Journal of East Asian Linguistics*, 17: 227-245.

Xiang, Y. M. 2016. Mandarin particle *dou*: A pre-exhaustification exhaustifier. In C Piñón (Ed.), *Empirical Issues in Syntax and Semantics 11* (pp. 275-304). Paris: CSSP.

Xiao, R. & McEnery, T. 2004. *Aspect in Mandarin Chinese: A Corpus-based Study*. Amsterdam/ Philadelphia: John Benjamins.

Zacks, J. M. & Tversky, B. 2001. Event structure in perception and cognition. *Psychological Bulletin*, 127: 3-21.

Zettlemoyer, L. & Collins, M. 2005. Learning to map sentences to logical form: Structured classification with probabilistic categorial grammars. In F. Bacchus & T. Jaakkola (Eds), *Proceedings of the Twenty-First Conference on Uncertainty in Artificial Intelligence* (pp:658–666).

Zou, C. L., Li, K. S. & Zhang L. 2011. The categorial logic of vacuous components in natural language. In H. van Ditmarsch, J. Lang & S. Ju (Eds.), *Logic, Rationality, and Interaction: Third International Workshop, LORI* (pp. 370-381). Dordrecht: Springer.

附录 $\mathscr{L}_{\mathrm{MEM}}$

一、$\mathscr{L}_{\mathrm{MEM}}$：核心部分

$\mathscr{L}_{\mathrm{MEM}}$是一个外延逻辑语言，其语义部分是一个结构化多体模型。所谓的多体模型是指模型论域中存在多种类型的元素；所谓的结构化是指论域中存在特定类型的聚合运算。依据这样的结构化多体模型，$\mathscr{L}_{\mathrm{MEM}}$可以对事件和事件性质做出比较精细化的刻画。

整体上，$\mathscr{L}_{\mathrm{MEM}}$的核心部分与经典外延构体论的形式系统基本相同，以此为基础，在拓展部分引入了对多维构体关系的刻画。

（一）$\mathscr{L}_{\mathrm{MEM}}$的句法

1. 类型集

$\mathscr{L}_{\mathrm{MEM}}$的类型集 TYPE 是最小的集合，满足：

a. d，e，i，n，w，t $\in$ TYPE；

b.如果 a，b $\in$TYPE，则$\langle$a，b$\rangle$ $\in$ TYPE。

第一条规定了$\mathscr{L}_{\mathrm{MEM}}$的六个基本类型：$d$类型是个体论元；$e$类型是事件论元；$i$类型是时间区间论元；$n$类型是数值论元；$w$类型是可能世界论元；$t$类型是真值类型。

第二条规定了函项类型，$\langle$a，b$\rangle$是从类型 a 到类型 b 的函项类型。

2. $\mathscr{L}_{\mathrm{MEM}}$的初始成分

$\mathscr{L}_{\mathrm{MEM}}$基础部分的初始成分包括：常元、变元、逻辑运算符、量词以及其他常用逻辑联结词和其他逻辑符号。用 CON 表示常元集，VAR 表示变元集，FUN 表示函子集，同时用右下标的形式标注集合中初始成分的类型。例如，CON_a表示类型 a 的常元集，VAR_a表示类型 a 的个体变元集。

1）常元集 CON

a. 个体常元

CON_d = {**张三**，**李四**，**张三** $\oplus_d$ **李四**，…}。

b. 个体谓词常元

$CON_{\langle d,t\rangle}$ = {**学生**，**教师**，…}。

c. 事件性质谓词常元

$CON_{\langle e,t\rangle}$ = {**慢慢地**，…} ∪ {**跑步**，**游泳**，**锻炼**，**推开**，**迟到**，…}。

∪ {Undefined_e}

d. 事件关系谓词常元

$CON_{\langle e,\langle w,\langle i,\langle i,\langle i,t\rangle\rangle\rangle\rangle\rangle}$ = {***跑步**，***游泳**，***锻炼**，***推开**，***迟到**，…}。

e. Θ-关系元谓词常元

$CON_{\langle e,\langle d,\langle\langle\langle d,n\rangle,t\rangle,t\rangle\rangle\rangle}$ = {$^\varepsilon$**Ag**，$^\varepsilon$**Th**，$^\varepsilon$**In**，$^\varepsilon$**With**，…}。

2）变元集 VAR

变元集 VAR 是下列集合构成的并集：

a. 个体变元集

VAR_d = {x 以及 x 加数字右下标或不同数量的右上标“′”}。

b. 事件变元集

VAR_e = {e 以及 e 加数字右下标或不同数量的右上标“′”}。

c. 时间区间变元集

VAR_i = { i 以及 i 加数字右下标或不同数量的右上标“′”}。

d. 可能世界变元集

VAR_w = { w 以及 w 加数字右下标或不同数量的右上标“′”}。

e. 数值变元集

VAR_n = {n 以及 n 加数字右下标或不同数量的右上标“′”}。

f. 个体性质谓词变元集

$VAR_{\langle d,t\rangle}$ = {P 以及 P 加数字右下标或不同数量的右上标“′”}。

g. 事件性质谓词变元集

$VAR_{\langle e,t\rangle}$ = {℘ 以及 ℘ 加数字右下标或不同数量的右上标“′”}。

h. 事件关系谓词变元集

$VAR_{\langle e,\langle w,\langle i,\langle i,\langle i,t\rangle\rangle\rangle\rangle\rangle}$ = {*℘ 以及*℘ 加数字右下标或不同数量的右上标“′”}。

i. 区间性质谓词变元集

$VAR_{\langle i,t\rangle}$ = {***I*** 以及 ***I*** 加数字右下标或不同数量的右上标“′”}。

j. 区间关系谓词变元集

$VAR_{\langle i,\langle i,t\rangle\rangle}$ = {***S*** 以及 ***S*** 加数字右下标或不同数量的右上标“′”}。

具体说明：CON_d 中的常元既包括形如“**张三**”的原子个体常元，也包括形如**张三** $\oplus_d$ **李四**的加合个体常元。在 $CON_{\langle d,t\rangle}$中的常元是表示个体性质的谓词常元。

$CON_{\langle e,t\rangle}$中的**慢慢地**和**跑步**等都是事件性质谓词，其中前者与自然语言中的副词对应，后者与动词对应。特别注意区分**跑步**和***跑步**，**跑步** $\in CON_{\langle e,t\rangle}$而***跑步** $\in CON_{\langle e,\langle w,\langle i,\langle i,\langle i,t\rangle\rangle\rangle\rangle\rangle}$。没有左上标*号的是事件一元性质谓词，有*号的是事件五元关系谓词。后者刻画事件所涉及的五元关系，即事件、事件存在的可能世界、事件区间、参照区间和说话区间的关系，同时还表明该事件的性质。例如，**跑步**(e)表示 e 是具有**跑步**性质的事件，而***跑步**$(ewii_r i_u)$表示 e 是可能世界中、通过参照区间和说话区间进行定位的区间 i 上的事件，且 e 的本体性质是**跑步**。

$\mathscr{L}_{MEM}$ 分别用正体的 x、e、i、w 表示个体变元、事件变元、时间区间变元和可能世界变元。VAR_e 中 $\wp$ 表示事件的本体性质。

I 是区间谓词变元①，类型为⟨*i*，*t*⟩。***S*** 是表示两个区间关系的谓词。

3）函子常元 FUN

a. $FUN_{\langle\langle e,d\rangle,t\rangle}$ = {Agent，Theme，With，In，…}。

b. $FUN_{\langle\langle d,n\rangle,t\rangle} = \{^{\nu}\boldsymbol{m_c} \mid \nu \in$ {**个**，**位**，**头**，**件**，…}}。

c. $FUN_{\langle\langle i,n\rangle,t\rangle} = \{^{\nu}\mathbf{m_c} \mid \nu \in$ {**Seond**，**Hour**，**Day**，**Year**，…}}。

d. $FUN_{\langle\langle e,i\rangle,t\rangle}$ = {Time}。

e. $FUN_{\langle\langle e,n\rangle,t\rangle} = \{TotalPart_{\varepsilon} \mid \varepsilon \in$ {*g*，Agent-AT，Theme-AT，With-AT，…}}。

具体说明：$FUN_{\langle\langle e,d\rangle,t\rangle}$中的 Agent、Theme 和 With 等是从 CON_e 到 CON_d 的函项，如 Agent(e) = x 表示 e 的施事是 x。

$^{\nu}\boldsymbol{m_c}$ 和 $^{\nu}\mathbf{m_c}$ 不同，前者是个体的外延度量函项，后者是时间区间的外延度量函项，上标 ν 都表示单位标记词。对于 $^{\nu}\boldsymbol{m_c}$ 而言，典型的个体单位标记词包括如“**个**、**位**、**头**、**件**”等，此外还包括如“一杯水”中的“杯”等；对于 $^{\nu}\mathbf{m_c}$ 而言，典型的区间单位标记词如“**Seond**、**Hour**、**Day**、**Year**”等。注意，这些标记词与后面 $\mathscr{L}_{MEM}$ 拓展部分的区间性质谓词常元同性。

Time 是从事件到事件区间的函项，Time(e) = i 表示 e 的事件区间是 i。

$FUN_{\langle\langle e,n\rangle,t\rangle}$中 $TotalPart_{\varepsilon}$将一个事件映射到一个数值上。若 e 是一个事件，则 $TotalPart_g(e)$就是表示 e 的格式塔构体总数的数值，而 $TotalPart_{\Theta\text{-AT}}(e)$则是表示 e 的Θ-原子构体总数的数值。这里的Θ ∈{Agent，Theme，With，…}。

4）加合运算符

$\{\oplus_d\} \cup \{\oplus_i, \oplus_t, \oplus_{Maxt}\} \cup \{\oplus_e, \oplus_T, \oplus_{\Theta}, \oplus_P\}$是加合运算符集。

具体说明：$\oplus_d$是个体的加合运算符，$\{\oplus_e, \oplus_T, \oplus_{\Theta}, \oplus_P\}$是事件的加合运算符集，$\{\oplus_i, \oplus_t, \oplus_{Maxt}\}$是区间的加合运算符集。具体说明参见后文的 $\mathscr{L}_{MEM}$ 的拓展部分。

---

① 取 interval 的首字母，即区间。

5）其他初始符号

除了上述的初始符号之外，$\mathscr{L}_{MEM}$基础部分的初始符号还包括一些常见的逻辑初始符号，包括：①量词，全称量词∀、存在量词∃。②常用逻辑连接词，∨、∧、→、↔、¬。③左右括号和等词，（、）、=。

这些逻辑符号的解释如常。

3. $\mathscr{L}_{MEM}$合式表达式的形成规则

$\mathscr{L}_{MEM}$合式表达式集记作EXP，同样用右下标标注类型，即类型为a的合式表达式集记作EXP_a。EXP是满足下列规则而形成的符号串的最小集合。

a. $VAR_a \cup CON_a \cup FUN_a \subseteq EXP_a$。

b. 如果 $x \in VAR_a$，并且 $\beta \in EXP_b$，则 $\lambda x\beta \in EXP_{\langle a, b\rangle}$。

c. 如果 $\alpha \in EXP_{\langle a, b\rangle}$，并且 $\beta \in EXP_a$，则 $\alpha(\beta) \in EXP_b$。

特别有：如果 $\alpha \in EXP_{\langle a, t\rangle}$，并且 $\beta \in EXP_a$，则 $\alpha(\beta) \in EXP_t$。

d. 如果 α，$\beta \in EXP_a$，则 $\alpha = \beta \in EXP_t$。

e. 如果ϕ，$\psi \in EXP_t$，则$\neg\phi$，$\phi\vee\psi$，$\phi\wedge\psi$，$\phi\rightarrow\psi$，$\phi\leftrightarrow\psi$，$\forall x\phi$，$\exists x\phi \in EXP_t$。

f. 若 α，$\beta \in EXP_d$，则：$\alpha \oplus_d \beta \in EXP_d$。

若 $\alpha, \beta \in EXP_e$，则：$\alpha \oplus_* \beta \in EXP_e$，其中$* \in \{e, T, \Theta, G|\Theta \in \{Agent, Theme, \cdots\}\}$。

若 α，$\beta \in EXP_i$，则：$\alpha \oplus_* \beta \in EXP_i$，其中$* \in \{i, t, Maxt\}$。

（二）$\mathscr{L}_{MEM}$的语义

$\mathscr{L}_{MEM}$的语义模型$\mathbf{M} = \langle \boldsymbol{D}, [\![\ ]\!] \rangle$是一个结构化多体模型，$\boldsymbol{D}$是结构化多体论域。也就是说，在$\boldsymbol{D}$中，有着多种类型的元素用于表征不同的语义对象，包括表示传统意义上个体的d型元素、表示事件个体的e型元素、表示区间个体的i型元素、表示可能世界的w型元素等。同时d型、e型和i型论域中，还存在多种聚合运算，从而使得这些论域成为结构化的论域。

$[\![\ ]\!]_{M, g}$是解释函项，g是$\mathbf{M}$上的赋值函项，作用是为不同类型的个体变元在相应的个体论域中进行赋值。

1. $\mathscr{L}_{MEM}$的论域D

$\mathscr{L}_{MEM}$的论域$\boldsymbol{D} = \boldsymbol{D_d} \cup \boldsymbol{D_e} \cup \boldsymbol{D_i} \cup \boldsymbol{D_w} \cup \boldsymbol{D_t} \cup \mathbb{N} \cup \{\bot\}$，其中$\boldsymbol{D_d}$是类型为$d$的个体论域，$\boldsymbol{D_e}$是类型为$e$的事件论域，$\boldsymbol{D_i}$是类型为$i$的时间区间论域，$\boldsymbol{D_w}$是类型为$w$的可能世界论域，$\boldsymbol{D_t}$是真值论域，$\mathbb{N}$是自然数集，$\bot$是论域中未定义元素。

论域 $\boldsymbol{D}$ 中有函项 τ、γ、$^{\vee}\pi$ 和 $^{\vee}\omega$。

具体说明如下。

1）关于个体论域（D_d，$\cup_d$，$\leqslant_d$）

（1）非空集合 $\boldsymbol{D_d}$ 是个体论域，其中的元素类型记作 d。但是按照通常的习惯，还是用斜体的 x 代表 $\boldsymbol{D_d}$ 中的一个元素，表征通常意义上的个体①。

（2）$\cup_d$ 运算是 $\boldsymbol{D_d}$ 上的二元聚合运算，$\cup_d$ 运算具有封闭性，并满足等幂律、交换律和结合律。

（3）$\leqslant_d$ 是因为 $\cup_d$ 运算在 $\boldsymbol{D_d}$ 上形成的偏序关系，即有：$x_1 \leqslant_d x_2$ 当且仅当 $x_1 \cup_d x_2 = x_2$。

（4）$\boldsymbol{D_d} = \boldsymbol{D}_{\text{Atom}\boldsymbol{d}} \cup \boldsymbol{D}_{\text{Sum}\boldsymbol{d}}$，其中 $\boldsymbol{D}_{\text{Atom}\boldsymbol{d}} \subseteq \boldsymbol{D_d}$ 是原子个体论域，即 $x \in \boldsymbol{D}_{\text{Atom}d}$ 当且仅当不存在一个 x' 使得 $x' \leqslant_d x$。$\boldsymbol{D}_{\text{Sum}\boldsymbol{d}}$ 是个体的真加合论域，并且任意 $x \in \boldsymbol{D}_{\text{Sum}\boldsymbol{d}}$ 当且仅当至少有 x'，$x'' \in \boldsymbol{D}_{\text{Atom}\boldsymbol{d}}$，满足：$x' \leqslant_d x$，且 $x'' \leqslant_d x$。

（5）特别约定：①用 $\text{Sup}_d(X)$ 表示由集合 X 生成的最大加合元素，若 $X = \{x_1, x_2, \cdots, x_{\text{n}}\} \subseteq \boldsymbol{D}_{\text{Atom}\boldsymbol{d}}$，，则 $x = \text{Sup}_d(X) = x_1 \cup_d x_2 \cup_d \cdots \cup_d x_{\text{n}} \in \boldsymbol{D_e}$ 是由集合 X 生成的最大加合元素，且 X 称为 x 的生成集。②在 $\boldsymbol{D_d}$ 中存在一类特殊的子集，称为个体的本体性质集，通常记作 $X_{\text{本体}} \subseteq \boldsymbol{D_d}$，一个 $X \subseteq \boldsymbol{D_d}$ 是一个 $X_{\text{本体}}$ 当且仅当 存在一个本体性质 P 满足：$[\![\text{P}]\!]_{\text{M, g}} = X$。另注：P 是一个本体性质 当且仅当 P 可以同时应用到个体论元 x 和 x′上，即便 x′与 x 在数量或时间或空间或与其他个体的关系上存在不同。

2）关于事件论域（D_e，$\cup_e$，$\leqslant_e$）

（1）非空集合 $\boldsymbol{D_e}$ 是事件论域，其中的元素记作 e，代表着一个事件个体。

（2）$\cup_e$ 是 $\boldsymbol{D_e}$ 上的二元聚合运算，$\cup_e$ 运算具有封闭性，并满足等幂律和结合律。特别约定：$\text{Sup}_e(X)$ 表示由集合 $X \subseteq \boldsymbol{D_e}$ 为生成集生成的最大加合事件。假设 $X = \{e_1, e_2, \cdots, e_n\}$，则 $\text{Sup}_e(X) = e = e_1 \cup_e e_2 \cup_e \cdots \cup_e e_n \in \boldsymbol{D_e}$，且 X 称为 e 的**生成集**。

（3）因为 $\cup_e$ 运算，$\boldsymbol{D_e}$ 中存在一种偏序关系 $\leqslant_e$，满足：$e_1 \leqslant_e e_2$　当且仅当　$e_1 \cup_e e_2 = e_2$。

3）关于区间论域（D_i，$\cup$，$\subseteq$）

非空集合 $\boldsymbol{D_i}$ 是区间论域，其中的元素记作 i，代表着一个时间区间个体。

（1）$\boldsymbol{D_i}$ 的基础是偏序集（$\boldsymbol{T}$，$\prec$），$\boldsymbol{T}$ 是一个非空时刻集，满足严格的线性序关系 $\prec$，$\boldsymbol{T}$ 中的元素记作 t。任意 $i \in \boldsymbol{D_i}$ 当且仅当 对于任意 t'，$t'' \in i$，都有 $t' \prec t''$ 或者 $t'' \prec t'$。对于任意一个 i，$i' \in \boldsymbol{D_i}$：

① 即通常意义上的“人”或“物”。

a. t 是 i 的初始时刻：$t \in_{\mathrm{in}} i$ 当且仅当 对于任意 $t' \in i$，都有 $t \prec t'$。
b. t 是 i 的终结时刻：$t \in_{\mathrm{fi}} i$ 当且仅当 对于任意 $t \in i$，都有 $t' \prec t$。
c. i 早于 i'：$i \ll i'$ 当且仅当 任意 $t \in i$ 和 $t' \in i'$ 都有 $t \prec t'$。
d. i 早于且与 i' 毗连：$i \ll_{\bullet} i'$ 当且仅当 $i \ll i'$ 且若 $t \in i$，$t' \in i'$，则不存在任何 t'' 满足：$t'' \notin i$，$t'' \notin i'$，且 $t \prec t'' \prec t'$ 或 $t' \prec t'' \prec t$。

（2）$\boldsymbol{D}_i$ 是区间论域，${}^t\boldsymbol{D}_i \subseteq \boldsymbol{D}_i$ 是连续区间论域。任意 $i \in {}^t\boldsymbol{D}_i$ 当且仅当 $i \in \boldsymbol{D}_i$ 且任意 t'，t''，$t''' \in \boldsymbol{T}$，若 t'，$t'' \in i$ 且 $t' \prec t''' \prec t''$，则 $t''' \in i$。

（3）$\cup$ 是 $\boldsymbol{D}_i$ 上的并运算。对于任意 i'，$i'' \in \boldsymbol{D}_i$，都有 $i' \cup i'' \in \boldsymbol{D}_i$ 且满足：任意 $t \in i'$ 或 $t \in i''$，都有 $t \in i$；反之，若 $t \in i$，则或者 $t \in i'$ 或者 $t \in i''$。

（4）$\subseteq$ 是因为并集运算而在 $\boldsymbol{D}_i$ 上形成的集合之间的包含关系。

4）关于其他论域

可能世界论域（$\boldsymbol{D}_w$，$\boldsymbol{R}$），其中非空集合 $\boldsymbol{D}_w$ 是可能世界论域，其中的元素记作 w，代表着一个可能世界，$\boldsymbol{R}$ 是可能世界之间的可及关系。这里特别规定可及关系具有自返性和普遍性，即对于任意 w，$w' \in \boldsymbol{D}_w$，都有 $\langle w, w\rangle \in \boldsymbol{R}$，$\langle w, w'\rangle \in \boldsymbol{R}$ 和 $\langle w', w\rangle \in \boldsymbol{R}$。

$\boldsymbol{D}_t = \{1, 0\}$ 是真值论域，其中的 1 表示“真”，0 表示“假”，其类型记作 t。$\perp$ 是论域中未定义元素，若一个 $\mathscr{L}_{\mathrm{MEM}}$-表达式 α 在 $\boldsymbol{D}$ 中没有其他确定的指称，则其指称就被解释成 $\perp$。

5）关于函项 τ、γ、${}^{\nu}\pi$ 和 ${}^{\nu}\omega$

（1）τ 是从 $\boldsymbol{D}_e$ 到 $\boldsymbol{D}_i$ 的映射。任意 $e \in \boldsymbol{D}_e$，都有 $\tau(e) \in \boldsymbol{D}_i$。

（2）${}^{\theta}\gamma \in \{{}^{\mathrm{Agent}}\gamma, {}^{\mathrm{Theme}}\gamma_{\mathrm{h}}, {}^{\mathrm{In}}\gamma, \cdots\}$ 是从 $\boldsymbol{D}_e$ 到 $\boldsymbol{D}_d$ 的映射。任意 $e \in \boldsymbol{D}_e$，都有 ${}^{\theta}\gamma(e) \in \boldsymbol{D}_d$。

（3）${}^{\nu}\pi$ 是从 $\boldsymbol{D}_d$ 到 $\mathbb{N}$ 的映射，其中 $\nu \in$ {**米**，**千米**，**个**，**位**，…}。

（4）${}^{\nu}\omega$ 是从 $\boldsymbol{D}_i$ 到 $\mathbb{N}$ 的映射，其中 $\nu \in$ {**Hour**，**Day**，**Week**，**Month**，**Year**，…}。

2. 一般性解释规则

1）关于个体常元和个体变元的一般解释

令 $\mathrm{a} \in \{d, e, i, n, w\}$，针对个体常元和个体变元，有如下的一般性解释：

a. 若 $\alpha \in \mathrm{CON}_{\mathrm{a}}$，则有：$[\![\alpha]\!]_{\mathrm{M,g}} \in \boldsymbol{D}_{\mathrm{a}}$。
b. 若 $\alpha \in \mathrm{VAR}_{\mathrm{a}}$，则有：$[\![\alpha]\!]_{\mathrm{M,g}} = g(\alpha) \in \boldsymbol{D}_{\mathrm{a}}$。

2）关于谓词和函项的一般性解释

如果 α 是类型为 $\langle \mathrm{a}, t\rangle$，则：

若 $\begin{cases} \text{a 属于基本类型，即 } a \in \{d, e, i, n, w\}\text{，则}[\![\alpha]\!]_{M,g} \subseteq \boldsymbol{D}_a\text{。} \\ \text{a 属于函项类型，即 a 是形如}\langle a, b\rangle\text{的类型，则}[\![\alpha]\!]_{M,g} \subseteq \boldsymbol{D}_a \times \boldsymbol{D}_b\text{。} \end{cases}$

3）λ-词项的解释

若$\alpha \in EXP_a$，$x \in VAR_b$，则$[\![\lambda x\alpha]\!]_{M,g}$是一种函项 $h \in \boldsymbol{D}_a \to \boldsymbol{D}_b$，使得任意的 $b \in \boldsymbol{D}_a$：$h(b) = [\![\alpha]\!]_{M,g[x/b]}$。

4）词项贴合的解释

$[\![\alpha(\beta)]\!]_{M,g} = [\![\alpha]\!]_{M,g}([\![\beta]\!]_{M,g})$。

特别地，当α的类型为$\langle a, t\rangle$，β的类型为 a 时有：$[\![\alpha(\beta)]\!]_{M,g} = 1$ 当且仅当 $[\![\beta]\!]_{M,g} \in [\![\alpha]\!]_{M,g} \subseteq \boldsymbol{D}_a$

5）关于等词和连接词的解释

a. $[\![\alpha = \beta]\!]_{M,g} = 1$ 当且仅当 $[\![\alpha]\!]_{M,g} = [\![\beta]\!]_{M,g}$。

b. $[\![\neg\varphi]\!]_{M,g} = 1$ 当且仅当 $[\![\varphi]\!]_{M,g} = 0$。

c. $[\![\varphi \wedge \psi]\!]_{M,g} = 1$ 当且仅当 $[\![\varphi]\!]_{M,g} = 1$ 且$[\![\psi]\!]_{M,g} = 1$。

d. $[\![\varphi \vee \psi]\!]_{M,g} = 1$ 当仅仅当 $[\![\varphi]\!]_{M,g} = 1$ 或者$[\![\psi]\!]_{M,g} = 1$。

e. $[\![\varphi \to \psi]\!]_{M,g} = 1$ 当且仅当 $[\![\varphi]\!]_{M,g} = 0$ 或者$[\![\psi]\!]_{M,g} = 1$。

f. $[\![\varphi \leftrightarrow \psi]\!]_{M,g} = 1$ 当且仅当 $[\![\varphi \to \psi]\!]_{M,g} = 1$ 且$[\![\psi \to \varphi]\!]_{M,g} = 1$。

6）量词的解释

若 $x \in VAR_a$，则有：

a. $[\![\forall x\varphi]\!]_{M,g} = 1$ 当且仅当 任意 $a \in \boldsymbol{D}_a$：$[\![\varphi]\!]_{M,g[x/a]} = 1$。

b. $[\![\exists x\varphi]\!]_{M,g} = 1$ 当且仅当 至少有一个 $a \in \boldsymbol{D}_a$：$[\![\varphi]\!]_{M,g[x/a]} = 1$。

7）函子的解释

a. 若 $\mathbf{F}$ = Time，则有：$[\![\mathbf{F}]\!]_{M,g} = \tau$：$\boldsymbol{D}_e \to \boldsymbol{D}_i$。

b. 若 $\mathbf{F} \in$ {Agent，Theme，With，…}，则有：$[\![\mathbf{F}]\!]_{M,g} = {}^{\theta}\gamma$：$\boldsymbol{D}_e \to \boldsymbol{D}_d$，其中上标 θ∈ {Agent，Theme，With，…}。

c. 若 $\mathbf{F} = {}^{v}\boldsymbol{m}_c$，则有：$[\![{}^{v}\boldsymbol{m}_c]\!]_{M,g} = {}^{v}\pi$：$\boldsymbol{D}_d \to \mathbb{N}$，其中上标 $v \in$ {**米**，**千米**，**个**，**位**，…}。

d. 若 $F = {}^{v}\mathbf{m}_c$，则有：$[\![{}^{v}\mathbf{m}_c]\!]_{M,g} = {}^{v}\omega$：$\boldsymbol{D}_i \to \mathbb{N}$，其中上标 $v \in$ {**Hour**，**Day**，**Week**，**Month**，**Year**，…}。

二、$\mathscr{L}_{\text{MEM}}$：拓展部分

$\mathscr{L}_{\text{MEM}}$是一种基于MEM的逻辑语言，目标是刻画自然语言中的事件语义。$\mathscr{L}_{\text{MEM}}$依据组合性原则，以λ-演算为基础，将语义的组合过程刻画成λ-演算的运算过程，从而将自然语言的事件句翻译成$\mathscr{L}_{\text{MEM}}$的表达式。

基于多维构体的视角，$\mathscr{L}_{\text{MEM}}$对事件和事件性质做了充分的刻画。正因为如此，$\mathscr{L}_{\text{MEM}}$可以比较灵活地用来刻画事件句中的题元角色、时体语义以及汉语连动式中的组合事件结构等。

本部分从$\mathscr{L}_{\text{MEM}}$的角度给出事件多维构体关系的模型论解释。

（一）个体的构体关系

（1）$\oplus_d$是个体加合运算符集，$\oplus_d$运算满足等幂律、交换律和结合律。

（2）$\text{CON}_{\langle d,\langle d,t\rangle\rangle}=\{{}^d\text{IsPart}, {}^d\text{IsPart}_{同质}, {}^d\text{IsPart}_{异质}\}$是个体构体谓词常元集。

（3）若α，$\beta\in \text{CON}_d\cup \text{VAR}_d$，则有如下与个体构体相关的解释规则。

a. $[\![\alpha]\!]\text{M, g}=\text{Sup}_d(X)\in \boldsymbol{D}_d$ 当且仅当 $X\neq\varnothing$ 且 $X\subseteq \boldsymbol{D}_{\text{Atom}\boldsymbol{d}}$；否则$[\![\alpha]\!]_{\text{M, g}}=\perp$；

b. $[\![\alpha\oplus_d\beta]\!]_{\text{M, g}}=\text{Sup}_d(X)\in \boldsymbol{D}_d$ 当且仅当 $X=Y_1\cup Y_2$，且$[\![\alpha]\!]_{\text{M, g}}=\text{Sup}_d(Y_1)\in \boldsymbol{D}_d$，$[\![\beta]\!]_{\text{M, g}}=\text{Sup}_d(Y_2)\in \boldsymbol{D}_d$；否则$[\![\alpha\oplus_d\beta]\!]_{\text{M, g}}=\perp$；

c. $[\![{}^d\text{IsPart}(\alpha,\beta)]\!]_{\text{M, g}}=1$ 当且仅当 $[\![\alpha]\!]_{\text{M, g}}\in \boldsymbol{D}_d$，$[\![\beta]\!]_{\text{M, g}}\in \boldsymbol{D}_d$，$[\![\alpha]\!]_{\text{M, g}}\leqslant_d [\![\beta]\!]_{\text{M, g}}$；

d. $[\![{}^d\text{IsPart}_{异质}(\alpha,\beta)]\!]_{\text{M, g}}=1$ 当且仅当 $[\![{}^d\text{IsPart}(\alpha,\beta)]\!]_{\text{M, g}}=1$，且不存在一个本体性质集$X_{本}\subseteq \boldsymbol{D}_d$使得$[\![\alpha]\!]_{\text{M, g}}\in X_{本}$且$[\![\beta]\!]_{\text{M, g}}\in X_{本}$；

e. $[\![{}^d\text{IsPart}_{同质}(\alpha,\beta)]\!]_{\text{M, g}}=1$ 当且仅当 $[\![{}^d\text{IsPart}(\alpha,\beta)]\!]_{\text{M, g}}=1$，且至少存在一个本体性质集$X_{本}\subseteq \boldsymbol{D}_d$满足：$[\![\alpha]\!]_{\text{M, g}}\in X_{本}$且$[\![\beta]\!]_{\text{M, g}}\in X_{本}$。

（二）区间的构体关系

1. 区间加合运算符

（1）$\{\oplus_i, \oplus_t, \oplus_{\text{Max}t}\}$是区间加合运算符集，其中$\oplus_i$是区间的通用加合运算符，满足自返性、反对称性和传递性。任意两个区间i_1和i_2，$\text{i}_1\oplus_t\text{i}_2=\text{i}$　当且仅当 任意i'，若$\text{i}'\subseteq_t \text{i}_1$或者$\text{i}'\subseteq_t \text{i}_2$，都有$\text{i}'\subseteq_t \text{i}$。$\oplus_t$是连续区间的加合运算符，而$\oplus_{\text{Max}t}$是区间最大加合运算符。

（2）若α，$\beta\in \text{CON}_i\cup \text{VAR}_i$，则区间加合运算符的解释规则如下。

a. $[\![\alpha\oplus_i\beta]\!]_{\text{M, g}}=[\![\alpha]\!]_{\text{M, g}}\cup[\![\beta]\!]_{\text{M, g}}\in \boldsymbol{D}_i$ 当且仅当　$[\![\alpha]\!]_{\text{M, g}}\in \boldsymbol{D}_i$，$[\![\beta]\!]_{\text{M, g}}\in \boldsymbol{D}_i$；

b. $[\![\alpha \oplus_t \beta]\!]_{M,g} = [\![\alpha]\!]_{M,g} \cup [\![\beta]\!]_{M,g} \in {}^t\boldsymbol{D_i}$ 当且仅当 $[\![\alpha]\!]_{M,g} \in {}^t\boldsymbol{D_i}$，$[\![\beta]\!]_{M,g} \in {}^t\boldsymbol{D_i}$，且$[\![\alpha \propto_t \beta]\!]_{M,g} = 1$ 或者$[\![\beta \propto_t \alpha]\!]_{M,g} = 1$；

c. $[\![\alpha \oplus_{Max t} \beta]\!]_{M,g} \in \boldsymbol{D_i}$ 当且仅当 $[\![\alpha]\!]_{M,g} \in \boldsymbol{D_i}$，$[\![\beta]\!]_{M,g} \in \boldsymbol{D_i}$，且若 $t \in_{in} [\![\alpha \oplus_{Max t} \beta]\!]_{M,g}$，$t' \in_{fi} [\![\alpha \oplus_{Max t} \beta]\!]_{M,g}$，则任意 $t'' \in \boldsymbol{T}$，若 $t \prec t'' \prec t'$，则 $t'' \in [\![\alpha \oplus_{Max t} \beta]\!]_{M,g}$。

2. 区间关系符

（1）$\{\subseteq_i, \subseteq_t, \subseteq_{t\text{-}in}, \subseteq_{t\text{-}fi}, =, \cap_t, <_t, \leqslant_t, \propto_t\}$是区间关系符集。

（2）任意 α，$\beta \in CON_i \cup VAR_i$，若$[\![\alpha]\!]_{M,g} \in \boldsymbol{D}_i$，$[\![\beta]\!]_{M,g} \in \boldsymbol{D}_i$，则区间加合运算符的解释规则如下。

a. 包含关系：

$[\![\alpha \subseteq_i \beta]\!]_{M,g} = 1$ 当且仅当 任意 $t_1 \in_{in} [\![\beta]\!]_{M,g}$, $t_2 \in_{fi} [\![\beta]\!]_{M,g}$, 则任意 $t_3 \in [\![\alpha]\!]_{M,g} \in \boldsymbol{D}_i$，都有 $t_1 \prec t_3 \prec t_2$。

b. 子区间关系：

$[\![\alpha \subseteq_t \beta]\!]_{M,g} = 1$ 当且仅当 任意 $t \in [\![\alpha]\!]_{M,g}$，都有 $t \in [\![\beta]\!]_{M,g}$。

➢ 初始子区间关系：

$[\![\alpha \subseteq_{t\text{-}in} \beta]\!]_{M,g} = 1$ 当且仅当 $[\![\alpha \subseteq_t \beta]\!]_{M,g} = 1$，且任意 $t \in [\![\alpha]\!]_{M,g}$，$t' \notin [\![\alpha]\!]_{M,g}$，$t' \in [\![\beta]\!]_{M,g}$，都有 $t \prec t'$。

➢ 终结子区间关系：

$[\![\alpha \subseteq_{t\text{-}fi} \beta]\!]_{M,g} = 1$ 当且仅当 $[\![\alpha \subseteq_t \beta]\!]_{M,g} = 1$，且任意 $t \in [\![\alpha]\!]_{M,g}$，$t' \notin [\![\alpha]\!]_{M,g}$，$t' \in [\![\beta]\!]_{M,g}$，都有 $t' \prec t$。

c. 等同关系：

$[\![\alpha = \beta]\!]_{M,g} = 1$ 当且仅当 对于任意 $t \in [\![\alpha]\!]_{M,g}$，都有 $t \in [\![\beta]\!]_{M,g}$，反之亦然。

d. 相交关系：

$[\![\alpha \cap_t \beta]\!]_{M,g} = 1$ 当且仅当 至少存在一个 $t \in \boldsymbol{T}$ 使得 $t \in [\![\alpha]\!]_{M,g} \cap [\![\beta]\!]_{M,g}$。

e. 居前关系：

$[\![\alpha <_t \beta]\!]_{M,g} = 1$ 当且仅当 对于任意 $t' \in [\![\alpha]\!]_{M,g}$，$t \in [\![\beta]\!]_{M,g}$，都有 $t' \prec t$。

f. 居前等同关系：

$[\![\alpha \leqslant_t \beta]\!]_{M,g} = 1$ 当且仅当 $[\![\alpha <_t \beta]\!]_{M,g} = 1$ 或者$[\![\alpha = \beta]\!]_{M,g} = 1$。

g. 居前毗连关系：

$[\![\alpha \propto_t \beta]\!]_{M,g} = 1$ 当且仅当 $[\![\alpha <_t \beta]\!]_{M,g} = 1$ 且$[\![\alpha]\!]_{M,g} \cup [\![\beta]\!]_{M,g} \in {}^t\boldsymbol{D_i}$。

说明：区间论元之间的子区间关系 $\subseteq_t$ 被解释成论域 $\boldsymbol{D}_i$ 上的包含关系 $\subseteq$，而区间论元之间的包含关系 $\subseteq_i$ 与 $\boldsymbol{D}_i$ 上的包含关系 $\subseteq$ 完全不同。这是因为 $\mathscr{L}_{\mathrm{MEM}}$ 允许非连续区间的存在，因此 i $\subseteq_i$ i′并不一定表示 i 是 i′的一部分，但 i $\subseteq_i$ i′表明 i 是 i′的一部分。

3. 区间谓词

1）区间性质谓词

$\mathrm{CON}_{\langle i,t\rangle}$ ={**Hour**，**Day**，**Week**，**Month**，…，**2008 年**，**中秋节**，**2016-01-22**，…}

2）区间关系谓词

$\mathrm{CON}_{\langle i,\langle i,t\rangle\rangle}$ = {**Today**，**ThisWeek**，**LastWeek**，**NextWeek**，**6MonthAgo**，**Yesterday**，**Tomorrow**，**NextYear**，…}

3）区间谓词的解释

（1）若 $\alpha \in \mathrm{CON}_{\langle i,t\rangle} \cup \mathrm{VAR}_{\langle i,t\rangle}$，$\beta \in \mathrm{CON}_i \cup \mathrm{VAR}_i$，则有：

$[\![\alpha(\beta)]\!]_{\mathrm{M,g}} = 1$ 当且仅当 $[\![\beta]\!]_{\mathrm{M,g}} \in {}^t\boldsymbol{D}_i$ 且 $[\![\beta]\!]_{\mathrm{M,g}} \in [\![\alpha]\!]_{\mathrm{M,g}}$。

（2）若 $\alpha \in \mathrm{CON}_{\langle i,\langle i,t\rangle\rangle} \cup \mathrm{VAR}_{\langle i,\langle i,t\rangle\rangle}$，$\beta$，$\beta' \in \mathrm{CON}_i \cup \mathrm{VAR}_i$，则有：

$[\![\alpha(\beta, \beta')]\!]_{\mathrm{M,g}} = \{\langle i, i'\rangle \mid [\![\beta]\!]_{\mathrm{M,g}} = i \in {}^t\boldsymbol{D}_i,\ [\![\beta]\!]_{\mathrm{M,g}} = i' \in {}^t\boldsymbol{D}_i$ 且 $\langle i, i'\rangle \in [\![\alpha]\!]_{\mathrm{M,g}}\}$。

说明：无论 $\alpha \in \mathrm{CON}_{\langle i,t\rangle} \cup \mathrm{VAR}_{\langle i,t\rangle}$ 或者 $\alpha \in \mathrm{CON}_{\langle i,\langle i,t\rangle\rangle} \cup \mathrm{VAR}_{\langle i,\langle i,t\rangle\rangle}$，若 α 可以应用到 i 上，则 i 必须是连续区间。例如，若 $\alpha \in \mathrm{CON}_{\langle i,t\rangle} \cup \mathrm{VAR}_{\langle i,t\rangle}$，$\beta \in \mathrm{CON}_i \cup \mathrm{VAR}_i$，且 $[\![\alpha(\beta)]\!]_{\mathrm{M,g}} = 1$，则必然有 $[\![\beta]\!]_{\mathrm{M,g}} \in {}^t\boldsymbol{D}_i$。

另注意，这样的 α 表示连续区间的性质而非区间的长度，如 **Day**(i)表示区间 i 是具有“天”的区间性质且是一个连续区间。注意，这里的“天”并不是指 i 的时间长度是“一天”，而是指 i 具有这样性质，即其初始时刻具有“0 点 0 分 1 秒”的性质，终结时刻具有“23 点 59 分 59 秒”的性质。

（三）事件的构体关系

1. D_e 中三种 $\leqslant_e$ 关系和不同的性质集

因为下面的解释需要反复用到 T-构体关系、Θ-构体关系和 G-构体关系，为了让解释规则变得简洁一些，这里先通过对 $\boldsymbol{D}_e$ 中的 $\cup_e$ 运算进行限定，从而得到三种 $\cup_e$ 运算，即 $\cup_T$、$\cup_\Theta$ 和 $\cup_G$。同时也对 $\boldsymbol{D}_e$ 中的关系 $\leqslant_e$ 进行限定，得到三种 $\leqslant_e$ 关系，即 $\leqslant_T$、$\leqslant_\Theta$ 和 $\leqslant_G$，分别对应事件的 T-构体关系、Θ-构体关系和 G-构体关系。具体定义如下。

任意 e，e'，$e'' \in \boldsymbol{D}_e$，则有：

a. $\leqslant_T$ 关系：

（i）$e' \cup_T e'' \in \boldsymbol{D_e}$ 当且仅当 $e' \cup_e e'' = e \in \boldsymbol{D_e}$ 且 $\tau(e') \cap \tau(e'') = \varnothing$，$\tau(e') \subseteq \tau(e)$，$\tau(e'') \subseteq \tau(e)$。

（ii）$e' \leqslant_T e$ 当且仅当 $e' \cup_T e = e$。

b. $\cup_\Theta$关系：

（i）$e' \cup_\Theta e'' \in \boldsymbol{D_e}$ 当且仅当 $e' \cup_e e'' = e \in \boldsymbol{D_e}$且至少存在一个映射 ${}^\theta\gamma$ 使得任意 x，$x' \in \boldsymbol{D_d}$都有：若 ${}^\theta\gamma(e') = x$ 且 ${}^\theta\gamma(e'') = x'$，则 ${}^\theta\gamma(e) = x \cup_d x'$；且除了这样的 ${}^\theta\gamma$ 之外，其余映射对于 e'和 e''都没有区别。

（ii）$e' \leqslant_\Theta e$ 当且仅当 $e' \cup_\Theta e = e$。

这里的 $\Theta \in$ {Agent，Theme，…}

c. $\cup_G$ 关系：

（i）$e' \cup_G e'' \in \boldsymbol{D_e}$ 当且仅当 $e' \cup_e e'' = e \in \boldsymbol{D_e}$且至少存在一个映射函项 ${}^\theta\gamma$ 和 $x \in \boldsymbol{D_d}$满足：${}^\theta\gamma(e') = {}^\theta\gamma(e'') = x$。

（ii）$e' \leqslant_G e$ 当且仅当 $e \cup_G e' = e$。

d. 特别地，若 $X = \{e_1, e_2, \cdots, e_n\} \subseteq \boldsymbol{D_e}$，则 $\mathrm{Sup}_\varepsilon(X) = e_1 \cup_e e_2 \cup_e \cdots \cup_e e_n \in \boldsymbol{D_e}$，且称 X 为 e 的ε-加合生成集。其中 $\varepsilon \in \{T, \Theta, G | \Theta \in$ {Agent，Theme，In，…}}。

2. 事件的加合运算符和构体关系

$\{\oplus_e, \oplus_T, \oplus_\Theta, \oplus_G\}$是事件加合运算符集，其中 $\oplus_e$是事件的通用加合运算符，即任意 e′和 e″，都有：$e' \oplus_T e'' \vee e' \oplus_\Theta e'' \vee e' \oplus_G e'' \rightarrow e' \oplus_e e''$。$\oplus_T$、$\oplus_\Theta$和 $\oplus_G$分别是 T-加合运算符、Θ-加合运算符和 G-加合运算符。若 $e = e' \oplus_{T(\Theta/G)} e''$，则 e′和 e″是 e 的 T-构体（Θ-构体/G-构体），除了 $\oplus_T$不满足交换律之外，其他的都满足等幂律、交换律和结合律。

$\mathrm{CON}_{\langle e, \langle e, t\rangle\rangle} = \{{}^e\mathrm{IsPart}, {}^e\mathrm{IsPart}_t, {}^e\mathrm{IsPart}_T, {}^e\mathrm{IsPart}_\Theta, {}^e\mathrm{IsPart}_G, {}^e\mathrm{IsPart}_{异质}, {}^e\mathrm{IsPart}_{同质}, {}^e\mathrm{IsPart}_{单强同质}, {}^e\mathrm{IsPart}_{双强同质}\}$是事件构体关系谓词常元集，其中 ${}^e\mathrm{PartOf}_\Theta$的右下标$\Theta \in$ {Agent，Theme，In，…}。

若 α，β ∈ $\mathrm{CON}_e \cup \mathrm{VAR}_e$，则有：

a. $[\![\alpha \oplus_* \beta]\!]_{M,g} = [\![\alpha]\!]_{M,g} \cup_* [\![\beta]\!]_{M,g} \in \boldsymbol{D_e}$ 当且仅当 $[\![\alpha]\!]_{M,g} \in \boldsymbol{D_e}$且$[\![\beta]\!]_{M,g} \in \boldsymbol{D_e}$。

特别地：若$[\![e]\!]_{M,g} \in \boldsymbol{D_e}$，$[\![\wp]\!]_{M,g} \subseteq \boldsymbol{D_e}$，则有$[\![\sigma^* e \wp(e)]\!] = \mathrm{Sup}_*([\![\wp]\!])$。

【备注：其中的$* \in \{T, \Theta, G | \Theta \in$ {Agent，Theme，In，…}}】

b. $[\![{}^e\mathrm{IsPart}(\alpha, \beta)]\!]_{M,g} = 1$ 当且仅当 $[\![\alpha]\!]_{M,g} \leqslant_e [\![\beta]\!]_{M,g}$，且有：

（i）$[\![{}^e\mathrm{IsPart}_t(\alpha, \beta)]\!]_{M,g} = 1$ 当且仅当 $[\![\alpha]\!]_{M,g} \leqslant_T [\![\beta]\!]_{M,g}$且$[\![\alpha]\!]_{M,g} \in \boldsymbol{D_e} \cup \{\bot\}$，$[\![\beta]\!]_{M,g} \in \boldsymbol{D_e} \cup \{\bot\}$；

（ii）$[\![^e\text{IsPart}_T(\alpha, \beta)]\!]_{M,g}=1$ 当且仅当 $[\![\alpha]\!]_{M,g}\leqslant_T[\![\beta]\!]_{M,g}$ 且 $[\![\alpha]\!]_{M,g}\in \boldsymbol{D_e}$，$[\![\beta]\!]_{M,g}\in \boldsymbol{D_e}$；

（iii）$[\![^e\text{IsPart}_\Theta(\alpha, \beta)]\!]_{M,g}=1$ 当且仅当 $[\![\alpha]\!]_{M,g}\leqslant_\Theta[\![\beta]\!]_{M,g}$ 且 $[\![\alpha]\!]_{M,g}\in \boldsymbol{D_e}$，$[\![\beta]\!]_{M,g}\in \boldsymbol{D_e}$；

（iv）$[\![^e\text{IsPart}_G(\alpha, \beta)]\!]_{M,g}=1$ 当且仅当 $[\![\alpha]\!]_{M,g}\leqslant_G[\![\beta]\!]_{M,g}$ 且 $[\![\alpha]\!]_{M,g}\in \boldsymbol{D_e}$，$[\![\beta]\!]_{M,g}\in \boldsymbol{D_e}$。

c. 若 $[\![^e\text{IsPart}(\alpha, \beta)]\!]_{M,g}=1$，则有：

（i）$[\![^e\text{IsPart}_{异质}(\alpha, \beta)]\!]_{M,g}=1$ 当且仅当 不存在一个本体性质集 $X_本\subseteq \boldsymbol{D_e}$ 使得 $[\![\beta]\!]_{M,g}\in X_本$ 且 $[\![\alpha]\!]_{M,g}\in X_本$；

（ii）$[\![^e\text{IsPart}_{同质}(\alpha, \beta)]\!]_{M,g}=1$ 当且仅当 至少存在一个本体性质集 $X_本\subseteq \boldsymbol{D_e}$ 使得 $[\![\beta]\!]_{M,g}\in X_本$ 且 $[\![\alpha]\!]_{M,g}\in X_本$；

（iii）$[\![^e\text{IsPart}_{单强同质}(\alpha, \beta)]\!]_{M,g}=1$ 当且仅当 任意的本体性质集 $X_本\subseteq \boldsymbol{D_e}$，若 $[\![\beta]\!]_{M,g}\in X_本$，则 $[\![\alpha]\!]_{M,g}\in X_本$；

（iv）$[\![^e\text{IsPart}_{双强同质}(\alpha, \beta)]\!]_{M,g}=1$ 当且仅当 任意的本体性质集 $X_本\subseteq \boldsymbol{D_e}$，若 $[\![\beta]\!]_{M,g}\in X_本$，则 $[\![\alpha]\!]_{M,g}\in X_本$；反之亦然。

3. 事件性质的关系符

$\{\otimes, \otimes_T, \otimes_\Theta, \otimes_P\}$ 是性质组合符集，$\{=_\otimes, \cap_\otimes, \subseteq_\otimes, \leqslant_类\}$ 是事件性质关系符集。注意，性质组合并不是性质的加合。加合性质是指事件的加合所具有的性质，而组合性质是指将两个事件 e_1 和 e_2 分别具有的性质组合在一起，从而应用到 e_1 和 e_2 的加合 $e_1\oplus_e e_2$ 上。很多情况下，能应用到事件加合的性质不一定是组合性质。

任意 $\alpha, \beta\in \text{CON}_{\langle e,t\rangle}\cup \text{VAR}_{\langle e,t\rangle}$，若 $[\![\alpha]\!]_{M,g}\subseteq \boldsymbol{D_e}$，$[\![\beta]\!]_{M,g}\subseteq \boldsymbol{D_e}$，则有：

a. $[\![\alpha\otimes\beta]\!]_{M,g}=X\subseteq \boldsymbol{D_e}$ 当且仅当 任意 $e\in X$，都至少有 $e', e''\in \boldsymbol{D_e}$ 使得 $e=e'\cup_e e''$，且 $e'\in[\![\alpha]\!]_{M,g}$，$e''\in[\![\beta]\!]_{M,g}$。

b. $[\![\alpha\otimes_T\beta]\!]_{M,g}=X\subseteq \boldsymbol{D_e}$ 当且仅当 任意 $e\in X$，都至少有 $e', e''\in \boldsymbol{D_e}$ 使得 $e=e'\cup_T e''$，且 $e'\in[\![\alpha]\!]_{M,g}$，$e''\in[\![\beta]\!]_{M,g}$。

c. $[\![\alpha\otimes_\Theta\beta]\!]_{M,g}=X\subseteq \boldsymbol{D_e}$ 当且仅当 任意 $e\in X$，都至少有 $e', e''\in \boldsymbol{D_e}$ 使得 $e=e'\cup_\Theta e''$，且 $e'\in[\![\alpha]\!]_{M,g}$，$e''\in[\![\beta]\!]_{M,g}$。

【备注：$\Theta\in\{\text{Agent}, \text{Theme}, \text{In}, \cdots\}$】

d. $[\![\alpha\otimes_G\beta]\!]_{M,g}=X\subseteq \boldsymbol{D_e}$ 当且仅当 任意 $e\in X$，都至少有 $e', e''\in \boldsymbol{D_e}$ 使得 $e=e'\cup_G e''$，且 $e'\in[\![\alpha]\!]_{M,g}$，$e''\in[\![\beta]\!]_{M,g}$。

e. $[\![\alpha\subseteq_\otimes\beta]\!]_{M,g}=1$ 当且仅当 任意 $e\in \boldsymbol{D_e}$，若 $e\in[\![\alpha]\!]_{M,g}$，则 $e\in[\![\beta]\!]_{M,g}$。

f. $[\![\alpha=_\otimes\beta]\!]_{M,g}=1$ 当且仅当 $[\![\alpha\subseteq_\otimes\beta]\!]_{M,g}=1$ 且 $[\![\beta\subseteq_\otimes\alpha]\!]_{M,g}=1$。

g. $[\![\alpha\cap_\otimes\beta]\!]_{M,g}=1$ 当且仅当 $[\![\alpha]\!]_{M,g}\cap[\![\beta]\!]_{M,g}\neq\varnothing$。

h. $[\![\alpha \leqslant_{类} \beta]\!]_{M,g}=1$ 当且仅当 存在一个集合 $\mathbf{X} \in \mathrm{Pow}(\boldsymbol{D_e})$ 使得 $[\![\alpha]\!]_{M,g} \in \mathbf{X}$ 且 $\mathbf{X}$ 满足：任意本体性质集 X，$X' \subseteq \boldsymbol{D_e}$，若任意 X，$X' \in \mathbf{X}$，都有 $X \cap X' = \varnothing$，$[\![\beta]\!]_{M,g} \cap X \neq \varnothing$，且 $[\![\beta]\!]_{M,g} \cap X' \neq \varnothing$。

i. $[\![\alpha \leqslant_{\otimes} \beta]\!]_{M,g}=1$ 当且仅当 至少存在一个本体性质集 $X_{本} \subseteq \boldsymbol{D_e}$ 和任意 e，$e' \in \boldsymbol{D_e}$ 使得 $e \in [\![\alpha]\!]_{M,g}$，$e' \in X_{本}$，$e \cup_e e' \in [\![\beta]\!]_{M,g}$。

4. 对事件和事件性质的解释

（1）任意一个集合 $X \subseteq \boldsymbol{D_e}$ 是一个本体性质集（记作 $X_{本}$） 当且仅当 至少存在 e，$e' \in \boldsymbol{D_e}$ 使得 e 和 e' 或者在任意的 ${}^{\theta}\gamma(e)$（不包括 ${}^{\bullet\Theta}\gamma(e)$）上存在差异，或者在 ${}^{\nu}\pi({}^{\bullet\Theta}\gamma(e))$ 的数值和性质上存在差异，或者在 $\tau(e)$ 的数值上存在差异，但是仍然有 e，$e' \in X$。（注：这里的 ${}^{\theta}\gamma \in \{{}^{\mathrm{Agent}}\gamma，{}^{\mathrm{Theme}}\gamma，{}^{\mathrm{Goal}}\gamma，{}^{\mathrm{In}}\gamma，\cdots\}$，${}^{\bullet\Theta}\gamma$ 是在 $\boldsymbol{D}$ 中与宾语 Θ-函项对应的映射。一般而言，若存在一个 $x \in \boldsymbol{D_d}$ 使得 ${}^{\mathrm{Theme}}\gamma(e)=x$，则 ${}^{\bullet\Theta}\gamma = {}^{\mathrm{Theme}}\gamma$。若不存在这样的 x，而存在一个 $x \in \boldsymbol{D_d}$ 使得 ${}^{\mathrm{Goal}}\gamma(e)=x$，则 ${}^{\bullet\Theta}\gamma = {}^{\mathrm{Goal}}\gamma$，否则就不存在这样的 ${}^{\bullet\Theta}\gamma$）。

（2）对于任意的 e，$[\![e]\!]_{M,g} \in \boldsymbol{D_e}$ 当且仅当 至少存在一个 $X_{本} \subseteq \boldsymbol{D_e}$ 使得 $[\![e]\!]_{M,g} \in X_{本}$，否则 $[\![e]\!]_{M,g} = \perp$。

（3）若 $\alpha \in \mathrm{CON}_{\langle e,\langle e,t\rangle\rangle} \cup \mathrm{VAR}_{\langle e,\langle e,t\rangle\rangle}$，则 $[\![\alpha]\!]_{M,g} \subseteq \boldsymbol{D_e} \cup \{\perp\}$，特别地，若 α 是一个事件的本体性质 $\wp$，则 $[\![\alpha]\!]_{M,g} = X_{本} \subseteq \boldsymbol{D_e}$。

说明：在（1）中，若 $[\![e]\!]_{M,g}=e$，$[\![e']\!]_{M,g}=e'$，且 e 和 e' 在任意的 ${}^{\theta}\gamma(e)$ 上存在差异，则表明与 e 和 e′有 Θ_{θ}-函项关系的个体不同，但是并不影响 e 和 e' 也同属一个 $X_{本}$ 中。不过这里的 ${}^{\theta}\gamma(e)$ 不包括 ${}^{\bullet\Theta}\gamma(e)$，对于后者而言，若是仅仅在数值和本体性质上有差异，则不影响 e 和 e' 同属于一个 $X_{本}$，但是超过这个范围则会影响。此外，若在 $\tau(e)$ 的数值上存在差异，则表明 e 和 e′的在事件区间上存在差异。若在 ${}^{\nu}\pi({}^{\mathrm{Theme}}\gamma(e))$ 的数值上，则表明与 e 和 e′有 Θ_{Theme}-函项关系的个体在数量上存在差异。这些差异都不影响 e 和 e′有着相同的事件本体性质。相应地，也不影响 e 和 e' 也同属一个 $X_{本}$ 中。

（2）规定，任意一个事件 e，e 至少应该具有某一个本体性质，才能使得 $[\![e]\!]_{M,g} \in \boldsymbol{D_e}$，否则 e 就是未定义的事件。一个事件如果没有任何本体性质，则意味着该事件在人们的知识中不具有独立的本体论地位，因此被处理成未定义事件。

（3）规定粗体的 $\wp$ 被解释成 $\boldsymbol{D_e}$ 中的一个本体性质集。

5. 与事件构体相关的函子

${}^{\varepsilon}\varpi$ 是从 $\boldsymbol{D_e}$ 到 $\mathbb{N}$ 的映射，其中 $\varepsilon \in \{g，\text{Agent-AT}，\text{Theme-AT}，\cdots\}$。对于任意事件 e，若 $\varepsilon \in \{g，\text{Agent-AT}，\text{Theme-AT}，\cdots\}$，则有 $[\![\mathrm{TotalPart}_{\varepsilon}(e)]\!]_{M,g} = {}^{\nu}\varpi$：$\boldsymbol{D_e} \to$

$\mathbb{N}$。特别地，$[\![\text{TotalPart}_{\theta\text{-AT}}(\text{e})]\!]_{M,g} = {}^{v}\varpi$满足：${}^{v}\varpi([\![\text{e}]\!]_{M,g}) = n \in \mathbb{N}$ 当且仅当 存在一个 $X \subseteq \boldsymbol{D_e}$ 且 $\text{Card}(X) = n$。其中的 X 满足：任意 $e \in X$，都有 $e \leqslant_{\theta} [\![\text{e}]\!]_{M,g}$，且任意的 $x \in \boldsymbol{D_d}$，若 $x \leqslant_{d} {}^{\theta}\gamma(e)$，都不存在一个 $e' \in \boldsymbol{D_e}$ 使得 $e' \leqslant_{\theta} e$ 且 ${}^{\theta}\gamma(e') = x$，其中的 $\theta \in$ {Agent，Theme，…}

说明：X 中的任意一个元素都代表 e 的一个 θ-原子构体。

6. 事件性质谓词以及与事件性质相关的构体关系

这部分所界定的包括表示事件性质的元性质谓词，如 INSTANT($\wp$)表示事件性质 $\wp$ 具有瞬间性的元性质，还包括事件与其构体之间的相对性质，如 Instant(e, $\wp$)表示 e 相对于性质 $\wp$ 具有瞬间性。此外还包括事件与其构体相对于特定性质的关系，如 ${}^{e}\text{PartOf}_{直接}$(e′，e，$\wp$)表示 e′是事件 e 相对于性质 $\wp$ 的直接构体。

1）瞬间性

（1）事件性质的瞬间性：

$[\![\text{INSTANT}(\wp)]\!]_{M,g} = 1$ 当且仅当 任意 e，$e' \in [\![\wp]\!]_{M,g}$，都有 $e \leqslant_T e'$ 不成立且 $e' \leqslant_T e$ 不成立。

（2）事件的相对瞬间性：

$[\![\text{Instant}(\text{e}, \wp)]\!]_{M,g} = 1$ 当且仅当 $[\![\wp(\text{e})]\!]_{M,g} = 1$ 且 $[\![\text{INSTANT}(\wp)]\!]_{M,g} = 1$。

2）持续性

（1）事件性质的持续性：

$[\![\text{DURATIVE}(\wp)]\!]_{M,g} = 1$ 当且仅当 $[\![\wp]\!]_{M,g} \subseteq \boldsymbol{D_e}$ 且任意 $e \in [\![\wp]\!]_{M,g}$，都至少存在一个 $e' \in \boldsymbol{D_e}$ 满足 $e' \leqslant_T e$。

（2）事件的相对持续性：

$[\![\text{Durative}(\text{e}, \wp)]\!]_{M,g} = 1$ 当且仅当 $[\![\wp(\text{e})]\!]_{M,g} = 1$ 且 $[\![\text{DURATIVE}(\wp)]\!]_{M,g} = 1$。

3）最小 T-单位事件

$[\![\text{MinUnit}_e(\text{e}', \text{e}, \wp)]\!]_{M,g} = 1$ 当且仅当 $[\![\wp(\text{e}')]\!]_{M,g} = 1$，$[\![\wp(\text{e})]\!]_{M,g} = 1$，且 $[\![{}^{e}\text{IsPart}_T(\text{e}', \text{e})]\!]_{M,g} = 1$，$[\![\wp(\text{e}')]\!]_{M,g} \neq [\![\wp(\text{e})]\!]_{M,g}$，且任意一个 $e \in \boldsymbol{D_e}$ 且 $e \leqslant_T [\![\text{e}']\!]_{M,g}$，则对于任意的 $e' \in \boldsymbol{D_e}$，若 $e' \leqslant_T [\![\text{e}]\!]_{M,g}$ 但 $e \leqslant_T e'$ 不成立，则 $e' \notin [\![\wp]\!]_{M,g}$。

4）事件性质的同质性

（1）异质性：

$[\![\text{Hete}(\wp)]\!]_{M,g} = 1$ 当且仅当 $[\![\wp]\!]_{M,g} \subseteq \boldsymbol{D_e}$ 且任意 $e \in [\![\wp]\!]_{M,g}$，都至少存在一个 $e' \in \boldsymbol{D_e}$ 使得 $e' \leqslant_T e$ 且 $e' \notin [\![\wp]\!]_{M,g}$。

（2）同质性：

$[\![\text{Homo}(\wp)]\!]_{M,g} = 1$ 当且仅当 $[\![\wp]\!]_{M,g} \subseteq \boldsymbol{D_e}$，$[\![\wp]\!]_{M,g} \notin [\![\text{INSTANT}]\!]_{M,g}$ 且任意 $e \in [\![\wp]\!]_{M,g}$，都有任意 $e' \in \boldsymbol{D_e}$，若 $e' \leqslant_T e$，都有 $e' \in [\![\wp]\!]_{M,g}$。

（3）强同质性：

$\llbracket {}^{Str}\mathrm{Homo}(\wp)\rrbracket_{M,g}=1$ 当且仅当 $\llbracket \mathrm{Homo}(\wp)\rrbracket_{M,g}=1$，且对于任意 e，$e' \in \boldsymbol{D_e}$，若 $e \in \llbracket \wp\rrbracket_{M,g}$ 且 $e' \leqslant_T e$，则对任意一个本体性质集 $X_{\text{本}} \subseteq \boldsymbol{D_e}$，若 $e' \in X_{\text{本}}$，则 $e \in X_{\text{本}}$。

（4）周期同质性：

$\llbracket {}^{Iter}\mathrm{Homo}(\wp)\rrbracket_{M,g}=1$ 当且仅当 $\llbracket \mathrm{Homo}(\wp)\rrbracket_{M,g}=1$，且对于任意 e，$e' \in \boldsymbol{D_e}$，若 $e \in \llbracket \wp\rrbracket_{M,g}$，且或者 $\langle e', e, \llbracket \wp\rrbracket_{M,g}\rangle \in \llbracket \mathrm{MinUnit}_e\rrbracket_{M,g}$，或者至少存在一个 $e'' \in \boldsymbol{D_e}$ 使得 $e'' \leqslant_T e'$，且 $\langle e'', e, \llbracket \wp\rrbracket_{M,g}\rangle \in \llbracket \mathrm{MinUnit}_e\rrbracket_{M,g}$，则对任意一个本体性质集 $X_{\text{本}} \subseteq \boldsymbol{D_e}$，若 $e' \in X_{\text{本}}$，则 $e \in X_{\text{本}}$。

5）事件的相对异质/同质性构体关系

（1）事件的相对异质构体关系：

$\llbracket {}^{e}\mathrm{PartOf}_{\text{异质}}(e', e, \wp)\rrbracket_{M,g}=1$ 当且仅当 $\llbracket {}^{e}\mathrm{IsPart}(e', e)\rrbracket_{M,g}=1$，$\llbracket \wp(e)\rrbracket_{M,g}=1$ 且 $\llbracket \wp(e')\rrbracket_{M,g}=0$。

（2）事件的相对同质构体关系：

$\llbracket {}^{e}\mathrm{PartOf}_{\text{同质}}(e', e, \wp)\rrbracket_{M,g}=1$ 当且仅当 $\llbracket {}^{e}\mathrm{IsPart}(e', e)\rrbracket_{M,g}=1$，$\llbracket \wp(e)\rrbracket_{M,g}=1$，且 $\llbracket \wp(e')\rrbracket_{M,g}=1$。

6）动态/静态性

（1）事件的相对动态性：

$\llbracket {}^{+}\mathrm{Dynamic}(e, \wp)\rrbracket_{M,g}=1$ 当且仅当 $\llbracket \wp(e)\rrbracket_{M,g}=1$ 且 $\llbracket {}^{Str}\mathrm{Homo}(\wp)\rrbracket_{M,g}=1$。

（2）事件的相对静态性：

$\llbracket {}^{-}\mathrm{Dynamic}(e, \wp)\rrbracket_{M,g}=1$ 当且仅当 $\llbracket \wp(e)\rrbracket_{M,g}=1$，$\llbracket \mathrm{Homo}(\wp)\rrbracket_{M,g}=1$ 且 $\llbracket {}^{Str}\mathrm{Homo}(\wp)\rrbracket_{M,g}=0$。

7）起始/终结 T-构体

（1）起始 T-构体：

$\llbracket \mathrm{First}_e(e', e, \wp)\rrbracket_{M,g}=1$ 当且仅当 $\llbracket \wp(e')\rrbracket_{M,g}=1$，$\llbracket \wp(e)\rrbracket_{M,g}=1$，$\llbracket {}^{e}\mathrm{IsPart}_T(e', e)\rrbracket_{M,g}=1$，$\llbracket \mathrm{Instant}(e', \wp)\rrbracket_{M,g}=1$，且至少存在一个 $e \in \boldsymbol{D_e}$ 满足：$\llbracket e\rrbracket_{M,g} \leqslant_T e$，且任意 $e' \in \boldsymbol{D_e}$，若 $e' \leqslant_T e$ 且 $\tau(e') \ll_{\bullet} \tau(\llbracket e'\rrbracket_{M,g})$，则 $e' \notin \llbracket \wp\rrbracket_{M,g}$；或者若 $e' \leqslant_T \llbracket e\rrbracket_{M,g}$ 且 $\llbracket e'\rrbracket_{M,g} \neq e'$，则 $\tau(\llbracket e'\rrbracket_{M,g}) \ll \tau(e')$。

（2）起始 T-构体：

$\llbracket \mathrm{End}_e(e', e, \wp)\rrbracket_{M,g}=1$ 当且仅当 $\llbracket \wp(e')\rrbracket_{M,g}=1$，$\llbracket \wp(e)\rrbracket_{M,g}=1$，$\llbracket {}^{e}\mathrm{IsPart}_T(e', e)\rrbracket_{M,g}=1$，$\llbracket \mathrm{Instant}(e', \wp)\rrbracket_{M,g}=1$，且至少存在一个 $e \in \boldsymbol{D_e}$ 满足：$\llbracket e\rrbracket_{M,g} \leqslant_T e$，且任意 $e' \in \boldsymbol{D_e}$，若 $e' \leqslant_T e$ 且 $\tau(\llbracket e'\rrbracket_{M,g}) \ll_{\bullet} \tau(e')$，则 $e' \notin \llbracket \wp\rrbracket_{M,g}$；或者若 $e' \leqslant_T \llbracket e\rrbracket_{M,g}$ 且 $\llbracket e'\rrbracket_{M,g} \neq e'$，则 $\tau(e') \ll \tau(\llbracket e'\rrbracket_{M,g})$。

8）离散/延展性

（1）事件的相对离散性：

$\llbracket \mathrm{Discrete}(e, \wp)\rrbracket_{M,g}=1$ 当且仅当 $\llbracket \wp(e)\rrbracket_{M,g}=1$ 且至少存在一个 $i \subseteq \tau(\llbracket e\rrbracket_{M,g})$

满足：不存在一个 $e' \in [\![\wp]\!]_{M,g}$ 使得 $e' \leqslant_T [\![e]\!]_{M,g}$ 且 $\tau(e') = i$。

（2）事件的相对延展性：

$[\![\mathrm{Continuum}(e, \wp)]\!]_{M,g} = 1$ 当且仅当 $[\![\wp(e)]\!]_{M,g} = 1$ 且任意 $i \subseteq \tau([\![e]\!]_{M,g})$ 都满足：至少存在一个 $e' \in [\![\wp]\!]_{M,g}$ 使得 $e' \leqslant_T [\![e]\!]_{M,g}$ 且 $\tau(e') = i$。

9）最大连续 T-构体

$[\![\mathrm{MaxPart}_T(e', e, \wp)]\!]_{M,g} = 1$ 当且仅当 $[\![\wp(e')]\!]_{M,g} = 1$，$[\![{}^{e}\mathrm{IsPart}_T(e', e)]\!]_{M,g} = 1$，$[\![\mathrm{Continuum}(e', \wp)]\!]_{M,g} = 1$，且任意的 $e \in [\![\wp]\!]_{M,g}$，都至少存在一个 $e' \in [\![\wp]\!]_{M,g}$，若 $e' \leqslant_T [\![e']\!]_{M,g}$ 且或者 $e \ll_{\bullet} e'$ 或者 $e' \ll_{\bullet} e$，则 $e \leqslant_T [\![e']\!]_{M,g}$。

10）事件的直接/间接 T-构体

（1）事件的直接 T-构体：

$[\![{}^{e}\mathrm{PartOf}_{\text{直接}}(e', e, \wp)]\!]_{M,g} = 1$ 当且仅当或者 $[\![\mathrm{Homo}(\wp)]\!]_{M,g} = 1$ 且至少存在一个本体性质集 $X_{\text{本}} \subseteq \boldsymbol{D_e}$ 满足：$\langle X_{\text{本}}, [\![\wp]\!]_{M,g}\rangle \in [\![<_{\text{类}}]\!]_{M,g}$ 且 $\langle [\![e']\!]_{M,g}, [\![e]\!]_{M,g}, X_{\text{本}}\rangle \in [\![\mathrm{MaxPart}_T]\!]_{M,g}$；或者 $[\![\mathrm{Hete}(\wp)]\!]_{M,g} = 1$ 且至少存在一个本体性质集 $X_{\text{本}} \subseteq \boldsymbol{D_e}$ 满足：$\langle X_{\text{本}}, [\![\wp]\!]_{M,g}\rangle \in [\![<_{\otimes}]\!]_{M,g}$ 且 $\langle [\![e']\!]_{M,g}, [\![e]\!]_{M,g}, X_{\text{本}}\rangle \in [\![\mathrm{MaxPart}_T]\!]_{M,g}$。

（2）事件的间接 T-构体：

$[\![{}^{e}\mathrm{PartOf}_{\text{间接}}(e', e, \wp)]\!]_{M,g} = 1$ 当且仅当 $[\![{}^{e}\mathrm{IsPart}_T(e', e)]\!]_{M,g} = 1$ 且 $[\![{}^{e}\mathrm{PartOf}_{\text{直接}}(e', e, \wp)]\!]_{M,g} = 0$。

11）事件的有界性

（1）事件的起始有界性：

$[\![{}^{\text{始}}\mathrm{Telic}(e, \wp)]\!]_{M,g} = 1$ 当且仅当 至少存在一个 $X \subseteq \boldsymbol{D_e}$ 满足：$X \subseteq [\![\wp]\!]_{M,g}$，且至少存在一个 $e \in X$ 使得 $\langle e, [\![e]\!]_{M,g}, X\rangle \in [\![\mathrm{First}_e]\!]_{M,g}$。

（2）事件的终结有界性：

$[\![{}^{\text{终}}\mathrm{Telic}(e, \wp)]\!]_{M,g} = 1$ 当且仅当 至少存在一个 $X \subseteq \boldsymbol{D_e}$ 满足：$X \subseteq [\![\wp]\!]_{M,g}$，且至少存在一个 $e \in X$ 使得 $\langle e, [\![e]\!]_{M,g}, X\rangle \in [\![\mathrm{End}_e]\!]_{M,g}$。

（3）事件的起始-终结有界性：

$[\![{}^{\text{始-终}}\mathrm{Telic}(e, \wp)]\!]_{M,g} = 1$ 当且仅当 $[\![{}^{\text{始}}\mathrm{Telic}(e, \wp)]\!]_{M,g} = 1$ 且 $[\![{}^{\text{终}}\mathrm{Telic}(e, \wp)]\!]_{M,g} = 1$。

（4）事件的无界性：

$[\![{}^{\text{无}}\mathrm{Telic}(e, \wp)]\!]_{M,g} = 1$ 当且仅当 $[\![{}^{\text{始}}\mathrm{Telic}(e, \wp)]\!]_{M,g} = 0$ 且 $[\![{}^{\text{终}}\mathrm{Telic}(e, \wp)]\!]_{M,g} = 0$。

12）事件性质的有界性

（1）性质的起始有界性：

$[\![{}^{\text{始}}\mathrm{TELIC}(\wp)]\!]_{M,g} = 1$ 当且仅当 $[\![\wp]\!]_{M,g} \subseteq \boldsymbol{D_e}$，且任意 $e \in [\![\wp]\!]_{M,g}$，都有 $e' \in \boldsymbol{D_e}$ 且 $\langle e', e, [\![\wp]\!]_{M,g}\rangle \in [\![\mathrm{First}_e]\!]_{M,g}$。

（2）性质的终结有界性：

$[\![{}^{\text{终}}\mathrm{TELIC}(\wp)]\!]_{M,g} = 1$ 当且仅当 $[\![\wp]\!]_{M,g} \subseteq \boldsymbol{D_e}$，且任意 $e \in [\![\wp]\!]_{M,g}$，都有 $e' \in$

$\boldsymbol{D_e}$且$\langle e', e, [\![\wp]\!]_{M,g}\rangle \in [\![End_e]\!]_{M,g}$。

（3）性质的起始-终结有界性：

$[\![^{始\text{-}终}TELIC(\wp)]\!]_{M,g}=1$ 当且仅当 $[\![^{始}TELIC(\wp)]\!]_{M,g}=1$且$[\![^{终}TELIC(\wp)]\!]_{M,g}=1$。

（4）性质的无界性：

$[\![^{无}TELIC(\wp)]\!]_{M,g}=1$ 当且仅当 $[\![^{始}TELIC(\wp)]\!]_{M,g}=0$且$[\![^{终}TELIC(\wp)]\!]_{M,g}=0$。

三、CCG_{MEM}：范畴的改进

将$\mathcal{L}_{MEM}$的公式作为自然语言的逻辑语义式，引入 CCG 框架的句法-语义并行推演中，从而在 CCG 进行句法推演的过程中，通过 λ-演算获得句子的逻辑语义式。为了方便，CCG_{MEM}表示基于$\mathcal{L}_{MEM}$的 CCG 系统。针对自然语言中的事件语义，CCG_{MEM}对 CCG 的范畴和规则做了相应的改进。

（一）范畴定义

a. *np*	不带有量化语义的 NP 范畴
b. *Qnp*	带有量化语义的 NP 范畴
c. $^{d}Qnp\backslash s$	不及物动词范畴
d. $^{d}Qnp\backslash s/Qnp$	及物动词范畴
e. $^{\leftarrow}Tn$ 和 Tn/Tn	定位时间词范畴
f. $^{\leftarrow}Tnp/Tn$	时间介词范畴
g. *Tnp*	时间副词短语范畴
h. $^{\leftarrow}T$	时标记范畴（包括关系时间词）
i. $^{\leftarrow}T\backslash(ATs/s)$和$^{\leftarrow}((ATs/s)\backslash Tnp$	体标记范畴
j. *ATs/s*	时体标记范畴
k. *s*	不带时体语义的句子范畴
l. *ATs*	带有时语义和体语义的句子范畴
m. *num*	数字范畴

说明：① 这里只列出部分范畴，未列出的范畴规定如常。② 范畴为 *s* 的句子没有真值，只有范畴为 *ATs* 的句子有真值。③ 上标←表示左向移位算子，带有移位算子的范畴可以称为可移位范畴。←算子可以通过递归的方式进行定义。④ 上标 *d* 表示增配范畴标记，凡是带有这种上标的范畴称为增配范畴。一个增配范畴包括两部分：增配标记和范畴标记。如 ^{d}np 中上标 *d* 就是增配标记（理论上还可以有其他的增配标记），而 *np* 就是一般意义上的名词范畴，所以 ^{d}np 是 *np* 的增配范畴。

（二） CCG$_{\text{MEM}}$推演特别规则

（1）令 A、B、C、D 和 ζ 为任意范畴，则$^{\leftharpoonup}$算子有如下规则：

a. 若 $\zeta = B$，则 $^{\leftharpoonup}(A/B)\ \ \zeta\ \Rightarrow A$；若 $\zeta = (A/B)\backslash C$，则有 $^{\leftharpoonup}(A/B)\ \ \zeta\ \Rightarrow C$；
b. 若 $\zeta \neq B$，且 $\zeta \neq (A/B)\backslash C$，则 $D\ \ {}^{\leftharpoonup}(A/B)\ \ \zeta\ \Rightarrow\ {}^{\leftharpoonup}(A/B)\ \ D\ \ \zeta$。

（2）令上标 d 是一个增配标记，A、B 和 C 为任意范畴，则有：

a. $^{d}A\ \ {}^{d}A\backslash B$ （或 $B/{}^{d}A\ \ {}^{d}A$） $\Rightarrow\ {}^{d}B$；
b. $^{d}A\ \ A\backslash B$ （或 $B/A\ \ {}^{d}A$） $\Rightarrow\ {}^{d}B$；
c. 若 $A = s$，则 $^{d}s = s$。
但是下面的 c′. 是禁止的：
c′. $A\ \ {}^{*}A\backslash B$ （或 $B/{}^{*}A\ \ A$）$\Rightarrow\ B$。

（3）S 不含有任何显性体标记词但是含有时标记词，且语境中也没有提供体信息，则：

a. 若 $\wp \in [\![^{\text{终}}\text{TELIC}]\!] \cup [\![\text{GoTo}]\!]$，则默认用体$_{\text{完整}}$-算子与时标记词进行毗连组合。
b. ……。

（4）若 S 不含显性时标记词，且语境中也没有提供相关时信息，则默认用时$_{\text{现在}}$-算子与相关的体标记词进行毗连组合。

a. 若 s 中有显性体标记词，则有：默认用时$_{\text{现在}}$-算子与相关的体标记词进行毗连组合。
b. 若 s 中没有任何显性体标记词，则有：
（ i ）若$^{\Theta}\wp \in [\![^{\text{始}}\text{TELIC}]\!] \cup [\![^{\text{无}}\text{TELIC}]\!]$，则默认用体$_{\text{进行}}$-算子与时$_{\text{现在}}$-算子进行毗连组合。
（ ii ）若$^{\Theta}\wp \in [\![^{\text{无}}\text{TELIC}]\!]$，则默认用体$_{\text{惯常}}$-算子与时$_{\text{现在}}$-算子进行毗连组合。
（ iii ）若 $\wp \in [\![^{\text{终}}\text{TELIC}]\!] \cup [\![\text{GoTo}]\!]$，则默认用体$_{\text{已然}}$-算子与时$_{\text{现在}}$-算子进行毗连组合。
（ iv ）……。

备注：规则（1）可以递归使用。规则（2）中的增配范畴有两个特点：一是可以像普通范畴那样参与到范畴推演中；二是增配标记具有继承性。